住房权塑造：
20 世纪中国城市住房政策

The Evolution of Housing Rights：
Housing Policies of China in the Twentieth Century

齐慧峰　著

中国建筑工业出版社

图书在版编目（CIP）数据

住房权塑造:20世纪中国城市住房政策/齐慧峰著. — 北
京：中国建筑工业出版社，2018.4
　ISBN 978-7-112-21866-0

Ⅰ. ①住…　Ⅱ. ①齐…　Ⅲ. ①住房政策－研究－中
国－20世纪　Ⅳ. ① F299.233.1

　中国版本图书馆 CIP 数据核字（2018）第 035391 号

责任编辑：徐　冉　陈海娇
责任校对：芦欣甜

住房权塑造：20世纪中国城市住房政策

齐慧峰　著

*

中国建筑工业出版社出版、发行（北京海淀三里河路9号）
各地新华书店、建筑书店经销
北京点击世代文化传媒有限公司制版
北京京华铭诚工贸有限公司印刷

*

开本：787×1092 毫米　1/16　印张：17¾　字数：390 千字
2018 年 9 月第一版　2018 年 9 月第一次印刷
定价：**78.00 元**
ISBN 978-7-112-21866-0
（31776）

前　言

　　梁思成先生于 1945 年倡导的"居者有其屋"理想，至今仍是普通城市居民的诉求。住房是居所和投资品，更是维持基本生活的必需品。城市住房问题通常作为经济问题受到社会关注，较少与个人的住房权利境况联系起来。住房权作为一项基本人权的理念，在 20 世纪被普遍接受。中华人民共和国于 2001 年成为联合国《经济、社会和文化权利国际公约》的缔约国，"人人享有适当住房"的住房权得以确认。公民应该享有的权利，通常在道德诉求或法律中得以充分表达。然而，道德诉求与法律文本宣示的权利，与生活中实际拥有的权利可能并不完全同步。个人或家庭遭遇的住房困境，是源自住房权利的不足吗？

　　现代权利观念自 19 世纪中期传入中国。从清末修律开始，公民权利体系发育生长，20 世纪成为个人权利发展的时代。20 世纪的百年间，个人的住房权利在住房体系的巨变中不断地演化。现代意义的城市住宅与住房规章，诞生于 19 世纪末传统城镇向现代城市的转型中。民国时期，地方与国家层面的现代住房法规涌现出来。中华人民共和国成立后，住房经济经历了由市场向计划，再由计划向市场的转变。住房体系的变革，有时由直接明确的方式实现，更多地则以政策行动的方式进行。改革开放以来，以法制保障公民人权成为国家法律的基本诉求。从晚清时期的住房相关规章开始，法律规范、政府文件、政党方针等国家干预形式，左右着个人在住房方面的权利状况。形式与内容多样的"住房政策"，成为设定个人住房权利的主要载体。解释住房领域的个人权利演变，可以通过研究历史进程中的住房政策来实现。

　　住房权的既有研究，较多停留在道德权利层面。关注个人住房权利演变与发展实际状况的研究较少。本书跨越传统历史分期以 1949 年为界的限制，以 20 世纪为一个完整的长时段，借由对城市住房政策的解析，研究现代化进程中个人住房权利的演变与发展。中华人民共和国成立后，住房体系较民国时期发生着断裂式的巨变。将视野投入长时段的历史，可以发现住居生活依托的城市物质空间与个人权利演变，在民国时期与中华人民共和国成立之后，保持着内在联系和延续。历史无法割裂，过去诞生未来。本书的住房权研究分为 3 个历史时段，即晚清至民国时期、社会主义计划经济时期、社会主义市场经济时期。3 个历史时段的住房政策，数量繁多，内容庞杂，涉及多种类型，主要包括：晚清至民国时期的国家立法、地方规章，社会主义计划经济时期的党政方针、计划指令、政府文件，以及社会主义市场经济时期的法规与政策等。住房政策的梳理，从自由交易、自建住房、自由迁移、收入支配、社会救济、住房分配等方面展开。住房权的生长过程与现实问题，正蕴含在这些政策繁琐而复杂的内容细节与相互关联之中。

目　录

第三部分　住房权的波动

第四部分　住房权的重建

第一部分
绪论

第一章 绪论

第一节 研究缘起

20 世纪的百年间，中国从农业社会向工业社会转型，以工业化、城市化、现代化为发展主线，城市发生了前所未有的巨变[①]。19 世纪末至 20 世纪上半叶，现代住宅与住宅区出现在城市中，房地产业兴起。人口向城市聚集且战火不断之时，房价高涨、房荒、棚户蔓延等住房问题相伴而生。20 世纪中叶，中华人民共和国成立后，国家制度巨变，城市发展模式与住房体系随之变革。城市住房与土地所有权形式转向公有，规模巨大的公有住房以国家投资的形式建设起来。改革开放时期，市场化导向的住房体制改革激活了住房市场，城市居民的居住水平与生活质量改善显著。进入 21 世纪，住房市场发展的同时，住房价格高涨、弱势群体住房困难等问题凸显出来。

住房是居所、福利和投资的一种形式，也是通向工作、服务和社会支持的大门[②]。城市住房问题的产生，通常被归因于住房短缺。学者们关注住房的商品属性、资本属性、空间属性、社会属性，从经济的或非经济的方面解释住房短缺的成因，例如：历史遗留因素；农村向城市的人口聚集，城市人口快速增长；住房建设总量与国民收入水平不成比例；土地价格高，住房投资与需求不符；住房保障不力等。社会学家伊万·塞勒尼（Iván Szelényi）将住房解释为"一个特定社会中占主导地位的分配和奖励系统的一部分"[③]。他认为，住房问题的根本原因"不在于住房短缺，而在于住房体系本身，特别是取决于住房的分配结构"[④]。

经济学家阿马蒂亚·森（Amartya Kumar Sen）的饥荒与贫困研究，为住房问题研究提供了可能的新视角。粮食如同住房一样，不但是商品，而且是关系着生存的特殊商品。饥饿是由于一些人未能得到足够的食物，而不是现实世界中不存在足够的食物。他认为，以粮食为中心的观点不能解释饥饿产生的原因，饥饿是因为个人未被赋予取得足够食物消费组合的权利。"正是整个权利关系决定着一个人是否有能力得到足够的食物以避免饥饿，而粮食供给只是能够对其权利关系产生影响的众多因素之一"[⑤]。住房问题不能直

[①] 何一民.跨越传统历史分期的界线：开拓 20 世纪中国城市史研究新方向 [J].天府新论，2012（2）：130-134.
[②] （英）R·J·约翰斯顿.人文地理学词典 [M].柴彦威等译.北京：商务印书馆，2005：295.
[③] 伊万·塞勒尼.新古典社会学的想象力 [M].吕鹏等译.北京：社会科学文献出版社，2010：68.
[④] 伊万·塞勒尼.新古典社会学的想象力 [M].吕鹏等译.北京：社会科学文献出版社，2010：71.
[⑤] （印）阿马蒂亚·森.贫困与饥荒 [M].王宇，王文玉译.北京：商务印书馆，2012：189.

接等同于饥荒与贫困问题，但住房与粮食拥有极其相似的特殊属性。获得足够的食物与适足的住房，都属于获得适当生活水准的基本人权。住房短缺涉及供给与需求、社会资源分配、社会剥夺、权利关系等伦理因素。如同饥荒与贫困问题一样，住房研究不能局限于将住房作为商品、资本财产、空间资源的领域，需要关注住房作为基本生活品与人权关联的属性，从人与住房的权利关系的角度进行思考。

将住房权利理解为政府向低收入群体提供住房救济，或者说将住房权利等同于住房保障，是对住房权利概念最常见的误解。个人的住房权利，随国际现代人权运动逐渐传播蔓延，是被普遍接受的人权。住房权源于人身固有的尊严，是生活安全、安定和有尊严地居住某处的权利。个人对住房权利的明确主张，始于近代工业化中欧洲的劳工运动。住房权的确立与内涵，经由国际组织文件的反复阐释，表述由初始的模糊直至转变为清晰而丰满。1948 年联合国《世界人权宣言》[①]第 25 条中，将个人的住房权利上升为人权范畴，"人人有权享受为维持他本人和家属的健康和福利所需的生活水准，包括食物、衣着、住房、医疗和必要的社会服务；在遭到失业、疾病、残废、守寡、衰老或在其他不能控制的情况下丧失谋生能力时，有权享受保障"。 1961 年，国际劳工组织宣布特别关注工人住房的问题，发布《1961 年工人住房建议书》。建议书中关于住房政策、各国主管当局的责任、住房标准、资金、城市规划等方面的建议，从多方面阐释着住房权利的内涵。1965 年，联合国《消除一切形式种族歧视公约》首次使用"the right to housing"，将住房权[②]作为一项独立的权利。1966 年联合国大会通过的《经济、社会和文化权利国际公约》成为住房权确立的基本文件[③]。第 11 条规定："本盟约缔约各国承认人人有权为他自己和家庭获得相当的生活水准，包括足够的食物、衣着和住房，并能不断改进生活条件。"1991 年，联合国经济、社会和文化权利委员会发布《第 4 号一般性意见：适足住房权》[④]，详细解释了《经济、社会、文化权利国际公约》第 11 条第 1 款中的个人住房权利。2010 年，联合国人类住区规划署《人权概括介绍第 21 号（第一次修订版）：适足住房权》就住房权的内涵作出了总结性的阐释。

作为人权的住房权属于道德权利，不依赖于国家法律而存在。权利按照其存在形态，可区分为道德权利、法定权利和实有权利[⑤]。人权的道德主张，由每个人必须承担的对他人的道德义务（相互尊敬、平等相待）推导出来[⑥]。道德权利由自然正义和道德原则予以

① 《世界人权宣言》又称国际人权法案，由联合国大会于 1948 年通过，决议编号为 A/RES/217（Ⅲ）；《消除一切形式种族歧视公约》由联合国大会于 1965 年通过，决议编号为 A/RES/2106（ⅩⅩ）；《经济、社会、文化权利国际盟约》由联合国大会于 1966 年通过，决议编号为 A/RES/2200（ⅩⅩⅠ）。联合国大会决议文件在联合国网站可以查阅下载（http：//www.un.org/zh/sections/documents/general-assembly-resolutions/ ）。

② 《公约》中，其中文译为住宅权。

③ 1991 年，经济、社会和文化权利委员会《第 4 号一般性意见：适足住房权》指出，尽管众多国际文件从不同方面论述了适足住房的权利，《公约》第 11 条第（1）款是住房权有关条款中最为全面或最为重要的条款。

④ 经济、社会和文化权利委员会（CESCR）第六届会议（1991 年）对《经济、社会、文化权利国际公约》第 11 条第 1 款进行解释，制定《第 4 号一般性意见：适足住房权》，载于 E/1992/23 号文件，于 1992 年 1 月 1 日发布。

⑤ 李步云 . 论人权的三种存在形态 [J]. 法学研究，1991（4）：1.

⑥ 夏勇 . 中国民权哲学 [M]. 北京：三联书店，2004：314.

承认和保护,法定权利由特定的法律制度予以承认和保护①。在道德权利、法定权利之外,人们在社会生活中对权利的实际享有也是权利的"一种独立存在的形态"②。道德权利无需依赖国家法律而存在,法定权利由宪法或法律来赋予,实有权利的享有依赖于社会习俗、政府政策等的具体规设。法定权利与实有权利之间,往往存在着很大的距离③。在实有权利不断向法定权利、道德权利的趋近中,个人权利得以发展。个人的住房权利,也可以进行道德权利、法定权利与实有权利的区分。2001 年,中华人民共和国正式成为《经济、社会和文化权利国际公约》的缔约国,"人人享有适当住房"的住房权得到承认。对中国住房权的关注,在道德权利之外,研究视线需投向法定权利与实有权利的实际状况。

"权利"这一西方词汇于 19 世纪中期传入中国。美国传教士丁韪良将《万国公法》④翻译成中文时,首次将"right"译为"权利"。自此开始,"西学东渐"的权利观念开始传播,国人的个人尊严和价值追求找到了表达途径。讲求权利,与自由、平等、民主一起,逐渐成为强烈的社会道德与制度变革的诉求。古代中国虽不曾有过"权利"词汇与"人权"概念,并不意味着传统的中国人没有权利观念和权利思维⑤。权利意识和相应的义务意识也属于中国古代社会意识的一部分,因为在社会生活里,"几乎每个人都知道什么是他所应得的,什么是别人不该侵犯的;同时,几乎每个人都知道什么是别人应得的,什么是自己不该侵犯的"⑥。但是,中国传统里未能生长出合格的个人权利概念,因为未能将维护人的尊严和价值的人道主义思想落实到个人的权利上。社会制度与其所塑造的观念,抑制着权利的生长,个人的资格、利益、主张、要求被限制于一个较低的水平⑦。

现代权利概念的正式引入始自沈家本、伍廷芳等主持的《大清现行刑律》和《大清民律草案》修订,权利义务体系开始按现代法律的概念、分类、体系和原则进行改革。1901 年,清王朝发动"新政",开始参照西方国家制度模本的"现代性"国家体制建构。与现代国家建构相伴,从清末修律开始,人权观念开始发育和生长。1911 年的《中华民国临时约法》已经表述了绝大部分现代公民权利。自中华民国起,不论何种政治权威或意识形态的政权,都以宪法形式来列举公民权利,如政治参与权、财产权、言论和出版自由权、示威和集会权、婚姻自主权、劳动权、休息权等。法律文本始终呈现为一个中国古代法不曾有的、尽可能完美与详备的权利体系⑧。然而,经由宪法与法律"宣示"的文本中的完备权利,未能顺利地进入实际社会生活。权利的观念、体系和保护机制,在

---

① (英)戴维·M·沃克.牛津法律大辞典[M].李双元等译.北京:法律出版社,2003:970.
② 夏勇.中国民权哲学[M].北京:三联书店,2004:320.
③ 李步云.论人权的三种存在形态[J].法学研究,1991(4):17.
④ 《万国公法》是介绍到中国来的第一部国际法专著,由美国的外交官、国际法学者惠顿(Wheaton)撰写,美国传教士丁韪良翻译,1864 年由京师同文馆刊行.
⑤ 夏勇.中国民权哲学[M].北京:三联书店,2004:5.
⑥ 夏勇.中国民权哲学[M].北京:三联书店,2004:181.
⑦ 夏勇.中国民权哲学[M].北京:三联书店,2004:186.
⑧ 夏勇.中国民权哲学[M].北京:三联书店,2004:189.

-

第一章 绪论 005

政治运动的倾轧中得以落实与保护的过程十分漫长。住房权作为公民权利的一部分，其诞生与生长也一直处于不断的变动之中。

当前的个人住房权利状况，遵循特定的历史路径生长演化而来。法律宣示的权利难以落实的时期，形式与内容多样的"住房政策"成为规设个人实有住房权利的主要载体。19世纪中叶至20世纪中叶的早期现代化[①]与1949年后的社会主义现代化，尽管有政权更迭、意识形态的藩篱，但仍属于连续的现代化进程。先后建立的政权对住房问题的干预从未停止，住房政策一直发挥着建构与限定个人权利的实质功能。晚清民国时期，现代住房法制发育。及至中华民国南京国民政府时期的《六法全书》[②]以及中华人民共和国成立后的宪法与法律等，都对住房财产权、住宅不受侵犯等与住房相关的公民权利进行了阐述。中华人民共和国成立后，以1949年与1978年为时间节点，住房经济由市场转向计划，又由计划向市场回归。自19世纪末至21世纪初的一百多年的时间里，晚清、民国时期地方与国家层面的住房法规，社会主义计划经济时期的公有住房制度政策，社会主义市场经济时期的住房市场与住房保障政策，一直在不断演变。住房权利的实际消长，正隐藏在这些住房政策内容和相互关系的更迭之中。深入历史路径中理解住房政策，才能获得对住房权利的生长与现状的完整认识。

第二节 概念界定

一、城市

20世纪中，现代意义上的"城市"从无到有，不同历史阶段中内涵不一。

晚清时期实行"城乡合治"，"城"没有独立行政管理，隶属于州、郡、府、县等。约开商埠中建立的租界开启了现代市政建设，成为独立城市行政管理机构的起点。清末新政时期，天津、北京打破"城乡合治"的传统行政管理模式，建立了市政管理机构，城区行政管理开始独立。1908年清廷颁布《城镇乡地方自治章程》，规定"城""镇"的标准，市自治制发端。此后，多地设置市政公所，开始"官办市政"。1921年，《广州市暂行条例》颁布，广州市正式宣告成立，成为"市脱隶于县"的全国开端。1928年国民政府颁布《特别市组织法》及《市组织法》，全国市制统一，现代意义上的"城市"正式确立。南京国民政府时期以及中华人民共和国成立后，市、镇设置标准又经过多次调整。

因此，本文所称"城市"并非内涵固定不动的概念，而是随不同历史阶段有所变动。

[①] 19世纪中叶至20世纪中叶，最初被称为近代化。20世纪90年代后，将19世纪中叶至20世纪中叶表述为"早期现代化"，已为学界接受。
[②] 国民党政府公布的宪法、民法、商法、刑法、民事诉讼法、刑事诉讼法等六种法规。

概括地说，在市制统一以前，本文所称城市指建立市政管理机构、有独立行政管理的城区；市制统一以后，本文所称城市指国家政权制定的行政建制标准所确定的城市。

二、住房政策

"住房政策"是一个被广泛使用而无精确定义的词汇。

在中文语境下，《中华法学大辞典》《中国百科大辞典》《社会科学大词典》等对"政策"的定义基本相同。政策，指政党或国家为实现一定历史时期的任务而制定的行动纲领、方针和准则[1]，是关于行动方向和准则的指导性、规范性的规定[2]。《西方经济学大辞典》将"住房政策"定义为：中央与地方政府出面干预及解决住房问题的手段和方法，其宗旨在于解决住房供给与需求之间的矛盾[3]。《经济学大辞典》中的解释为：在城市经济中，凡由政府（主要指地方政府）通过市场经济进行干预以解决各种住房问题的手段、方法，被统称为住房政策[4]。田东海在对住房政策的研究中，将国家（中央政府与地方政府）住房政策定义为"为改善住宅的数量、质量、价格以及所有权和使用权而设计的措施"[5]。综合以上各项定义，可以将住房政策理解为国家（中央与地方政府）为解决住房问题所进行的干预，干预通过一定的手段和方法实现。干预措施由一系列法律、法规和行政指令组成，在行政力量主导下操作[6]。依据住房的属性与特点，政策干预的领域涉及住房的生产、分配、交换、消费，具体体现为住房市场政策、公共住房政策、自用住房政策等。

20 世纪的不同历史阶段中，国家（中央与地方政府）对解决住房问题进行的干预，在具体手段和方法上有很大的差异。因此，本文所研究的"住房政策"在具体表现形式方面随历史分期而不同。晚清时期，对住房问题的干预集中于地方政权订定的土地章程、建筑规则中。民国时期，土地与住房领域的国家立法已经形成。在地方层面，各城市政府在住房建设方面屡有新的探索与实践，制定规章、办法等法规文件，以规范住房建设与解决住房问题。地方层面的住房干预措施，形式与内容表现多样，各地采取的住房问题解决方法各有所长。中华人民共和国成立后，国家领导讲话、政党方针、计划、指令、政府文件等成为政府干预住房问题的主要形式。1978 年后，国家法律逐步健全，部门规章、政府部门文件成为中央与地方政府干预住房问题的主要载体。地方政府的住房干预措施，基本表现为对中央政策的贯彻与执行，实质内涵与中央精神一致。

本文的"住房政策"具体包括：1949 年前国家与地方层面的法律、规章等；1949 年中华人民共和国成立后的住房政策，聚焦于国家层面，包括法律、部门规章、领导讲话、政党方针、计划、指令，以及中央政府机构所发出的文件。

---

① 孙国华. 中华法学大辞典·法理学卷 [M]. 北京：中国检察出版社，1997：506.
② 彭克宏. 社会科学大词典 [M]. 北京：中国国际广播出版社，1989：415.
③ 胡代光，高鸿业，丁冰. 西方经济学大辞典 [M]. 北京：经济科学出版社，2000：972.
④ 梁小民等. 经济学大辞典 [M]. 北京：团结出版社，1994：323.
⑤ 田东海. 住房政策：国际经验借鉴和中国现实选择 [M]. 北京：清华大学出版社，1998：3.
⑥ 余南平. 欧洲社会模式：以欧洲住房政策和住房市场为视角 [M]. 上海：华东师范大学出版社，2009：68.

本文不涉及租房政策，也不涉及城中村改造、小产权房等非正规住房的相关政策内容。20 世纪，南京国民政府、中华人民共和国都制定过一些针对房屋出租的管制政策。由于租房市场一直存在且房屋出租政策所产生的社会影响相对较小，也限于研究精力的不足，本文未研究租房政策。城中村多为进城务工群体的居住聚集地，村民的自建房屋、小产权房尽管属于非合法住房，但满足着许多人，尤其是部分低收入群体的实际住房需求。城中村问题具有普遍性，各地针对城中村问题的政策则具有明显的地域性。非合法住房的政策内涵也涉及个人的住房权，但考虑到各地针对城中村制定的政策有强烈的地域独特性与复杂性，本文因研究精力所限，未涉及城中村等非正规住房的政策内容。

三、住房权

住宅权、住房权、居住权，这三个词汇都被研究者用来表示社会所有成员获取基本居住条件的权利。周珂在《住宅立法研究》[1]、金俭在《中国住宅法研究》[2] 中使用了"住宅权"，王宏哲[3]、张群[4] 的研究中使用了"住房权"；廖丹[5] 使用了"居住权"来界定公民的居住行为在宪法上的基本权利；《中国土木建筑百科辞典》对"居住权"的解释为：又称住房权，一个社会的所有成员获取基本居住条件的权利，像生存权、工作权一样，居住权是人类基本的权利之一[6]。

"居住权"为我国法学界广泛使用。"居住权"对应的英语词汇为"habitatio"，起源于"罗马法"，指非所有人居住他人的房屋的权利。《法学大辞典》对居住权的解释为"权利人依法居住他人建筑物并可排除所有权人干涉的权利"[7]。《北京大学法学百科全书》对居住权的定义也基本相同，指"因居住而使用他人房屋的权利"[8]。物权法拟订过程中，物权法草案曾包括居住权的条款[9]。2005 年 7 月，全国人大常委会办公厅向公众征求意见的《中华人民共和国物权法（草案）》中，第 15 章为"居住权"，第 180 条规定居住权是"居住权人对他人享有所有权的住房及其附属设施享有占有、使用的权利"。可见，在我国法学界，对居住权有清晰的含义界定。

"住宅权"与"住房权"，皆来自于联合国国际公约的中文译本。1948 年的《世界人权宣言》、1965 年的《消除一切形式种族歧视公约》、1966 年的《经济、社会、文化

---

① 周珂. 住宅立法研究 [M]. 北京：法律出版社，2008：53.
② 金俭. 中国住宅法研究 [M]. 北京：法律出版社，2004.
③ 王宏哲. 适足住房权 [D]. 北京：中国政法大学，2007.
④ 张群. 居有其屋：中国住房权问题的历史考察 [M]. 北京：社会科学文献出版社，2009.
⑤ 廖丹. 作为基本权利的居住权研究 [D]. 武汉：武汉大学，2011.
⑥ 李德华等. 中国土木建筑百科辞典（城市规划与风景园林）[M]. 北京：中国建筑工业出版社，2005.
⑦ 邹瑜等. 法学大辞典 [M]. 北京：中国政法大学出版社，1991.
⑧ 魏振瀛等. 北京大学法学百科全书 [M]. 北京：北京大学出版社，2001.
⑨ 2007 年 10 月 1 日起施行的《中华人民共和国物权法》没有关于居住权的条款。2006 年全国人大常委会在《物权法》第五次审议时将居住权的章节删除。时任全国人大常委会法制工作委员会主任胡康生表示，法律委研究认为："居住权的适用面很窄，基于家庭关系的居住问题适用婚姻法有关抚养、赡养等规定，基于租赁关系的居住问题适用合同法等有关法律的规定，这些情形都不适用草案关于居住权的规定。而且，居住权大多发生在亲属朋友之间，一旦发生纠纷，可以通过现行有关法律规定的救济渠道加以解决。"信息来源：新华网. 新物权法草案删除有关"居住权"的规定 [OL]. 2006-08-22.

权利国际公约》，以及 1991 年经济、社会和文化权利委员会发布的《经济、社会、文化权利国际公约》第 4 号一般性意见：适足住房权，对 "the right to housing" "housing rights" "the right to adequate housing" 的翻译，先后使用了住宅权、住房权这两个词汇[①]。从国内研究者的具体研究内容来看，住房权、住宅权、适足住房权所表述的含义是一致的。2010 年，联合国人类住区规划署发布的《人权概括介绍第 21 号（第一次修订版）：适足住房权》中，"the right to housing" 译为 "住房权"[②]。因而，本文选择使用 "住房权"。

住房权的基本内涵是安全、和平和尊严地居住某处的权利，并且适足的住房权利适用于每个人。住房权作为一项人权，具体含义由国际公约界定。1948 年《世界人权宣言》第 25 条是住房权作为一项独立的个人权利的阐释基础[③]。从首次提出至发展到今天，住房权经由联合国经济、社会和文化权利委员会文件的解释而逐步完整。2010 年联合国人类住区规划署发布的《人权概括介绍第 21 号（第一次修订版）：适足住房权》，在关于适足住房权和强迫驱逐的第 4 号和第 7 号一般性意见的基础上，对适足住房权的重要内容进行总结。适足住房权包括多项自由、多项权利，以及至少 7 个方面的最低标准[④]：

（1）适足住房权包括多项自由，这些自由是：受到保护，以免遭受强迫驱逐以及任意破坏和拆除个人住宅；个人住宅、隐私和家庭免受任意干涉的权利；选择住所、决定生活地区和自由行动的权利。

（2）适足住房权包括多项权利，这些权利是：住房权保障（Security of Tenure）；住房、土地和财产归还；平等和非歧视地获得适足住房；在国家和社区一级参与同住房有关的决策。

（3）适足住房远远不止四面墙壁和一个屋顶，适足住房至少满足 7 个方面的最低标准：住房权保障；服务、材料、设备和基础设施的供应；可负担性；宜居程度；无障碍；地点；文化环境。

（4）受到保护，免遭强迫驱逐。

适足住房权与国际公约文件规定的其他人权不可分割，所有人权都是相互依存、不可分割、彼此关联的，侵犯适足住房权可能会影响到享有范围广泛的其他人权，反之亦然；

① 经济、社会和文化权利委员会（CESCR）第六届会议（1991 年）. 第 4 号一般性意见：适足住房权（《公约》第十一条第一款）[DB/OL].[2017-07-18].http://tbinternet.ohchr.org/_layouts/treatybodyexternal/Download.aspx?symbolno=INT%2fCESCR%2fGEC%2f4759&Lang=zh.

② 联合国人类住区规划署. 人权概括介绍第 21 号（第一次修订版）：适足住房权 [M]. 联合国日内瓦办事处联合国人权事务高级专员办事处，日内瓦：2010[DB/OL].[2017-07-18].http://www.ohchr.org/Documents/Publications/FS21_rev_1_Housing_ch.pdf.

③ 除第 25 条之外，《世界人权宣言》多项条款的内容都涉及住房权。第 12 条　任何人的私生活、家庭、住宅和通信不得任意干涉，人人有权享受法律保护，以免受这种干涉或攻击。第 13 条　人人在各国境内有权自由迁徙和居住。第 17 条　人人得有单独的财产所有权以及同他人合有的所有权，任何人的财产不得任意剥夺。第 22 条　每个人，作为社会的一员，有权享受社会保障，并有权享受他的个人尊严和人格的自由发展所必需的经济、社会和文化方面各种权利的实现。第 23 条　每一个工作的人，有权享受公正和合适的报酬，保证使他本人和家属有一个符合人的尊严的生活条件，必要时并辅以其他方式的社会保障。

④ 住房权的内容总结自《人权概括介绍第 21 号（第一次修订版）：适足住房权》。

获得适足住房是享有多项人权^①的前提。第 21 号文件指出了适用非歧视和平等的基本人权原则，并特别列出了关于住房的各种歧视形式：歧视性法律、政策或措施；分区规划；制定排外政策；剥夺住房福利；否认住房权保障；获得信贷不足；限制参与决策；或缺乏保护措施以防止私人行为者所采取的歧视性做法。

第三节　研究综述

一、住房政策演变研究

以 20 世纪作为完整历史时段进行的住房政策研究几乎为空白。长时段的住房政策研究仅见《中国现代城市住宅（1840-2000）》^②。该书从建筑学的角度研究了现代城市住宅的诞生与发展。吕俊华等学者研究的主旨不在于住房政策，但研究包含相当多的住房政策内容，尤其集中于 1949 年后的住房政策。这些住房政策的梳理分析，为住房政策演变的研究提供了基础。住房政策研究整体呈现出明显的分段性，概括为晚清至民国时期、中华人民共和国社会主义计划经济时期、中华人民共和国社会主义市场经济时期。研究内容突出地集中于 1978 之后，特别是 1998 年之后的住房政策。

以晚清至民国时期住房政策及其演变为核心主题的研究极少。住房政策的相关研究，主要涉及城市住区建设、房地产历史、住房相关法规演变三个领域。以单个城市的住区建设与建造控制的研究居多，而立足于国家层面的系统性全局梳理较少。以城市住房政策为核心主题的研究仅有关于青岛城市住宅政策的个案研究。李红^③研究了 1929 ~ 1937 年间青岛市的住房立法与行政管理制度，通过梳理土地领租、税收征收、房地转移、平民住所保障等方面的具体规定，勾勒出了南京国民政府时期青岛市的住房政策体系概貌。关于近代城市土地法规、建筑控制规章、住区建设、房地产市场、住房救济等变迁的研究，通常包含一定的住房政策演变的内容。此类研究通常以某一时段为期限、以特定城市为对象进行，属于历时性的个案研究。研究对象城市为上海、北京、南京、广州等向现代化转变显著的城市。以上海市为对象的研究成果最为丰富，唐方^④、孙倩^⑤、牟振宇^⑥、练育强^⑦、贾彩彦^⑧的研究涉及近代上海的土地与规划法制、公共租界与法租界的建设管

---

① 包括工作权、健康权、社会保障权、选举权、隐私权或教育权等。
② 吕俊华，彼得·罗，张杰.中国现代城市住宅：1840-2000[M].北京：清华大学出版社，2003.
③ 李红.1929-1937 青岛城市住宅政策研究 [D]. 中国海洋大学，2011.
④ 唐方.都市建筑控制：近代上海公共租界建筑法规研究（1845-1943）[D]. 上海：同济大学，2006.
⑤ 孙倩.上海近代城市建设管理制度及其对公共空间的影响 [D]. 上海：同济大学，2006.
⑥ 牟振宇.近代上海法租界城市化空间过程研究（1849-1930）[D]. 上海：复旦大学，2010.
⑦ 练育强.近代上海城市规划法制研究 [D]. 上海：华东政法大学，2009.
⑧ 贾彩彦.近代上海城市土地管理思想（1843-1949）[M].上海：复旦大学出版社，2007.

理制度和建筑规章，包含住区规划与管理政策、技术政策等内容。邢向前[①]、孙翔[②]的研究是针对单个城市的近代住房建设历史专项研究的代表，包含住区开辟中的土地征收承领、住宅建造等方面的规章制定与演变的内容。陈海忠[③]、吴珂[④]、王梦[⑤]研究民国时期平民住所建设、住房救济规章与地方社会，既有个案城市研究，也有系统性的民国时期住房救济制度研究。赵津的中国城市房地产史[⑥]研究，为了解房地产市场的全貌、住房政策信息提供了丰富的史料。马学强[⑦]、唐博[⑧]的研究包含晚清至民国时期的江南城镇、北京的土地立法、财政干预等住房相关政策内容。杨士泰的土地法制研究[⑨]，从法学的角度探讨了清末、民国北京政府时期、南京国民政府时期土地法制的进化。此外，众多学者对北京、上海、长春、南京、济南、青岛等城市的近代城建史研究，或多或少地包含着近代住房法规、住宅建设变迁与发展的一些史料信息。

　　1949 ~ 1978 年间，伴随着社会主义政治、经济制度的构建，公有住房大量兴建，住房制度经历了体制性的重构。但是，聚焦于这段住房体制巨变时期的学术研究十分匮乏，鲜有针对社会主义公有住房制度塑造成型的政策内容、政策过程的细致解读。1949 ~ 1978 年间的住房政策及其变迁，通常仅作为 1978 年后住房制度改革、土地制度改革、城镇住房产权制度、住房政策演变等研究的背景出现。此类研究进行的背景型政策梳理，仅限于城市原有私房的社会主义改造政策。同时，仅将公有住房制度高度概括为"无偿分配""低租金""无限期使用"的"福利体制"，基本不涉及城市新建住房的政策梳理与分析。

　　1978 年后的住房政策研究以 1998 年为界，分为两个阶段。针对 1998 年前住房政策的研究主题为住房制度改革，研究涵盖多个角度，如社会学角度、地理学角度、经济学角度、心理学角度等。其中社会学视角的研究与本文的相关性较高。社会学者研究住房政策实施带来的社会变化与问题，如"单位制"的功能与作用的转变、住房制度改革的公平性、住房政策对不同社会阶层的影响。20 世纪 80 年代末，路风[⑩]首先将单位作为特殊的社会组织形式进行研究。对于单位在社会控制、分配资源、公共物品供给、生活保障等方面作用的研究，以李汉林、李路路、边燕杰等学者为代表。边燕杰等以上海、天津两市为对象的研究认为，1996 年前的住房改革措施以"单位"为中介，大多数居民尚

① 邢向前. 1927-1937 年南京住宅建设问题研究 [D]. 南京师范大学，2012.
② 孙翔. 民国时期广州居住规划建设研究 [D]. 广州：华南理工大学，2011.
③ 陈海忠. 民国都市住房救济与地方社会：以 1928-1937 年汕头市平民新村的建设与管理为中心 [J]. 社会科学辑刊，2012(1).
④ 吴珂. 中国城市住房保障事业的最初纪元（1919-1949）[J]. 城市发展研究，2010，17（1）：93-97.
⑤ 王梦. 论民国时期住房保障法律制度 [D]. 广州：华南理工大学，2010.
⑥ 赵津. 中国城市房地产史论（1840-1949）[M]. 天津：南开大学出版社，1994.
⑦ 马学强. 从传统到近代：江南城镇土地产权制度研究 [M]. 上海：上海社会科学院出版社，2002.
⑧ 唐博. 清末民国北京城市住宅房地产研究（1900-1949）[D]. 北京：中国人民大学，2009.
⑨ 杨士泰. 清末民国土地法制研究：以地权制度变迁为中心 [D]. 北京：中国政法大学，2008.
⑩ 路风. 单位：一种特殊的社会组织形式 [J]. 中国社会科学，1989（1）：71-88.

无机会与能力进入住房市场[①]。李汉林、李路路[②]指出，个人对单位的依赖模式，由直接行政性控制转向利益依赖。资源和利益的单位化，除工资收入外，更多地表现在保障、福利和住房等基本资源方面。不同类型单位（单位所有制、单位类型、单位级别）在社会保障与教育资源上的差异明显，高级别单位具有更多能力保证单位成员的医疗、养老以及住房[③]。1998年后学者们开始关注住房利益在不同群体之间的分配、住房制度改革的公平性及其后续影响。李基铉[④]研究住房双轨制改革存在的不平等性，分析党政机关、单位、房地产开发商等不同行动者的得失。朱亚鹏从地方政策执行的角度，审视住房制度改革中的社会公平问题。巴笑夫与董卫[⑤]、李斌[⑥]、湛泳[⑦]、孙功苗[⑧]关于住房制度改革对不同群体影响的研究得出的结论趋向一致。以经济导向为核心目标的住房制度改革，未能从社会政策的角度充分审视其过程与结果，导致并强化了社会贫富分割[⑨]，将原体制中隐形收入的不平等显化。

1998年后，住房保障政策进入学者的研究视野，研究内容归纳为两类：其一，分析国内现状住房保障制度存在的问题，既有对经济适用房、廉租房、公共租赁住房等具体政策的分析，也有对住房保障体系优化的探索；其二，梳理与总结国外公共住房政策发展的过程与经验，为国内住房保障制度改善提供政策借鉴。现状住房保障政策中，关于经济适用住房的讨论最集中。其关键问题是非弱势群体占用公共财政补贴[⑩]，以及政府补贴的低效[⑪]。相较于经济适用住房，廉租房政策受到的批评较少。户籍限制对城市打工者、进城民工等弱势群体的排斥[⑫]，成为廉租房政策最受质疑的重大缺陷。廉租房政策还存在廉租对象收入线划分困难、廉租资金来源单一等问题。这些问题阻碍着廉租住房政策目标的实现，也妨碍着社会公平的实现。住房保障政策存在的突出性体系问题是未覆盖城市低收入阶层中的非正式移民。董昕对1978～2012年间农民工住房政策的评价是，农民工住房问题政策仍处于探索阶段，实际效用有限[⑬]。在2007年之后，住房保障制度日渐成为社会政策议题的焦点，关于住房保障体系、住房保障制度设计与优化的整体性研究增多，例如宋士云[⑭]、王世联[⑮]对城镇住房保障制度与思想的变迁的研究。借鉴国外公

① 边燕杰等."单位制"与住房商品化[J].社会学研究，1996（1）：83-95.
② 李汉林，李路路.资源与交换——中国单位组织中的依赖性结构[J].社会学研究，1999（4）：44-63.
③ 李路路，李汉林.中国的单位组织：资源、权力与交换[M].杭州：浙江人民出版社，2000.
④ 李基铉.中国住房双轨制改革及其不平等性[J].社会主义研究，2006（3）：46-49.
⑤ 巴笑夫，董卫.中国住房改革的社会影响——基于计算机技术的社会形态分析[J].现代城市研究.2006，21（5）：78-84.
⑥ 李斌.社会排斥理论与中国城市住房改革制度[J].社会科学研究，2002（3）：106-110.
⑦ 湛泳.从住房制度改革看居民收入分配差距[J].中国房地信息，2003，204：36-37.
⑧ 孙功苗，湛泳.城镇住房制度改革与收入分配[J].求索，2005（6）：25-27.
⑨ 李斌.中国住房改革制度的分割性[J].社会学研究，2002（2）：80-87.
⑩ 常华堂，张大勇.社会政策视角下的城市弱势群体住房保障问题探析[J].中国农业大学学报（社会科学版），2006（2）：68-73.
⑪ 黄征学.经济适用房的政策效应分析[J].经济科学，2004（3）：92-101.
⑫ 杨建平，廖阳.论现行廉租住房制度的不足及其对策[J].中国房地产，2003，10：33-35.
⑬ 董昕.中国农民工的住房政策以及评价（1978-2012年）[J].经济体制改革，2013（2）：70-74.
⑭ 宋士云.新中国城镇住房保障制度改革的历史考察[J].中共党史研究，2009（10）：102-110.
⑮ 王世联.中国城镇住房保障制度思想变迁研究（1949-2005）[D].上海：复旦大学，2006.

共住房政策经验的研究以国别比较为主,以田东海[①]、姚玲珍[②]、郭玉坤[③]、程益群[④]为代表,研究地域覆盖英国、瑞典、美国、德国、新加坡、日本、中国香港等国家与地区。此类研究梳理了公共住房技术政策、金融政策、分配政策以及政府的干预机制,总结了这些政策的经验,进而提出了适合中国的公共住房政策模式或发展策略。

晚清至民国时期的住房政策及其演变的研究,尚无整体性可言,呈现出分散性、个案化特征。国家层面、地方层面为解决住房问题所进行的政府干预,散布于土地法规、营建法规、社会救济法规、城市新区与住宅区开辟规章、建筑规章等政府文件中。既往研究为长时段的住房政策梳理分析,积累起了丰富的历史信息与资料。社会主义公有住房制时期的住房政策演变,停留于社会主义私房改造、福利分房等粗浅的概括,亟待深入细致的实际解剖。

住房制度改革研究解析个人、单位、不同群体的住房地位与利益得失。此类研究在关注资源与利益分配的时候,通常只关注住房的"房",而未关注住房的"地"。住房具有空间属性,存在对土地的依附关系,任何对住房的利益分配,都涉及土地资源的占有与支配。补充土地资源占有、空间利益分配的内容,将使住房政策研究更完整。住房制度改革研究以"单位"与"群体"视角为突出特征,政策带来的个人住房能力变化则较少得到关注。住房保障制度在保障力度、覆盖范围等方面的表层问题得到较多讨论,困境的破解则指向户籍制度、土地制度、中央与地方财政关系的调整。针对国外住房保障政策借鉴的研究,长于各国具体措施的总结,但较少考虑住房政策之外的社会模式的差异。政府向住房困难个人或家庭提供的帮助,并非独立于社会经济运行之外。所比较的国家或地区与中国在空间尺度、人口(尤其是以农民工群体为主的流动人口)规模、土地制度等方面均存在巨大差异。忽视这种差异的经验与措施借鉴,往往难以奏效。西方发达国家的经济史表明,世界上从来没有任何一个国家经历过像中国这样的规模庞大、流动迅速的人口流动[⑤]。现阶段人口流动的流动特征与制度障碍,是住房保障制度无法回避的问题。住房对土地的依附性,决定了各国住房问题解决对土地法律保障的依赖性。忽视土地因素的公共住房经验与方法借鉴较难实现。鉴于各个国家或地区的土地制度、税收制度、社会福利制度等方面的差异,对其他国家经验的借鉴,可以拓展我们解决问题的思路与途径,但没有直接的方法和手段可以简单复制或套用。工业化、城市化、现代化进程中的住房问题是不断变化的,住房政策和实践也是动态的。这种动态始终处于历史的连续性里,有历史路径可循。既有的对于住房政策的分段研究,无助于识别这种连续性,从而无法形成对住房问题的完整认识。

---

① 田东海. 住房政策:国际经验借鉴和中国现实选择 [M]. 北京:清华大学出版社,1998.
② 姚玲珍. 中国公共住房政策模式研究(修订版)[M]. 上海:上海财经大学出版社,2009.
③ 郭玉坤. 中国城镇住房保障制度研究 [D]. 成都:西南财经大学,2006.
④ 程益群. 住房保障法律制度研究 [D]. 北京:中国政法大学,2009.
⑤ 马红旗,陈仲常. 我国省际流动人口的特征:基于全国第六次人口普查数据 [J]. 人口研究,2012,36(6):87-99.

二、住房权研究

住房问题长时间以来主要作为经济问题与产业问题被关注，直到近年来住房价格高涨之后，才逐渐作为社会问题而被关注。这种状况反映在学术研究领域，表现为住房权研究积累单薄，研究文献集中出现在 2000 年之后。即有研究集中于住房权内涵剖析、住房权立法、住房权实现等方面。其中，一定数量的住房权研究文献，以住房权内涵分析为起点，以提出住房权立法作为住房权实现的措施。

住房权内涵剖析的研究，以《经济、社会、文化权利国际公约》、联合国经济、社会和文化权利委员会对住房权的解释为基础，从不同的角度出发概括人权的内涵，解释住房权应该是什么。王宏哲的博士论文"适足住房权研究"[1]最具代表性，他重点辨析"适足"的含义，根据西方公共住房的历史总结住房权的产生历程，提出国家对住房权具有尊重、保护、促进、实施四个层次的义务。部分学者从人权保障与权利救济理论出发，提出住房权包括积极住房权与消极住房权。杜芳[2]认为公民享有要求政府提供符合人格尊严的住房的积极权利，也享有对抗公权力随意侵犯的消极权利。部分学者倾向于从公法、私法的角度理解住房权，住宅权既是公民的一项基本人权，又是一项财产权。金俭[3]认为，公法意义上的住房权是每一个公民维持其生存必需的基本权利，私法上的住房权是住宅的所有权以及其他权利的财产权。余南平等[4]将住房权分为法律上的权利与宪法上的权利。法律上的权利指由立法或法规所确立的具体的有关住宅保障的权利。宪法上的权利包括作为自由权的住宅权，以及作为经济社会权利的住房权。其中，作为自由权的住宅权指个人住宅不受侵犯的财产权，以及从财产权延伸出的承租权的保障、不受强制驱逐的权利；作为经济社会权利的住房权指通常以再分配的形式存在的、国家向个人进行给付的住宅权利。杨英文[5]认为住房权是一项多项子权利的综合性权利，核心包括两方面：公民享有为实现基本的居住需要而获得住宅的权利；安全、健康、尊严地居住的权利。朱亚鹏[6]以批判的态度指出现状公民住房权认识中存在误区，住房权应该包括住房产权、房屋居住权、住房保障权、房屋宜居权。

对于住房权的保障，研究者一般皆主张通过住房权入宪、制定住房法与相关的配套法规等来实现。住房权立法研究，以周珂[7]、金俭[8]的研究为代表。两者都采用比较研究的方法，一方面，回顾我国住房制度改革的历程，进而总结现状住房制度，尤其是住房保障方面的问题；另一方面，进行横向的国别比较，整理日本、美国、德国、新加坡、

---

[1] 王宏哲 . 适足住房权 [D]. 北京：中国政法大学，2007.
[2] 杜芳 . 论公民住房权的二重属性 [J]. 山西大学学报，2010（4）：112-117.
[3] 金俭 . 中国住宅法研究 [M]. 北京：法律出版社，2004：55.
[4] 余南平，凌维慈 . 试论住宅权保障：从我国当前的住宅问题出发 [J]. 社会科学战线，2008（3）：197-208.
[5] 杨英文 . 住房权研究 [D]. 长春：吉林大学，2009.
[6] 朱亚鹏 . 公民住房权的认识误区与住房政策的偏差 [J]. 探索与争鸣，2012（2）：15-16.
[7] 周珂 . 住宅立法研究 [M]. 北京：法律出版社，2008：53.
[8] 金俭 . 中国住宅法研究 [M]. 北京：法律出版社，2004.

中国香港等国家与地区的住房立法经验，为中国住宅立法提供借鉴。两者的研究都提供了对住宅法草案的建议。针对我国尚未进行住房权立法、宪法中没有关于住房权的明确界定的现状，住房权入宪的主张为学者所倡导。然而，孙凌[①]认为我国宪法规范中已经存在住房权，因为住房权所必需的要素已经存在于宪法规范中，并且这些要素呈现出一种相互关联、相互支持的关系。住房权司法保障、司法救济也是学者们关注的范畴。公民的住房权等受侵害时，是否能够通过司法途径获得救济，国际社会围绕此类社会经济权利的争议，一直存在激烈辩论。2001年南非格鲁特布姆案[②]突破了对住房权是否具有可诉性的辩题。此案被视为证明经济和社会权利具有可诉性的里程碑式案件[③]，为住房权等社会经济权利的司法保护提供了新思路。杜芳[④]通过研究国外住房立法的诉讼与积极住房权的司法可诉性，提出了启动积极住房权违宪审查，扩大消极住房权保护范围至学生宿舍、临时住房、违章建筑等的司法保障的完善建议。张清等[⑤]结合国外的住房权救济途径，分析并提出了当前中国实现适足住房权司法救济的可能途径。顾大松[⑥]研究房屋征收中的适足住房权保障，认为适足住房权保障原则应当在房屋征收立法中得到体现，提出保障对象应包括被征收房屋所有权人、承租人、居住权人及违章建筑所有人，应特别禁止非法强制搬迁。

关于住房权的研究积累尚不丰富，但已为住房权的深入研究奠定了基础。研究者关注的核心之一为国际公约提出的住房权内涵应该是什么。从各项涉及住房权内涵分析的研究可以总结出：住房权是一项综合性的权利，或者说住房权是包含多项子权利的权利束。对于如何理解住房权的各项子权利，尤其是各项子权利之间的相互关系则鲜有关注。对于住房权这项在中国既没有宪法规定也没有法律规定的权利，各项子权利在社会现实中如何对应，尚未见研究进行关注。仅以国际公约内容为依据探讨住房权作为道德权利的内涵，缺少对中国现实状况的关照，无助于找到与现实住房权问题的对接点。住房权研究目前仍停留在应然范围，住房权利实际状况的研究空缺亟待填补。研究者关注的核心之二为住房权应该如何实现。住房权立法、入宪为研究者认可，但是即使住房权实现

---

① 孙凌.论住宅权在我国宪法规范上的证立：以未例举宪法权利的论据、规范与方法为思路法制与社会发展[J]. 2009（5）：136-142.

② 格鲁特布姆案（Government of the Republic of South Africa and Others v. Grootboom）的基本案情为：一个由390个成年人和510个儿童组成的群体，因不堪忍受原居住地恶劣的条件，集中搬迁到一块由私人拥有的空闲区域。搬迁后不久遭政府强行驱逐，又搬迁到同一区域的一个运动场。但是，应私人土地所有者的要求，政府命令他们离开居住地。在命令最后期限届满前一天，政府用推土机强行铲平临时住所，他们拥有的物品和建筑材料等都在驱逐过程中被毁掉，他们陷入居无住所的悲惨境地。以艾琳·格鲁特布姆（Irene Grootboom）为首，他们集体请求开普敦地区的高级法院发布紧急命令，要求政府立即向他们提供临时性住所，直到他们能够获得永久性住房为止。南非开普敦地区的高级法院根据南非《宪法》第28条第1款第3项有关儿童社会经济权利的规定，判决政府应该给予那些有孩子的家庭临时住房。法院认为政府违反了消极保护义务；政府的住房政策存在不合理之处，没有在其可利用的资源范围内为开普敦那些没有土地、没有住房并且生活在不能忍受或者处于危机状况中的人们提供合理的帮助；此外，国家只负有在其可利用的资源范围内逐渐实现的义务。法院的判决引发很大争议，学界对法院的做法褒贬不一。

③ 黄金荣.司法保障经济和社会权利的可能性与限度：南非宪法法院格鲁特布姆案评析[J].法律评论，2006（1）：61-69.

④ 杜芳.我国公民住房权的司法保障研究[D].湘潭：湘潭大学，2009.

⑤ 张清，梁军.适足住房权的司法救济研究[J].学习与探索，2012（12）：71-76.

⑥ 顾大松.论房屋征收适足住房权保障原则[J].行政法学研究，2011（1）：76-81.

入宪或者立法，住房权向实有权利的转化也仅仅实现了第一步。使属于应然范围的道德权利、由立法确认的规范权利转化为实有权利，仍有诸多需要克服的障碍等待研究。

三、住房政策与住房权的关联研究

通过住房政策思考住房权，或者通过住房权解释住房政策，这两种向度的中国住房政策与住房权研究积累都较为单薄。

余南平、凌维慈[①]从分析当下住宅问题的本质出发，进行了住房保障权的探讨。余南平等认为经济学对当前中国住房问题的主流解释（地价决定论、区域优势决定论、人民币币值低估论）未能触及住房问题的本质；住房问题的本质是住房权保障，住宅制度的核心在于住房权。他们认为，中国住房快速市场化过程中的主要问题在于对公民的住房权利缺乏认识，缺乏相应的住房保障等社会政策与法律的安排。孙建伟[②]通过土地置换政策研究农民的住房权与生存权保障，以上海 2003～2010 年的土地政策为例进行实证。通过回顾梳理农村宅基地制度确立的政策过程，孙建伟认为，农村宅基地制度和承包地承担农民的住房权和生存权保障功能；尽管保障功能未经法律和政策明确，但政治实践中这些权利是存在的。然而，在近年来的宅基地置换实践中，以宅基地为主的农村建设用地向城市建设用地让渡空间时，农民的住房权和生存权问题逐渐凸显出来。如何保障农民包括住房权在内的土地权益，考验着城市化过程中的国家执政能力。孙建伟的研究以农村宅基地制度与农民权益为主题，虽然不是针对城市住房政策的研究，但研究思路是通过解析住房政策演变，思考住房权问题。

目前较成熟的研究唯有张群[③]对中国住房权问题的历史考察一例。张群的研究以西方国家的住房保障法规与政策发展为研究背景，以中国古代的住房保障思想与清代旗人官房制度为起点。他重点考察了民国时期的住房保障法规以及 1949～2009 年间的住房政策与住房制度，研究近代以来中国的住房权历史。对民国时期的住房权研究，包括国家与地方层面的房租管制、平民住宅、私房奖励等三方面的住房救济规章与措施；对中华人民共和国的住房权研究，包括社会主义私房改造、住房商品化与住房保障等三方面的住房政策。张群勾勒出了近代以来住房保障立法与政策的整体面貌，将西方的住房权概念与中国境况里的权利生长关联起来，是首次探寻住房权历史发展过程的学术努力。张群的研究以住房权为题，实际研究内容则为住房保障权。计划经济时期的住房政策，只涉及私房改造政策，未研究公有住房政策。而对于新中国的住房政策与住房权研究，公有住房制度的形成才是关键所在。他的研究未涉及住房的土地权利问题。由于住房属于土地的定着物，土地使用权、土地财产权、免受强制驱逐的权利，都是住房权的构成

---

① 余南平，凌维慈.试论住宅权保障：从我国当前的住宅问题出发 [J].社会科学战线，2008（3）：197-208.
② 孙建伟.涉地农民住房权与生存权保障实证研究：以 2003-2010 上海宅基地置换为例 [D].上海：华东政法大学，2011.
③ 张群.居有其屋：中国住房权问题的历史考察 [M].北京：社会科学文献出版社，2009.

内容。张群对住房保障的历史考察已进行得相当深入，但作为住房权研究仍不够完整。将住房权理解为政府向低收入群体提供住房救济，或者说将住房权等同于住房保障，是常见的对住房权概念的错误理解。朱亚鹏指出，将住房权简单地等同于住房救济是对住房权的内涵与外延的严重窄化[①]。住房保障或者住房保障权，虽然是住房权最为重要的子权利，但也仅是住房权中的一项子权利。正是由于对住房权的认识存在误区，住房政策的制定执行与住房权保护之间，存在较大的落差。

住房政策与住房权的关联研究刚刚开始，研究者们的探索已经深入到政策与法规对权利的塑造过程中。市场经济的转型时期，也是中国社会拥抱公民权利的年代，如何让已经落地的住房权概念在法律与政策框架下逐渐生长，有待持续的学术努力。

第四节　研究方法

本文展开的逻辑为归纳，通过有步骤的社会现象观察，收集与分析资料来发展研究，用定性研究追踪随时间变化而发展的社会规律。本文进行历时的、纵向的研究，追踪中国 20 世纪住房政策演变的历史过程，以个人的实有住房权利在历史演变中发生着什么样的变化、哪些政策导致这些变化为研究问题，比较同一地域内不同历史时期的住房权状况。研究收集整理了大量历史文献，对文献内容进行的分析与社会学中考察成文文件的内容分析法有一定的重叠。本文包含有对社会调查、统计资料等历史数据的分析，帮助对事实进行描述与理解。为解析住房政策变迁中住区的实际状况，针对不同时期的典型住区，本文进行了案例研究。

研究中的历史阶段划分，通过社会与城市背景分析来完成。以重要的政治与社会制度变革时间节点、法规政策颁布年限作为划分历史阶段的主要依据，本文将历时研究划分为 3 个阶段[②]。第一阶段为晚清至民国时期（1845～1949 年），第二阶段为中华人民共和国社会主义计划经济时期（1949～1978 年），第三阶段为改革开放后至今（1978～2012年）[③]。

对于政策研究来说，政府文件是最为重要的资料来源。晚清至中华民国时期的政府规章、法律等文献，基本为官方记录。资料来源包括晚清至民国时期各地政府机构编撰

① 朱亚鹏. 公民住房权的认识误区与住房政策的偏差 [J]. 探索与争鸣，2012（2）：15-16.
② 这样的研究分期，必然存在一定的不恰当因素。例如 1949 年中华人民共和国成立初始至社会主义住房公有制形成期间，民国时期住房法规调整下的权利关系实际仍在存续。1978 年后至住房制度改革施行初期，公有住房体制仍在扩张，个人的住房权利状况与社会主义计划经济时期更为接近。
③ 晚清时期，城市现代化进程在租界、租界地等外国势力控制区域开启，土地、建造等包含有住房内容的规章诞生。外国势力控制区域内的现代法规，成为中国城市政府制定类似规章的借鉴样本。此类住房相关规章给中国城市住区与住房法规留下了深刻的影响，因而本文的文献研究始自 1845 年。中华人民共和国社会主义市场经济时期的住房保障政策始自 1998 年，2007 年后逐渐完善。至 2012 年，基本住房保障制度初步形成，《国家基本公共服务体系"十二五"规划》确认享有住房保障属于公民权利。因而本文的文献研究截止于 2012 年。

的地方志，民国时期政府发布的法律原文，民国各省、市的政府公报，各省、市的市政公报，以及各城市的市政机构编撰的市政规章集刊与法规汇编。另有一定数量的政策文件来自民国时期公开发行的报纸、杂志刊登的政府文件，部分晚清至民国时期的政策文件收集于当时出版的城市建设、房地产等图书中，少量租界、租借地颁布的土地与住房规章从 1949 年后编撰出版的城市史志附录中收集而来。中华人民共和国成立后至 20 世纪 80 年代末的文献，主要来自中共中央文件选集与国家房地产政策文件选编、国务院公报以及各省、市的政府公报。此外，少量政策文件来自公开发行的报纸与期刊上刊登的政策原文。20 世纪 90 年代之后的法规与政策，全部来自中央和地方人民政府与行政机关的网站资源。政策文件中另有少量来自近期出版的学术期刊、图书、学位论文，以晚清至民国时期租界、租借地城市的相关规章摘录为主。

第五节　研究框架

一、解析住房权

住房权首先是个人权利，适足的住房权利适用于每个人[①]。住房权是个人权利，是包含多项权利的综合权利束。界定与解释住房权的国际文件中，住房权涉及人身自由与安全、平等的法律保护、财产保护、生活水准、社会保障等 5 个方面（附录一）。住房权包括社会、经济与文化权利的内容，也包括公民与政治权利的内容。住房权的权利束包括自决权、人身安全与隐私权、免予歧视的权利、获得住房的权利、居住权、财产权、救济权、宜居权等 8 项权利（表 1-1）。

国际住房权文件中的住房权子权利分布　　　　　　　表 1-1

	《世界人权宣言》（1948 年）	《公民权利和政治权利国际公约》（1966 年通过）	《经济、社会、文化权利国际公约》（1966 年通过）	《经济、社会、文化权利国际公约》第 4 号一般性意见：适足住房权（1991 年）	人权概括介绍第 21 号（第一次修订版）：适足住房权（2010 年）
人身自由与安全	自决权、人身安全与隐私权	自决权、人身安全与隐私权	自决权	人身安全与隐私权、免予歧视的权利	自决权、人身安全与隐私权、免予歧视的权利
平等的法律保护	免予歧视的权利	免予歧视的权利		居住权获得住房的权利	居住权、获得住房的权利、免予歧视的权利

[①]　1966 年《经济、社会和文化权利国际公约》在约定个人享有的生活水准权利时使用了"他和他的家庭"（himself and his family）的提法（第 11 条第 1 款的表述为 "the right of everyone to an adequate standard of living for himself and his family, including adequate food, clothing and housing, and to the continuous improvement of living conditions."）。1991 年《公约》第 4 号一般性意见：适足住房权指出，"他和他的家庭"的提法反映的是当时普遍接受的关于性别作用和经济活动模式的设想，现在这一短语的理解不包括对个人或户主为女性的家庭或其他类似群体的权利的任何限制。"家庭"是从广泛意义理解的概念。

续表

	《世界人权宣言》（1948 年）	《公民权利和政治权利国际公约》（1966 年通过）	《经济、社会、文化权利国际公约》（1966 年通过）	《经济、社会、文化权利国际公约》第 4 号一般性意见：适足住房权（1991 年）	人权概括介绍第 21 号（第一次修订版）：适足住房权（2010 年）
财产保护	财产权			财产权	财产权
生活水准	宜居权		宜居权	宜居权	宜居权
社会保障	救济权		救济权	救济权	救济权

　　人身安全与隐私权是基于"人人有权享有生命、自由和人身安全"的权利，是公民权利与政治权利中的重要权利。除个人住宅、隐私和家庭免受任意干涉的权利之外，住房权利还包括免予遭受强迫驱逐、任意破坏和拆除个人住宅、受到骚扰和其他威胁的自由。住房权的人身安全与隐私保护，属于公民权利与政治权利对人身安全与隐私保护的一个环节。

　　自决权是一项关于自主选择与决定的权利，是一项基于"人人生而自由"的权利。《公民权利和政治权利国际公约》与《经济、社会和文化权利国际公约》的第 1 条规定："所有人民都有自决权。他们凭这种权利自由决定他们的政治地位，并自由谋求他们的经济、社会和文化的发展。"自决权体现在住房权利上，不仅是人人在各国境内有权自由迁徙和居住，也包括个人选择住所、决定生活地区和自由行动的权利。因此，自决权是一项有关个人主体性①与自由的权利。自决权实际上渗透在住房权的其他各项权利中。获得住房的权利、居住权、宜居权、财产权，都包括个人自主选择与自由处分的自决内涵。

　　财产权是一项基本人权。《世界人权宣言》第 17 条提出："人人得有单独的财产所有权以及同他人合有的所有权。任何人的财产不得任意剥夺。"这里的财产权是私有财产权。住房权承认对个人或家庭②对住房、土地和财产的财产权的法律保护。财产权也是一项与自由关联在一起的权利。私有财产权是人权的核心内容之一，对个人自由有非常重要的作用。弗里德里希·奥古斯特·冯·哈耶克（Friedrich August von Hayek）指出，保障私有财产权的制度是自由的最重要的保障，原因在于由许多独立行动的人掌握生产资料，才没有人有控制个人的全权③。财产权对个人自由有建构性的作用。住房权中的财产权，包括住房、土地、家庭财物的财产权。对住房权来说，财产权实际上是在具有获得住房的权利之后，才能考虑的权利。

　　免予歧视的权利基于"法律之前人人平等"，人人有权享受法律的平等保护，不受任何歧视。不受歧视的权利，指个人对住房权利的享有不得有例如种族、肤色、性别、语言、宗教、政治或其他见解、国籍或社会出身、财产、出生或其他身份等任何区分。救济权是基于每个人作为社会一员的权利。人人有权享受社会保障。在遭到失业、疾病、

---

① 在"法哲学"即客观精神领域，主体性指个体的特殊性、自我意识的独立自主、自由和能动性。
② 个人可以完全独自行驶财产权，或者在特定情况下，与他人分享所有权并行使财产权。
③ （英）弗里德里希·奥古斯特·哈耶克.通往奴役之路 [M].王明毅等译.北京：中国社会科学出版社，1997：101.

残废、守寡、衰老或在其他不能控制的情况下丧失谋生能力时，人人有权享受保障[1]。住房权的救济，不局限于向处境不利的群体提供住房，也要求住房法律和政策充分考虑弱势群体和边缘化的特殊要求，给予他们应有的优先考虑，对他们予以特别照顾。

宜居权指人人有权享受本人及其家属所需的适当生活水准。适足住房远远不止四面墙壁和一个屋顶，至少应该有 5 个方面的物质条件要求。这 5 个方面是：①服务、材料、设备和基础设施的供应（居住者应得到安全的饮用水，适当的卫生设施，烹调、取暖、照明所需的能源，食物储藏设施以及垃圾处理）；②可负担性（住房成本不危及或损害居住者享有其他人权）；③宜居程度（保证人身安全，或提供适当的空间，以及提供保护，免受寒冷、潮湿、炎热、风雨、其他健康威胁和结构危险）；④地点（不能剥夺就业机会、保健服务、学校、保育中心和其他社会基础设施，或处于受污染或危险地区）；⑤文化环境（尊重并且考虑文化特性的表达）。

宜居权与财产权相同，在获得住房的权利之后，才有可能关注居住条件是否适当，是否能够满足一个社会人的基本物质需求。救济权、免予歧视的权利，实质上都是对获得住房的权利与居住权的特殊补充。如果人人都能够享有获得适足住房的权利，每个人的居住权都受到法律保障，也就不存在弱势群体的权利不足与歧视问题了。正是因为住房权作为一项人权，属于道德权利的范畴，权利的实现是一个不断发展与完善的过程，才会有宜居权、救济权、免予歧视的权利的要求。

住房权作为一项社会、经济和文化权利，从其内容来说，获得住房[2]的权利（Equal Access to Adequate Housing）与居住权（Security of Tenure）是其核心基石。获得住房的权利（Equal Access to Adequate Housing）[3]，同样基于"法律之前人人平等"，指人人需要享有获取居住空间的机会与条件。居住权体现为使用权的保障[4]（Security of Tenure）。住房权旨在确保包括无产者在内的所有人都能在安全可靠的住所过和平与体面的生活，因而涉及与所有权无关的权利。不论何种形式的使用权[5]，所有人都应有一定程序的使用保障，以保证得到法律保护，免遭强迫驱逐、骚扰和其他威胁。获得住房的权利与居住权比较起来，获得住房的权利更为基本。因为只有获得住房才能使用住房，才能要求对住房的使用进行法律保障。如果没有获得住房的权利，居住权的法律保障也

---

[1] 住房权不要求各国为所有人口建造住房，而是要求各级政府进行立法、行政、政策或支出优先事项的干预，通过住房方面的扶持性做法落实适足住房权。政府的作用不是提供住房，而是协调参与住房建设和改建的所有各方的行动。

[2] 获得住房不是购买住房，继承、购买、租赁、自建住房、合作建房、承租救济住房、获得应急住房、占有非正规住房等，都属于住房的获得。

[3] 2010 年《人权概括介绍第 21 号（第一次修订版）：适足住房权》概括介绍了获得住房的权利，英语为"Equal Access to Adequate Housing"。

[4] 1991 年《公约》第 4 号一般性意见：适足住房权将"Security of Tenure"译为"使用权的保障"；2010 年《人权概括介绍第 21 号（第一次修订版）：适足住房权》概括介绍第 21 号，将其译为"住房权保障"。实际上，这里的"使用权"对应的并非目前中国住房与所有权相对的使用权，而是更接近中国法学界使用的"居住权"。但住房权中的使用权保障，比中国法学界使用的居住权内涵更丰富。

[5] 使用权的形式包括出租房屋、合作建房、租赁、业主入住、应急住房或非正规住区。使用权保障并不局限于授予正式法定权利，例如居住在私有地产上的贫民窟居民也应该享有法律提供的保护。

无从实现。获得住房的权利，属于生存意义上的权利。作为生存权的住房权，人人都应该享有，不可剥夺也不可转让，因而也是最重要的[①]。

因此，本文以"获得住房的权利"为住房权的研究核心。通过研究获得住房的权利，将免予歧视的权利，以及救济权、财产权、自决权、居住权等权利链接起来，形成对住房权的整体认知（图1-1）。

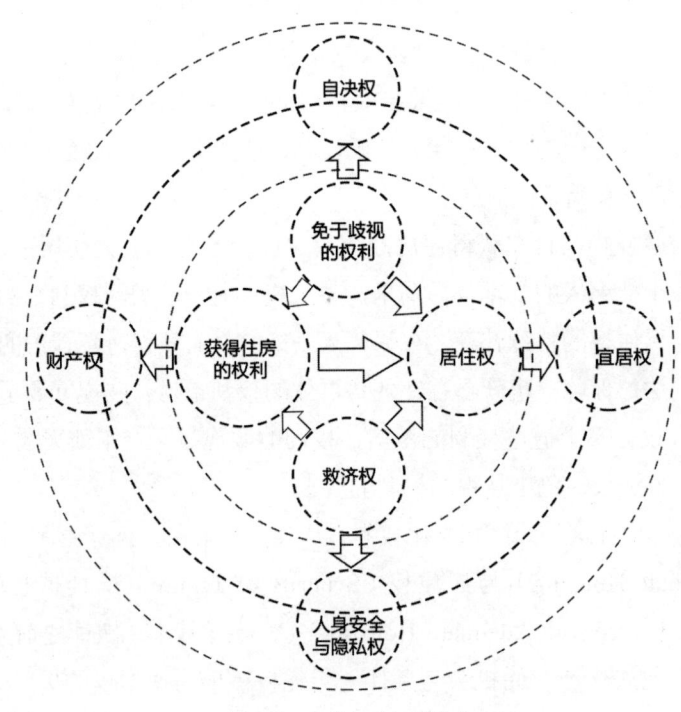

图1-1　住房权子权利关系

二、理论基础

资本主义以私有财产权为基础，社会主义以公有财产权为基础。中华人民共和国成立后，社会主义制度建立。在20世纪的半数时间里，社会主义制度成为个人权利生长的框架。中国的住房经济作为社会主义经济的一部分，经历了从市场到计划，再由计划到市场的回归。20世纪的中国社会，经历了私有财产权、公有财产权分别占主导的阶段，市场经济与计划经济两种经济调节机制或交替或同时存在。当把社会作为一个整体研究时，从产权形式的角度来看，每一个社会实际上都是一个"混合体"[②]。因而，考察20世纪个人住房权利的消长变化时，需要同时理解私人所有制市场经济与公有制社会主义中的权利关系。阿马蒂亚·森研究了私人所有制市场经济中的权利关系，雅诺什·科尔奈

---

① 张群.居有其屋：中国住房权问题的历史考察 [M].北京：社会科学文献出版社，2009：30.
② （匈）雅诺什·科尔奈.社会主义体制：共产主义的政治经济学 [M].张安译.北京：中央编译出版社，2007：82.

（János Kornai）的社会主义体制理论阐述了社会主义经典体制中的权利关系。阿马蒂亚·森和雅诺什·科尔奈二者的理论，共同成为本文构建研究框架的基础。

1. 贫困与饥荒研究的权利方法

现代经济学通常以分析的实证化与数理化研究贫困问题。阿马蒂亚·森从人与粮食之间的权利关系的角度研究贫困与饥荒问题。他的研究打破了陷入实证主义牢笼的限制，恢复了被摒弃的传统经济学哲学思考，重建了福利经济学基本问题研究的伦理纬度[①]。贫困与饥荒问题是一项全球性的问题。饥饿与贫困有密切的关联，饥饿是贫困的一项重要表征，而饥荒则必然意味着饥饿。饥荒通常被认为由粮食供给下降引起。阿马蒂亚·森将饥饿现象解释为人类关于食物所有权的反映。他认为需要从人与粮食之间的权利关系的角度理解权利体系，深入所有权结构中研究饥饿。

阿马蒂亚·森关注一个社会现有的法律体系中的合法权利（Entitlement）。贫困与饥荒研究以所有权的权利关系（Entitlement Relation）分析为起点。在私人所有制的市场经济中，按照一定的法律规则，所有权集合之间存在着递推关系。权利关系链最终导向一项最基本的权利，即个人享有其劳动成果的权利。阿马蒂亚·森将私人所有制市场经济中的典型直接权利关系概括为 5 项。它们是：

"（1）以贸易为基础的权利（Trade-based Entitlement）：一个人有权拥有通过自愿交易所得到的东西（在多边贸易中，存在一个由自愿参与者所构成的集合）；（2）以生产为基础的权利（Production-based Entitlement）：一个人有权利拥有自己的资源或在自愿的基础上使用雇佣来的资源所生产出来的东西；（3）自己劳动的权利（Own-labour Entitlement）：一个人有权拥有自己的劳动能力，并进而有权拥有与自己的劳动能力有关的以贸易为基础的权利，以及以生产为基础的权利；（4）继承和转移的权利（Inheritance and Transfer Entitlement）：一个人有权拥有他人自愿赠予他的东西，但后者对这些东西的所有权必须是合法的，而且，这种赠予可能要等到赠予者去世后才能生效（如果他是这样指定的话）；[②]（5）个人有权享受的社会保障福利与必须交纳的税金等。"

以权利关系的归类为基础，阿马蒂亚·森进而建立了"交换权利"（Exchange Entitlement）与"交换权利映射"（Exchange Entitlement Mapping）两个概念来分析个人对商品的支配权利。市场经济中，个人可以将拥有的商品转换成另一组商品。转换中个人所能获得的各种商品组合的集合，即个人所拥有的东西的"交换权利"。"交换权利映射"指每一个所有权组合所对应的交换权利集合，用来界定每种所有权对应的一个人所拥有的机会。按照阿马蒂亚·森的分析，个人的交换权利取决于经济的生产方式、个人在社会经济等级结构中的地位、社会保障与就业权利；在建立起社会保障的私人所有

[①]　阿马蒂亚·森因在社会选择的公共理论、福利和贫困指数的定义、针对饥荒的经验研究等对福利经济学的关键贡献，获得了 1998 年诺贝尔经济学奖。

[②]　（印）阿马蒂亚·森. 贫困与饥荒 [M]. 王宇，王文玉译. 北京：商务印书馆，2012：7.

制市场经济中，社会保障与市场交换生产两类机会共同决定个人的交换权利。

饥饿是交换权利的函数，而不是粮食供给的函数[①]。建立"交换权利"与"交换权利映射"两个概念后，阿马蒂亚·森建构了分析饥荒的一般框架：个人的权利集合与两个参数的关系模型，两个参数是个人的资源禀赋和交换权利映射[②]。他将这种分析称为"权利方法"，分析社会既定法律框架下每个人控制商品组合（包括食物在内）的权利。阿马蒂亚·森分析了交换权利映射对交换权利、生产权利（生产机会、资源与产品的交易机会）、国家赋予的权利（社会保障、税收等）、获得食物的其他方法等法定手段的依赖。阿马蒂亚·森指出，权利关系决定着一个人是否有能力得到足够的食物以避免饥饿，饥饿是因为未被赋予取得一个包含足够食物消费组合的权利[③]。

贫困与饥荒研究的主要结论是：饥饿的直接原因是个人交换权利下降[④]，由"资源禀赋组合的下降"或"交换权利映射的变化"所引起，饥荒由权利失败（直接权利失败与贸易权利失败[⑤]）造成[⑥]。阿马蒂亚·森认为，区分不同类型的权利失败对饥荒社会政策（预防、救济和防御）的制定特别重要，因为当个人缺乏的是对粮食的权利时，仅提供粮食是不够的。他突破性地指出：在有法律和秩序的社会中，市场需求反映的是建立在权利关系之上的选择[⑦]，发生饥荒意味着"法律力量所维护的是违背饥饿者需求的所有权"[⑧]，由于"法律耸立于粮食供给与粮食权利之间"，因而"因饥饿而死是过度墨守法规的结果"[⑨]。

阿马蒂亚·森的贫困与饥荒研究，为本文的住房权利研究提供直接的理论工具。他的权利方法剖析论证个人对于一般商品，特别是粮食这种商品的控制与支配能力。住房与粮食拥有极其相似的特殊属性，都是关系到生存的特殊商品。因而他对私人所有制市场经济中的权利关系的分析，也可以用于研究个人对于住房这种商品的控制与支配能力，解析个人在获得住房方面的权利关系。他对权利的重视，使我们反思法律与社会政策在社会剥夺中的作用，为思考获得适当生活水准的基本人权问题开启了新角度。对于适足住房这一基本生活资源，与作为商品的粮食一样，同样可以从法律与社会政策设定的权利关系角度分析。对于住房问题，也可以采用权利方法进行研究，从交换权利、生产权利、

[①] （印）阿马蒂亚·森.贫困与饥荒[M].王宇，王文玉译.北京：商务印书馆，2012：14.
[②] 在一定的经济环境中，个人的权利集合就是可供选择的商品组合所构成的集合；商品组合所构成的集合，就是个人的资源禀赋的交换权利。
[③] （印）阿马蒂亚·森.贫困与饥荒[M].王宇，王文玉译.北京：商务印书馆，2012：45.
[④] （印）阿马蒂亚·森.贫困与饥荒[M].王宇，王文玉译.北京：商务印书馆，2012：9.
[⑤] 直接权利失败（Direct Entitlement Failure）指可供自己消费的粮食产量减少；贸易权利失败（Trade Entitlement Failure）指个人可以通过贸易获得的粮食减少。粮食生产者可能遭受直接权利失败，非粮食生产者则可能遭受贸易权利失败；而生产的产品既要供自己消费又要用于交换的人，则可能同时遭受直接权利失败和贸易权利失败。
[⑥] （印）阿马蒂亚·森.贫困与饥荒[M].王宇，王文玉译.北京：商务印书馆，2012：64.
[⑦] 森解释了饥荒蔓延时受灾的国家或地区却出口粮食的现象。从权利的角度来看，市场机制促使粮食从遭受饥荒的地区向其他地方流动并不是不可理解的事情，因为市场需求所反映的不是生物学上的需求或心理学上的欲望，而是建立在权利关系之上的选择。
[⑧] （印）阿马蒂亚·森.贫困与饥荒[M].王宇，王文玉译.北京：商务印书馆，2012：66.
[⑨] （印）阿马蒂亚·森.贫困与饥荒[M].王宇，王文玉译.北京：商务印书馆，2012：202.

国家赋予的权利、获得食物的其他方法等方面研究个人权利状况，探求住房权利失败的类型与原因。阿马蒂亚·森的贫困与饥荒研究中有充分的非公式化分析，使抛开数据实证的住房问题与住房权利研究借鉴成为可能。

阿马蒂亚·森对"扩张型饥荒"[①]的解释，对于理解当前的住房问题具有特别的借鉴意义。扩张型饥荒可能会在农业全面增产（尤其是粮食）时发生。原因在于不同社会阶层对食物的控制能力不同，如果粮食支配体系变得对某些特殊阶层特别不利，就会发生扩张型饥荒。阿马蒂亚·森指出：当经济不平等表现为社会不平等的扩大（如有利于城市人口，不利于农村人口）时，繁荣过程自身就有可能成为饥荒的诱因；对市场控制或支配权力的争夺，使一部分人因另一部分人的繁荣而受损[②]。正如粮食增长时不同阶层的食物消费未必沿着同一方向变化一样，当前城市的住房总量增长中，不同群体对住房的控制能力变化也不相同。住房市场的繁荣与房价的高涨，可能对某些群体特别不利。这种类比，促使我们从人与住房的权利关系的角度思考当前的住房问题，以及住房政策对不同群体的影响。

2. 经典社会主义体制的权利体系

雅诺什·科尔奈对社会主义体制的研究，是政治经济学社会主义研究的理论经典。他研究社会主义体制中的财产权、物品与服务在家庭之间的分配，包括城市住宅作为消费品的分配方式以及短缺的状况。他对经典社会主义体制及其变迁的剖析，为理解中国半个多世纪以来的社会体制，思考住房政策变迁中的个人权利状况提供了理论基础。

雅诺什·科尔奈的社会主义体制研究采用"体制（制度）范式"，对现实世界中共产党执政国家的社会主义体制及其历史沿革进行实证分析。他将社会主义体制概括为三种不同的原型——革命过渡体制（从资本主义过渡到社会主义）、经典体制（或经典社会主义）、改革体制（或改革社会主义）[③]，从权力结构、意识形态、财产权、协调机制、计划与直接官僚[④]控制、货币与价格、投资与增长、就业与工资、短缺与通货膨胀、消费与分配、外部经济关系等 11 个方面对经典社会主义体制进行详细解剖，并以此为基础，将经典体制构成要素之间主要规律性联系的理论模型建立起来。

雅诺什·科尔奈刻画出了经典社会主义体制构成要素之间的主要因果关系链条。他认为解释经典社会主义体制的关键在于理解其政治结构，"正是由于有了经典社会主义体制的政治结构和官方意识形态，才出现了特定的产权形式，这种产权形式又必然使得官僚协调机制处于主导地位，同时也导致了参与者典型的行为方式"[⑤]，最终引发强制性增长、劳动力短缺、失业、持续性的经济短缺等各种经济现象。

① 与扩张型饥荒相对应的是衰退型饥荒。衰退型饥荒指经济衰退时期的一般意义上的粮食减产或经济作物减产时的饥荒。
② （印）阿马蒂亚·森. 贫困与饥荒 [M]. 王宇，王文玉译. 北京：商务印书馆，2012：201.
③ （匈）雅诺什·科尔奈. 社会主义体制：共产主义的政治经济学 [M]. 张安译. 北京：中央编译出版社，2007：19.
④ 按照雅诺什·科尔奈的定义，"官僚"包括所有党政机关，如党委、国家行政机关，以及群众组织，如工会。党委是权力最大的官僚（科层）组织，处于支配地位。
⑤ （匈）雅诺什·科尔奈. 社会主义体制：共产主义的政治经济学 [M]. 张安译. 北京：中央编译出版社，2007：346.

雅诺什·科尔奈分析了经典社会主义体制中的权利体系。社会主义体制建立后，前社会主义社会里存在的各种私人所有权逐渐被公有制（国家所有制与集体所有制）取代。他指出，国有企业、其他国有产权形式（地方组织拥有的企业、预算单位①等）、合作社等几乎没有任何实质性区别。这些官僚化公共所有权共同成为占支配地位的产权形式②。私人所有权被压缩到极其有限的范围内。官僚机构按照科层等级标准进行责任分工，掌握并行使公共财产的一部分所有权和全部控制权③。官僚协调在经典体制的协调体系中占据主导地位，市场协调只起着微不足道的作用④。由于官僚控制机制主导整个社会经济生活，城市住宅主要以非市场方式在家庭之间分配，少数情况下，家庭以市场分配（主要是灰市和黑市）的方式获得住房⑤。非市场的住房分配由官僚控制机制决定，分配的主要形式有配给与排队。

雅诺什·科尔奈的研究说明，意识形态中的父爱主义与牺牲精神、私有产权受限制、官僚机制对投资的集中分配、生活产品与服务分配中的等级制度与特权等，都影响着社会主义体制中个人的住房物质状况与选择自由。虽然雅诺什·科尔奈的理论中没有对住房政策的单独解说，但对社会主义体制各个方面的分析为理解其中的住房现象与原因提供了整体框架。

三、法定与实有住房权利的研究思路

1. 获得住房的权利组合

理解住房权的核心在于"获得住房的权利"，这项权利关联着免予歧视的权利、救济权、财产权、自决权、居住权等权利。道德层面的住房权内涵由国际公约界定。对道德权利的追求，必须以认清现实的权利状况为基础。研究20世纪个人住房权利的实际境况，需要从道德权利的应然范畴，转换成法定与实有权利的实然范畴。对于"获得住房的权利"，这种转换可通过借鉴阿马蒂亚·森和雅诺什·科尔奈二人的理论来实现。

每一个社会的经济调节机制都包括官僚调节机制与市场机制。雅诺什·科尔奈指出，市场机制与官僚协调机制在社会主义与资本主义两种体制中都存在，在社会主义体制里占主导地位的经济调节机制是官僚协调机制，而在资本主义体制里占主导地位的是市场机制⑥。

阿马蒂亚·森将私人所有制市场经济中的直接权利关系⑦概括为4项：以贸易为基础的权利、以生产为基础的权利、自己劳动的权利、继承和转移的权利。在市场经济中，个人可以依据这些权利将自己拥有的商品转换成另一组商品。在一个已经建立起社会保

---

① 即中国所称的事业单位。
② （匈）雅诺什·科尔奈.社会主义体制：共产主义的政治经济学 [M].张安译.北京：中央编译出版社，2007：81.
③ （匈）雅诺什·科尔奈.社会主义体制：共产主义的政治经济学 [M].张安译.北京：中央编译出版社，2007：70.
④ （匈）雅诺什·科尔奈.社会主义体制：共产主义的政治经济学 [M].张安译.北京：中央编译出版社，2007：345.
⑤ （匈）雅诺什·科尔奈.短缺经济学（下卷）[M].张晓光，李振宁，黄卫平译.北京：经济科学出版社，1990：147.
⑥ （匈）雅诺什·科尔奈.社会主义体制：共产主义的政治经济学 [M].张安译.北京：中央编译出版社，2007：83.
⑦ 实际生活中还有更为复杂的权利关系。例如一个人有权拥有自己发现的无人认领的东西等。

障的私人所有制市场经济中，除这些与市场关联的权利之外，个人在交纳税金后还享有社会保障的权利。将这些权利应用于获得住房，那么，市场经济中个人获得住房的途径，可以通过以下 5 项权利来实现：

（1）使用以贸易为基础的权利，个人有权通过自愿交易获得住房。自愿交易获得住房的形式，包括购买、租赁、共同持有等。

（2）使用以生产为基础的权利，个人有权拥有利用自己的资源（如土地、空间、建材等）建造的住房，或者使用雇佣资源（如设计、施工等）建造的住房。

（3）使用自己劳动的权利，个人有权拥有自己的劳动能力，有权拥有与自己的劳动能力有关的以贸易为基础的权利以及以生产为基础的权利。

（4）使用继承和转移的权利，通过合法继承等方式获得住房。

（5）获得社会救济的权利，在已经建立起社会保障的私人所有制市场经济中，个人有权通过社会保障方式获得住房[①]。

在私人所有制的市场经济中，个人获得住房的机会即为上述 5 种权利的组合。如果个人拥有以上 5 个方面的途径，就可以认为，个人获得住房的权利是基本完整的。

阿马蒂亚·森指出，与私人所有制的市场经济相比，计划经济存在着另外的权利体系[②]。在市场经济中，买者和卖者之间的平行关系或横向关系，双方在法律上都是平等的。计划经济则被认为是社会主义体制最关键的特征。计划经济，实质是经典社会主义的典型协调机制：经济上的官僚直接控制[③]。在这种官僚协调机制中，进行协调的个人和组织与被协调的个人或组织之间是上下级关系。官僚直接控制经济的运行，完成生产、分配、向消费者提供产品等基本功能。

按照雅诺什·科尔奈对经典社会主义体制的权利体系的分析，国有企业、其他国有产权形式（地方组织拥有的企业、预算单位[④]等）、合作社等都是官僚化的公共所有权。这种占支配地位的产权形式的存在，将私人所有权局限于十分有限的范围内。由于市场协调机制所发挥的作用很小，个人从市场获得住房的机会很少。在经典社会主义体制的计划经济下，获得住房基本等同于获得官僚机构以非市场方式分配的住房。因此，获得住房的权利，意味着获得行政分配住房的权利，人人都有获得行政分配住房的机会。

20 世纪的中国，民国时期、中华人民共和国的计划经济时期与社会主义市场经济时期，市场经济中的权利体系与计划经济中的权利体系共同存在。因此，获得住房的权利是市场经济中的 5 种权利与计划经济中的权利的组合，即以贸易为基础的权利、以生产为基础的权利、自己劳动的权利、继承和转移的权利、获得社会救济的权利、获得行政分配住房的权利。

---

① 通过社会保障获得住房，不局限于获得社会保障直接提供的住房，也包括提供的住房补贴等多种方式。
② （印）阿马蒂亚·森. 贫困与饥荒 [M]. 王宇，王文玉译. 北京：商务印书馆，2012：190.
③ （匈）雅诺什·科尔奈. 社会主义体制：共产主义的政治经济学 [M]. 张安译. 北京：中央编译出版社，2007：110.
④ 即中国所称的事业单位。

私人所有制市场经济中，获得住房机会的 5 种权利组合，本质上容纳了住房权中的财产权、自决权、免予歧视的权利、救济权的内涵。私人所有制市场经济的基础，即私人的财产权。因此，获得住房机会的 5 项权利组合的内涵，必然包括财产权。自决权体现在拥有自己的劳动、自主生产、自由交易等 3 个方面。每个人获得住房机会的 5 种权利是相同的，也是免予歧视的。此外，5 种权利组合也包含一部分居住权内涵。通过自愿交易的方式获得住房，包括通过获得财产权来获得使用权，也包括直接获得住房的使用权；个人拥有自主建造的住房，也就拥有了住房的使用权；自己劳动的权利与个人的自由迁徙与定居相关，如果自由迁徙与定居受到限制，个人劳动与基于劳动的以贸易为基础的权利与以生产为基础的权利都将受到限制，个人有权选择使用与交易自己的劳动与劳动所得的地点。由此可见，获得住房的权利作为理解住房权的核心，在一个社会现有法律体系的合法权利层面，也可以将财产权、自决权、免予歧视的权利、救济权、居住权等连接起来。

2. 住房权利与住房政策之间的对应关系

本文通过分析住房政策来研究法定与实有的住房权利。住房权未被列入《宪法》、未明确地写入法定条款，不意味着法律条款中没有关于住房权利的设定，也不意味着个人在生活中不能享有住房权所包含的各项子权利。法定与实有层面的住房权利设定，主要存在于国家制定的法律、中央与地方政府规章，以及政党方针、计划、指令、政府文件等住房政策中。由于住房权是多项权利的综合性权利束，因而关于"获得住房的权利组合"的规定，不可避免地分散在法律、规章、政策文件等各种形式的住房政策中。

在市场经济与计划经济两种经济"混合"的社会状态中，获得住房的权利体现为以贸易为基础的权利、以生产为基础的权利、自己劳动的权利、获得社会救济的权利、继承和转移的权利①、获得行政分配住房的权利等 6 种权利的组合。住房政策涉及住房的生产、分配、交换、消费。由于住房的空间属性，住房问题与土地问题相联，因此，关于建造住房所需用地的土地政策也属于住房政策范畴。既然住房政策设定着个人在住房方面的各种权利，那么，住房权的各项子权利与住房政策之间必然存在相互对应的关系。

以贸易为基础的权利，其核心为自由交易，实现自由交易的基本条件是市场与私有财产权，因而关于住房与土地市场的建立、运行、私有财产权保护的政策内容，都与以贸易为基础的权利相关。以生产为基础的权利，核心是个人或合作的住房建造，与规定土地、空间控制、合作组织等内容的住房政策相对应。自己劳动的权利，其核心是个人对收入的支配。获得社会救济的权利，本质上属于福利再分配，对应于住房救济政策。存在多种形式的住房救济，如由政府直接提供住房，提供各种类型的住房补贴（建筑材料、资金、税费减免、代金券），提供无偿或低使用费土地给个人自建住房等。获得行政分配住房的权利，其核心是公有住房的分配，对应于公有住房分配的

① 继承和转移的权利通常不属于住房政策涉及的内容，因而本文没有讨论继承和转移的权利。

各项政策（表 1-2）。

回顾整个 20 世纪，不同历史时期的中央与地方政府都对解决住房问题进行过大量干预。从晚清至民国时期的国家立法、地方规章，到中华人民共和国计划经济时期的党政指令与政府文件，再到社会主义市场经济时期的法规政策，这些干预措施包含着对个人住房权利的设定。国家法律文本中，宪法类、土地类、营建类、社会救济类、物权类等法律文本都包含有关个人住房权利的规定。涉及个人住房权利的规定，更多地集中于数量繁多的各类法规、规章、公文等政府制定发布的文本中。住房与土地私有财产权、住房与土地市场、住房建设、居住空间、住房金融、住房救济、住房的官僚分配、劳动收入、人口流动与定居等方面的住房政策，构成设定个人住房权利的主要政策来源。

由于住房权内涵的丰富以及设定权利的住房政策的分散，使得关于住房权生长实际状况的研究较为困难。但是，如果不进行住房权生长过程的研究，也就无从触摸当前个人实际享有的权利，更无从发现并解决问题。将获得住房的权利组合与住房政策之间的对应关系应用于 20 世纪数量繁多而内容分散的住房政策，即可以触摸百年来中国社会住房权生长的线索，发现法定与实有住房权利的生长脉络，发现当前的住房权问题，探索住房权的未来发展方向。

住房权利与住房政策主要内容的对应关系   表 1-2

获得住房的权利	权利内核	住房政策内容
以贸易为基础的权利	自由交易	住房与土地私有财产权的建立与保护
		住房与土地市场的形成与运行
		个人的住房与土地金融信贷
以生产为基础的权利	自建住房；合作建造住房	土地的取得与使用
		住房建造的控制
		合作住房的组织
自己劳动的权利	个人收入	收入的支配
		收入中的住房成本
		自由迁移与定居
获得社会救济的权利	福利再分配	救济住房的提供
		救济土地的提供
		各种类型的个人住房补贴
获得行政分配住房的权利	公有住房分配	分配原则
		分配对象的选择
		土地的获得与使用
		住房资金来源
		住房建造与分配

四、研究框架（图 1-2）

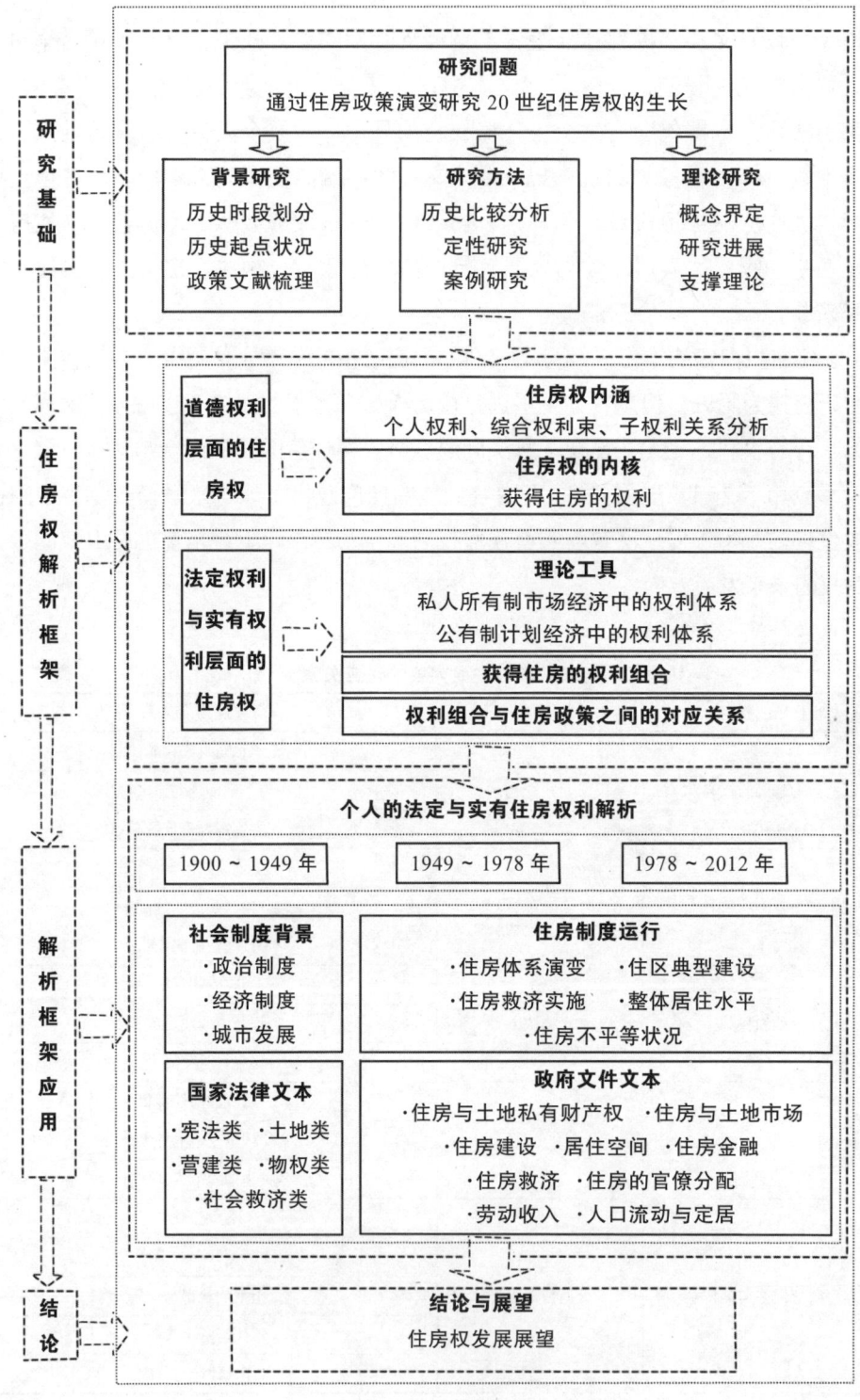

图 1-2 研究框架

第二章 住房权利发展的起点

第一节 传统城乡的宅地权

一、传统城乡

19 世纪，中国处于满清政府的统治之下。晚期的清帝国延续着过去两千年的社会状态："其政体是一个由皇室统治的王朝；经济基本上是自给自足的小农经济；社会以士绅阶层为核心；支配性的意识形态是儒家学说"[1]。清帝国延续着农耕文化，农业人口占绝大多数，农户们仍保持着以家庭为单位从事副业生产以求自给自足的生活方式。除小自耕农之外，农地耕种经营中土地的租佃制已普及各地，永佃制[2]在经济发达的江苏、浙江、安徽三省盛行[3]。

晚清经济为非常商业化的农业经济，介于县城与农村居民点之间的市镇已高度发展。慈鸿飞对 19 世纪 30 年代的市镇研究[4]认为，镇集总数约达 64440 个，常住人口 2000 ~ 20000 人之间的镇共有 16335 个，与人口增长率相比较，小城镇增加的绝对值确是惊人的，居住在大中城市的人口很少，而居住在集镇的人口则很多[5]。19 世纪中叶，1843 年的清王朝 8 个地区[6]合计约有 292 座城市[7]，每个城市的人口都在 10000 以上[8]。帝国都城北京的人口超过 100 万，经济中心及第二大城市苏州的人口超过 60 万[9]。1848 年，全国人口数为 426.7 百万[10]；至 1893 年，有 2000 人以上的城镇 1779 个，城镇人口和城镇化比率估计分别为 2350 万和 6%[11]（表 2-1）。

---

[1]　徐中约.中国近代史：1600-2000，中国的奋斗（第 6 版）[M].计秋枫，朱庆葆译.北京：世界图书出版公司，2008：3.

[2]　永佃制（同永租制）是中国的租佃制度特色之一，从南宋开始经租佃制长期发展而来，明清时期颇为流行。按照赵冈、陈钟毅所著《中国土地制度史》对永佃制的解释，永佃制是将土地的所有权与使用权分割为两个完全独立的权利，可以分别执行与占有。这两项分割的权益，各地的名称不同，如田底田面、田骨田皮、田根田脚。有的地方说"换东不换佃"、"倒东不倒佃"、"卖租不卖佃"。有的地方则认为永佃权是土地所有权的一部分，故享有永佃权者称为二田主，于是形成了一田二主制，也就是田主与永佃者共同享有此地块土地之主权。农民们视永佃权为一种产权，可以出让、遗赠或售卖。永佃权有时价，而且往往比田骨的价值还高。

[3]　赵冈，陈钟毅.中国土地制度史[M].成都：四川大学出版社，1994：311.

[4]　慈鸿飞.近代中国镇、集发展的数量分析[J].中国社会科学，1996（2）：27-39.

[5]　慈鸿飞对近代中国镇、集发展的数量分析的研究中提到，20 世纪 30 年代很多学者估计当时约有 1/3 以上的人口居住在集镇。

[6]　清王朝的社会经济区域按流域盆地的地区区分，包括华北、西北、长江上游、长江中游、长江下游、东南沿海、岭南、云贵共 8 个区。

[7]　此时尚无现代意义上的"城市"，而是传统的城、镇、乡等。

[8]　施坚雅.中华帝国晚期的城市[M].叶光庭等译.北京：中华书局，2000：287.

[9]　董鉴泓.中国城市建设史（第三版）[M].北京：中国建筑工业出版社，2004：125.

[10]　赵冈，陈钟毅.中国土地制度史[M].成都：四川大学出版社，1994：110.

[11]　施坚雅.中华帝国晚期的城市[M].叶光庭等译.北京：中华书局，2000：259.

1843 年农业中国的大区与城市 表 2-1

大区	面积（km²）	人口（百万）	人口密度（人 /km²）	大都会
华北	746470	112	150	北京、天津、保定、东昌府、潍县、开封、济宁州
西北	771300	29	38	太原、西安、兰州
长江上游	423950	47	111	成都、重庆
长江中游	699700	84	120	武汉、常德府、长沙、南昌
长江下游	192740	67	348	南京、苏州、杭州
东南沿海	226670	27	119	福州
岭南	424900	29	68	广州、梧州府
云贵	470570	11	23	贵阳、昆明、桂林
合计	3956300	406	103	

资料来源：施坚雅 . 中华帝国晚期的城市 [M]. 叶光庭等译 . 北京 : 中华书局 ,2000:246-247.

注 : 大区不包括满洲；面积、人口数据为估算；大都会指行使高级的中心职能的城市。

  城镇容纳着皇权政体下的官僚行政机器，在政治上统治着乡村。《清史稿》记载的行政机构有府级 309 个，州级 205 个，县级 1353 个，合计 1867 个，这些机构均设在大小城镇中[1]。城镇一般可分为政治统治的都城（北京）、地区统治的中心（省会等）、一般府县、工商业城镇等，聚居着官吏、士绅、离土地主、商人、手工业者等。城市有高度发展的社会上层和城市文化，但这种发展建筑在"农村过密化的贫困"之上[2]。

  城镇的功能结构及平面形式沿袭着传统社会的城制，规模与形式因社会经济、地理等条件而各异，整体上均发展稳定，长江下游地域商业市镇[3]的勃兴成为缓慢演进的整体格局中最突出的变化。新兴市镇以小农的家庭生产和小商品贸易，尤其是棉织品、粮食贸易为支柱，因"农村生产家庭化支撑的高水平过密型商品化"[4]而得以形成。但是，商品化并未导致资本主义萌芽[5]，这些市镇依然主要是行政和贸易的中心，而不是生产中心。城乡住宅的建筑面貌呈现为中国传统形式，通常为低层院落式，不同阶层间的住宅院落规模与建筑质量有很大差别，社会等级在住宅建筑的规模、形制等方面多有体现。传统社会的基本单位是家庭，与一般认为中国人的家庭通常很大的观念相反，家庭的平均规模是 5 个人[6]，几代同堂的深宅大院只适合于一些官吏、士绅、商贾等富贵之家。

  城乡管理的方式为"城乡合治"，城镇没有独立的行政管理机构。在城乡合治的管理方式下，虽然城乡土地税赋征收有所差异，但土地没有乡村土地与城镇土地、宅地与

---

① 何一民 . 中国城市史纲 [M]. 成都 : 四川大学出版社 ,1994: 285. 原著中合计数字为 1767.

② 黄宗智 . 长江三角洲小农家庭与乡村发展 [M]. 北京 : 中华书局 ,1992: 332.

③ 乾隆《吴江县志》记载："有商贾贸易者谓之市，有官防之设者谓之镇。"此处的"市"指集市。集市在不同地区有不同的名称。长江以北的地区，诸如山东、山西、河北、河南、安徽、陕西、苏北等地区一般称为"集"；长江以南的苏、浙地区则称为"市"，所谓"日中为市，致天下之民，聚天下之货，交易而退，各得其所"。

④ 黄宗智 . 长江三角洲小农家庭与乡村发展 [M]. 北京 : 中华书局 ,1992: 13.

⑤ 黄宗智 . 长江三角洲小农家庭与乡村发展 [M]. 北京 : 中华书局 ,1992: 305.

⑥ 徐中约 . 中国近代史 : 1600-2000，中国的奋斗（第 6 版）[M]. 计秋枫，朱庆葆译 . 北京 : 世界图书出版公司 ,2008: 55.

其他土地的区分。清《光绪会典》将土地分为民田、更名田、屯田、灶地、旗地、庄田、恩赏地、牧田、监地、公田、学田、赈地、芦田等 13 类，未出现针对城乡差别的专门分类①。

二、宅地所有权与交易

城乡宅地大致上可分为国有（或官有）、公有、私有三种形式。国有土地为政府及皇室所有及经营，山林川泽、无主荒地皆为国家所有，此外主要通过圈地、抄没、入官、充公等方式获得；公有土地可以理解为团体所有，包括寺庙、道观、书院、慈善机构、宗族祠堂等。例如江南城镇中除居民的私有地产之外，还存在多种土地占有形式：国有土地包括兵营、官衙、官员住所、官营工厂、官学、学田等；团体所有包括商人团体的会馆、公所，宗教团体、慈善机构的房屋地产，公众捐助的书院义学，宗族义庄、祠堂等②。

私有土地权利受到乾隆五年（1740 年）颁布的《大清律例》、5 年修订一次的《户部则例》以及光绪末年的《户部续纂则例》等国家立法的承认。律例所涉田宅等条款内容概括起来的要点有："保护公、私田地房屋财产；在保证纳税情况下，允许民间置买产业，并保证其拥土地之各种权利，包括土地财产的继承权、典质权、让渡权、买卖权等；针对民间在田宅置买时经常出现的'典'、'赎'等纠纷，做了某些规范。"③土地房屋的产权概念主要指土地。晚清时期所确认的不动产产权是土地产权，所发给的产权证也只有土地产权的证件④。房屋作为土地定着物并无单独的产权凭证。

私有土地权已成为占主导地位的所有权形式，尽管仍附着于国家或乡族的土地权利上（尽管愈来愈弱，但始终没有被消灭）⑤。虽然田宅等不动产的买卖、典押、出租由来已久，但"私人仍没有得到如西方'近世'的那种完全、自由的土地所有权，土地的买卖自由仍然受着国家的和乡族的、公开的或隐蔽的制约"⑥。皇权之下的律例对私人土地的占有与支配设定了一些限制，民间地权流转、交易、土地使用等事项也受制于民间习惯和宗法族规的调整⑦。

城乡宅地的取得通常有"原始取得"与"继受取得"⑧两种途径。城镇中绝大多数土地房屋为自产自用的祖遗财产⑨。清中叶以后，随着城镇功能的演变及手工业和商业经济的繁荣，田宅买卖也活跃起来。例如在经济最发达的长江下游地区，江南城镇中存在着

<hr>

① 马学强. 从传统到近代：江南城镇土地产权制度研究 [M]. 上海：上海社会科学院出版社，2002：39.
② 马学强在《从传统到近代：江南城镇土地产权制度研究》中对土地产权形式进行了详细的列举。
③ 马学强. 从传统到近代：江南城镇土地产权制度研究 [M]. 上海：上海社会科学院出版社，2002：88.
④ 赵津. 中国城市房地产史论（1840-1949）[M]. 天津：南开大学出版社，1994：12.
⑤ 杨国桢. 明清土地契约文书研究 [M]. 北京：人民出版社，1988：3.
⑥ 杨国桢. 明清土地契约文书研究 [M]. 北京：人民出版社，1988：20.
⑦ 杨士泰. 清末民国土地法制研究：以地权制度变迁为中心 [D]. 北京：中国政法大学，2008：25.
⑧ "原始取得"就是所有人取得土地的所有权是最初的，并且不是从原所有人那里转移来的，或者不以原所有人的所有权为依据，土地原始取得的形式包括没收、先占等，如先占，就是通过原始开垦等途径取得。"继受取得"或称"传来取得"，即以原土地所有权和原所有权人意愿为前提的所有权的取得方式，包括赏赐、买卖、继承、赠与等取得途径。
⑨ 赵津. 中国城市房地产史论（1840-1949）[M]. 天津：南开大学出版社，1994：3.

大量房地买卖[1]。

土地买卖所立之契据——经官方收税盖印的"红契"[2]受法律保护。房地买卖契约的格式不尽相同，有标明田地四至、面积的卖地契，也有只注明房间数量、坐落位置的卖屋契，二者只是习惯上的区分，实际上都是房地相联的交易。传统契式的买卖田地、买卖房屋的契约，虽然有时仅开列土地四至与面积，有时只注明房屋"间数"，但实际上房屋与土地没有分割[3]。宅地交易实则皆为"上连屋盖，下连地基"，买卖房屋的同时连带地产[4]。

第二节　住房政策发端的基础

一、城市的早期现代化

19世纪中叶，晚清帝国陷入一种新的国际政治与经济秩序，拥有工业技术与资本主义经济的西方帝国主义势力涌入，引发政治与社会的剧烈变革，传统中国向现代中国的演变开启。

鸦片战争后英国、美国和法国与中国签订的《南京条约》等条约，成为不平等条约体系的开端。中国逐渐沦为半殖民地。1842～1860年，广州、福州、上海、宁波、厦门等16个城市被迫开辟为通商口岸，在上海、广州、天津、镇江、汉口、九江、厦门等7个城市设立租界[5]。西方殖民主义的入侵在口岸商埠与外部世界市场之间建立起联系，输入资本主义商业经营方式与现代文明，口岸商埠开始了早期现代化进程。中日战争后，帝国主义侵略进入新阶段，列强开始争夺势力范围和"租借地"。5个"租借地"的中国领土被割让，通商口岸数量激增，到1893年，增辟商埠28处，1894～1917年，又增辟59处，1917年，总数达92处[6]。19世纪70年代开始出现的中国人兴办的工厂企业，大多数设置在这些城市（表2-2）。《马关条约》允许外国人在华经营制造业后，外国资本主义工商业继续扩张。中国资本与外国资本在条约口岸贸易发展中混在一起[7]，越来越多的条约口岸成为中国金融、工业和人口集中之地，如上海、南京、广州、汉口和天津，都发展成为了相当规模和拥有一定财富的中心城市[8]。

---

① 马学强."民间执业，全以契券为凭"——从契约层面考察清代江南土地产权状况 [J].史林，2001（1）：69-78.
② 未经官方收税盖印的称为"白契"，白契则不受法律保护。
③ 马学强.从传统到近代：江南城镇土地产权制度研究 [M].上海：上海社会科学院出版社，2002：310.
④ 马学强.从传统到近代：江南城镇土地产权制度研究 [M].上海：上海社会科学院出版社，2002：311.
⑤ 费成康.中国租界史 [M].上海：上海社会科学出版社，1991：33.
⑥ （美）费正清编.剑桥中华民国史1912-1949（上）[M].杨品泉等译.谢亮生校.北京：中国社会科学出版社，1993：148.
⑦ （美）费正清编.剑桥中华民国史1912-1949（上）[M].杨品泉等译.谢亮生校.北京：中国社会科学出版社，1993：26.
⑧ 徐中约.中国近代史：1600-2000，中国的奋斗（第6版）[M].计秋枫，朱庆葆译.北京：世界图书出版公司，2008：343.

1920 年前后外国势力范围内的城市　　　　　　　　　　　　　表 2-2

通商口岸	1900 年前开为商埠	牛庄、秦皇岛、天津、南京、镇江、上海、吴淞、苏州、宁波、杭州、南京、温州、芜湖、九江、汉口、岳州、沙市、宜昌、三都澳、福州、厦门、淡水、台南、汕头、广州、三水、梧州、琼州、北海、龙州、重庆、蒙自、思茅、香港
	1900-1920 年开为商埠	瑷珲、满洲里、齐齐哈尔、哈尔滨、绥芬河、吉林、长春、珲春、沈阳、安东、大东沟、大连、龙口、济南、海州、烟台、长沙、常德、南宁、万县、腾越
外国租借地		威海卫（英）、胶州（德）、旅顺港和辽东半岛（俄）、广州湾（法）、九龙新界（英）、澳门（葡）
未开为通商口岸的重要城市		北京、太原、西安、南昌、贵阳、成都、兰州、昆明

资料来源：（美）费正清. 剑桥中华民国史 1912-1949（上）[M]. 杨品泉等译. 谢亮生校. 北京：中国社会科学出版社，1993：149.

　　面对帝国主义的扩张，清廷开始尝试军事现代化和早期工业化的自强运动。持续 35 年的这场运动虽以失败告终，却为一些条约口岸、海江沿岸城市建立起了初步工业基础。1912 年，中华民国建立。1912～1949 年的 38 年间中华民国时期的特点：在军事、政治方面是内战、革命和入侵，在经济、社会、知识和文化的领域是变革和发展[①]。虽然深受国内社会动荡与帝国主义侵略加重的影响，以民国前的小规模工业，如纺织、采矿、铸铁、航运和铁路等为基础，现代经济部门仍然在城镇中发展起来。1937 年前工业企业（包括伪满洲国在内的中国与外国企业）的年平均增长率约为 8%～9%[②]。1936 年后日本人控制下的伪满洲工业增长较快，1937～1945 年间沦陷区的工业产量可能停滞或下降[③]。

1936 年中国都市人口等级与北美比较　　　　　　　　　　　　　表 2-3

都市人口（人）	中国城市数量（个）	北美城市数量（个）
100 万以上	5	5
50 万~100 万	5	10
20 万~50 万	19	30
10 万~20 万	48	55
5 万~10 万	116	101
合计	193	201

资料来源：沈汝生. 中国都市之分布 [J]. 地理学报，1937，4（1）：916.

　　民国期间，城市数量比晚清时期有明显增加（表 2-3）。1937 年，5 万人以上的城市共 193 个，其中 10 万～50 万人口的城市有 67 个，人口 50 万以上的为 5 个，人口 100 万以上的为 5 个；5 万人以上的城市人口占全国总人口的 6.8%[④]。城市居民数量快速增长，1900～1938 年间增长较快，几乎是人口平均增长率的两倍，大城市人口增加尤其迅速，

① （美）费正清编. 剑桥中华民国史 1912-1949（上）[M]. 杨品泉等译. 谢亮生校. 北京：中国社会科学出版社，1993：1.
② （美）费维恺. 论 20 世纪初年中国社会危机 // 蔡尚思编. 论清末民初中国社会 [C]. 邹明德译，顾长声校. 上海：复旦大学出版社，1983：101-135.
③ （美）费正清编. 剑桥中华民国史 1912-1949（上）[M]. 杨品泉等译. 谢亮生校. 北京：中国社会科学出版社，1993：56.
④ 沈汝生. 中国都市之分布 [J]. 地理学报，1937，4（1）：915-936.

6 个最大的城市——上海、北京、天津、广州、南京、汉口，在 20 世纪 30 年代每年以 2%～7% 的增长率发展[1]，1937 年上海人口达 385.2 万[2]。

虽然中国已有很大的变化，但民国时期的经济仍停留在"现代前"时期[3]。1933 年全国 5 亿人口中非农业人口比重为 27%，现代部门的就业人数仅占总就业人数的 1%，由工厂、手工业、矿业、金融业和运输业组成的现代经济部门只占国内净产值的 12%[4]。经济缺乏工业化和现代化，仅有的现代工业、商业和运输部门多集中于商埠和殖民地城市。总的来说，在动荡的时局中，大多数的农业地区没有像部分城市一样获得经济增长，农村生活与晚清时期大体相同。

二、现代住宅的诞生与扩张

18 世纪以前，中国已出现具有居住功能的西方建筑，包括 16 世纪葡萄牙人在澳门建造的半欧式的商馆，以及 17 世纪末以后广州十三行的供外国人暂居的"券廊式"商馆建筑。在限定区域内建造的这些建筑，还未能给中国传统的居住生活带来实质影响。现代意义的城市住宅未能从传统社会中发展而来，而是诞生在特定历史条件下由外来因素引起的突变中。

现代住宅最先出现在上海。1853 年 9 月（清咸丰三年八月）小刀会起义，上海县城居民为避战乱而迁入租界，租界内中国人从 500 人骤增至 2 万人以上。借住房紧张的时机，英商老沙逊、怡和、仁记等洋行投资[5]，在今广东路、福州路、江西路一带建造了 800 幢完全抄袭英国伦敦的毗连式木板房的住宅[6]，出租给华人居住。1860 年太平军进攻上海，江浙一带富商、地主及平民相继涌入上海。1853 年租界内中国人已达 30 万，1862 年增至 50 万[7]。租界人口骤增致使住房严重紧缺，地价飞涨，许多外国商人及洋行投资租地建房，兴建欧洲的毗连式木板房出租。1860 年，公共租界内以里为名的木板式里弄住宅已有 8740 幢[8]，形成了里弄街坊的雏形。

19 世纪 70 年代，房地产业逐渐形成独立行业，房地产专业公司相继成立。多家洋行开始拆除简易木板房，翻造与兴建 2 层砖木石库门楼房。1872 年，位于宽克路（今宁波路）120 弄的兴仁里建造起来，占地面积 1.33 万 m²，建筑面积 9157m²，为英租界内

① （美）费正清编.剑桥中华民国史 1912-1949（上）[M].杨品泉等译.谢亮生校.北京：中国社会科学出版社，1993：40.
② 上海市地方志办公室.上海通志：第三卷人口 [DB/OL].（2008-7-9）[2017-07-18].http：//www.shtong.gov.cn/Newsite/node2/node2247/node4564/index.html.
③ （美）费正清编.剑桥中华民国史 1912-1949（上）[M].杨品泉等译.谢亮生校.北京：中国社会科学出版社，1993：36.
④ （美）刘大中，叶孔嘉，杨锦科，等.中国大陆的经济：1933-1959年国民收入和经济发展[J].近代中国，1993：129-169.
⑤ 上海市地方志办公室.上海通志：第二十七卷房地产 [DB/OL].（2008-7-9）[2017-07-18].http：//www.shtong.gov.cn/Newsite/node2/node2247/node4586/index.html.
⑥ 杨秉德.中国城市城市与建筑：1840～1949[M].北京：中国建筑工业出版社，1993：48.
⑦ 上海市地方志办公室.上海房地产志 [DB/OL].（2003-09-03）[2017-07-18]. http：//www.shtong.gov.cn/newsite/node2/node2245/node64514/index.html.
⑧ 上海市地方志办公室.上海住宅建设志 [DB/OL].（2007-3-8）[2017-07-18]. http：//www.shtong.gov.cn/newsite/node2/node2245/node75091/index.html.

最早建造的里弄住宅之一[①]。这类老式石库门里弄住宅总体布局借鉴欧洲联列式住宅的形式，单体形式源于本地传统的三合院、四合院住宅，采用较耐用的砖木立帖式承重结构，在结构与形式上带有鲜明的中国传统建筑特色。

由此开始，西方具有现代性的住宅和居住模式真正开始与本地居民的生活结合在一起。在老式石库门里弄之后，陆续出现了新式石库门里弄、广式里弄、新式里弄、花园里弄与公寓里弄等，后期的里弄住宅在平面功能、结构、外观、环境等方面已经演进为适应现代家庭生活方式的住宅形式。现代城市住宅通过多种方式建造起来，有中外房地产商建造的里弄、公寓、别墅等住宅，也有中外工厂主建造的专供本厂职员租赁、工人及其家属居住的工房，还有政府主导建设的模范村、平民住所，以及市民自建的住宅等。

现代住宅在上海诞生之后，发展逐渐波及全国的一些主要城市（表2-4）。在外国资本主义的冲击与本国资本主义发展的刺激下，近代城市演变大致存在两种状态：新兴城市与一些传统城市向现代化的显著变化；部分传统工商业城市的衰落与大量中小城市传统模式的延续。新兴城市与向现代化转型的传统城市正是现代住宅发展的主要区域，具有现代性的住宅类型、居住模式、投资经营以及建造管理，在租界、租借地、通商口岸等新兴城市与向现代化转型的传统城市中相继出现。现代住宅逐渐波及内地其他城市，新的住房体系逐渐发展起来。中国幅员广阔，各地区发展极不平衡，遍布全国的中小城市、集镇、农村仍延续着传统的住宅体系，住宅建筑形式仍基本维持旧貌。新住房体系的实践与传播并不广泛，现代住宅相对传统住宅建造仍是少数，但代表着住房体系变化的方向。

1840-1949 年城市住宅快速发展的主要城市　　　　　　　表 2-4

类型	城市名称
北方新兴城市	哈尔滨、长春、沈阳、大连
开埠城市	天津、济南、青岛、上海、武汉、厦门、广州
西南后起城市	成都、重庆

资料来源：吕俊华，彼得·罗，张杰.中国现代城市住宅：1840-2000[M].北京：清华大学出版社，2003:30.

三、房地产市场的兴起

晚清时期，土地、房屋时有买卖和租赁，宅地交易大量存在，但没有以营利为目的且独立于其他行业之外的专门性房地产业。房地产业的兴起得益于上海租界的租地契证制度。

1843 年，上海正式宣布开埠。首任英国驻上海领事巴富尔（Captain George Balfour）同苏松太兵备道道台宫慕久商定英租界的界址区域后，来沪的英商随即开始在划定区域内租借土地。至 1844 年 5 月，已有 8 个英国洋行向中国业主租借了 9 号土

---

① 上海市地方志办公室.上海住宅建设志 [DB/OL].（2007-3-8）[2017-07-18]. http://www.shtong.gov.cn/newsite/node2/node2245/node75091/index.html.

地[①]。按照当时江浙地区盛行的永租制，英国人取得的仅是田面权，并未取得土地的所有权，与中国业主订立的是名为"租地议单"的出租地契。1845年《租地章程》规定："商人租赁基地，必须地方官与领事官会同定界，注明步数、亩数，竖立石柱"，"华民报明本道暨上海厅、县衙门，以凭详明大宪"，"商人报明领事官存案，并将认租、出租各契写立合同，呈验用印，分别发给收执以昭信守而杜侵占"[②]。此时的出租地契并无固定格式要求。

1845年底，上海道台同英国领事开始协商租地契证制式等内容，至1847年底，就双方共同认可的地契样式达成协议。1847年12月31日（道光二十七年十一月二十四日），道台咸龄开始印发永租地契，俗称道契（Title Deed）。第8号分地的租地者——英商宝顺洋行经理兰士禄·颠地（Lancelot Dent）最先办妥原租地议单的换契手续，取得上海第1号外侨永租地契。第一批均系道光二十四年（1844年）以来租地成案，共59件，计地535.844亩[③]（图2-1）。

1854年，英、法、美三国公使通过了未经清廷认可的《上海英法美租界租地章程》，附载了"租地契式"全文。此后，在沪的外国人开始接受共同的租契样式[④]。除英国、美国、法国外，德、俄、日本、葡萄牙、西班牙（日斯）、荷兰（和）、比利时、意大利（义）、挪威、巴西、瑞士、瑞典、丹麦、奥地利等国家的外商，也在公共租界与法租界取得了上海道台签发的租地契证。租地契证在各国领事馆的文本上有专门的名称：英国和意大利文本定名为"Title Deed"，法国文本称"Traduction Titrede Propriete"，德国文本称"Grundbrief"，日本文本称"地券"[⑤]。中文一方没有定名，因租地契证须经上海道台核查、钤印，方始生效，故而俗称"上海道契"。

公共租界内主要分布着英册道契、法册道契，法册道契主要分布在法租界范围内，也有一定数量的法册道契存于公共租界中；此外，不少英册道契、美册道契、德册道契、日册道契等也散布在法租界内。在中外签订的相关条约及《租地章程》等基本制度的总体构架下，不同国别的道契之间可以相互转立，例如在法租界内，法册道契与英册道契、美册道契、德册道契、日册道契等可以相互转立，权属关系不断发生转移[⑥]。1854年《上海英、法、美租界租地章程》允许土地转租之后，1855年2月，按照新章程印发的英册101号道契取消原中国土地业主的所有权。从此开始，以道契为载体的房地产可以进入

① 费成康.中国租界史[M].上海：上海社会科学出版社，1991：19.
② 上海市地方志办公室.上海租界志[DB/OL].（2003-08-27）[2017-07-18].http：//www.shtong.gov.cn/newsite/node2/node2245/node63852/index.html.
③ 上海市地方志办公室.上海房地产志[DB/OL].（2003-09-03）[2017-07-18].http：//www.shtong.gov.cn/newsite/node2/node2245/node64514/index.html.
④ 马学强.近代上海法租界与法册道契[J].社会科学，2008（12）：155-165.
⑤ 上海市地方志办公室.上海租界志[DB/OL].（2003-08-27）[2017-07-18].http：//www.shtong.gov.cn/newsite/node2/node2245/node63852/index.html.
⑥ 马学强.近代上海法租界与法册道契[J].社会科学，2008（12）：155-165.

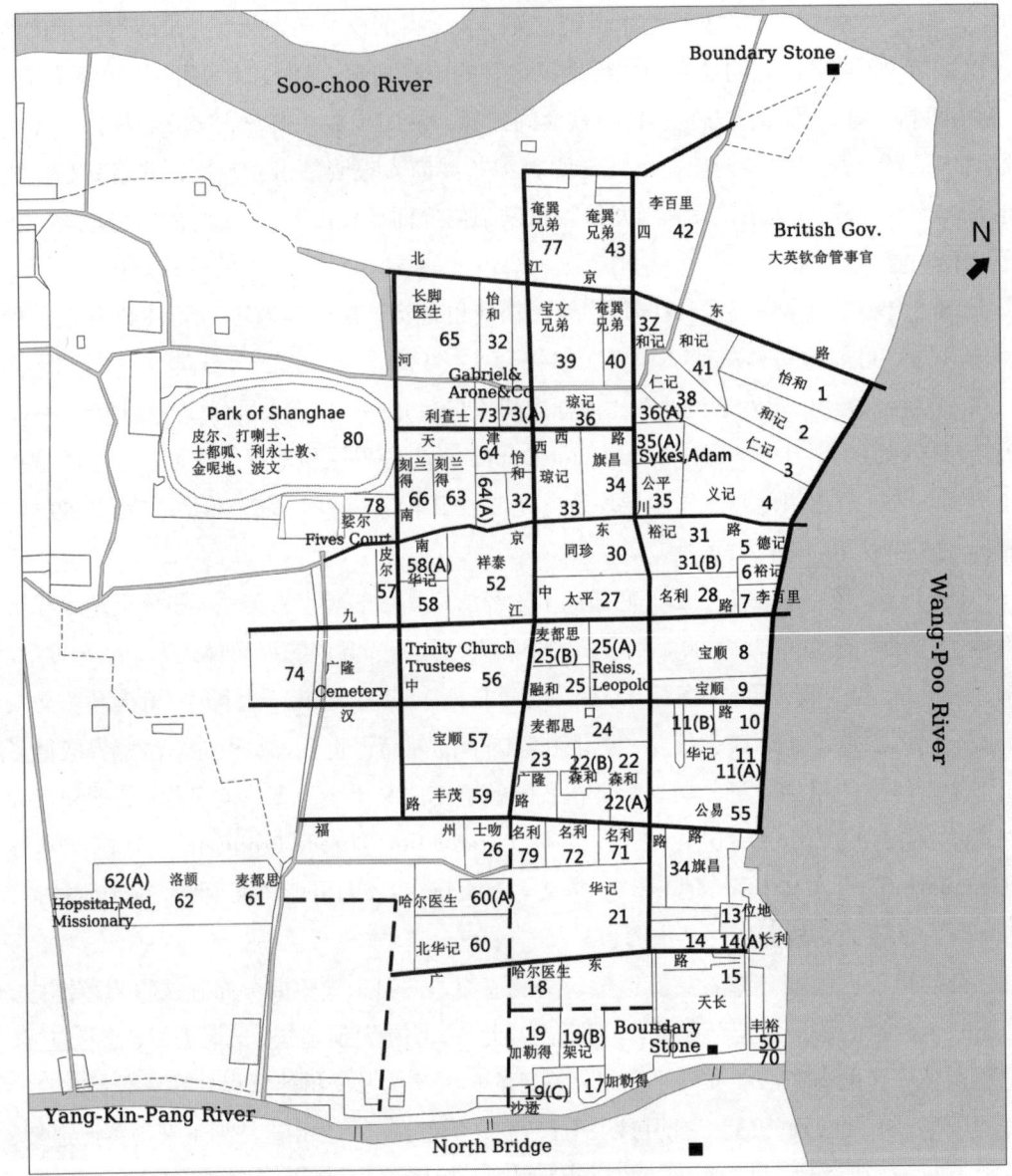

图 2-1 1849 年上海外国居留地图

资料来源: 周振鹤, 罗婧. 外滩何处是"源" [N]. 文汇报, 2013-03-18 (文汇学人 c 版).

市场, 自由议价与买卖[①]。

　　道契的出现, 为以资本增值为目的的房地产业的兴起创造了条件。租界内的道契制度, 与传统的"租地"有根本的不同, 具有资本主义城市土地制度的内涵, 道契体现出了产权明晰的特征, 是一种完全意义上的土地私有产权登记制度[②]。与中国传统地契"田

① 上海市地方志办公室. 上海房地产志 [DB/OL]. (2003-09-03) [2017-07-18]. http://www.shtong.gov.cn/newsite/node2/node2245/node64514/index.html.
② 杜恂诚. 道契制度: 完全意义上的土地私有产权制度 [J]. 中国经济史研究, 2011(1): 3.

单"相比，道契参照西方国家的立契方式，附有四至明确的精确图纸，形式更加规范，交割手续简单，审核丈验程序更严格。道契作为外商土地房屋财产权益的法律凭证，受租界特权保护而具有很高的信誉度，可充当银行贷款的抵押品。租界当局没有针对房屋颁发专门的产权凭证，土地承租人土地上建造的房屋仅作为土地的附着物存在。道契既是土地产权凭证，也是房屋产权凭证。

19世纪50年代至60年代初，道契转让已十分频繁。1至100号英册道契中，有超2/3在这一时期发生过转让①。外商将房地买卖、出租等资本主义的经营方式移植入租界，房地产业开始形成。19世纪70年代，世界资本主义经济迅速发展，上海的对外贸易、外资与民族工商业发展，人口也逐渐增长。此时进入上海租界居住的多为常住居民，房地产经营已无需依赖于住房极度短缺的突发事件刺激，进入稳定的发展轨道。1870年，英商史密斯（Edwin Maurice Smith）创设上海首家外商房地产专业公司——德和洋行（Shanghai Real Estate Agency）②。房地产业逐渐发展成为独立的行业。

道契制度的建立，为上海房地产市场的活跃提供了基础条件。房屋建造、交易、住宅租赁、金融信贷等房地产业链逐渐在上海构筑起来。城市房地产业在上海兴起后，厦门、天津、汉口、广州等几个开埠较早的城市中，房地产业也逐渐发展起来③。20世纪20、30年代，上海、天津、广州、南京、厦门等城市的房地产业较为繁荣，许多沿海新兴城市与向现代转型的传统城市的房地产业都有所发展。

四、市制与现代市政管理制度的形成

晚清时期，城乡管理的方式为"城乡合治"，城镇没有独立的行政管理机构。清朝帝都北京也没有独立的市政机关，市政工程及房地管理分属于不同的管理机构。紫禁城由内务府营造司负责修缮，八旗都统衙门掌管内城，外城由督理街道厅负责管理④。清末新政时期，北京、天津都沿袭八国联军占领时的城市管理模式，开始划区管理，打破了"城乡合治"的传统行政管理方式。1906年，天津府首先试办地方自治，全国第一部以地方自治命名的章程《试办天津县地方自治章程》颁布⑤。天津城不再实行"城乡合治"管理，而作为各个单独的、完整的区域和实体，是迈向自治的关键一步⑥。

全国范围内现代意义上的"城市"自治，发端于1908年清末新政推行的城镇乡地方自治。依照《城镇乡地方自治章程》，城镇乡区域成立的条件为：凡府厅州县治城厢地

① 上海市地方志办公室.上海租界志[DB/OL].（2003-08-27）[2017-07-18].http://www.shtong.gov.cn/newsite/node2/node2245/node63852/index.html.
② 上海市地方志办公室.上海通志：第二十七卷房地产[DB/OL].（2008-7-9）[2017-07-18].http://www.shtong.gov.cn/Newsite/node2/node2247/node4586/index.html.
③ 赵津.中国城市房地产史论（1840-1949）[M].天津：南开大学出版社,1994：23.
④ 北京市地方志编纂委员会.北京志·市政卷·房地产志[M].北京：北京出版社,2000：361.
⑤ 张利民.上海与天津清末地方自治的比较：从城市管理机构建立角度[J].史林,2009（1）：8-14.
⑥ 王培利.从"分割"到"自治"：天津城市行政管理体制近代化简论[J].历史教学,2007（11）：76.

方为城，其余市镇村庄屯集等各地方，人口满五万以上者为镇，人口不满五万者为乡[1]。辛亥革命时期，城镇乡地方自治已开始实施。民国初期，仅将晚清原有的"府"改制为县，尚未形成以"市"作为行政区划。此后多年间，城市自治只在少数地方有所实践，如 1911 年江苏暂行市乡制，北京政府公布市自治制。统一的市制并未形成，整体而言，市自治并无进展，只有官办市政而已[2]。

1921 年《广州市暂行条例》公布，广州市建立了真正的"市制"。《广州市暂行条例》由孙科借鉴美国市政制度起草完成，为市政之根本法[3]。暂行条例规定，广州市为地方行政区域，直接隶属于省政府，不入县行政范围。广州市全部区域以市区测量委员会所测绘之图为准。广州市成为"市脱隶于县"的全国开端[4]，标志着中国近代市制在由城乡合治向城乡分治的历史变革中迈出重要一步[5]。此后，全国范围内的行政管理由城乡合治到城乡分治的变革开启。

1928 年 7 月 3 日，南京国民政府颁布《特别市组织法》及《市组织法》，全国统一的市制形成。《特别市组织法》及《市组织法》将"市"分为特别市及市两种。1930 年 5 月 20 日修订后重新颁布的《市组织法》，将"市"分为"直隶于行政院"、"隶属于省政府"[6] 两种。抗战前期，已设市的城市共 25[7] 个[8]。

市制形成的过程，也是现代城市管理机构逐步建立的过程。1902 年清廷颁布巡警章程，1905 年巡警部建立并于 1906 年改为民政部。清廷仿效外国在华设置机构建立的警察机构，其职能类似于近代城市政府，是传统官衙向近代城市政府转变的一种过渡型管理机构[9]。中华民国成立后，北洋政府仿效西方行政管理体制设置了各种机构进行国家治理，清末的民政部被新设立的内务部取代。1914 年，京都市政公所成立，负责城市的总体规划和基础设施的建造[10]。1918 年，广州市政公所成立。市政公所设总务、工程、经界、登录 4 科，其中工程科掌理拆城、开辟马路、电车人力车、路线扩充改良、市场、桥梁沟渠水道、土地收用、土木建筑工程等事项[11]。北京与广州市政公所的成立，是现代市政管理制度的重要变革。

1921 年广州市宣告成立。《广州市暂行条例》规定，"市街道沟渠桥梁建筑及其他关

① 钱端升.民国政制史（上下册）[M].上海：上海人民出版社，2008：685.
② 钱端升.民国政制史（上下册）[M].上海：上海人民出版社，2008：684.
③ 黄炎培.一岁之广州市[M].上海：商务印书馆，1922：3.
④ 钱端升.民国政制史（上下册）[M].上海：上海人民出版社，2008：690.
⑤ 赵可.孙科与20年代初的广州市政改革[J].史学月刊，1998（4）：99-105.
⑥ 《市组织法》第 2 条规定符合"一、首都；二、人口在百万以上者；三、在政治上经济上有特殊情形者"三项情形中之一者为"直隶于行政院"的市，"具有前项二、三条情形之一而为省政府所在地者"为隶属于省政府的市。第 3 条规定符合"一、人口在三十万以上者；二、人口在二十万以上其所收营业税牌照费土地税每年合计占该地总收入二分之一以上者"两项情形之一者为"隶属于省政府"的市。
⑦ 直隶于行政院的市有 8 个，包括南京、上海、北平、天津、青岛、西安、重庆及威海卫行政区；隶属于省政府的市有 17 个，包括广州、汉口、杭州、汕头、济南、成都、贵阳、长沙、兰州、厦门、昆明、开封、桂林、衡阳、南昌、韶关及自贡。
⑧ 钱端升.民国政制史（上下册）[M].上海：上海人民出版社，2008：732.
⑨ 何一民.近代中国城市发展与社会变迁（1840-1949）[M].北京：科学出版社，2004：263.
⑩ 北京市地方志编纂委员会.北京志·市政卷·房地产志[M].北京：北京出版社，2000：12.
⑪ 广州市地方志编纂委员会.广州市志·卷末[M].广州：广州出版社，2000：125-127.

于土木工程事项"为市行政范围内的事项之一,市行政设财政局、工务局、公安局、卫生局、公用局、教育局等六局①。自《广州市暂行条例》起,市政府的下属机关开始成为"局"②。工务局掌理的事务有6项:①规划新市街;②建筑及修理道路桥梁沟渠水道;③取缔各种楼房建筑;④测量全市公有及私有土地;⑤经理公园并各种公共建筑;⑥其他关于土木工程事项。

由此开始,全国统一的现代市政管理制度正式形成。随着现代市政管理机构在各地的相继建立,规范土地使用、住房建造与交易并影响个人住房权利的市政规章逐渐制定与施行。

第三节 住房政策与个人权利的发端

一、住房法制现代化进程的开启

19世纪中叶以来,中国开始了艰难曲折的早期现代化进程。外国势力入侵,给中国城市发展带来了巨大变化。晚清至民国时期,住房属于土地定着物的传统一直延续,因此,住房法制的现代化随土地法制的现代化而开启。土地法制的现代化始自外国势力控制的租界、租借地城市,进而扩展至中国政权下的地方城市,然后逐渐进入国家法律层面。

近代中国的法制现代化进程始于租界,租界当局通过大量移植西方国家的现代法制,使中国租界的法制率先实现现代化③。1845年11月29日,苏松太兵备道道台宫慕久公布了与英国领事巴富尔(Captain George Balfour)"依约商妥"的租地章程23条(Land Regulations)④。《租地章程》确定了上海英租界的范围与租地办法等事项,英国人可以在划定的区域内集中居住,向本地居民租借土地建造房屋。《租地章程》是中国历史上第一部现代法规,是一部规范居住与土地使用的法规,也是现代土地权与住房建造控制演变的起点。外国势力控制下的租界、租借地城市的建设与管理,将西方的管理方式带入传统中国。租界、租借地城市的管理完全独立于中国行政系统和法律之外,很大程度上复制了入侵列强本国的法制与市政管理,并结合中国本土情况进行变通,在土地制度、住宅建设、规划控制等方面的实践甚至有超越本土的探索。

19世纪末,被迫开埠通商后的中国与世界的联系日益增多,清朝统治阶者和社会精英对开埠通商的看法由消极转为积极⑤。在维新运动的推动下,清廷自开商埠。外国势力

---

① 广州市市政厅总务科编辑股.中华民国十三年广州市市政例规章程汇编[M].香港:商务印书馆,1924:7-18.
② 钱端升.民国政制史(上下册)[M].上海:上海人民出版社,2008:691.
③ 王立民.中国的租界与法制现代化:以上海、天津和汉口的租界为例[J].中国法学,2008(3):167-177.
④ 上海市地方志办公室.上海房地产志[DB/OL].(2003-09-03)[2017-07-18]. http://www.shtong.gov.cn/newsite/node2/node2245/node64514/index.html.
⑤ 隗瀛涛.中国近代不同类型城市综合研究[M].成都:四川大学出版社,1998:233.

主导下的现代市政建设与管理法规制度，成为中国政权模仿和学习的对象。

地方层面的法制现代化，开始于清末的自开商埠。清廷商埠开辟以新城区选择为起点，从土地规章的制定与运行开始。晚清时期的第一批自开商埠包括吴淞、三都澳、岳州、秦皇岛[①]。20世纪初，清廷在内外压力下推行"新政"，先后自行开放多个商埠，其中济南和昆明的开放及影响尤其重要[②]。民国北京政府时期的城市建设，以北京与广州为代表。"晚近以还，欧美市政，推陈出新，潮流所趋。吾国都市，稍有踵行之者，如北京广州，即其例也。"[③]北京率先开始推行地方自治，仿效西方行政管理体制办理市政，开辟新市区。南京国民政府时期，市自治制确立以后，现代市政管理制度建立。地方层面的土地与住房相关规章陆续颁布。

国家层面的法制现代化，始自1901年清廷以国家名义进行的变法活动。在清末修律的大环境下，土地法制近代化开始起步。1902年，沈家本、伍廷芳开始修订律例，但关于土地问题规定的《户部则例》未列入修律计划。土地法制方面的变化主要体现在《大清现行刑律》和《大清民律草案》的修订中。1910年5月15日颁布施行的《大清现行刑律》，由沈家本主持修订。《大清现行刑律·田宅》有条文10条、例文18条。修订仅从例文上对《大清律例》作了删改，主体内容和性质没有根本变化[④]。1911年，《大清民律草案》编纂完成，土地权利的规定体现在草案的"物权编"中。在中国法制史上，《大清民律草案》首次形成了包括土地所有权、他物权的土地权利体系。《大清民律草案》虽因清廷被推翻而未能施行，但反映出了土地立法的演变轨迹。

1912年1月1日，孙中山在南京就职，宣告中华民国成立，组成临时政府。1912年4月1日至1928年6月3日的民国北京政府时期，尽管军阀当政、法制不统一，但土地法制还是在17年间发生了重要的变化。北京政府时期虽宪法数次更迭，对财产保护的规定却基本相同，规定人民之财产权不受侵犯，如因公益而处分时，需以法律规定进行。土地作为最主要的财产形式受到宪法的保护。1928年，南京国民政府北伐成功后，全国形式上基本统一。训政时期开始后，国民政府法制建设迅速，形成了宪法、民法、民事诉讼法、刑法、刑事诉讼法、行政法的成文法体系[⑤]。以《土地法》为核心，辅助以专项住房立法与相关立法所构成的住房法律体系逐渐形成。

二、个人权利时代的来临

传统中国社会里未能生长出合格的个人权利意识。在政治理念层面，儒家理念强调遵礼守义，只预设"与天地相通的理想人格，而不是天赋的个人权利"[⑥]。在社会生活层面，

① 隗瀛涛.中国近代不同类型城市综合研究[M].成都：四川大学出版社,1998:240.
② 隗瀛涛.中国近代不同类型城市综合研究[M].成都：四川大学出版社,1998:249.
③ 广州市市政厅总务科编辑股.民国十年广州市市政例规章程汇编[M].广州：市政厅总务科编辑股,1922.
④ 杨士泰.清末民国土地法制研究：以地权制度变迁为中心[D].北京：中国政法大学,2008:54.
⑤ 叶孝信.中国法制史(第二版)[M].上海：复旦大学出版社,2008:359.
⑥ 夏勇.中国民权哲学[M].北京：三联书店,2004:153.

个人从属于家庭：个人不是独立的经济利益主体，每个人的地位首先取决于其伦理身份。社会结构以家族为核心，各种利益主张更多地不是以单个的个人来进行。传统中国的社会机构、儒家文化的价值取向以及法律制度的设置，以义务为导向，不利于权利意识的发展[①]。

19 世纪中期，民主、平等、自由等代表新的社会正义的权利观念涌入中国，公法意义上的权利意识高涨，维护个人尊严与价值、公民身份的社会主张空前强烈。社会上的先进分子理解和把握着人权的本义，把人权看作是不依赖国家法律而存在的道德权利或自然权利[②]。现代权利观念最初是以个人自由主义为核心的消极权利，国家赋有不干涉个人自由的消极义务，保护公民权利与政治权利。

20 世纪后，政府应该保护公民免受工业社会生活之诸多不幸的观念被普遍接受。个人的积极权利主张，要求政府承担个人经济、社会方面的积极义务。人权主张的这种变化，促使国家法律确立的权利体系与内容发生变化。个人权利意识的发展，不但包括对政治权利、人身权利的追求，也包括对财产权利、社会保障权利的追求。民国时期，国家立法承认的公民权利体系，不但包括公民的政治权利，如民主、平等、自由、人身安全等权利，也包括财产、信仰、婚姻、劳动、休息、教育等社会经济文化方面的具体权利。在住房权利方面，出现了住房权利的保护机制，专门的住房公力救济被写入立法。

19 世纪中期开始，尤其是 20 世纪以后，"权利"受到高度的关注和尊重，个人权利时代已经来临。在个人争取公民权利的同时，社会、经济方面的权利也在不断演进。个人的住房权利，随公民权利、财产权利、土地权利等发生的变化，也在悄然生长。

① 高鸿钧.中国公民权利意识的演进 // 夏勇.走向权利的时代 [M].中国政法大学出版社，1999: 59.
② 孙国华.中华法学大辞典·法理学卷 [M].北京：中国检察出版社，1997: 188.

第三章　晚清至民国时期的住房规章演变
(1845～1949 年)

第一节　外国势力控制区域的土地与建筑规章

地方层面的住房规章演变，从外国势力控制下的城市区域开始。晚清以来，入侵的外来势力以英国、法国、日本、美国、德国给中国城市留下的印迹最为深刻。这些国家的影响体现于具体的城市建设与管理，更体现于土地与建筑等方面的章程规则中。英国、法国、美国的影响集中体现在上海租界，德国烙印于青岛，日本的影响浓缩在伪满洲国首都——长春。外国势力控制区域内的现代法规，成为中国政权制定类似规章的借鉴样本。

一、上海的租地章程与建筑规则

近代中国最早的住房规章出现于上海的英租界。在此后近百年的发展演变中，上海英、美租界的住房规章演变，根据 1901 年《中式新房建造章程》的颁布，划分为两个阶段。由《租地章程》内的住宅建造控制相关内容，发展出了专项的建筑行政立法；从仅对私人空间营造的约束，延伸至里弄街坊与居住空间的具体要求。此外，法租界也制定了自成体系的建造控制规范。整体上，法制化的程度与控制内容都在逐渐完善。

1. 公共租界的第一阶段：1845～1898 年

《租地章程》是约束租地与住宅建造行为的法制意义上的起点。1854 年《上海英、法、美租界租地章程》颁布后，工部局作为自治性的租界管理机构筹建起来。1869 年《上海洋径浜北首租界章程》形成了涵盖住宅建造与居住环境控制的附后规则，章程第 11 款赋予工部局制定建筑规章的行政立法权。1898 年《上海洋径浜北首租界章程》的颁布，赋予了工部局判例式的建筑审批权。

1843 年 11 月 7 日上海正式开埠后，道台宫慕久经多次与英国首任驻上海领事巴富尔交涉，议定将"杨（洋）泾浜以北、李家厂以南地基租给英商建房居住"，1845 年 11 月 29 日宫慕久公布租地章程（Land Regulations）23 款。《租地章程》的首要目的在于划定界址范围供英国商人租地建房居住，规定租地手续及外侨应遵守事宜。章程条款内容多为约束与居住相关的租地与建造行为，具有住房法规的功能与内涵。《租地章程》不但确定了土地、法律、行政制度，而且规定了英国人及其他外国人租地建房或租屋居住的权利和义务。因此，1845 年上海英租界的《租地章程》是租界法典的雏形与租界社会经济运行的基础，同时也是近代中国最早的住房规章。

随着租界内居住人口数量与构成的变化，居住建筑数量快速增长，居住建筑类型、居住空间的生产方式发生了本质性的改变。居住建筑建造与空间控制的内容在租界章程的修订过程中逐渐细化。1854年，英、法、美三国联合自行订立《上海英、法、美租界租地章程》，取消了华人在租界内居住的限制。1855年2月，上海道台蓝蔚雯以告示的形式公布《上海华民住居租界内条例》，允许华民在界内租地赁房。1863年，美租界与英租界合并为洋泾浜北首外人租界（North of Yang-King-Pang Creek Foreign Settlement）或英美公共租界。1869年《上海洋泾浜北首租界章程》确定的纳税人会议制度，讨论和决定公共租界内有关税收、市政建设、发行债券、社会管理等重大事项和重要规章，一直沿用到租界结束[①]。

1869年之后，华籍居民增加带来的房屋营造活动日趋增多。极易燃烧的木板里弄被租界当局逐步拆除，租界内建起了砖木结构的立帖式老式石库门里弄住宅。至1877年，公共租界内共有中式住房15537栋，而西式住房仅为565栋，中西建筑之比达到27.5：1[②]。老式里弄相互毗连、布局紧凑的格局，带来了人口稠密、住房拥挤、火灾隐患多等问题。工部局开始考虑制定章程对华人住房的建造进行管理与控制。1877年2月，代理测量员C·B·克拉克（C·B·Clark）向工部局董事会提交《华式建筑章程》（Regulations for Native Buildings），1878年5月董事会批准了修改后的中式房屋修建条例，但条例未在此后的纳税人会议上获得通过[③]。《华式建筑章程》内容涉及公共安全、防火、卫生等方面，为日后专项建筑法规的制定积累了经验。章程对华人住房建造中弄堂或小巷的宽度以及人均居住面积的比率等进行控制的内容，体现出了建筑控制范围从公共领域向私人领域转化的意图。1898年《上海洋泾浜北首租界章程》再次修订。在1845～1898年间，租地章程中关于住宅建造的土地使用、功能约束、空间控制的内容逐步细化，以西方标准与方法在住房领域建立起了公权力对私权利的约束。

2. 公共租界的第二阶段：1901～1943年

1901年的《中式新房建造章程》是中国（除香港外）法制近代化进程中的第一部建筑法规[④]。1903年《西式房屋建造章程》的制定以英、法、美等资本主义国家的相关建筑法规为借鉴，标志着沿用欧美资本主义国家建筑制度管理租界建筑的开始[⑤]。《中式新屋建造章程》与《西式房屋建造章程》奠定了上海公共租界西式、中式里弄住宅街坊的基本形态。1916年的《中式新屋建筑规则》与《西式房屋建筑规则》细化了建筑高度、里弄宽度、房屋周围空地等控制内容，限定了中式里弄及西式房屋建造中容积率、建筑

① 上海市地方志办公室．上海租界志[DB/OL]．（2003-08-27）[2017-07-18].http：//www.shtong.gov.cn/newsite/node2/node2245/node63852/index.html.
② 赖德霖．中国近代建筑史研究[M]．北京：清华大学出版社，2007：48.
③ 唐方．都市建筑控制：近代上海公共租界建筑法规研究（1845-1943）[D]．上海：同济大学，2006：36.
④ 唐方．都市建筑控制：近代上海公共租界建筑法规研究（1845-1943）[D]．上海：同济大学，2006：39.
⑤ 唐方．都市建筑控制：近代上海公共租界建筑法规研究（1845-1943）[D]．上海：同济大学，2006：73.

密度等的值域范围,成为居住空间开发中形态与强度的约束框架。20世纪30年代末的《通用建筑规则》因战事及公共租界回收等原因,实施时间较短。

1895年《马关条约》签订后,外商资本及华商资本涌入上海租界投资设厂,租界对外贸易、工业、商业、金融业等产业规模逐步扩大,租界人口增加,房地产业、建筑业等房屋营造行业活跃起来。公共租界内房屋建造量的快速增长,迫使工部局制定建筑法规来加强建筑控制,以缓解工作中的监管压力,解决公共卫生、安全等问题。1901年和1903年工部局先后颁布《中式新房建造章程》与《西式房屋建造章程》。1916年12月21日,工部局颁布《中式新房建筑规则》与《西式房屋建筑规则》,并于1917年6月21日正式生效。

20世纪30年代,上海已成为国内的经济、金融、对外贸易中心,对外贸易约占全国的50%[1]。在上海工商业大幅发展的背景下,房地产业、建筑业进一步繁荣,建房数量空前增长。公共租界内人口大量集聚,1931年2月28日工部局发布的1930年公共租界人口密度为113920人/每平方英里,超过了人口最稠密的伦敦市[2]。公共租界中绝大部分房屋依旧为里弄住宅,到1935年,里弄房屋已增加为88045幢[3],里弄住宅面临着居住拥挤、违章改建、安全隐患多等社会问题。考虑到1916年的建筑规则已经不能适应公共租界建筑业的需求,工部局对建筑规则再次进行了修订。1936年后,住宅调查小组委员会(Housing Ivestigation Sub-Committee)进行了关于住宅等民用建筑的调查。工部局在此基础上完成了规则中民用建筑部分的修订。30年代末,《通用建筑规则》的修订全面完成。修订后的《通用建筑规则》保留了《中式建筑规则》,但已不再是一个独立的章程,而成为《通用建筑规则》中的一部分[4]。

3. 法租界:1863 ~ 1943 年

上海法租界先后拓展3次,面积从最初的不足1000亩变为15000万亩,成为全中国最大的专管租界[5]。1844年中法政府签订《黄埔条约》,规定开放上海等五城市为通商口岸,允许法国人携带家眷,在通商口岸居住并从事贸易活动。继英、美开辟租界之后,1849年4月6日苏松道台发布开辟法租界的告示:"凡法兰西人按照第二十二款至五口地方居住,无论人数多寡,听其租赁房屋及行栈贮货,或租地自行建屋、建行。法兰西人亦一体可以建造礼拜堂、医人院、周急院、学房、坟地各项"[6],勘定上海北门外"南至城河浜,北至洋泾浜,西至关帝庙诸家桥,东至广东潮州会馆沿河至洋泾浜东角"[7]为

---

① 上海市地方志办公室.上海通志:第十五卷经济综述 [DB/OL].(2008-07-17) [2017-07-18]. http://www.shtong.gov.cn/Newsite/node2/node2247/node4576/index.html.
② 上海市地方志办公室.上海租界志 [DB/OL].(2003-08-27) [2017-07-18].http://www.shtong.gov.cn/newsite/node2/node2245/node63852/index.html.
③ 张仲礼.近代上海城市研究 [M].上海:上海人民出版社,1990:463.
④ 唐方.都市建筑控制:近代上海公共租界建筑法规研究(1845-1943) [D].上海:同济大学,2006:168.
⑤ 费成康.中国租界史 [M].上海:上海社会科学出版社,1991:248.
⑥ 上海市地方志办公室.上海租界志 [DB/OL].(2003-08-27) [2017-07-18].http://www.shtong.gov.cn/newsite/node2/node2245/node63852/index.html.
⑦ 上海市地方志办公室.上海租界志 [DB/OL].(2003-08-27) [2017-07-18].http://www.shtong.gov.cn/newsite/node2/node2245//node63852/index.html.

法侨居留地。1862 年 4 月 29 日法国代理领事爱棠发出告示，宣布在法租界设立市政机构"大法国筹防公局"（后改名为法租界公董局），与公共租界完全脱离行政关系，开始独立管理。

公共租界的住房规章发展的同时，法租界的建造规章也渐成体系。1868 年，修订后的《上海法租界公董局组织章程》正式公布，成为法租界的租界法[①]。《上海法租界公董局组织章程》第 9 条规定了公董局董事会议定的事项，有关市政建设、公共卫生等内容包括"开筑道路和公共场所，计划起造码头、突码头、桥梁、水道，以及规划路线走向，确定市场、菜场、屠宰场、公墓等的地点；改善卫生和整顿交通的工程；公用事业地产的征收；路政和卫生章程"[②]。1868 年 10 月 1 日，公董局制定《警务与路政章程》，开始从维护法租界内的道路、码头等公共场所的卫生与安全的角度，对居民与营业场所提出限制不良行为的要求。法租界的规范化建筑管理开始于 1874 年，公董局董事会规定，"凡在马路、广场、码头对面进行任何新建筑或维修工程"，须有公董局开出的许可证[③]，实行建筑许可证制度。1910 年，公董局制定《公路、建筑等章程》对建筑物的建造进行管理，1925 年公董局董事会作出决议，对建筑物的毗邻、视野、距离等方面提出控制要求，1930 年公董局修订《警务与路政章程》，细化对建筑物的建造控制。

华人始终占据着法租界人口的绝大多数。1865～1936 年，法租界总人口由 55925 人增至 854380 人[④]，华人则由 55465 人增至 825342 人[⑤]。中式房屋数量也始终占法租界房屋数量的绝大多数。1925～1932 年法租界新增建筑量较多的时段中，对法租界建筑许可申请档案的分析显示，申请项目以房屋和住宅为主[⑥]，中式房屋始终占据绝对的数量优势[⑦]。法租界的房屋以居住类建筑为多，《警务与路政章程》中对于建筑高度、建筑周围开敞空间的规定，塑造着居住空间的形态与容量。

除制定建筑类行政法规外，法租界采取了限制特定空间区域的建筑类型的政策，来进行建筑建造与空间布局的管理，对个体建造行为进行约束。1903 年公董局从防止领事署受中式房屋火灾蔓延的角度出发，制定公告禁止在法租界外滩、新永安街、吉祥街、法租界十六铺范围内建造新的中式房屋，规定沿道路两旁或里弄内的建筑物新建或翻建只准核给西式砖石房屋的营造执照[⑧]。1900 年法租界拓界后，公董局将嵩山路及其西面租界扩充

①　梅朋，傅立德.上海法租界史 [M].倪静兰译.上海：上海社会科学院出版社，1983：419.
②　梅朋，傅立德.上海法租界史 [M].倪静兰译.上海：上海社会科学院出版社，1983：413.
③　梅朋，傅立德.上海法租界史 [M].倪静兰译.上海：上海社会科学院出版社，1983：486.
④　上海市地方志办公室.上海通志：第三卷人口 [DB/OL].（2008-7-9）[2017-07-18].http：//www.shtong.gov.cn/Newsite/node2/node2247/node4564/index.html.
⑤　上海市地方志办公室.上海租界志 [DB/OL].（2003-08-27）[2017-07-18].http://www.shtong.gov.cn/newsite/node2/node2245/node63852/index.html.
⑥　中式房屋中 3 层数量最多，1 层房屋次之，2 层房屋少；此外还有一般的欧式房屋（Maisons Europeennes）、高档的欧式住宅（Residence Europeenne）以及半欧式住宅（residence semi-europeenn）和半欧式房屋（maison semi-europeennes）。
⑦　牟振宇.近代上海法租界城市化空间过程研究（1849-1930）[D].上海：复旦大学，2010：216.
⑧　上海市地方志办公室.上海城市规划志 [DB/OL].（2003-09-04）[2017-07-18].http://www.shtong.gov.cn/Newsite/node2/node2245/node64620/index.html.

区作为欧式建筑专用建设区,从结构方式上限制中式建筑的建造。1905 年董事会将"禁止"改为"限制"在嵩山路以西部分地段建造中式房屋[①]。因华人业主的反对,董事会于 1910 年底废除禁令,但仍要求该地段的房屋需依照欧洲习惯使用砖头和石块建造[②]。

1909 年 8 月,公董局董事会兴建的顾家宅公园(俗称法国公园)落成开放。1914 年法租界再次扩大范围后,董事会于 10 月 9 日颁布了顾家宅公园附近的中式建筑禁令[③],在顾家宅公园周围由辣斐德路、华龙路、金神父路和宝昌路形成的四方形区域内只准建造西式房屋[④]。

1938 年 12 月公董局通过第 490 号领事署令,公布《法租界市容管理图》,制定"整顿及美化法租界之计划"(图 3-1)。依据此项计划,公董局将租界内土地划分为不同区域,规定出每个区域中允许出现的建筑物样式。

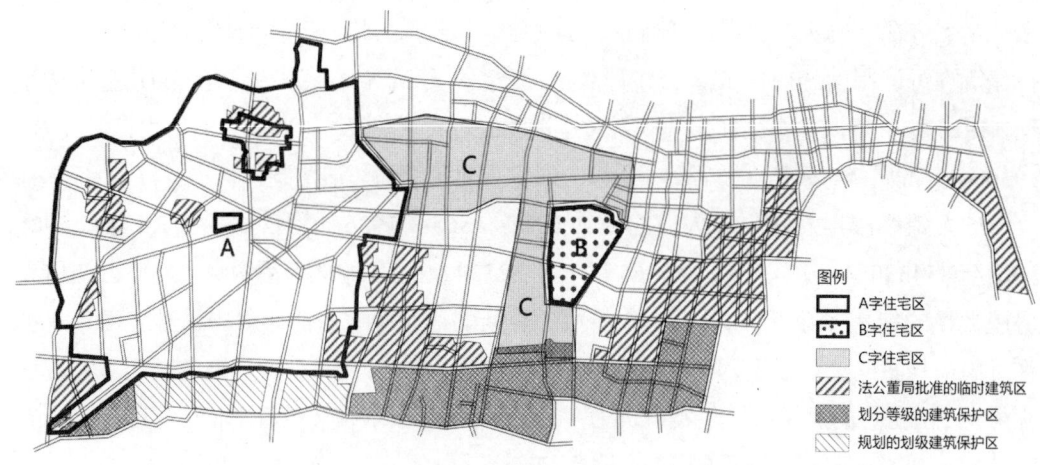

图 3-1　1938 年上海法租界"整顿及美化法租界计划"

资料来源:《上海城市规划志》编纂委员会. 上海城市规划志 [M]. 上海:上海社会科学院出版社,1999:65

上海租界近 100 年的历史中,华人与华人的中式里弄住宅始终占绝大多数。公共租界与法租界的建筑管理初衷高度一致,通过解决通风、采光、防火等公共卫生与安全问题对建筑高度、房屋周围空地等建筑要素进行控制。在具体的控制方法与内容上,两租界则有一定差异。公共租界工部局认为,"工部局没有权力在任何地点规定建筑的类型"[⑤],而法租界公董局执行了建筑类型的空间区域管制政策。整体上,公共租界与法租界的土

① 孙倩. 上海近代城市建设管理制度及其对公共空间的影响 [D]. 上海:同济大学,2006:64.
② 上海市地方志办公室. 上海租界志 [DB/OL]. (2003-08-27) [2017-07-18]. http://www.shtong.gov.cn/newsite/node2/node2245/node63852/index.html.
③ 建筑 1 层的房屋必须距离所有公路 30 法尺以上,房屋间主要通道宽 14 法尺(即 4.25m),其余宅前路宽 10 法尺(即 3m)。此外,从避免视线干扰方面考虑,对相邻地产中的建筑提出退后用地边界线要求。资料来源:孙倩. 上海近代城市建设管理制度及其对公共空间的影响 [D]. 上海:同济大学,2006:65.
④ 上海市地方志办公室. 上海租界志 [DB/OL]. (2003-08-27) [2017-07-18]. http://www.shtong.gov.cn/newsite/node2/node2245/node63852/index.html.
⑤ 车振宇. 近代上海法租界城市化空间过程研究(1849-1930)[D]. 上海:复旦大学,2010:211.

地与建筑规章都包括对于住宅的建筑高度与层数、建筑退界、通道宽度、建筑周围空地等的控制要求，属于关于住房建造与控制的行政规章范畴。这些规章塑造居住空间形态，干预特定居民阶层的空间分布，形成了对市民居住权利的约束。

二、长春的土地与建筑规章

日本对长春地区的控制始于1905年俄日签订《朴茨茅斯条约》，日本取代俄国占有中东铁路支线宽城子至旅顺的一切权益。1906年6月，日本政府敕令成立"南满洲铁道株式会社"（简称满铁）。1907年3月，满铁在长春头道沟一带收购土地修建火车站，开始经营铁路附属地。1932年伪满洲国成立，长春改为首都"新京"。在日本政府的控制下，自1932年至1941年，伪满政府时期的新京实施完成了两期"国都"建设规划工程。新京的人口从1931年的10多万增长到1944年的90余万，这一时期的人口城市化速度居全国首位[1]。伪满政府时期的新京，全面利用日本城市规划理念和技术[2]，所制定的城市建设相关法规集中体现着日本在侵略中国东北地区时有关城市土地、住区建造的管理意图。

满铁作为日本经营伪满的主体机关，是一个在军事上、经济上执行国家重要任务的殖民地开发机构[3]。满铁[4]不是普通的贸易公司，而是所谓的殖民特许公司[5]。1906年8月由三大臣发布的"有关管理和成立会社事宜的命令书"[6]规定了满铁的业务范围，包括经营铁路附属地的土地和房屋及政府许可的其他业务[7]。1907年3月，满铁在头道沟一带收购了约4.5km^{2}的土地，作为修建火车站及其周围的铁路附属用地；1925年又向西北扩大范围，收购土地总面积达6.76km^2[8]。满铁附属地的土地，除满铁公司用地和官衙用地以外，其余土地均以租赁的方式出租使用。为避免土地投机等情况，土地租赁采取不允许土地租赁权转让、转租与抵押的严格控制政策[9]。

为约束租赁土地上的建筑物建造，1907年6月满铁制定《家屋建筑限制规程》，将建筑物划分为一等房屋和二等房屋[10]。1908年，满铁制定土地租赁有关条例，为防止发生土地独占，规定住宅与店铺每处不超过1000m^2[11]。1919年，制定《附属地建筑规则》，从卫生、防火、美观的观点出发，对附属地的建筑高度、面积、结构等方面进行详细

---

① 何一民.近代中国城市发展与社会变迁（1840-1949）[M].北京：科学出版社，2004：236.
② 越泽明.伪满洲国首都规划[M].欧硕译.社会科学文献出版社，2011：2.
③ 满史会.满洲开发四十年史（上卷）[M].东北沦陷十四年史辽宁编写组译.1988：10.
④ 满铁的总裁、副总裁经天皇裁决、政府任命，财政上由国家支持，始终保持官民各半的原则。
⑤ 越泽明.伪满洲国首都规划[M].欧硕译.社会科学文献出版社，2011：34.
⑥ 命令书第5条、第6条内容为实施附属地行政权的规定，第5条要求满铁设置有关土木、教育、卫生等必需的设施，第6条规定满铁经政府批准，可对铁路及附带事业用地内的居民征收手续费和摊派其他的必要费用。
⑦ 满史会.满洲开发四十年史（上卷）[M].东北沦陷十四年史辽宁编写组译.1988：97.
⑧ 长春市宽城区地方志编纂委员会.长春市宽城区志.长春：吉林人民出版社，1996：3-4.
⑨ 越泽明.伪满洲国首都规划[M].欧硕译.社会科学文献出版社，2011：221.
⑩ 越泽明.伪满洲国首都规划[M].欧硕译.社会科学文献出版社，2011：67.
⑪ 越泽明.伪满洲国首都规划[M].欧硕译.社会科学文献出版社，2011：66.

的规定[①]。1926 年 11 月，为提高土地使用效率，制定建筑面积率标准，规定住宅区域为 30%～70%（如属 2 层以上建筑，则二层以上部分建筑面积按实际面积的 1/2 进行加算）[②]。

1931 年九一八事变日本占领中国东北后，长春被确定为伪满洲国的首都"新京"，1932 年 8 月更名为"新京特别市"。新京的建设是在日本的控制下实现的。1932 年 2 月，在长春作为"首都"正式对外公布之前，为防止土地投机，关东军指使伪吉林省长官公署发布"以长春为中心，方圆 40 里之内禁止买卖土地令"，禁止一般土地的买卖或典当[③]。1932 年 11 月，经关东军司令主持审定后，国都建设局与满铁经济调查会共同编制完成《大新京都市计划》，此后新京的城市规划与建设基本以此为蓝本实施[④]（图 3-2）。

伪满政府建设新京采用经营土地的做法，最初的建设资金来自于向满洲中央银行的 500 万日元贷款，第二年度后财政资金主要来自于土地经营收入[⑤]。此外，民间集资也是伪满洲国国都建设重要的资金来源，可弥补政府财政的不足[⑥]。土地经营的基础来自于国都建设局对土地征购和出售的垄断。国都建设局将规划区域内的土地以农地的价格全部征购，按市区用地标准平整改造后，以市区用地价格出售给土地购买人，将土地收入作为公共投资投入于基础设施建设。土地控制使新京的建设完全在日本人的掌控下按都市计划进行，避免"一些特定的个人或企业获得不劳而得的开发利润"[⑦]。1933 年 6 月起，土地开始全面向市民发售，所销售的住宅用地规划道路、给水排水等基础设施齐全。1932～1937 年，国都建设局共征购土地 93km²，至 1941 年末，增加到 107.6km²[⑧]。国都建设规划一期工程于 1937 年 12 月结束，1938～1941 年的 3 年间二期工程也建设完成。

1932 年 5 月颁布的《国都建设局土地建筑物卖却及贷付规则》规定了土地转让、租赁的标准和实施方法。住宅用地转让面积规定为每块 330m²、440m²、770m² 和 870m² 四种标准[⑨]。新京被划分为 5 类地区，包括住宅地区、商业地区、工业地区、特殊地区、特别地区及特别规定的地区和建筑。其中，住宅地区又分为 4 类：甲 1 级、2 级地区，包括一般住宅、医院、学校、寺院；乙 3 级、4 级地区包括集体宿舍、旅馆、浴池、托儿所等[⑩]（图 3-3）。国都建设局作为一个集"土地所有者、开发商和政府角色"于一体的机构[⑪]，对土地用途与建筑类别进行严格的管制，已转让的土地有明确的土地用途限制。《国都建设计画区域内各种用途地域建筑物及用途许可准则》限制了规定用途以外的建筑类型建设。

① 李百浩. 满铁附属地的城市规划历程及其特征分析 [J]. 同济大学学报（社会科学版），1997，8（1）：92.
② 越泽明. 伪满洲国首都规划 [M]. 欧硕译. 社会科学文献出版社，2011：67.
③ 宋伟宏. 伪满洲国"国都"的选定与规划建设 [J]. 东北亚学刊，2012（3）：54.
④ 宋伟宏. 伪满洲国"国都"的选定与规划建设 [J]. 东北亚学刊，2012（3）：54.
⑤ 越泽明. 伪满洲国首都规划 [M]. 欧硕译. 社会科学文献出版社，2011：97.
⑥ 刘威. 长春近代城市建筑文化研究 [D]. 长春：吉林大学，2012：47.
⑦ 越泽明. 伪满洲国首都规划 [M]. 欧硕译. 社会科学文献出版社，2011：107.
⑧ 越泽明. 伪满洲国首都规划 [M]. 欧硕译. 社会科学文献出版社，2011：107.
⑨ 越泽明. 伪满洲国首都规划 [M]. 欧硕译. 社会科学文献出版社，2011：108.
⑩ 长春市政协文史委员会. 长春文史资料（1993 年第 2 辑）[M]. 长春：长春市政协文史办公室，1993：14.
⑪ 越泽明. 伪满洲国首都规划 [M]. 欧硕译. 社会科学文献出版社，2011：109.

1933 年 4 月 19 日，伪满洲国政府颁布教令第 24 号《国都建设计划法》与教令第 25 条《国都建设计划法施行令》。新京的建筑管制以国都建设局指示第 1 号《国都建设局建筑指示条项》为依据[①]。《国都建设局建筑指示条项》[②]就建筑物的卫生、安全、构造、形态、实施等制定了详细的要求，其中多项条款对居住地域与居住建筑的采光、高度、退界与建筑密度进行约束。

　　1942 年伪满洲政府制定了新京的百万人口都市规划，修订《都市计画法》。修订的《都市计画法》将邻里单位（Neighborhood Unit）的居住区域组织形式纳入其中，规定新京邻里单位的基本标准为人口 6000 人、户数 1200 户、面积 $1km^2$ 的区域[③]。《都市计画法》修订的同时，《建筑法》也在起草，但两部法规因日本的战败而未正式颁布。

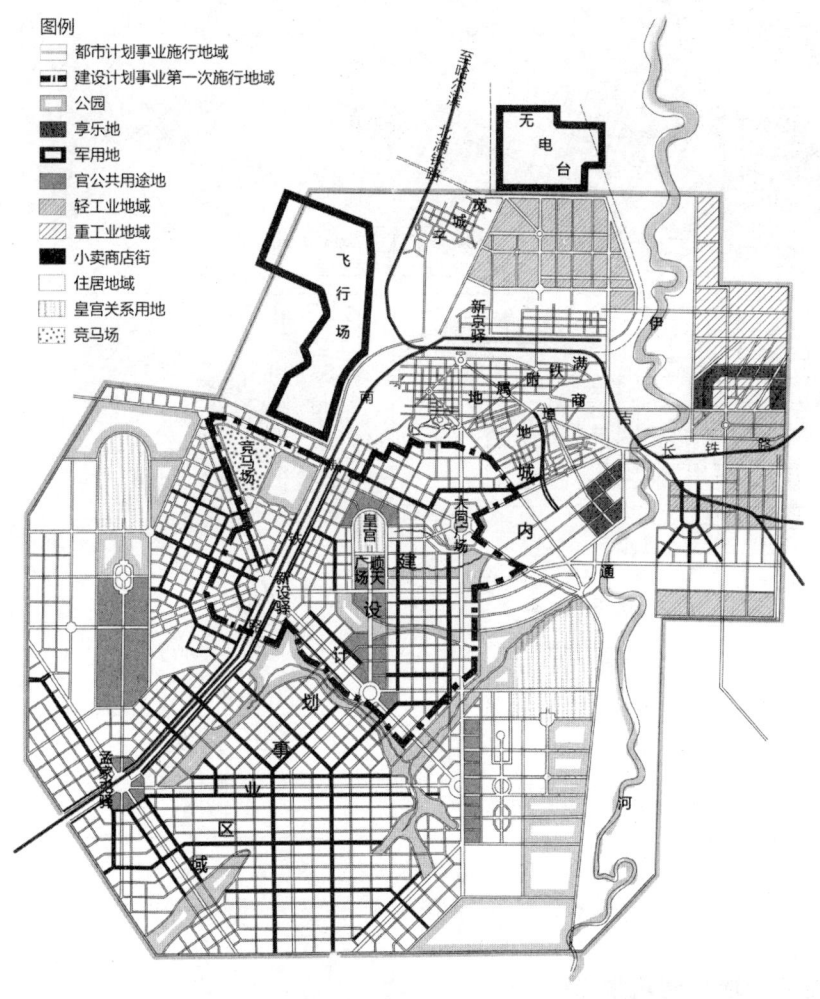

图 3-2　伪满洲国都建设计划事业第一次施行区域图

资料来源：伪满洲国国务院国都建设局 - 新京特别市公署 . 新京市政概要 [M].1934.

---

① 越泽明 . 伪满洲国首都规划 [M]. 欧硕译 . 社会科学文献出版社，2011：134.
② 刘威 . 长春近代城市建筑文化研究 [D]. 长春：吉林大学，2012：145.
③ 越泽明 . 伪满洲国首都规划 [M]. 欧硕译 . 社会科学文献出版社，2011：166.

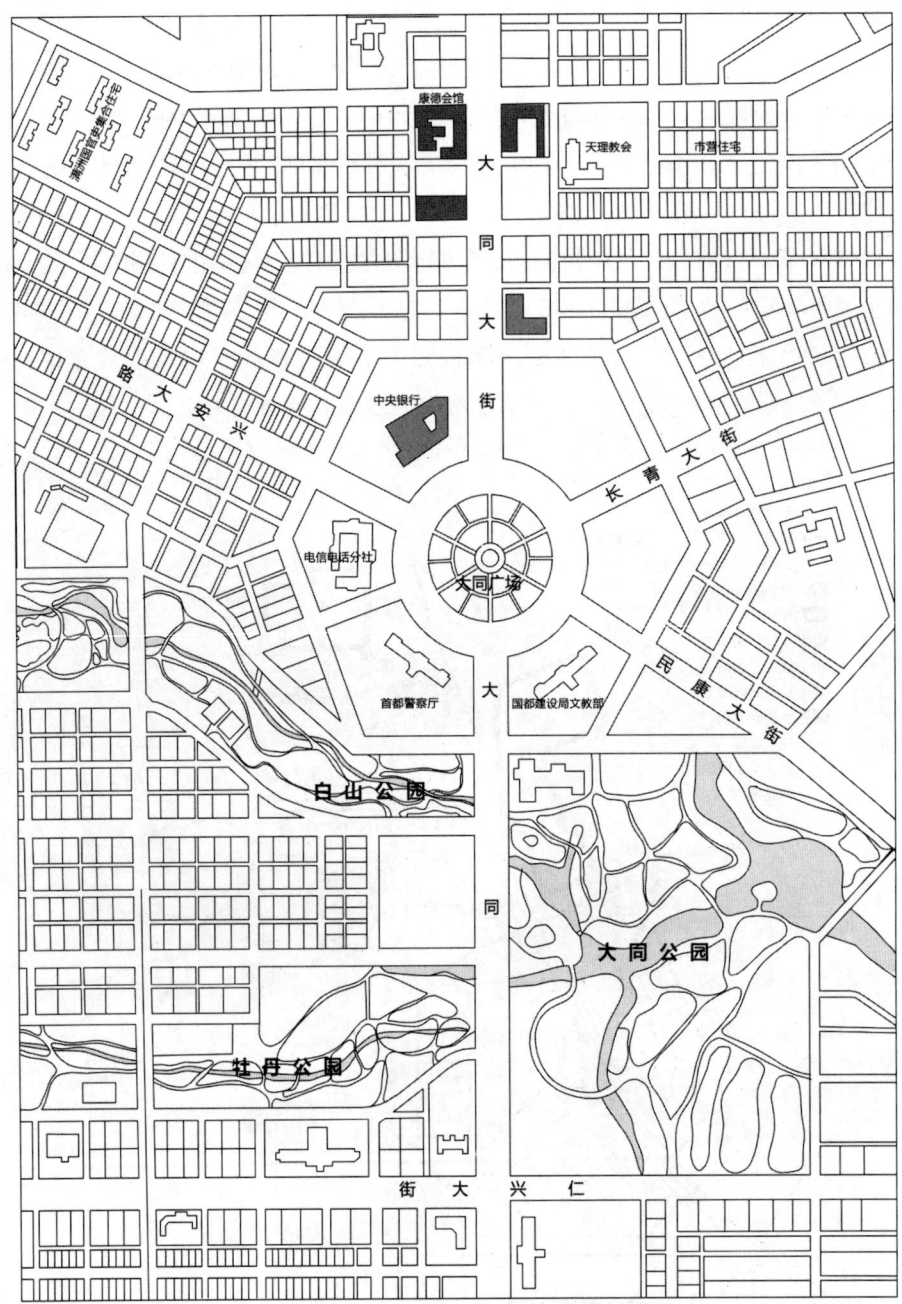

图 3-3 伪满洲国首都新京大同广场周边居住街坊

资料来源：越泽明. 伪满洲国首都规划 [M]. 欧硕译. 北京：社会科学文献出版社，2011：115.

三、青岛的土地与建筑规章

列强主要出于军事目的向弱小国家租借的大片战略要地，被称为租借地（Leased Territory）[①]。1898 年 3 月 6 日，德国迫使清廷签订中德《胶澳租界条约》，将胶州湾租界

---

① 费成康. 中国租界史 [M]. 上海：上海社会科学出版社，1991：309.

给德国，租期为 99 年。1898 年 10 月 12 日德国命名胶澳租借地的市区为青岛。青岛作为德国占领期间建立起来的城市，其形成与建设深受德国殖民者的影响。1897 ～ 1914 年德国殖民者统治的 17 年间，德国人将资本主义法制制度和理念带入租借地，落实在青岛市的土地政策、城市建设、住区规划等方面。在德国租借地土地制度设计中，单威廉（Wilhelm Schrameier）[1]力求避免当时香港、上海等城市因土地拍卖、时限租借和地产税等所导致的土地投机[2]。1912 年孙中山到访青岛后，对青岛的造林、港口和街道等建设非常满意，称"青岛应当成为未来中国城市的典范"[3]。

　　1897 年底，德国殖民当局发布《优先购地法》，通过付给中国地主两倍于当时每年所缴地税的金额，并允许中国地主继续使用田地，获得对土地的优先购买权[4]。1898 年 2 月德国总督府颁布《购地准则》，征购民间土地，由德国总督府与中国地主签订契约，支付地价，以 1892 年清朝总兵章高元在政府买地中的地价为准[5]。1898 年 4 月，殖民当局与 18 个村的 44 个地主签订了青岛历史上第一个土地收买契约。至 1901 年 12 月 31 日，共收买土地 1.4 万余亩[6]。至 1902 年，殖民当局按编制的城市规划范围渐次买地完毕[7]。

　　1898 年 9 月 2 日，德国宣布胶澳向世界各国开放为自由港，胶澳总督公布《置买田地章程》与租借地税收法令，约束土地交易[8]。土地税和增值税的设置不是基于财政意义[9]，而是为凸显土地政策的社会政治意义，"预防对公共有害的土地投机的资金"[10]。1899 年 1 月 1 日，德胶澳总督颁布《青岛地税章程》，开始征收地税。此后，胶澳总督府于 1904 年 5 月 5 日颁布《田地易主章程》，于 1912 年 6 月 29 日颁布《买地办理章程》与《买地办法》等土地法规。这些章程补充了土地法规的主体内容，但《置买田地章程》与《青岛地税章程》始终为青岛土地法规的主体。

　　1898 年德国宣布胶澳为自由港时，首次公示未来青岛的"建设规划"[11]，1900 年正式

---

① 单威廉是青岛土地制度的设计者，到青岛前他已在香港、广州、上海等地生活 12 年。
② 托尔斯滕·华纳. 近代青岛的城市规划与建设 [M]. 南京：东南大学出版社，2011：78.
③ 托尔斯滕·华纳. 近代青岛的城市规划与建设 [M]. 南京：东南大学出版社，2011：240.
④ 托尔斯滕·华纳. 近代青岛的城市规划与建设 [M]. 南京：东南大学出版社，2011：90.
⑤ 青岛市史志办公室. 青岛市志·土地管理志 [DB/OL].[2017-07-18].http：//qdsq.qingdao.gov.cn/n15752132/n20546827/n20615063/index.html.
⑥ 青岛市史志办公室编. 青岛市志·土地志 / 地震志 [DB/OL].[2017-07-18].http：//qdsq.qingdao.gov.cn/n15752132/n20546827/n20615063/index.html
⑦ 青岛市史志办公室编. 青岛市志·房产志 [DB/OL].[2017-07-18].http：//qdsq.qingdao.gov.cn/n15752132/n20546827/n26370735/index.html
⑧ 胶澳租借地内的土地买卖参照德国本土的做法，买卖没有土地地契，所有权转让之后将土地所有人的姓名记入殖民当局的土地登记薄册。房地产权属管理以土地为主，按照地段、地号、业主姓名、土地面积、使用目的的不同分别建立土地产籍册，房地产转移时，进行转移登记。
⑨ 土地收入对胶澳租借地当局的自筹资金贡献微乎其微。1898 ～ 1913 年，胶澳总督府的收入构成中，来自德国国库的拨款为 16248.0 万德国马克，来自青岛当地的收入为 3649.9 万德国马克，其中 1898 ～ 1911 年出售土地的价值仅为 224 万德国马克（不含地税和地租）。依据托尔斯滕·华纳的研究，青岛最初作为德国在远东的海军基地获得了德国的巨额财政资助。基础设施军民混用，建设所需资金由帝国海军部向帝国国会申请并获得批准。
⑩ 托尔斯滕·华纳. 近代青岛的城市规划与建设 [M]. 南京：东南大学出版社，2011：95.
⑪ 托尔斯滕·华纳. 近代青岛的城市规划与建设 [M]. 南京：东南大学出版社，2011：99.

推出第一个《青岛城市规划》。本着避免因中国人增加而限制与排挤欧洲人的思路，德国殖民者实施华人和欧人居住地的"严格分离"[①]。1900年6月14日,德胶澳总督公布《德属之境分为内外两界章程》,规定了"欧人居住区"和"中国人居住区"的地域界限[②]。欧人区和华人区以总督府山分水岭为分隔线。中国人可购买欧人区的土地和进行建设,却不能居住在欧人区（为外国人工作的中国职员除外）。1898年开始建设的华人区大鲍岛的街坊（10个）,尺度约为45m×70m;欧人区街坊尺度平均为80m×100m,约为德国当时普遍街坊大小的一半[③]（图3-4）。

图3-4　青岛欧人区中心和中国商贸城区大鲍岛

资料来源:托尔斯滕·华纳.近代青岛的城市规划与建设[M].青岛市档案馆编译.南京:东南大学出版社,2011:128.

　　为安置因青岛市区建设而被拆毁村庄的村民,容纳流动劳工以及防止劳工中暴发疾病和瘟疫,总督府颁布法令建设两处劳工住宅区。法规规定企业主有义务为雇佣的劳工修建满足最低标准的住房。劳工住房建设由企业主负责,土地由胶澳总督府提供[④],但总

---

① 托尔斯滕·华纳.近代青岛的城市规划与建设[M].南京:东南大学出版社,2011:124.
② 青岛市史志办公室编.青岛市志　房产志[DB/OL].[2017-07-18].http://qdsq.qingdao.gov.cn/n15752132/n20546827/n26370735/index.html
③ 托尔斯滕·华纳.近代青岛的城市规划与建设[M].南京:东南大学出版社,2011:124.
④ 按照胶澳总督的法令,公益机构和慈善团体可免费使用土地,免税权5年（经申请也可再延长5年）。企业主建设劳工住宅所需的土地,每月只需支付租金。

督府有权"在 5 年后或发生严重传染病或异常脏乱时"[1]无偿拆除房屋。1899 年 11 月 10 日，胶澳总督颁布公告规定劳工区的建筑密度、建筑间距、住宅的面积等[2]，与华人区大鲍岛的建筑法规内容接近。劳工住宅区布局采用棋盘式格网结构，街道格网为避免街道空间区域潮湿与光照不足而形成了相对南北轴线扭转 45° 的布局（图 3-5）。

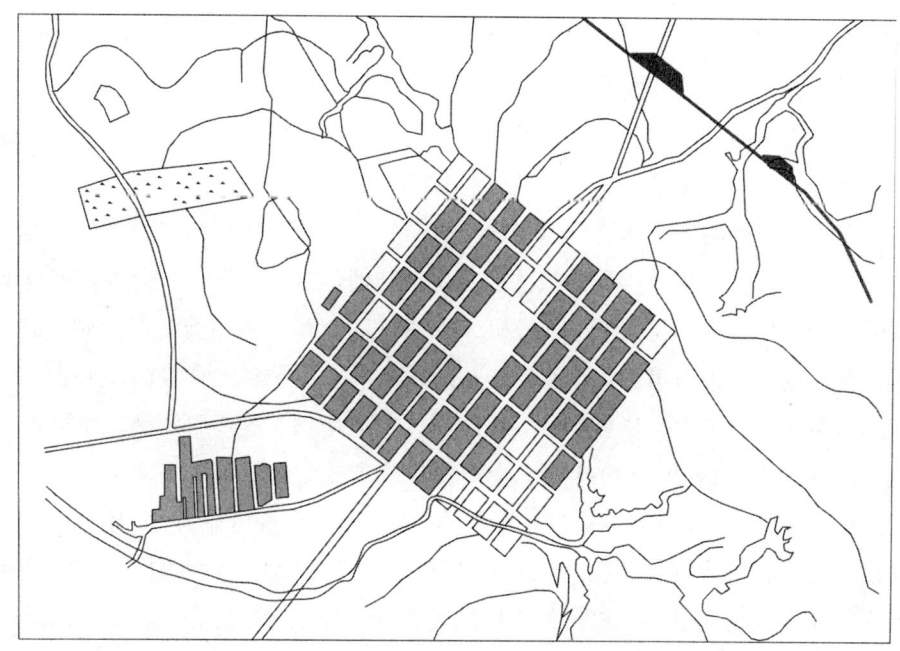

图 3-5 1906 年 10 月的台东镇劳工住宅区

资料来源：托尔斯滕·华纳 . 近代青岛的城市规划与建设 [M]. 青岛市档案馆编译 . 南京：东南大学出版社，2011：110.

随着社会情况的变化，华人移住欧人居住区（青岛区）的逐渐增多。1910 年，德国胶澳总督府在 1900 年规划的基础上制定青岛市区扩张规划，将青岛确定为"德国在远东重要和繁荣的商业中心"。随着德国人对中国人态度的改变以及繁荣房地产的考虑，1912 年胶澳总督府取消了欧华分区居住的禁令。1914 年 1 月 15 日，德胶澳总督府公布《更订华人准住西人界内章程》，规定经批准中国人可在青岛区居住，废除欧人与华人的居住隔离限制。

1898 年 10 月 11 日，胶澳总督府颁布《临时性建设监督法规》。这部法规以简约的形式保持着在整个德租青岛期间的有效性[3]。此后，建筑条例于 1906 年修订完成，修订后的建筑条例被建设当局作为参考文件和章程在建设监督的批准程序中应用。在 1914～1922 年日本人统治青岛的 8 年时间中，大量原有设施与公共建筑被日本人继

---

① 托尔斯滕·华纳 . 近代青岛的城市规划与建设 [M]. 南京：东南大学出版社，2011：113.

② 建筑密度上限为 75%；两房屋之间若非直接紧靠，间距不得少于 3m，居住空间的地面至少须高出街道或院落地平面 0.15m；长期居住的房间面积要求房间净高为 2.5m，4m² 的住房面积可供 2 人居住。

③ 托尔斯滕·华纳 . 近代青岛的城市规划与建设 [M]. 南京：东南大学出版社，2011：103.

续使用。1914 年日本占领青岛后，随即声明：原有德国当局施行的规章制度，只要它们不妨碍军事管理，仍然继续实行有效[①]。因此，德占时期土地与建筑法规继续发挥影响。

四、现代土地与建筑法制的突破与示范

住房法规的许多突破性变化，首先出现在外国势力控制区域的城市中。这些城市区域的法规制度，为中国政权提供了模仿和学习的对象。

上海租界的《租地章程》开启了近代中国土地法规现代化演变的进程。在上海租界租地章程的更替中，传统的土地永租制逐渐演变成现代意义上的土地私有产权。英租界是租界多方面制度的始作俑者[②]。发育最完备的上海英租界（后与美租界合并为公共租界）的规章与制度，成为各国租界效法的范例。其他城市的租界、租借地城市也都形成了类似的土地租用章程。为防止土地投机，1898 年青岛《置买田地章程》中设定了土地增值税，是全世界范围内第一次政府依法对开发商将来获得的土地增值实施课税[③]。

清末有租界的城市中，华界施行的仍然是《大清律例》等传统法制。在租界的刺激与对西方的学习中，19 世纪 90 年代，上海华界的市政管理体制、土地法制开始近代转型[④]。德占时期青岛的土地法令受到孙中山的高度评价，辛亥革命前后，孙中山力邀青岛土地法规的设计者单威廉负责起草土地法规则[⑤]。清末新政时期，北京、天津、济南等地开辟新区，主要模仿与借鉴租界、租借地的土地制度与土地运作方式，制定出新区扩展的土地规章。

19 世纪末至 20 世纪初，现代意义上的建筑类专项法规首次出现。上海租界工部局颁布的 1901 年《中式新房建造章程》与 1903 年《西式房屋建造章程》以及 1898 年胶澳总督府颁布的《临时性建设监督法规》，都属于近代中国第一批包含住宅建造控制内容的建筑法规。英、美、德、法、日等国的租界或租借地的此类法规都呈现出逐步细化的趋势。上海公共租界制定并多次修订的建筑规则，为民国时期的许多城市效法，对民国时期的居住空间塑造与个人住房建造都产生了较大影响。

外国势力控制区域的土地与建筑规章中包含着大量与住宅有关的内容。这些规章为近代中国城市的发展提供示范，对城市土地制度、宅地使用、住宅建造、居住空间的演化发挥着深远的影响。

---

① 青岛市档案馆.帝国主义与胶海关 [M].北京：档案出版社，1986：155.
② 费成康.中国租界史 [M].上海：上海社会科学出版社，1991：241.
③ 托尔斯藤·华纳.近代青岛的城市规划与建设 [M].南京：东南大学出版社，2011：95.
④ 贾彩彦.近代上海土地管理制度思想的西方渊源 [J].财经研究，2007，33（4）：123-131.
⑤ 陆静，叶秋华.德国占领青岛时期法制述评 [J].东岳论丛，2011，32（11）：181-185.

第二节　地方层面的住宅区开辟规章

近代中国地方层面的住房规章演变，从清末新政时期的自开商埠章程开始。自开商埠规章虽然并非针对住宅或住宅区建造而制定，但它们确定的土地征收与承领、建筑建造方式，为此后的城市住房规章所继承。民国时期，新住宅区开辟的规章首次出现。随后，关于新住宅区建设的各种规章在开埠城市、部分大城市逐渐发展。南京国民政府时期，随着平民住所的建设，公力与公助住房救济的规章诞生。民国时期，住宅建造的控制出现在各地的建筑规则中，并发展出专项规章。

一、清末民初开辟城区的土地新规

《吴淞开埠租买地亩章程》是清末开埠土地新规的起点。吴淞是清朝最早的自开商埠之一。1898 年，为杜绝外国要求辟吴淞为租界的企图，清廷批准吴淞自开商埠。1898年 9 月，正式成立了开埠工程局，具体办理筑港、修路、建房等事宜[1]。吴淞开埠后就土地的买卖和管理，制定了《吴淞开埠租买地亩章程》："吴淞系自行通商开埠，与条约所载口岸情形不同，只准各国洋商在划定界内租地，错杂而居，其界外之地，仍不准洋商租用，以示限制。"[2] 章程对土地交易契约、租地费用、修筑道路等用地的征收、修筑道路的费用来源等进行规定。吴淞开埠因未获显著成果而于 1901 年终止。

岳州于 1899 年 11 月 13 日正式开埠，开埠动机为抵抗外国势力。《岳州城陵租地章程》规定了通商埠界的范围、租地、办理地契、转租、造屋、税收等的要求。中国、外国商人皆可在通商场内租地，清廷拥有独立的行政管理权、立法权和司法权。《岳州城陵租地章程》对中国其后的自开商埠产生了较大的影响，其后自开商埠所订立的章程多参照岳州的章程，并在此基础上有所改进[3]。

1902 年直隶总督袁世凯接管天津，大力推行"新政"。因当时天津城外东南沿河两岸为租界侵占，袁世凯决定开发海河以北地区，与外国租界区竞争，以平衡城区格局。1903 年 2 月 23 日，工程总局制定《开发河北新市场章程十三条》，开发河北新区[4]。为加速开发河北新区，1905 年 4 月 6 日，《变通现行新章十三条》批准公布，要求界内业主在 3 年内一律修建房屋，沿马路均须翻盖砖瓦房[5]。河北新区经过十几年的开发后，有相当规模的新市区初步建成（图 3-6）。

---

① 隗瀛涛.中国近代不同类型城市综合研究 [M].成都：四川大学出版社，1998：242.
② 张允高.宝山县续志（卷六商业）[M].铅印本.1921：18-19.
③ 隗瀛涛.中国近代不同类型城市综合研究 [M].成都：四川大学出版社，1998：261.
④ 罗澍伟.近代天津城市史 [M].北京：中国社会科学出版社，1993：335.
⑤ 天津市地方志编修委员会.天津通志·城乡建设志（上）[M].天津：天津社会科学出版社，1996：26.

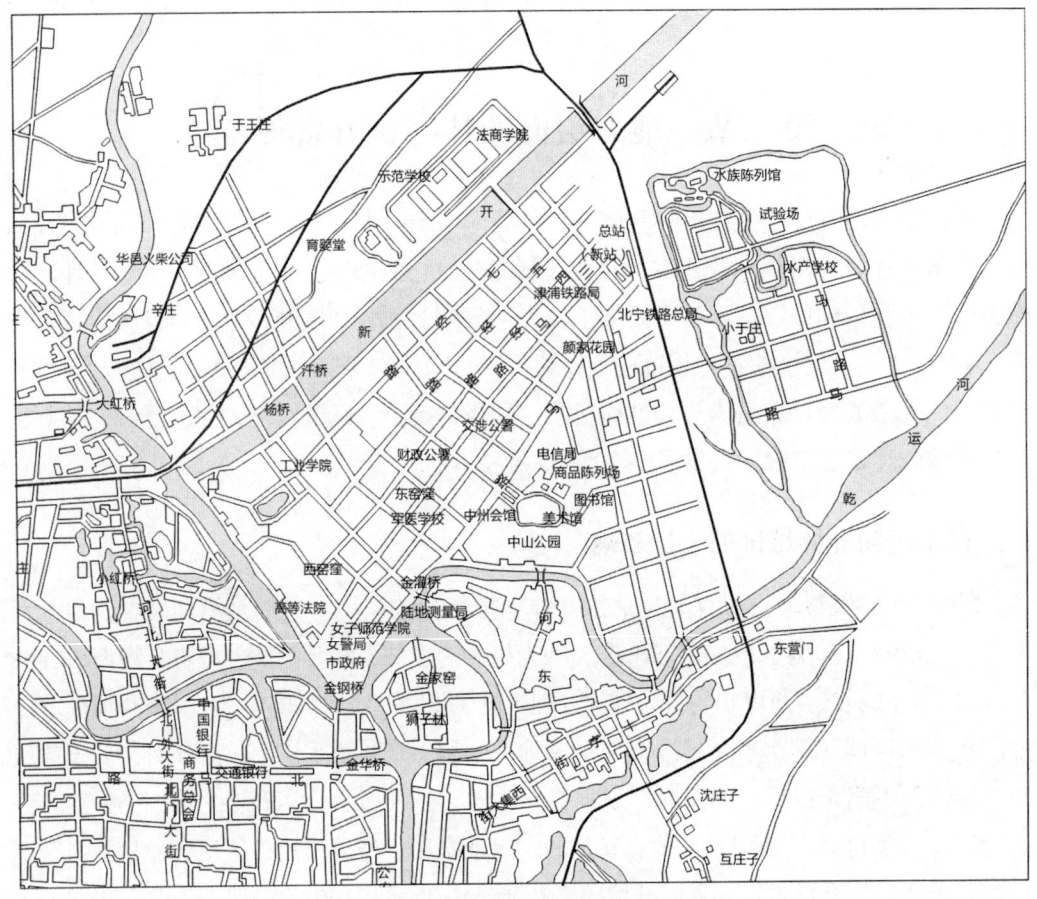

图 3-6 天津河北新区（天津街市图 1935 年局部）

资料来源：Plan of Tianjin.Virtual Cities Projectof University of Bristol[DB/OL]. http：//www.virtualtianjin.net/Maps/Collection?ID=1641

　　济南作为近代中国第一个内陆省会自开商埠，代表了中国人沿着现代化道路管理自己城市的努力[1]。胶济铁路通车后，为抵制德国人在山东的势力的扩张，北洋大臣袁世凯、山东巡抚周馥于 1904 年 5 月 4 日奏请清廷在济南城外自开口岸，同时将胶济铁路沿线的潍县、周村一并开作商埠。尽管岳州、三都澳、秦皇岛等自开商埠已有一定经验，但总体来说，自开商埠的有关制度尚处创始阶段[2]。济南商埠区则以西方城市建设为榜样[3]，制定了详细的开埠与土地章程。袁世凯邀请原上海道台袁树勋负责建立商埠区的管理体系，上海的法律和规章成为济南新建商埠区的榜样[4]。1905 年 2 月，直隶总督兼北洋大臣袁世凯、山东巡抚胡廷干将《济南城外商埠开办章程》奏报清廷。12 月，清廷续订济南及潍县、周村《济南商埠租建章程》《济南商埠巡警章程》。1906 年 1 月 10 日，济

①　鲍德威.中国的城市变迁：1890-1949 年山东济南的政治与发展 [M]. 张汉，金桥，孙淑霞译. 北京：北京大学出版社，2010：9.
②　聂家华.开埠与济南早期城市现代化（1904-1937）[D]. 杭州：浙江大学人文学院，2004：61.
③　托尔斯滕·华纳.近代青岛的城市规划与建设 [M]. 南京：东南大学出版社，2011：83.
④　鲍德威.中国的城市变迁：1890-1949 年山东济南的政治与发展 [M]. 张汉，金桥，孙淑霞译. 北京：北京大学出版社，2010：47.

南举行开埠典礼，正式开放为"华洋公共通商之埠"[1]。此外，商埠局就收购土地价格与程序制定《济南商埠买地章程》。章程以商埠总局对土地的整体控制为土地运作的核心。划定商埠区范围之后，将划定范围内的公、私土地，由官方发价收购为公有。此后进行整体规划，划分地块与道路等市政设施用地，将公用土地之外的土地出租给中外商民经营与居住（图 3-7）。济南开埠参考岳州、上海、青岛等地的经验，同时表现出了革新特征，由中国人实施对西方模式的借鉴[2]。在晚清自主开放的商埠中，济南开埠章程制定得详尽完备，成为昆明等自开商埠所借鉴的范本[3]。

图 3-7　济南商埠全界图

资料来源：毛承霖.续修历城县志（卷一）[M].济南：济南大公印务公司，1926.

民国初年，北京市政官员与技术人员希望以西方的城建思想和市政管理理念来重塑北京。1914 年市政公所成立后，力图借鉴各国市政先例，筹建全市模范市区，以改良京城的市政状况，但因旧日都市"改作非易，整理亦难，则唯有选择相当之地以资展拓"[4]。京都市政公所权衡区位、地价、交通与现状建设等条件后，选址在原为城外荒地的香厂地区，筹划建设香厂新市区（图 3-8）。为筹建香厂新市区，京都市政公所制定了《修订北京房地收用暂行章程》和《标租香厂地亩规则》。

---

① 济南市史志编纂委员会编.济南市志（第一册）[M].北京：中华书局，1997：31.
② 鲍德威.中国的城市变迁：1890-1949 年山东济南的政治与发展[M].张汉，金桥，孙淑霞译.北京：北京大学出版社，2010：37.
③ 聂家华.开埠与济南早期城市现代化（1904-1937）[D].杭州：浙江大学人文学院，2004：61.
④ 京都市政公所.京都市政汇览[M].北京：京华印书局，1919：104.

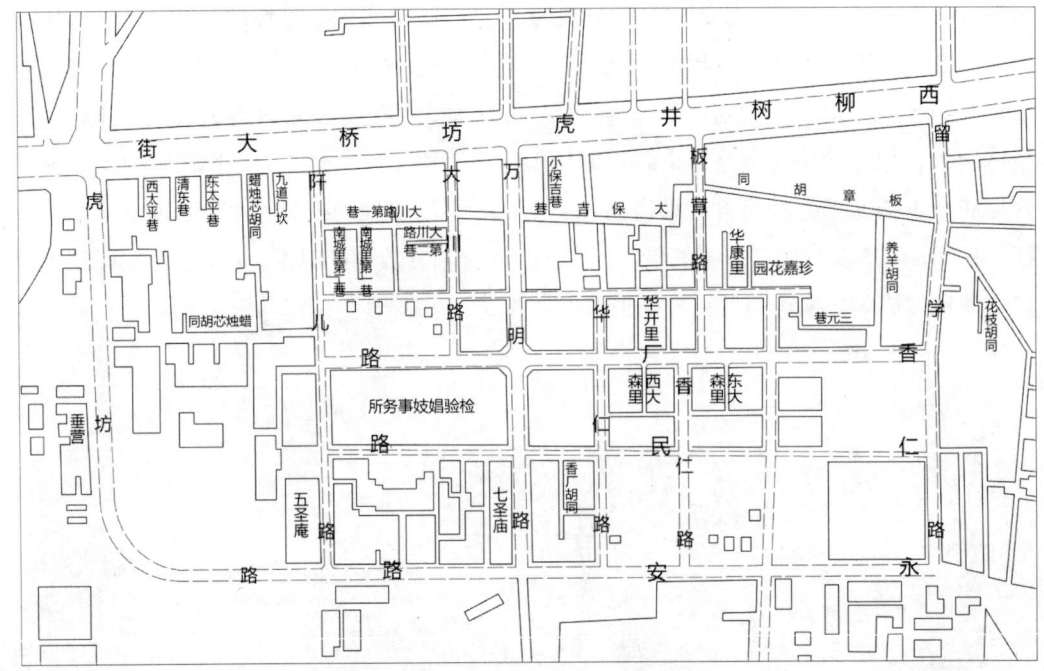

图 3-8   香厂新开街市平面（北平市内外城分区地图局部）
资料来源：安仙生．北平市内外城分区地图．安警众，1926.

1918 年 1 月，京师警察厅制定的《修订北京房地收用暂行章程》经内务部核准后发布。市政公所整理市区街市、建设香厂新市区、收用房地均执行《修订北京房地收用暂行章程》[1]。1921 年 9 月，《修订北京房地收用暂行章程》经京都市政公所再次修订[2]。市政公所在香厂地区收用房地，自 1915 年 1 月至 1918 年 7 月，共征用房屋 359 间，支出银元 24370 元[3]。此外，京都市政公所在执行收用土地章程时，准许不愿领迁移费的收用原户申请换地："由公所随时调查，苟有相当空地，与计划并无妨碍者，准换给。"[4]《京都市政汇览》中的香厂换拨地基各户姓名地点表显示，自 1915 年 9 月至 1918 年 6 月间，有 5 宗换拨地基[5]。

为使"承领与标租二者并行不悖"，"利使模范市区与市民共图发展"，市政公所制定多项标租规则，并向社会公布以示公平[6]。《标租香厂地亩规则》于 1917 年制定，1918 年 2 月 25 日公布。1918 年还公布了另外 3 项规则，分别是 1 月 31 日公布的《市政公所标租地亩投标开标规则》、2 月 19 日的《香厂地亩转租注册规则》、7 月 31 日的《香厂地亩招标简章》。以《标租香厂地亩规则》为基本规则，建立起了土地招标出租的基本

---

① 京都市政公所．京都市政汇览 [M]．北京：京华印书局，1919：368.
② 京都市政公所第一处文书科编译室．京都市法规汇编 [M]．北京：京都市政公所第一处文书科编译室，1925.
③ 董豫赣，张复合．北京"香厂新市区"规划缘起 // 汪坦，张复合．第五次中国近代建筑史研究讨论会论文集 [C]．北京：中国建筑工业出版社，1998：63-81.
④ 京都市政公所．京都市政汇览 [M]．北京：京华印书局，1919：242.
⑤ 京都市政公所．京都市政汇览 [M]．北京：京华印书局，1919：106.
⑥ 京都市政公所．京都市政汇览 [M]．北京：京华印书局，1919：235.

模式。

　　香厂基地由京都市政公所以招标与价领两种方式放租，招标土地租期为 30 年，价领土地则没有租期限制。据《京都市政汇览》中香厂地基招标各商姓名租价租期表、香厂价领地基各户姓名表显示[①]，自 1915 年 8 月至 1918 年 8 月间，地基招标有 9 宗，价领地基有 2 宗，市政公所自建房屋有 2 宗。从 1914 年香厂新市区开始筹建，至 1918 年，已"商市渐盛"，区内修筑道路 14 条，"路旁基地，编列号次，招商租领"[②]。

　　清末民初开辟新区所制定的土地章程，始于对租界、租借地等土地制度的学习，在模仿的同时也形成了自身的特点。在新区开辟的实践中，土地规章的法制化程度不断加强，从最初条款简单的单一规则，逐渐扩展到内容细致的征收、出租、招标等多项配套的专门规章。虽然这些规章并非专门的住房规章，但它们是此后演化出城市住房专项规章的基础。

二、民国北京政府时期的住宅区规章

　　民国北京政府时期，除北京外，城市市政管理与建设以广州为代表。政府主导下的新住宅区建设与规章首先出现在广州。1918 年，广州推行地方自治，提倡市政。广州通过制定一系列市政例规章程来规范市政建设，筹建开辟新建城市区域、开辟新住宅区。经过几年的市政发展，广州市被称赞为"中国之模范市矣，名城不过如是而已"[③]。1921 年，广州市正式宣告成立。广州市政厅成立后，孙科市长领导下的市行政委员会着力于改善广州城市面貌，筑路浚渠、拓宽街道，建设公园、模范村、行政中枢等，全面推行市政建设。广州市政厅的职员构成体现出由专业技术人员执掌市政的原则[④]，市长、各局局长等市行政委员会成员全部有国外留学经历，各局的课长、课员 80% 以上为留洋学生[⑤]。这些留学而归的管理者们，将法治精神与西方城市管理理念应用到广州的市政管理中，重视法规的制定。市政厅以行政立法的方式，通过一系列市政例规章程来规范市政建设。

　　成立不久的市政厅认识到城市发展须突破原警区范围的限制，拓展市区范围并预先规划拓展空间。1923 年 7 月，市工务局拟定《展拓广州市区范围情形》与《展拓市区计画》。市区范围的拓展为有规模的城市建设提供了条件，也为开辟模范住宅区提供了空间。孙科市长在划定市区权宜区域时，已计划于东岗建设住宅区[⑥]。工务局计划在附近的马棚岗等地势高峻、空气流通的地区划出约一百亩范围建设模范住宅数十间。目的在于"教市民以构造卫生及防火防湿防冷防暑等方法，不设其他茶楼酒肆游戏场

①　京都市政公所 . 京都市政汇览 [M]. 北京：京华印书局，1919：107.
②　京都市政公所 . 京都市政汇览 [M]. 北京：京华印书局，1919：104.
③　广州市市政厅总务科编辑股 . 广州市市政例规章程汇编 [M]. 香港：商务印书馆，1924.
④　赵可 . 孙科与 20 年代初的广州市政改革 [J]. 史学月刊，1998（4）：100.
⑤　黄炎培 . 一岁之广州市 [M]. 上海：商务印书馆，1922：23-24.
⑥　广州市市政厅编辑股 . 民国十七年广州市市政报告汇刊 [M].1929：93.

等,以免有碍居民卫生","并可渐次将商场住宅工厂等各分专区,以期适合现代生活"[1]。1921 年,财政局针对东郊地区的收用,制定《东郊马棚岗展拓市区收用民房田亩修正办法》。因政治环境的不稳定以及市政厅财政紧张等原因[2],当时此项建设模范住宅的设想未能实现。

市政公所成立时已认识到"公园为都市之肺腑"、"籍公园以救济健康"的作用[3],拟在旧抚署、海珠、东较场、东山庙、西关等合适地点建设公园。1923 年,占据观音山的军队及其建筑物被拆除之后,市政厅着手重新开始筹款开辟观音山公园。市政厅"惟市库奇绌,百废待兴,实无余力,更为公园筹此巨资"[4],因而效仿当时东山区居民自行筹款建设东山公园[5]的方法,进行就地筹款[6]。具体方法为:"兹将观音山全部约五分之一,辟作民居,划定地价,由人民自由承领。以所得之资,为公园建筑之费用。"[7]1923 年 7 月 18 日,广州市行政委员会第 111 次会议通过工务局开辟观音山公园及住宅区的意见书。1923 年 11 月,广州市行政会议通过《开辟观音山公园及住宅区办法》。《开辟观音山公园及住宅区办法》涵盖土地使用、土地承领、资金筹措、住房管理、建造控制、住区自治等多方面内容,体现出了市政管理的较高水准。

观音山公园及住宅区范围内的私有民地房屋,在酌量补偿地价及拆迁费的情况下,收归市有。1923 年 12 月,工务局布告观音山住宅区的分地段价目。12 月 20 日,市民开始认领。至 1924 年,认领者已经达六成以上[8],工务局召集认领人,组织住户团、董事会以及公举董事。广州观音山住宅区的建设因军事而终止。[9]

尽管观音山住宅区未能完全实施,但观音山公园及住宅区的筹建,在近代中国的住宅区建设与立法史上有重要的开创性的历史意义。观音山公园与住宅区规划是近代中国城市政府主导下的第一次住宅区规划建设尝试(图 3-9)。广州市市政厅于 1923 年颁布的《开辟观音山公园及住宅区办法》,是近代历史上城市政府制定的首项关于住宅区建设的专项法规,成为 1927 年林云陔主政广州之后,模范住宅区制度建设的蓝本[10]。

---

① 李宗黄.模范之广州市 [M].商务印书馆,1929:80.
② 孙翔.民国时期广州居住规划建设研究 [D].广州:华南理工大学,2011:64.
③ 广州市地方志编纂委员会.广州市志·卷末 [M].广州:广州出版社,2000:125.
④ 广州市市政厅编辑股.民国十七年广州市市政报告汇刊 [M].1929:170.
⑤ 东山公园本由该地居民发起筹建,但受政变影响未动工。依据李宗黄所著《模范之广州市》记载,东山公园由广州市工务局接收修筑,至 1924 年 4 月完成。
⑥ 陈晶晶.近代广州城市活动的公共场所——公园 [J].中山大学学报论丛(社会科学版),2000,20(3):116-126.
⑦ 广州市市政厅总务科编辑.民国十二年广州市市政报告汇刊 [M].1924:170.
⑧ 广州市市政厅总务科编辑.民国十二年广州市市政报告汇刊 [M].1924:171.
⑨ 李宗黄所著《模范之广州市》记载,观音山公园工程于 1926 年 4 月经布告招商后,由兴记公司历时 8 个月建设完成。
⑩ 孙翔.民国时期广州居住规划建设研究 [D].广州:华南理工大学,2011:65.

图 3-9　1923 年观音山模范住宅区规划平面图

资料来源：孙翔.民国时期广州居住规划建设研究 [D]. 广州：华南理工大学，2011：64.

三、南京国民政府时期的住宅区规章

进入南京国民政府时期后，广州、上海、南京这 3 个城市都实施了政府主导下的新住宅区建设。广州、上海、南京作为南京国民政府时期城市发展的代表，所制定的土地征收、承领、住宅区开辟等规章，反映了当时住房法规的发展方向。

1. 广州的模范住宅区规章

1925 年，中华民国国民政府在广州成立。1927 年，广州市仿效欧洲各国城市的经验改良都市住宅，以当时英国的"田园城市"为"新式住宅之模范"[①]，开始筹建模范住宅区（图 3-10）。模范住宅区的建设地点，仍选择在工务局成立初期开拓市区、拟建模范住宅时选定的东郊。因"凡都市计划，另辟新地比改造旧地为易，已成市政学之通则"，广州市模范住宅区即依此原则而建[②]。

1927 年 7 月 14 日，财政、土地、工务三局人员联合组成的广州市模范住宅区筹备处，由时任广州市政委员会委员长林云陔提议成立。1928 年 3 月 22 日，《修正筹建广州市模范住宅区章程》《模范住宅区建筑计划》《模范住宅区奖励建筑办法》颁布。《修正筹建广州市模范住宅区章程》是模范住宅区建设的核心指导规范。模范住宅区选址在东

---

① 广州市市政厅编辑股.民国十七年广州市市政报告汇刊 [M].1929：93.
② 广州市市政厅编辑股.民国十七年广州市市政报告汇刊 [M].1929：94.

图 3-10 广州模范住宅区规划

资料来源：杨秉德主编.中国近代城市与建筑(1840-1949)[M]. 北京：中国建筑工业出版社，1993：44.

郊[①]，范围"东至浩东东路、仲元路、浩东南路；南至百子路；西至生财路、冠慈路、马棚路、公医院；西北至东沙马路以内全部，除执信中学地址外，皆为建筑模范住宅区域"[②]。模范住宅区建设采用政府统一规划、制定分段地价与分期计划后，市民按价承领土地自建住宅的方式，政府负责公共服务设施与市政设施的设置。《模范住宅区奖励建筑办法》对能积极兴工建造住宅的土地所有人，给予建筑照费、建筑附加费、筑路费、土地登记费等行政性收费的减免[③]。《修正筹建广州市模范住宅区章程》中关于收用土地、建筑密度、按建筑图则建造住宅的规定，以及《模范住宅区建筑计划》对住宅建造费用（甲等16200 元、乙等 13000 元、丙等 9300 元、丁等 8900 元）的预算，客观上塑成社会中上阶层居住的新式住宅区。

1929 年 5 月，广州市政府筹建松岗模范住宅区。建设范围内的土地为新开辟的官荒

---

① 东郊划入模范住宅区域的部分土地属私有，部分为公有土地与无主土地。为便于制定住宅区范围内的土地使用规划、分期分段和预算计划，模范住宅区筹备处规定在模范住宅区筹备期间，停止土地买卖 1 年，进行土地权属整理。
② 广州市政编辑股.民国十七年广州市市政报告汇刊.1928：97.
③ 广州市工务局季刊编辑处.模范住宅区奖励建筑办法 [J]. 公务季刊，1929（1）：107-108.

地，市政府掌握全部土地所有权，建设方式仍为由市民承领土地后自建住宅。1930 年后模范住宅区建设在郊区多个地方展开，梅花村（松岗）、竹丝岗、马棚岗及东沙、石牌中山公园住宅区[①]等模范住宅区相继在东部地区拓展。这些模范住宅区建设中，针对领地建筑等事项，工务局、财政局经广东省政府核准后颁布多项章程，主要有 1929 年的《领建松岗模范住宅区地段规则》、1931 年的《招领东沙住宅区地段及建筑章程》、1932 年的《禁止石牌中山公园及省府合署附近土地买卖暂行章程》、1935 年的《调验中山公园住宅区范围内地段契据》与《招领广州市石牌中山公园住宅区地段及建筑限制章程》等。

广州市模范住宅区开辟与实施过程中，关于住宅区土地买卖征收、市民领地、建筑规章、奖助办法等一系列政府规章的颁布与实现，体现出了广州市市政管理的规范性与法制化。《修正筹建广州市模范住宅区章程》是近代中国首部付诸实施的关于住宅区建设方面的专项法规。章程确立了模范住宅区建设的基本模式，借鉴西方国家市政建设经验，建设"田园城市""花园式住宅"，体现了广州市政当局兴办市政、改良都市住宅的施政理念。

2. 上海的住宅区土地招领办法

南京国民政府时期，上海市的新住宅区建设随大上海计划的执行而实施。1927 年，上海特别市成立。1929 年 7 月 5 日，第 123 次市政会议划定"在淞沪铁路以东，浦江以西之间，北至闸殷路，南至翔殷路，东至预定路线，西至淞沪路"为市中心区域[②]。1931 年 11 月《大上海计划图》绘制完成，1934 年《市中心区域计划》完成（图 3-11）。《市中心区域计划》包含"大上海计划"的核心内容，市中心区域被划分为政治区、商业区、住宅区。政治区、商业区之外的区域均为住宅区，住宅区分为甲、乙两种，甲种住宅区"供建筑高等住宅之用，地位在园林空地之近旁，惟是项住宅供求较少，故面积从狭"，乙种住宅区"供建筑普通住宅之用，供求较多，故面积亦从宽"[③]。市中心区域 3 次放领土地，除公共建筑用地之外，以供市民自建住宅的用地为主。

上海特别市成立后，市政建设资金匮乏。为建设市中心区域，上海特别市采用"积极建设"[④]的模式[⑤]，制定土地征收、招领、建筑办法。1929 年 7 月 12 日，建设讨论委员会于第 2 次会议通过决议停止市中心区域内的地产买卖过户[⑥]，以防止土地投机。1929 年底，市政府拟一次性征收全部市中心区域的土地，1930 年《上海市中心区域地亩估价规

① 1937 年 8 月后，石牌中山公园住宅区因广州的沦陷而未能按计划实施。
② 大上海核心的完成 [J].上海市通志馆期刊，1934，1（4）：1167.
③ 大上海核心的完成 [J].上海市通志馆期刊，1934，1（4）：1170.
④ 所谓积极建设模式，即通过土地运作将获得的土地收益用于扩张与推进市政建设的模式。政府利用土地征收权，将划定建设范围内的私有土地提前征收为公有，由市政府负责建设基础设施之后，再将土地放领给私人或团体业主进行具体项目的建设，以放领土地获得的土地收益为城市市政建设资金。上海特别市成立后，市政建设资金匮乏，因此用这种方式筹集市政建设资金。放领土地的价格体现出政府并无通过土地开发谋利的意图，其主旨为积极建设市区。
⑤ 魏枢.大上海计划启示录：近代上海市中心区域的规划变迁与空间演进 [M].南京：东南大学出版社，2011：160.
⑥ 大上海核心的完成 [J].上海市通志馆期刊，1934，1（4）：1167.

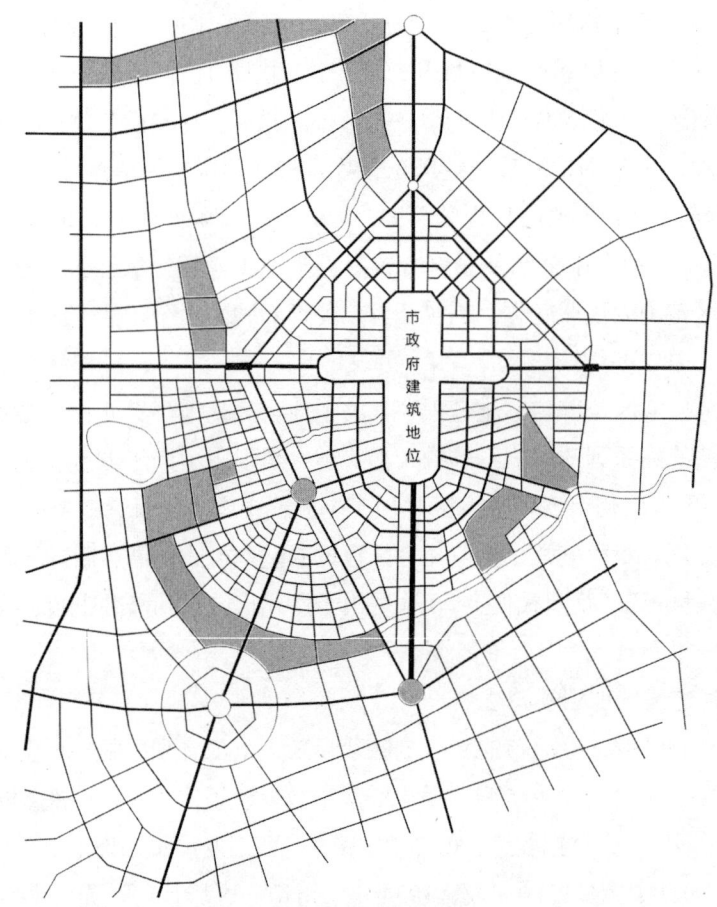

市政府建筑地位

图3-11　上海市市中心区域分区计划图

资料来源：上海特别市市中心区域建设委员会.上海特别市中心区域计划概要 [J/OL] . 工

程译报 , 1930 , 1(2). http : //www.yplib.org.cn/jdfzzdg/jcgg/40340.htm.

定》公布。为尽快筹集市政建设资金，1931 年市政府启动市中心区域的土地招领。1931
年 5 月 26 日，土地局发布《上海市市中心区域领地规则》《上海市市中心区域第一次招
领土地办法》，以规范招领土地（图 3-12）。第 1 次招领土地很快全部被领用，第 2 次土
地招领启动。

　　1931 年 8 月，市政会议决定启动第 2 次土地招领。1931 年 8 月 24 日，第 189 次市
政会议通过《上海市市中心区域第二次招领土地办法》《上海市党部及市政府所属各处
局职员承领市中心区域地亩办法》（图 3-13）。第 2 次土地招领范围内的土地未全部被承
领，原因可能在于对每户承领土地数量的约束限制了银行等团体囤积土地的意图[①]。1932
年 7 月，市政府继续第 2 次放领土地，对原领地办法作出一定变通，并将未能放领的零

---

① 安克强 .1927-1937 年的上海：市政权、地方性和现代化 [M]. 张培德，辛文锋，肖庆璋译 . 上海：上海古籍出版社，2004：131.

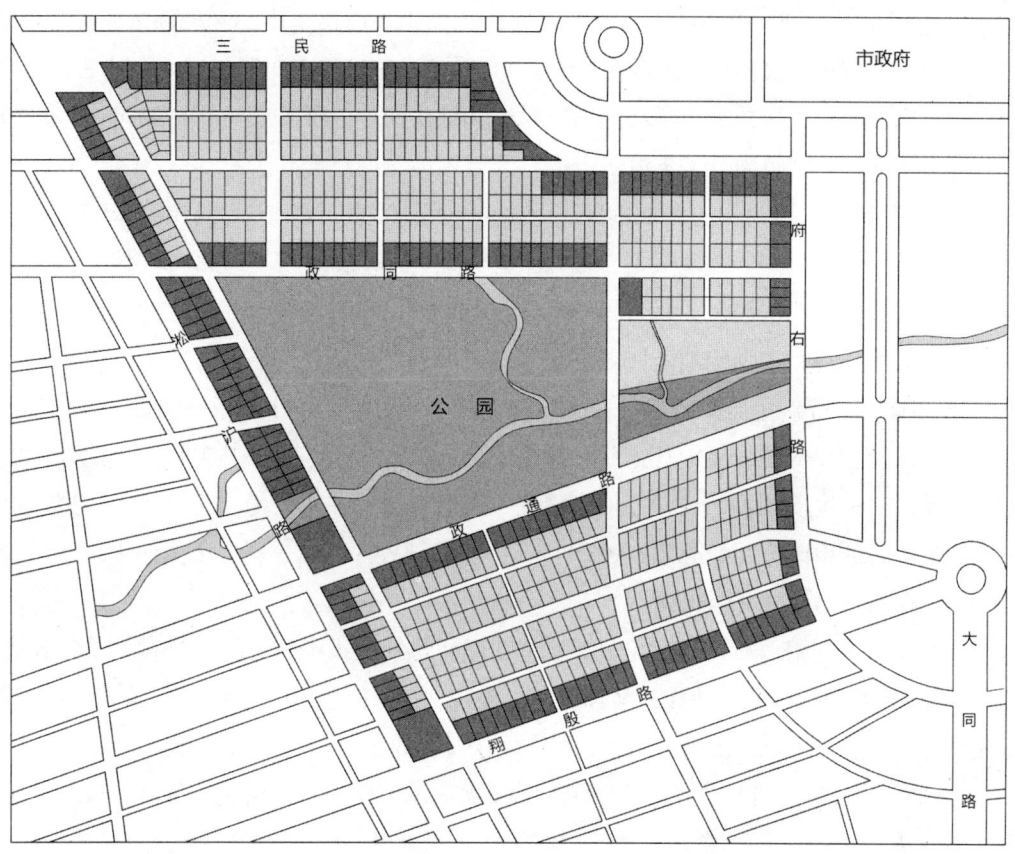

图 3-12　上海市中心区域第一次招领土地范围

资料来源：魏枢.大上海计划启示录：近代上海市中心区域的规划变迁与空间演进 [M].南京：东南大学出版社，2011：182.

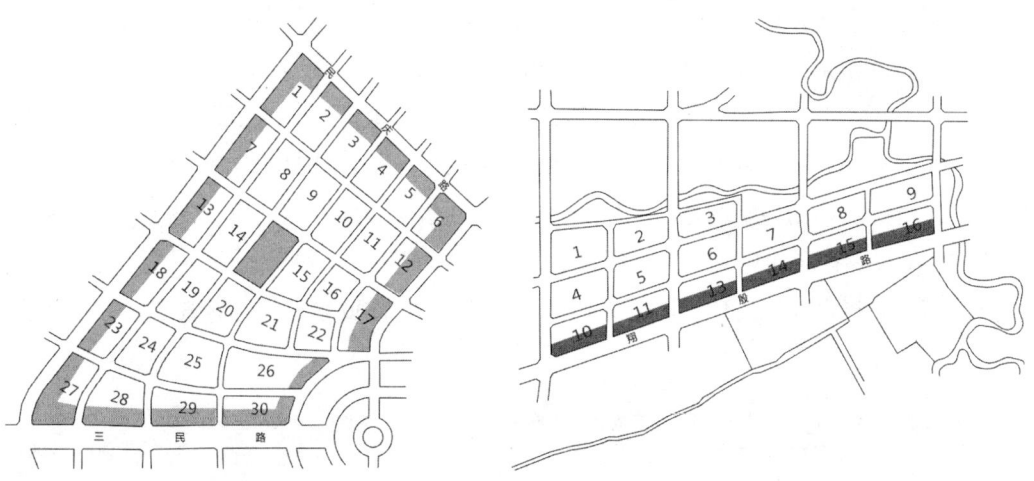

图 3-13　上海市中心区域第二次招领土地范围与第一次职员领地范围

资料来源：上海图书馆.上海老地图 [M].上海：上海画报出版社，2001：91-93.

散土地（除预留的公共事业用地外）交由上海兴业信托社[①]。

1934年9月7日，第267次市政会议通过《修正上海市市中心区域领地规则》《上海市市中心区域第三次招领土地办法》《上海市市中心区域第三次职员领地办法》3项法规，市政府开始第3次放领市中心区域土地。为促进市中心区域建设，1934年10月19日的第270次市政会议通过《上海市市中心区域领地限期建筑办法》。

"大上海计划"与市中心区域的建设，显示出了上海市政府宏大的建设蓝图。市政府制定的地亩估价规定、领地规则、招领土地办法、建筑办法等土地规章，体现出了土地与住房建设管理的法制化。一系列规章，为城市政府引导土地使用与住宅建设提供了依据。抗战爆发前，放领土地区域内已有市政府职员宿舍、住宅以及一些配套设施等建设完成，但真正在市中心区域定居的市民很少[②]。一部分原因在于战争的逼近，另一部分原因在于政府主导的建设集中在道路、桥梁、公园、政府机关等公共项目上。此外，领地价格及建筑密度的规定，也使领地自建住宅及所形成的住宅区为"花园住宅"型，建造成本超出普通市民的承受能力。1937年，中心区建设因"八一三"事变而中止。

3. 首都南京的新住宅区规章

国民政府定都南京后，1929年12月《首都计划》正式由国民政府公布。首都计划的目标是"将使首都一地不独成为全国城市之模范，并足比伦欧美名城也"[③]。《首都计划》划定首都界限，将南京分为中央政治区、市行政区、公园区，以及3类住宅区、2类商业区、2类工业。《首都计划》中《首都分区条例草案》的制定一方面借鉴"分区原理及美国之经验办法"，另一方面结合南京情形"避生吞活剥之患"，对公园区、住宅区、商业区、工业区的"建筑物及土地之建筑或使用"作出规定[④]，并绘制首都内城分区图，将各个分区在图上一一定位。《首都分区条例草案》详细规定了第一住宅区、第二住宅区、第三住宅区内的建造要求（图3-14）。

1929年，南京市政当局确定了住宅区改良及建设构想。除逐渐改良城南的住宅区为"将来之普通住宅区"外，工务局计划在城区四郊"在市政建设充分发展之时"开辟住宅区，此外"拟开玄武湖紫金山一带"，"为模范公园及住宅区"[⑤]。1930年《首都计划》执行，南京市政当局启动新住宅区建设，"为便利民居，繁荣市面起见，特计划建筑大规模之新住宅区（亦名花园住宅区）"[⑥]。新住宅区选址在大方巷、古林寺一带，位于三牌楼、中山路之西，鼓楼之北。新住宅区分为四区，面积约为2000余亩，先行建设的第一区占

① 魏枢.大上海计划启示录：近代上海市中心区域的规划变迁与空间演进[M].南京：东南大学出版社，2011：179.
② 安克强.1927-1937年的上海：市政权、地方性和现代化[M].张培德，辛文锋，肖庆璋译.上海：上海古籍出版社，2004：133.
③ 林逸民.呈首都建设委员会公文//国都设计技术专员办事处.首都计划[M].王宇新，王明发校.南京：南京出版社，2006：3.
④ 国都设计技术专员办事处.首都计划[M].王宇新，王明发校.南京：南京出版社，2006：236.
⑤ 南京特别市政府秘书处编译股.首都市政（中华民国十八年国庆纪念特刊）[M].南京：南京特别市政府秘书处编译股，1929：29.
⑥ 建筑新住宅区计划[J].首都市政公报，1931（75）：9.

图 3-14 政府职工住宅鸟瞰简图

资料来源：国都设计技术专员办事处.首都计划 [M]. 王宇新，王明发校.南京：南京出版社，2006：203.

地 600 亩[1]。新住宅区的建设[2]，由政府先期征收土地并制定建设计划，放领土地给市民缴价承领，私人取得所有权后依规定式样，自行建筑住宅。1930 年，土地局开始按照 1928 年 8 月颁布的《南京特别市市政府土地征收章程》征收土地，但因土地征收价格过低遭到农户业主抵制而停滞。筹划新住宅区设计的同时，南京市政当局制定《新住宅区领地章程》。

1932 年，新住宅区计划重新启动。1932 年 11 月 5 日，第 232 次市政会议通过《南京市新住宅区第一区征收给价及承领土地等事办法》。1933 年 11 月新住宅区第一区开始放领，"领地建筑者极为踊跃"，土地很快放领完竣[3]。因第二、三两区离市区较远，市政当局着手开辟新住宅区的第四区。1934 年底，《南京市新住宅区第四区征收土地给价办法》与《南京市新住宅区第四区领地章程》相继颁布。

开辟新住宅区的同时，南京市政当局计划开辟中央政治区住宅区。1933 年行政院第 123 次会议通过开辟政治区域住宅区议案[4]，拟从属于政治区域的明故宫一带尚未征收建设的土地之中选择该区南部的 2500 余亩土地，辟为住宅区。1933 年 9 月 16 日，南京市政府公布《南京市政治区域住宅区土地整理章程》与《政治区域住宅区内道路公共建筑及其公用设备等计划图》。为使"政治区域住宅区内每段土地均合于经济适用"，1933 年

---

① 建筑新住宅区计划 [J].首都市政公报，1931（75）：9.

② 住宅区内的道路、沟渠、自来水、公共园亭、学校、运动场、娱乐场等公共工程与设施，由工务局负责建设，所需资金由土地承领人缴纳。

③ 南京放领四区宅地 [J].内政消息，1934-1935，（1-10）：292.

④ 开辟政治区住宅区案 [J].南京市政府公报，1933（133）：71.

10 月 14 日《南京市政治区域住宅区土地整理章程及施行细则》公布。

新住宅区的土地放领与建造进展并不十分顺利。至 1936 年，第一区内仍有部分领户将领地荒废，直到 1937 年第四区仍有承领者未能按章程规定建造住宅。此后，日益紧张的抗战局势，迫使新住宅区的第二区、第三区未能延续实施。

4. 其他城市的住宅建设规章

除广州、南京、上海等城市外，政府主导下的承领、承租土地自建住宅也在其他城市出现，如南昌、青岛、汉口、成都等城市（图 3-15）。这些城市的新住宅区的组织与建设，都有住宅建设规章的指导。

1929 年，汉口市制定了建筑汉口新村计划大纲、《汉口新村合作社章程》等规章。1936 ~ 1938 年间，成都市制定了建设成都新村的计划，颁布《成都新村地价规定》《土地建筑管理暂行规则》《建设成都新村放地规则》《建设成都新村征收土地规则》等法规。1932 年 2 月 15 日，江西省政府通过指令并颁布《南昌城北新住宅区领地办法》，放领土地给市民建造住宅。1934 年，青岛市将公有土地放租给市民承租建造住宅等使用[1]。公有土地系德日政府收买后出租给市民使用的土地。公地中的市区建筑地放租时，青岛市制定了公有土地竞租章程。

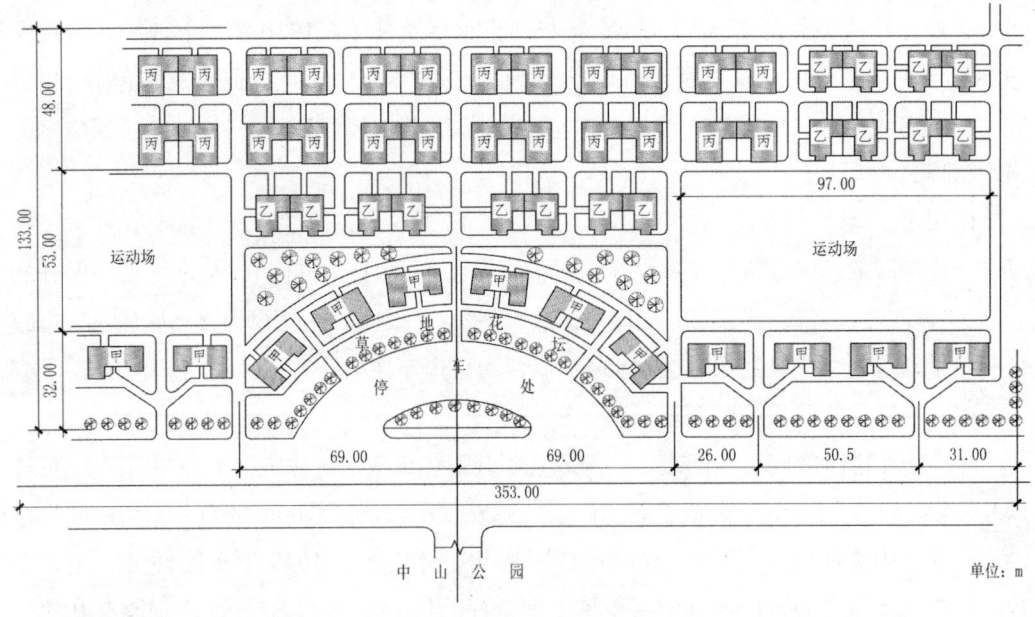

图 3-15 汉口模范新村总平面

资料来源: 杨秉德主编. 中国近代城市与建筑 (1840-1949)[M]. 北京: 中国建筑工业出版社，1993: 44.

---

① 青岛市公有土地租赁 [J]. 内政消息，1934-1935，(1-10): 549-551.

四、新住宅区开辟规章的整体特征

民国时期，广州、上海、南京等城市的新住宅区开辟，是一种传统中国城市中没有的、全新的住区营造方法。政府主导下的新住宅开辟出现在部分大城市与开埠城市中。新住宅区的开辟，代表着民国时期的城市政府对现代居住方式的追求与倡导。

新住宅区筹建中，各城市政府制定了一系列土地与建筑规章，涉及地亩估价、土地收买、土地承领、住宅建造等多个方面。规章的制定与颁布，通常先于住宅区计划的实施，并且随新住宅区的建设而不断修订，内容趋于完备。新住宅区开辟中订定的各项行政立法，体现了城市政府管理的法制化。

广州、上海、南京等城市开辟的新住宅区，尽管物质空间规划形态不尽相同，开辟规章的具体条款也有所差异，但空间生产方式基本一致：由政府主导下的私人合作来实现。首先，新住宅区的选址范围，由城市政府依具体目标而确定，住宅区规划由政府组织整体设计。其次，规划范围内涉及的大量私有土地，由政府按照先期制定的规章统一征收；被征收土地的价格，由政府参照市场价格确定。再次，政府规划与整理后的土地，按划分地块制定不同的价格等级，向市民放领；承领地亩的价格，已包括分摊公共工程建设所需的成本，政府不从中额外获取经营利润。

第三节　地方层面的住房救济规章

南京国民政府成立之初，已经认识到城市中的居住问题是重要的社会问题之一，提出了借鉴欧美各国都市公营住宅政策的思路。1928年10月，南京国民政府内政部通令各地建筑平民住所、平民村。"拟以极简易之方法，于每县城郊，建筑平民住所，或平民村，收容能营正当职业之贫民，以改善其生活。"[①]1930年左右，南京、上海、广州、汕头、青岛等城市陆续开始建设平民住宅。地方实施住房救济的过程中，平民住所组织管理规章陆续颁布。

除出资兴建平民住所的公力救济之外，部分城市政府还向市民或团体提供住房建造的奖助。此类公助的住房救济，伴随着行政规章的制定而进行。部分城市政府积极鼓励市民及公私团体兴建平民住所，向兴建平民住所者提供奖助。抗战胜利后，为解决房荒问题，部分城市以减免赋税、放租公地等方法鼓励市民建造普通住房。各地的住房救济行政立法的内容与救济方式，在主旨相似的情况下，保持着地方的多样性。

---

① 民政部通令建筑平民住所（村）[J]. 江苏省政府公报，1928（55）：16.

一、公力救济的平民住所规章

1928 年后，为积极筹建平民住所，上海、青岛等城市成立了专门负责筹建平民住所的政府机构。各地在建设平民住所的同时，相继颁布了平民住所组织与管理的规章。

1929 年 12 月国民政府公布的《首都计划》中，有"公营住宅之研究"的专门内容。"首都"的公营住宅提供给"入息低微之工人""因筑路拆屋而失所栖止之居民""政府职工"[①]。1929 年 12 月 15 日，《上海特别市政府筹建平民住所委员会简章》公布。1930 年 6 月 25 日，《上海市政府平民住所委员会章程》修正公布。在筹建平民住所委员会的努力下，1931 年先后建成 3 处平民住所。1931 年 1 月 20 日，上海市政府公布《上海市平民住所管理规则》。1935 年 4 月上海市平民福利事业管理委员会成立后，筹建其美路、普善路、大木桥路与中山路等平民村，并颁布《上海市平民福利事业管理委员会平民村居住规则》。1936 年 8 月 10 日，修订后的《修正上海市平民福利事业管理委员会平民村居住规则》公布。

广东省为最早开始筹建平民住所的省份之一。平民住所建设的初期，广东省政府，广州、汕头等城市即颁布了平民住所组织管理方面的规则。1929 年 6 月 7 日，广东省政府公布《广东县市平民住所或村规则》。1936 年，广州市第三、四、五平民宿舍落成，《广州市第三第四第五平民宿舍组织章程》与《广州市第三第四第五平民宿舍管理规则》颁布。汕头市于 1929 年颁布了《汕头平民新村章程》与《汕头市平民新村管理细则》以规范平民新村管理。

青岛在平民住所建设开始后即颁布《青岛特别市平民住所管理及租赁规则》，以约束平民住所的管理与使用。汉口市在 1937 年 1 月 27 日公布《汉口市平民住宅管理规则》；《南京市财政局管理平民住宅规则》于 1936 年 10 月 3 日公布；《北平市平民住宅管理规则》于 1937 年 10 月和 1938 年 8 月 24 日先后两次由北平市社会局颁布。

抗日战争开始后平民住所建设基本停滞，只有内陆城市的平民住所建设与规章制定还在进行。1940 年 4 月 10 日，重庆市第 44 次市政会议修正通过《重庆市郊外市场营建委员会平民住宅租赁办法》。1941 年 4 月，重庆市财政局颁布《重庆望龙门平民住宅租用办法》(财产字第 13701 号)。抗日战争胜利后，各地的平民住所建设逐渐恢复，相关法规也逐渐制定颁布。1946 年 10 月 15 日，北京市公布《北平市平民住宅管理规则》；1946 年，《广州市社会局劳工(平民)宿舍组织规程》颁布；1948 年，南京市成立平民住宅设计委员会，并制定《南京市平民住宅设计委员会组织规程》。

各地颁布的平民住所组织与管理规章，在内容上有较多的相似性，通常包括政府部门的管理职责、入住条件要求、租金、对住户行为的约束要求等内容，并特别强调禁止顶租、包租等转租牟利行为。在各地的规章中，以《广东县市平民住所或村规则》与《修

---

① 国都设计技术专员办事处.首都计划 [M].王宇新，王明发校.南京：南京出版社，2006：198.

正上海市平民福利事业管理委员会平民村居住规则》较为完备。战后颁布的平民住宅规章中，以《广州市社会局劳工（平民）宿舍组织规程》较为完备。

二、公助救济的住房建设奖助规章

为解决城市平民的住房问题，上海、青岛等城市政府在直接出资建造市民住所的同时，积极鼓励市民及公私团体兴建平民住所，并制定相关规章。

1930 年，青岛市颁布《平民住所领地建屋简章》，1932 年 10 月又颁布《青岛市平民领地自建住所规则》，鼓励在特定区域内搭盖板房的居民到指定区域、免费领地自建平民住所。上海市平民住所委员会于 1930 年 4 月 4 日颁布《上海市政府奖励建筑平民住所办法》，通过政府的有条件承租、保租、豁免房捐、褒奖、协助处理土地、建筑事项等途径，鼓励市民及公私团体集资兴建平民住所。青岛与上海的政府平民住所奖助办法，是民国法制史上鼓励平民自建住所、鼓励私人和团体投资建设平民住所的首次尝试，对住房救济的推广有重要的积极意义。

1929 年，为促使贫民拆除棚屋，南京市制定《南京特别市市政府工务局取缔市内搭盖棚房章程》，允许市民承租公地自建简易住宅。1933 年，南京市政府组建棚户住宅改革委员会拟定改革办法，推动棚屋迁移。棚户住宅改革委员会规定，在各区偏僻地点寻觅数处官地为棚户住所，发给居住棚屋的贫民津贴[1]，勒令其迁移至指定区域自建棚户[2]。

抗战胜利后，为解决房荒问题，上海市政府首先推出房屋建设奖励方法，鼓励市民与社会各界积极建造与修缮住房。1946 年，上海市颁布《上海市奖励建筑房屋治本办法》，并根据该办法制定了《上海市奖励建筑房屋出租公地实施规则》。以减免赋税、放租公地等方法鼓励市民建造房屋，属于特殊社会环境下的住房救济。

第四节　地方层面的住宅建造规章

住宅建造的控制内容，主要包含在各城市制定的建筑规则中。南京、广州等城市针对城市新住宅区的建造，还制定了专项法规。经过民国北京政府时期的发展，至南京国民政府时期，全国主要城市的建筑规则与住宅建造专项规章已经较为成熟。各地规章有关住宅建造的控制方式与内容的基本规定，呈现出逐渐趋同的态势。同时，各地规章的详细内容与深度，又保持着一定的地域特点。整体上，住宅建造控制规章的制定，对私人居住空间的营造形成了法制化约束。

---

[1]　南京市地方志编纂委员会办公室 . 南京市志第二册城乡建设 [DB/OL].[2017-07-18].http: //221.226.86.187: 8080/webpic/njdfz/UpLoadFile/html/sz1_4/sec.html.

[2]　为防火起见，棚户住宅只准两家相连。不符合此项规定的，发给津贴并勒令重新迁盖。

一、民国北京政府时期的建筑规章

民国北京政府时期，城市建筑规章的制定以北京、广州为代表。北京香厂新市区各项法规制定的同期，京都市政公所与京师警察厅颁布多项市政管理法规，规范道路修筑、建筑工程等，例如《厘定房基线办法》、1919 年 5 月的《京都市道路等级幅员公告》、1918 年 8 月的《京都市房基线施行规则》、1918 年 2 月的《修正建筑管理办法》与《修正建筑管理办法施行办法》等。这些法规的内容包括：房基线的划定和整理、城市道路分级与宽度、沿街建筑建造控制、建筑后退房基线、公共空间预留等。

广东省警察厅于 1912 年颁布《现行取缔建筑章程及施行细则》，规范建筑建造活动。1918 年广州市市政公所成立后，制定《临时取缔建筑章程》。1921 年，广州市成立之初，工务局仍然认可市政公所时期所制定的《临时取缔建筑章程》，同期的建造管理规则还有《工务局建筑骑楼简章》《取缔建筑众墙通则》《修正广州市暂行缩宽街道规则》等。此后，工务局在借鉴国外经验的基础上修订、完善与新编多项建造管理法规。至 1924 年，已颁布施行的建造管理法规有《广州市新订取缔建筑章程》《广州市建筑骑楼简章》《广州市规定修理人行路办法》《广州市保护人行路树木规则》《广州市限制建筑沟渠章程》等。

北京、广州的建筑章程虽然不是直接针对住宅建造的控制，但建筑层数、建筑密度、容积率、建筑退界等指标的规定，实际上约束着居住空间与住宅的建造。《广州市新订取缔建筑章程》已经形成符合现代城市管理要求的城市空间控制指标和方法。相较于当时市政管理先进的上海公共租界与法租界的建筑规则，广州规章的实体内容已毫不逊色。20 世纪 20 年代的广州，已经具有较高的市政管理与建造控制水准。

二、南京国民政府时期的建筑规则

1928 年南京国民政府成立后，各地方政府陆续建立起建筑控制机构，建筑管理行政立法工作逐步展开。自 1929 年起，各地方制定的建筑规则相继颁布。

1929 年 11 月 20 日，《青岛市暂行建筑规则》颁布，并于 1931 年 11 月 20 日进行修正；1929 年，《济南市工务局取缔建筑暂行规则》颁布；1929 年，《南京特别市市政府工务局取缔建筑章程》颁布，1935 年 11 月 23 日，《修正南京市建筑规则》颁布；北京市于 1931 年 10 月 19 日颁布《北平市建筑限制及设计准则规程》，此后于 1933 年 1 月 7 日颁布修正的《北平市建筑规则》；1934 年 7 月 1 日，《修正上海市暂行建筑规则》颁布，1937 年 2 月 11 日，《上海市建筑规则》正式颁布；1935 年 10 月 28 日，《广州市建筑规则》颁布；1941 年，重庆制定《重庆市建筑规则》。

各城市颁布的建筑规则，都包含对建筑高度、建筑采光与通风、建筑密度（建筑面积^①与基地面积的比值）的控制内容。部分城市的建筑规则针对里弄（里衖、里巷）住房、住宅区域制定了专门条款或章节，以规范对住宅区建筑与空间环境的控制，如上海市、重庆市、青岛市等城市的建筑规则。

三、住宅建造专项规章

除建筑规则外，广州、南京等城市针对新住宅区制定了专项规章。专项规定对住宅区的建筑密度、建筑高度、建筑形式、公共设施、绿化环境等方面都提出了相应要求。

广州市自 1923 年颁布《开辟观音山公园及住宅区办法》之后，先后出台多项住宅建设专项法规。1928 年的《修正筹建广州市模范住宅区章程》与 1936 年的《广州市新式住宅区自辟街道及建筑住宅取缔规则》适用于所有新辟住宅区。1929 年的《领建松岗模范住宅区地段规则》、1931 年的《招领东沙住宅区地段及建筑章程》、1935 年的《修正招领中山公园住宅区地段及建筑限制章程》分别适用于特定地段的住宅建设。

南京市开辟新住宅区时，市政府除制定各项土地章程之外，还针对新住宅区建设制定了专项规章。1931 年《新住宅区建筑章程》公布，1933 年 5 月 26 日《南京市新住宅区建筑章程》正式公布，同年 11 月 20 日，章程经过修正后更名为《修正南京市新住宅区建筑规则》，1935 年，进行重新修正。针对政治区域住宅区的建设，1933 年 11 月 14 日颁布《南京市政治区域住宅区建筑规则》。

第五节　国家法律体系中的住房法制

一、民国北京政府时期的土地立法

民国北京政府时期，尚未出现住房的专项立法。传统习惯法中住房属于土地定着物的约定被继承下来，因而调整土地关系的民国法律实际上同时约束着住房。

为约束土地收用，民国北京政府颁布了数项土地收用的规章，先后有 1910 年的《国有航空站收用土地施行细则》、1912 年的《铁路收用土地暂行章程》与《修治道路收用土地暂行章程》。至 1915 年，《土地收用法》于 10 月 22 日颁布，成为首部处理土地收用事项的国家法。《土地收用法》首次在法律中提出国有、公有、民有的 3 种土地产权形式，但是并未明确界定其含义。《土地收用法》规范了收用土地的范围、费用、程序与行政救济途径，体现了对土地所有者权益（尤其是私有土地）的保护，以及对公共利益与土

---

① 民国时期"建筑面积"的定义与现在不同，一般指建筑物外墙外面水平断面面积。例如 1929 年南京的《首都计划》中，建筑面积指周围墙基外面（连同骑楼地面）的面积；1941 年《重庆市建筑规则》（附非常时期重庆市补充建筑规则）对建筑面积的定义是"建筑各层面积中平面最大层之面积"。

地所有者权益的平衡。

北京政府初期仍沿用清末的土地契证，至 1922 年施行《不动产登记条例》后开始实行土地权利证书登记制度。

二、南京国民政府时期的土地与住房法制

南京国民政府的训政时期，宪法、民法、民事诉讼法、刑法、刑事诉讼法、行政法相继制定、颁布，成文法体系迅速成型。

南京国民政府于 1928 年开始起草土地法，1930 年 6 月 30 日颁布《土地法》，1935 年颁布《土地法施行法》，1936 年颁布《各省市地政施行程序大纲》，开始实施《土地法》与《土地法施行法》。1946 年 4 月 29 日，国民政府公布施行修正后的第二部《土地法》与《土地法施行法》。

1930 年 6 月 30 日，《土地法》颁布。《土地法》有总则、土地登记、土地使用、土地税收、土地征收等 5 编，共 397 条。抗战结束后，国民政府修订通过新土地法，1946 年 4 月 29 日颁布的《土地法》有总则、地籍、土地使用、土地税、土地征收等 5 编，共 247 条。1946 年《土地法》对 1930 年《土地法》的规定进行了修正和补充，削减了条文数目。1946 年《土地法》对地权、土地使用、住房救济等内容都进行了修正，但基本立法精神未变。

除《土地法》与《土地法施行法》外，还有行政院、财政院、内政部、地政署等行政机关颁布的数量众多的土地单行法规，例如 1936 年的《各省市地政实施程序大纲》、1934 年的《公有土地处理规则》、1936 年的《城市公有土地清理规则》、1936 年的《经济建设区内土地政策实施办法》、1946 年的《土地重划办法》、1946 年与 1947 年的《公有土地管理办法》等。其中关于公有土地处理的法规，确定了公地放领用于居民自建住房的办法。

南京国民政府在 1929 年 11 月 30 日颁布《中华民国民法·物权》，规定于 1930 年 5 月 5 日起开始实施。《物权》属于民法典的第三编，共 10 章 210 条，对所有权、不动产所有权、动产所有权、共有、地上权、永佃权、地役权、抵押权、质权、典权、留置权、占有等内容进行详细规定。

营建类法规主要有 1938 年《建筑法》、1939 年《都市计划法》、1943 年《县乡镇营建实施纲要》、1945 年《收复区城镇营建规则》、1945 年《城镇重建规划须知》等。涉及住宅建造、居住空间控制内容的法规，包括《建筑法》、《都市计划法》、《收复区城镇营建规则》等 3 部。

南京国民政府时期的住房救济制度，首先由 1930 年的《土地法》确定。此后，多项法规都涉及增加住房供应、扶助灾民等住房救济内容。国家法律有 1943 年《社会救济法》、1932 年《修正工厂法》，专项法规有 1938 年《内地房荒救济办法》、1948 年《鼓励人民

兴建房屋实施方案》与《奖助民营住宅建筑条例草案》。其中《内地房荒救济办法》与《奖助民营住宅建筑条例草案》对住房救济制度的完善尤为重要。

1947年1月1日《中华民国宪法》正式颁布，于同年12月25日施行。《中华民国宪法》中明确界定了居住自由、财产权、工作权、生存权等个人权利。

整体上，在南京国民政府时期，以《土地法》为核心，辅助以专项住房立法与相关立法所构成的住房法律体系构建形成。

第四章 土地与住房的自由交易：私有财产权的嬗变

第一节 从传统到现代的土地私有权

一、现代土地私有财产权的出现

晚清时期，私人具有的土地所有权处于皇权与族权的制约之下，并非完全、自由的私人权利。传统土地权利的演变从外国势力控制的区域开始，以 1845 年上海英租界《租地章程》为起点。

《租地章程》规定的外国商人向中国居民租借土地的方式，来源于当时江浙地区民间流行的永租制。土地租借人先向华民业主交付押租，然后每年向华民业主缴纳年租，土地租借人取得土地的田面权。田底权虽仍归华民业主所有，但《租地章程》第 9 条规定 "只准商人禀报不租退还押租，不准原主任意退租，更不准再议添租价"[①]，这又与田底业主可以把永租田收回的土地永租制完全不同。事实上，华民业主在一开始就没有领取年租，年租由英国领事交付给中国政府[②]。租界租地人土地处分权利的规定体现在《租地章程》第 9 款与第 19 款中。第 19 款对 "租地建房及出租房屋，或租房寓住" "如有分租、转租房屋，转租地基之事"[③] 报领事官照会地方官存案备查的要求以及第 9 条关于商人租地建房、将基地转租或分租予他人时租地价格的规定，表明租地人有自建房、分租转租基地或房屋的权利。

1854 年，《上海英、法、美租界租地章程》修改外商租地规定之后，"永租" 变成 "土地绝卖"。1854 年的英文章程中已使用 "Land Tax" 一词，依英文章程，租地人所交已不是年租而为交给中国政府的 "地税"，一次性支付给原业主的押租实则为地价[④]。修改后的规定使租赁土地的外国人实际上拥有了完全土地支配权，产权明晰的 "道契" 代表着完全意义上的土地私有产权，"永租" 制实际演变为完全意义上的土地私有产权制[⑤]。

---

① 上海市地方志办公室.上海租界志 [DB/OL].（2003-08-27）[2017-07-18].http://www.shtong.gov.cn/newsite/node2/node2245/node63852/index.html.
② 费成康.中国租界史 [M].上海：上海社会科学出版社，1991：88.
③ 上海市地方志办公室.上海租界志 [DB/OL].（2003-08-27）[2017-07-18].http://www.shtong.gov.cn/newsite/node2/node2245/node63852/index.html.
④ 徐公肃，丘瑾璋.上海公共租界制度 // 蒯世勋.上海公共租界史稿 [M].上海：上海人民出版社，1980：50，56.
⑤ 杜恂诚.道契制度：完全意义上的土地私有产权制度 [J].中国经济史研究，2011（1）：4.

在外国势力控制的区域，各地陆续开辟的租界、租借地有一系列租界章程问世。土地相关章程基本以上海在 1845 年、1854 年、1869 年三次修订的土地章程为典范[①]，土地制度大多沿用这种变形的土地永租制[②]。英租界法制对其他租界有较大影响[③]，各方面制度成为其他各国专管租界的蓝本[④]。各租界的土地文契有实行"民租"及"民向国租"的道契，也有实行"国租"的地契[⑤]。各租界的租地制度除绝大部分为永租制外，还有购买与无偿占有两种方式[⑥]。

租界、租借地的土地制度在具体实行方式上虽然存在一定的差异，但基本都属于现代意义上的土地私有产权制度。尽管各国专管租界制度受其本国政治制度、经济实力等因素影响而有局部的不同，但这些差异都无关大局[⑦]。

二、传统土地权利的地方突破

传统土地权利体系向现代土地权利体系的整体转变，从清末民初的自开商埠与新区开辟开始。

1899 年岳州开埠时，在对租界制度的模仿中，突破传统土地权利体系的制度演变开始。岳州开埠未采取约开商埠租界中的土地"永租权"形式，而采取了政府主导下的土地出租方式。依据《岳州城陵租地章程》的规定，土地出租租契以 30 年为期，期满换契仍订 30 年为限。租户向清廷交税与纳捐，承担建造码头、修理道路等市政设施的费用。

济南商埠的土地制度基本沿用岳州的土地出租方式，但具体设定又有很大不同。1905 年制定的《济南城外商埠开办章程》第 2 条规定，商埠区的土地"由官购买，转租中外商民管业"[⑧]，禁止租户私相授受。《济南商埠租建章程》规定了租地的详细要求，中国与外国租地人获得的土地，"租契以三十年为期"[⑨]。租契期满后可换契继续承租，换契仍为 30 年，60 年限满后国家可以购回。如国家尚不愿购回，仍可商定续租。租地人以年租的方式向商埠局缴纳租金。地亩租定后由监督印发租契给租户。租定的土地允许转租，但只能全地转契，不能割租。此时的"土地出租"中，租地人已经基本具有较为完整的土地支配权。

民国北京政府时期，北京香厂新市区开辟时，市政公所制定了土地招标出租的模式。《市政公所标租地亩投标开标规则》第 10 条规定，投标人以中国人为限。《标租香厂地

① 赵津.租界与中国近代房地产业的诞生 [J].历史研究，1993（6）：97-108.
② 费成康.中国租界史 [M].上海：上海社会科学出版社，1991：88.
③ 王立民.中国城市中的租界法与华界法——以近代上海为中心 [J].比较法研究，2011（3）：1-11.
④ 费成康.中国租界史 [M].上海：上海社会科学出版社，1991：243.
⑤ 费成康.中国租界史 [M].上海：上海社会科学出版社，1991：108.
⑥ 费成康.中国租界史 [M].上海：上海社会科学出版社，1991：86.
⑦ 费成康.中国租界史 [M].上海：上海社会科学出版社，1991：265.
⑧ 山东省情网.济南市市中区志 [DB/OL].[2017-07-18].http://lib.sdsqw.cn/bin/mse.exe?seachword=%u8F6C%u79DF%u4E2D%u5916%u5546%u6C11%u7BA1%u4E1A&K=c12&A=1&run=12.
⑨ 毛承霖.续修历城县志（卷十三）[M].济南：济南大公印务公司，1926：7-13.

亩规则》规定，标租地亩每亩设预定底价，标租土地的租期为 30 年，30 年内不另加地租。租地人有转租土地的权利，但土地转租人以本国国籍为限，禁止将土地转租给外国人。按照《香厂地亩招标简章》的规定，香厂地亩由市政公所"分段分号，预定底价，随时布告投标"①。此外，除招标出租土地外，市政公所同时允许商民请领承租土地。

在对西方经验的借鉴中，吴淞、岳州、济南、天津、北京的新区开辟实践，形成了统一的土地运作模式。首先，政府划定开辟新区的界址范围。其次，按照参考市场价格的官方定价，政府将新区范围内的土地统一征收为公有。然后，在整体规划之后，将市政用途之外的土地按分等定价出租给本国人或外国人经商与居住。新区土地以出租的方式提供，承租人向政府缴纳底价与年租，租期为 30 年，30 年后可续期。虽然土地租期有时限，但租地人已有较为完全的土地处置权利，可以买卖、转租，只是不能分租。这种权利的实质，已与传统的土地权利有很大不同。

三、现代土地权利的成型

南京国民政府时期，广州、上海、南京等城市政府制定的新市区、新住宅区开辟章程中，现代土地权利开始成型。

广州的《修正筹建广州市模范住宅区章程》《领建松岗模范住宅区地段规则》《招领东沙住宅区地段及建筑章程》《招领广州市石牌中山公园住宅区地段及建筑限制章程》等章程，采用政府规划、土地分段定价，由市民按价自由承领的土地运作方式。政府负责公共服务设施与市政设施②的设置，区内开辟道路的用地由政府承担，但筑路费各依道路所占面积，由土地所有人平均负担。在此种方式下，市民承领的土地属于私有土地，没有使用租期的限制。

上海执行大上海计划时的市中心区域土地招领，与广州的方式基本相同。招领土地以土地局 1931 年发布的《上海市市中心区域领地规则》③为基本规则，市政会议通过的多项领地办法④规定具体细节。《上海市市中心区域领地规则》规定，领地前须填申请书及预缴定银，领户所领土地在一定时间后可以买卖。《上海市市中心区域第一次招领土地办法》规定了招领土地的价格："以本市政府收买之价格为根据，并不加价，惟每亩应平均分摊道路占用地之地价及必要之道路沟渠工程费，除此之外，并无任何费用。"⑤此后的土地招领规定基本相同，但对职员领地附加一定的限制。具有领地权利的职员，为"以本机关设在市中心行政区，本人确须在市中心区域居住者为限"⑥，并且职员领地必须

---

① 京都市政公所.京都市政汇览[M].北京：京华印书局，1919：240.
② 如市场、公园、小学校、幼稚园、公共会堂、图书馆、警察区署、邮政局、公共厕所、公用电话所、自来水塔、消防所、电灯等。
③ 后为 1934 年 9 月 7 日第 267 次市政会议通过的《修正上海市市中心区域领地规则》。
④ 《上海市市中心区域第一次招领土地办法》《上海市市中心区域第二次招领土地办法》《上海市党部及市政府所属各处局职员承领市中心区域地亩办法》《上海市市中心区域第三次招领土地办法》《上海市市中心区域第三次职员领地办法》。
⑤ 上海市土地局.上海市土地局章则汇编[M].上海：上海市土地局，1931：45.
⑥ 上海市土地局.上海市土地局章则汇编[M].上海：上海市土地局，1931：47.

自己居住，禁止顶替他人名义领地。市民经承领获得的土地，一定时间后可以自由买卖，所获得的土地权利已经基本属于现代意义上的私有财产权。

南京实施首都计划时的新住宅区开辟章程所设定的土地承领人具有的权利与上海政府的规定基本一致。1930 年，南京市政当局制定《新住宅区领地章程》以规范住宅区的土地承领。领地者填具申请书向土地局申请登记，照地价交纳 1/4 定银，经市政府审查核准后，获得领地资格。申请人按照地亩的编列号数、注明的亩数选择领地，缴清地价后，土地局发给执照及地图，"交由领户永远管业"①。章程规定，所领土地仅允许建筑自用住宅，如因不得已事故需出租住宅或出售房地，必须由市政府审查合格方能进行。可见，此时承领土地的买卖仍受到严格限制。至 1934 年底新住宅区第四区领地时，这种限制已经解除。按照《南京市新住宅区第四区领地章程》，领地者填具申请书并一次性缴足领价及建设费后，缴费顺序挨次指选②宅地，缴价后的领地允许转移给他人。

广州、上海、南京等地的新住宅区在物质空间规划形态上不尽相同，但其整体运作与所有权形式都高度一致。市民承领的土地由政府统一放领，承领地亩有底价，并且价格中分摊公共工程建设所需的成本。承领后的土地没有使用期限限制，以自建住宅为基本使用功能，但可以自由买卖。市民（团体或个人）经承领方式获得的土地权，已经是现代意义上的私有土地权，个人自建住宅也属于私有产权形式。此外，各地都规定了承领土地后限期建筑的时限，若不能按要求自建住宅，则由市政府收回土地并给还地价。

第二节　现代土地私有权的法定

民国北京政府时期，法律中首次明确使用国有、公有、民有的概念。1915 年 10 月 22 日颁布的《土地收用法》第 2 条规定"凡得收用之土地，分国有、公有、民有三种"③，列出了土地的三种所有权形式。但《土地收用法》没有阐述三种土地产权的具体含义。

南京政府时期，政府承认并保护土地私有，对以往的地权采取承认态度④。依据卜凯主持的 22 个省 168 个地区的土地利用调查，1929～1933 年间，全国 20 个省 111 个县的土地所有权，以私有形式为绝对主体。土地所有权结构中，私有田地占 93.3%，官有田地占 1.0%，学田占 0.7%，寺庙田占 1.8%，族田占 0.4%，军屯田占 2.3%，义田占 0.1，其他占 0.4⑤。南京国民政府于 1928 年开始起草土地法，1930 年 6 月 30 日《土地法》公布。1935 年《土地法施行法》公布，1936 年公布《各省市地政施行程序大纲》，开始

---

① 南京市建筑新住宅区 [J]. 道路月刊，1931（3）：11.
② 同一宅地有多户意欲承领，则用抽签法确定最终归属。
③ 土地收用法. 民国法律. 中国国家数字图书馆 [DB/OL].[2017-07-1].http://mylib.nlc.cn/web/guest/search/minguofalv/meda DataDisplay?metaData.id=435282&metaData.lId=439763&IdLib=402834c3361f55da01361f5dfbe4001e.
④ 杨士泰. 清末民国土地法制研究：以地权制度变迁为中心 [D]. 北京：中国政法大学，2008：194.
⑤ 卜凯. 中国土地利用：中国 22 省 168 地区 16786 田场及 38256 农家之研究 [M]. 成都：成城出版社，1941：234.

实施《土地法》与《土地法施行法》。

《土地法》采用两级土地所有权，即属于国民全体的公有所有权、人民依法取得的私有所有权。第 7 条规定："中华民国领域之内的土地属于中国民国国民全体"，"经人民依法取得所有权者，为私有土地"[①]。公有土地的构成包括："凡未经人民依法取得所有权之土地为公有土地"；"私有土地之所有权消灭者，为公有土地"；"可通运之水道、天然形成之湖泽而为公共需用者、公共交通道路、矿泉地、瀑布地、公共需用之天然水源地、名胜古迹、其他法令禁止私有之土地"等八类不得为私有；"市镇区域之水道湖泽、其沿岸相当限度内之公有土地，不得变为私有"[②]。第 13 条规定，国民政府拥有公有土地的支配权和最高处分权，公有土地所在地的地方政府有使用和收益权。在保留的公有土地以外，人民依法取得私有土地的所有权。

1930 年《土地法》作为首部土地国家法，标志着现代土地产权制度与国家土地法制的正式确立。1946 年 4 月 29 日，国民政府颁布修订后的《土地法》。新土地法对地权的界定与原法一致："中华民国领域内之土地属于中华民国人民全体。其经人民依法取得所有权者，为私有土地；私有土地之所有权消灭者，为国有土地。"[③] 新土地法将公有土地划分为 3 类："国有土地、省有土地、市县有土地或乡镇有之土地"[④]。1946 年《土地法》在第 3 章"房屋及基地租用"内容中，除规定保护房屋承租人居住权利的条款之外，对租地建房增加了保护基地所有人、承租人权利的条款。第 103 条界定了限制出租人收回出租的"建筑房屋之基地"的 5 种情况；第 104 条规定基地出卖时，承租人有依同样条件的优先购买权，同样地，房屋出卖时，基地所有权人有同样条件下的优先购买权。

物权意义上的土地权利由民法确定。1929 年 11 月 30 日《中华民国民法·物权》公布，1930 年 5 月 5 日开始实施，对所有权、不动产所有权、地上权、永佃权、地役权等土地权利进行了详细规定。第 765 条对所有权作出规定："所有人，于法令限制之范围内，得自由使用、收益、处分其所有物，并排除他人之干涉。"[⑤] 第 773 条对不动产所有权进行了规定："土地所有权除法令有限制外，于其行使有利益之范围内，及于土地之上下。"[⑥]

由《土地法》与《中华民国民法·物权》两项国家法律的内容可见，现代意义上的土地私有财产权已经确立。私有土地所有人在法律允许范围内，可以自由行使土地的处置权，包括使用、收益、处分等。需特别说明的是，按照晚清至民国时期的传统，房屋为土地定着物的一种。法律确认的不动产产权为土地产权，产权凭证也是土地产权证件，

---

① 郭卫.土地法 [M].上海：上海法学书局，1934.
② 郭卫.土地法 [M].上海：上海法学书局，1934.
③ 土地法.民国法律.中国国家数字图书馆 [DB/OL].[2017-07-18].http://mylib.nlc.cn/web/guest/search/minguofalv/medaData Display?metaData.id=433583&metaData.lId=438064&IdLib=402834c3361f55da01361f5dfbe4001e.
④ 土地法.民国法律.中国国家数字图书馆 [DB/OL].[2017-07-18].http://mylib.nlc.cn/web/guest/search/minguofalv/medaData Display?metaData.id=433583&metaData.lId=438064&IdLib=402834c3361f55da01361f5dfbe4001e.
⑤ 上海法学编译社.中华民国民法物权 [M].上海：会文堂新记书局，1937.
⑥ 上海法学编译社.中华民国民法物权 [M].上海：会文堂新记书局，1937.

房屋作为土地定着物并无单独凭证。直接使用房屋就是间接使用土地，房屋问题属于土地使用的范畴①。因此，《土地法》与《中华民国民法·物权》虽然没有出现针对房屋私有财产权的规定，但由于房屋属于土地定着物，法律关系中的"土地"实际上包括房屋在内。

第三节　宅地私有权的限制

19世纪下半叶开始，社会本位的立法原则和法律的社会化倾向席卷西方资本主义世界，所有权从原来的绝对无限的权利转变为相对有限的权利②。南京国民政府时期的立法精神受西方社会本位民事立法思想的影响，贯彻注重社会公益的精神，《土地法》与《中华民国民法·物权》对土地所有权也有必要的限制性规定。

《土地法》以"平均地权"为基础理念而制定，其目标为"耕者有其田"与"地尽其用"③。在实现平均地权的途径上，采用渐进法，中华民国领域内的土地属于国民全体，对土地私有权的取得和运用加以限制，通过对地价和土地增值征税来实现"耕者有其田"④。土地法的文本内容，体现出了实现社会公平的意图，在保护私有土地权利的同时，又通过公权力对私有权利加以干涉，以保护社会公共利益。宅地私有权的限制主要来自两方面：①国家因公众利益而限制土地使用、因耕地平均而限制土地面积最高额，土地的使用性质与数量受《土地法》与《土地法施行法》约束；②国家可因公共事业需要而征收私有土地，私有土地权受国家因公征收的约束。

《中华民国民法》对所有权设置了一定的限制。例如第148条规定，权利之行使不得以损害他人为主要目的；第773条规定，如他人之干涉无碍其土地所有权之行使者，不得排除；第791条规定，土地所有人遇他人之物品或动物偶至其地内者，应许该物品或动物之占有人或所有人入其地内寻查取回；第792条规定，土地所有人因邻地所有人在其疆界或近旁营造或修缮建筑物有使用其土地之必要，应许邻地所有人使用其土地，但因而受损害者得请求赏金；第794条规定，土地所有人开掘土地或为建筑时，不得因此使邻地之地基动摇或发生危险，或使邻地之工作物受其损害。此类条款对所有权的限制，出于使他人地尽其利或增益社会财富的目的，给所有权人附加了容忍干涉、不作为等义务。

一、宅地面积的限制

宅地面积的限制实际从1845年上海英租界的《租地章程》开始。《租地章程》规定

---

① 陈顾远.土地法 [M].上海：商务印书馆，1936：130.
② 李秀清.20世纪前期民法新潮流与《中华民国民法》[J].政法论坛（中国政法大学学报），2002，20（1）：127.
③ 陈顾远.土地法 [M].上海：商务印书馆，1936：2.
④ 陈顾远.土地法 [M].上海：商务印书馆，1936：11.

英商租地"应行酌定亩数，每家不得过十亩以外，免致先到者地方宽大，后来者地方窄小"[1]。清末自开商埠制定的租地章程，延续了10亩的面积上限。《岳州城陵租地章程》规定租地面积限制为"一般不得超过10亩"[2]；《济南商埠租建章程》将每户租地面积限制为"至多以10亩为限，至少亦须2亩"[3]。

至南京国民政府时期，土地法延续了对宅地面积的限制，并且限制面积仍以10亩为上限。1930年《土地法》第14条、第15条规定，在经中央地政机关核定的情况下，地方政府有权依地方需要、土地种类、土地性质等条件，限制个人或团体所有土地面积之最高额，并有权制定办法将额外土地分划出卖。第142条规定土地得就国家经济政策、地方需要情形及其所能供使用之性质编为各种使用地。第145条将编定使用地之种别、限制最小面积单位的权利赋予主管地政机关。按照《土地施行法》的规定，宅地面积不得超过10亩[4]。1946年的《土地法》第28条规定省或院辖市政府，可按土地种类及性质分别限制个人或团体所有土地面积之最高额。同时颁布施行的《土地法施行法》第7条将宅地面积最高额规定为"以十亩为限"[5]。

此外，1946年《土地法》第96条规定，经民意机关同意后，市县政府拥有依当地情形限制"每一人民自住之房屋间数"的权利[6]。

二、土地征收的约束

政府对私有土地权施加的征收约束，最初并没有明晰的公共利益内涵。晚清至民国初期的自开商埠与新区开辟中，地方政府都进行过较大规模的土地征收。尽管征收土地的价格以市场价格为基础，但都未能形成与执行公益征收的理念。

直至1914年北京的香厂新市区开辟，公共利益的征收理念首次得以执行。市政公所因"谋公共利益"对土地进行公用征收，经法定机关评议后认定收用价额，在"提倡公益之中，仍寓保障私权之旨意"[7]。政府因"公益"事项征收私有土地的具体规定，最早出现在1918年京师警察厅制定的《修订北京房地收用暂行章程》中。章程制定的目的是在《土地收用法》[8]实行以前，规范因"公益事项"进行的北京房地及其附属物的收用[9]。《修订北京房地收用暂行章程》依据所有权的不同，将收用房地分为三种，分别为

---

① 上海市地方志办公室.上海租界志 [DB/OL].（2003-08-27）[2017-07-18].http：//www.shtong.gov.cn/newsite/node2/node2245/node63852/index.html.
② 王铁崖.中外旧约章汇编（第一册）[M].北京：三联书店，1957：927-928
③ 毛承霖.续修历城县志（卷十三）[M].济南：济南大公印务公司，1926：7-13.
④ 叶孝信.中国法制史（第二版）[M].上海：复旦大学出版社，2008：387.
⑤ 土地法施行法.民国法律.中国国家数字图书 [DB/OL].[2017-07-18].http://mylib.nlc.cn/web/guest/search/minguofalv/medaDataDisplay?metaData.id=433584&metaData.lId=438065&IdLib=402834c3361f55da01361f5dfbe4001e.
⑥ 土地法.民国法律.中国国家数字图书馆 [DB/OL]. [2017-07-18]. http://mylib.nlc.cn/web/guest/search/minguofalv/medaDataDisplay?metaData.id=433583&metaData.lId=438064&IdLib=402834c3361f55da01361f5dfbe4001e.
⑦ 京都市政公所.京都市政汇览 [M].北京：京华印书局，1919：366.
⑧ 当时北洋政府的《土地收用法》虽于1915年颁布，但并未规定实行日期。
⑨ 京都市政公所.京都市政汇览 [M].北京：京华印书局，1919：368.

国有、公有、民有。"国有"指国家固有之官地官产及古代遗留之建筑物或其基址，"公有"指公共团体所有之房地，"民有"指私人所有之房地（包括教会所置之房地）。1921 年 9 月再次修订的《修订北京房地收用暂行章程》，对"公益事项"作出了更为具体的界定：公益事项涉及"谋便交通、推广商场、整理房基"[①]。

1930 年南京国民政府颁布的《土地法》，形成了法定的国家公益征收权。第 335 条规定，国家因公共事业之需要可依法征收私有土地。第 336 条规定了构成"公共事业"的 12 项内容：实施国家经济政策、调剂耕地、国防军备、交通事业、公共卫生、改良市乡、公用事业、公安事业、国营事业、政府机关、地方自治机关及其他公共建筑、教育、学术及慈善事业、其他以公共利益为目的之事业。1946 的《土地法》对国家因公共事业需要征收私有土地的范围较原法作了微调：政府机关因实施国家经济政策征收私有土地应以法律规定为限；征收私有土地有区段征收与保留征收两种类型。

南京国民政府时期的立法以孙中山的法律思想[②]为理论基础。孙中山的思想受 19 世纪西方资本主义世界的社会本位立法与法律社会化影响，提倡国家和社会的整体自由，限制个人的自由权利。因此，注重社会公益、立足社会本位等立法原则被贯彻到民法典、土地法中。然而，20 世纪 30 年代的中国，对法律的社会化其实并没有如此迫切的需求，贯彻社会本位立法思想可能正好符合稳固和加强这一时期国民党集权统治的需要[③]。对私有土地财产权的过多限制，可能会失去西方近代所有权绝对原则的根基，或许并不利于个人权利的发展。原因正如法学家王伯琦所言："在西洋是在压抑过于扩张的权利观念或个人观念，来调剂社会的利益，从而获得个体与总体间的平衡。至于吾国，义务观念从来就极浓厚，倘要获得个体与总体间同一之平衡，须要使权利观念或个人观念抬些头。"[④]

① 京都市政公所第一处文书科编译室 . 京都市法规汇编 [M]. 北京：京都市政公所第一处文书科编译室，1925.
② 南京国民政府时期，许多立法者都拥有社会本位思想，如主持民法制定的胡汉民。
③ 李秀清 .20 世纪前期民法新潮流与《中华民国民法》[J]. 政法论坛（中国政法大学学报），2002，20（1）：132.
④ 王伯琦 . 近代法律思潮与中国固有文化 [M]. 北京：清华大学出版社，2005：76.

第五章 住房的社会救济：救济权利的诞生

第一节 国家法律体系中住房救济制度的确立

由政府提供的公力住房救济，在中国的最早萌芽出现在德国殖民时期的青岛。1898年，胶澳总督府免费向企业主提供土地用于建设劳工住宅，规定了企业主修建满足建筑和卫生最低标准的劳工住宅的义务。这一举措的初衷在于防止疾病与瘟疫，但从实际效用来看，一定程度上发挥了对劳工的住房保障作用。

1928年10月，南京国民政府内政部通令各地建筑平民住所、平民村。1929年，南京《首都计划》提出建设公营住宅的策略，公营住宅的建设责任"更须政府担负，惟由何种政府担负，又应相察财政情形，从长认定也"[①]。房屋属于土地的定着物，因此住房问题属于土地问题。参加土地法制定的法律专家陈顾远指出，住宅问题为市地使用中最重要的问题[②]。针对住房救济的法律规定，最先出现于1930年的《土地法》中。1938年国民政府行政院颁布的《内地房荒救济办法》对政府的住房救济责任与措施作出详细规定。由政府向市民提供公营救济住房的制度，在国家法律体系中逐步形成。

为便利人民住居、解决房屋问题，1930年的《土地法》规定建立准备房屋制度。准备房屋为随时可供租赁的房屋，市内房屋应以所有房屋总数[③]的2%为准备房屋。准备房屋量持续6个月不足房屋总量的1%时，房屋救济途径有3种："一、规定房屋标准租金；二、减免新建筑房屋之税款；三、建筑市民住宅。"[④]按照第163条规定，房屋标准租金额以不超过地价册所载土地及其建筑物之估定价额年息的12%为限。在房屋标准租金施行时期，第168条规定可减免新建房屋的地价税，鼓励私人建设房屋、增加房屋供给以满足市民需求。房屋救济的第三种途径为直接补充房屋不足，建设"市民住宅"。第169条规定，市民住宅出租时的租金不得超过建筑用地及建筑费总价额年息的8%。因平民住宅多由市政府自造，承租人多为贫民，所以规定的租金较标准租金更低[⑤]。1946年颁布的《土地法》对政府在住房救济方面应承担的责任作出明确规定。"供人民承租自住之用"的准

---

① 国都设计技术专员办事处.首都计划[M].王宇新，王明发校.南京：南京出版社，2006：198.
② 陈顾远.土地法[M].上海：商务印书馆，1936：139.
③ 房屋总数按照房屋每层地面面积计算。
④ 郭卫.土地法[M].上海：上海法学书局，1934.
⑤ 陈顾远.土地法[M].上海：商务印书馆，1936：144.

备房屋由城市地方政府建造[①]；当救济房屋不足时，市县政府有减免新建房屋的土地税及改良物税的责任。

1938年，为缓解因战争带来的房屋供应不足，国民政府行政院颁布《内地房荒救济办法》。《内地房荒救济办法》规定，"非常时期房屋不敷供应之地"应采取两种住房救济途径，一是由政府建造公营住宅，二是由政府奖助人民建造私营住宅[②]。公营住宅建设管理的责任主体是县市政府、省政府。公营住宅由县市政府建设管理、建筑计划由省主管建筑机关核定，重要都市地方的较大规模公营住宅由省政府建设。建设公营住宅使用公有荒地，如无适当公有土地时，依法征收私有土地；建设经费由省政府核定支付，经费不足时由中央酌予辅助或介绍贷款。公营住宅的选址在城市附近交通便利、环境适宜地区，道路及公用设施应与公营住宅同时完成。公营住宅的建筑密度限制为"空地面积不得少于全部基地百分之三十"[③]。公营住宅租金执行1930年的《土地法》规定。

除《土地法》《内地房荒救济办法》之外，1932年的《修正工厂法》、1943年的《社会救济法》，针对特殊群体的住房问题作出规定。《修正工厂法》规定"工厂应于可能范围内建筑工人住宅并提倡工人正当娱乐"[④]，体现出了国民政府在法律上对工人居住权利的保护。抗日战争中后期，面对战乱带来的人民流离失所、社会问题丛生等状况，国民政府开始建立社会救济制度。《社会救济法》为国民政府制定的首部社会救济的专项法，体现出了社会救济中的国家责任、积极救济、全民救济、全面救济等基本立法理念[⑤]。社会救济范围为因贫穷而无力生活者，具体包括六类：①年在60岁以上精力衰耗者；②未满12岁者；③孕妇；④因疾病、伤害、残废或其他精神上、身体上之障碍不能从事劳动者；⑤因水旱或其他天灾事变致受重大损害或因而失业者；⑥其他依法令应予以救济者。向受救济人提供的救济途径，包括"住宅之廉价或免费供给"[⑥]。

政府通过市政公用投入、减税、提供贷款担保等方式鼓励私营住房的建设，则属于政府提供的公助救济。提供公营住宅与奖助私营住宅建造的住房救济，在1945年行政院颁布的《收复区城镇营建规则》中继续执行。《收复区城镇营建规则》要求市县政府按当地需要及房屋被灾情形，"筹建公营住宅，以裕民居"，并制定奖助办法"鼓励人们自行投资，建造民营住宅"[⑦]。除这两项住房救济途径之外，《收复区城镇营建规则》规定

① 土地法.民国法律.中国国家数字图书馆 [DB/OL].[2017-07-18].http：//mylib.nlc.cn/web/guest/search/minguofalv/medaData Display?metaData.id=433583&metaData.lId=438064&IdLib=402834c3361f55da01361f5dfbe4001e.
② 内政部总务司第二科编辑.内政法规汇编地政类 [M].商务日报馆，1940：128.
③ 内政部总务司第二科编辑.内政法规汇编地政类 [M].商务日报馆，1940：128.
④ 修正工厂法.民国法律.中国国家数字图书馆 [DB/OL].[2017-07-18].http：//mylib.nlc.cn/web/guest/search/minguofalv/ medaDataDisplay?metaData.id=438264&metaData.lId=442745&IdLib=402834c3361f55da01361f5dfbe4001e.
⑤ 岳宗福，杨树标.近代中国社会救济的理念嬗变与立法诉求 [J].浙江大学学报（人文社会科学版），2007，37（3）：68-74.
⑥ 蔡鸿源.民国法规集成（第42册）[M].合肥：黄山书社，1999：366.
⑦ 收复区城镇营建规则.民国法律.中国国家数字图书馆 [DB/OL].[2017-07-18]. http：//mylib.nlc.cn/web/guest/search/ minguofalv/medaDataDisplay?metaData.id=432987&metaData.lId=437468&IdLib=402834c3361f55da01361f5dfbe4001e.

设立临时救济住宅[①]作为第三种救济方式。

1930 年的《土地法》第一次在国家法层面对城市住房救济作出规定，建立准备房屋制度，制定保障承租人权益、减免税收鼓励私人建房、政府建设市民住宅等住房救济措施，赋予政府保障市民居住权益的责任，在中国法制的近代化过程中有着开创性的历史意义。《土地法》的颁布，标志着国家公力住房救济法制化的开始。1946 年的《土地法》将政府在住房救济方面该承担的责任写入法律条款，在延续准备房屋制度的基础上进一步完善了住房救济与保障措施。1938 年的《内地房荒救济办法》，标志着住房救济制度的基本形成。《内地房荒救济办法》明确规定了政府的住房救济责任，救济的方式包括提供公营住宅与奖助私营住宅建造。《内地房荒救济办法》对公营住宅的建设主体、经费来源、建设用地、建设条件要求、租金标准的详细规定，建立起了公力救济的公营住宅制度。1947 年施行的《中华民国宪法》从社会安全的角度规定国家为谋社会福利而实施社会保险制度，国家应向老弱残废、无力生活、受非常灾害者提供适当的扶助与救济。

第二节　地方规章对国家法定住房救济责任的承接

一、平民住所的救济措施

1928 年 10 月，国民政府内政部通令各地建筑平民住所、平民村。先于 1930 年《土地法》提出的准备房屋制度和建设市民住宅的要求，南京、上海、广州、汕头、青岛等城市已经开始建设平民住所。地方政府展开公力住房救济之时，制定了平民住所的组织管理、兴建平民住所的奖助等规章。各地颁布的平民住所规章，基本包括政府的管理职责、救济对象范围、租金控制、救济对象行为约束等内容。此外，部分城市的规则还包括平民住所生活中的卫生、餐饮、住宅修缮、户口管理等方面的规定。

在住房救济主旨一致的情况下，各地采取多样化的具体救济措施。其中广东省与上海市的平民住所规章内容与救济措施安排较为完备。平民新村的宗旨，按照《修正上海市平民福利事业管理委员会平民村居住规则》，为"为促进平民福利"，"所有一切设施以谋平民居住之便利舒适与幸福"[②]。广东省的平民住所按照建设地点的不同分为两类："地点在城市内者称为平民住宅，其在城市外者为平民村。"[③]

平民住所的救济对象，在抗日战前与战后，经历了重新定位。平民住所最初的救济

---

①　临时救济住宅分设于郊区，征用寺庙祠堂以供人们临时居住，但时间不得超过 6 个月。

②　修正上海市平民福利事业管理委员会平民村居住规则 [J]. 国际劳工通讯，1936，3（12）：190-192.

③　广东县市平民住所或村规则 [J]. 广东省政府周报，1929，80（91）：25-30.

对象为无力自营住所、搭建棚户等简易居所的贫穷市民。广东省规定"凡善良人民，向营正当职业，而现时确系极贫"，满足"无力自营住所""捲盖席棚或草棚栖宿"两种情况之一，即可入住平民住所或村居住①。南京首都计划确定的公营住宅面向低收入工人、因筑路拆迁而没有居所的市民、政府职工等3类群体。上海市规定的入住平民村的条件以收入为标准，现有相当职业每月收入在30元以下的本市市民都可申请。抗日战争后，部分城市的住房救济对象有所调整。按照《广州市社会局劳工（平民）宿舍组织规程》，住房救济对象范围突破了本市平民的限制："宿舍以最低廉之租赁与贫苦劳工及一般平民"，"凡本市平民、过境平民、各厂店劳工、失业劳工遵守规则者均准居住"②。过境平民、各厂店劳工、失业劳工等流动人群都在住房救济之列。这种变化，反映出了地方政府对救助责任、平民住所承担的社会功能理解的深入。

申请平民住所入住资格的规定，各地对平民住所申请人都有保人、连环保或商保的要求。例如广东省规定须有保人并须经申请及审核："凡入平民住所或村居住时，须得当地居民三家以上之联名保证，连同本人填具申请书，呈核警署或主管机关核准，给予迁入证，方得迁入居住。"③

抗日战争前，各地制定的平民住所租金通常为定额形式，并且有一定的租金标准限制。广东省规定租金由政府按月征收，租额上限不得超过住户所得5%。上海市的收费标准分为住宅和宿舍两类，宿舍按床位收费（月租1元、杂费5角），住宅按甲、乙两种收费（甲种每月租银3元、杂费1元，乙种每月租银4元、杂费1元）。同时，各地都严禁私自将平民住所的住宅或床位转租他人。抗日战争后，平民住所的租金制定与征收方式发生了一些变化。广州市为增大劳工（平民）宿舍的受惠范围及提高周转效率，规定房屋租金采用累进增加的方式征收。《广州市社会局劳工（平民）宿舍组织规程》规定："宿舍房间不多赁亦廉，为使劳工（平民）福利得以普遍享受及避免过分利用及私行让居等弊端起见，对于租用期值采用累进办法加以限制，于租受满半年后每两个增收租照下个月加百分之四十增加，使租值与租受日期成正比例增至月租超过普通时值为止，以租用人自动迁出而普及其他。"④广州的租金征收方式的变化，体现出了政府对平民住所功能、解决劳工平民住房问题理解的深入。

按照地方政府的设计，建设平民住所的目标，并非仅为容身之所，还承担一定的社会功能。《广东县市平民住所或村规则》有开办"村内教育卫生医药游乐各种事宜"的规定：年龄在16岁以上至50岁以下无重大疾病者，"均须择一正当职业，或入学校工厂学习，不得闲居"；"满6岁至12岁者，均应送入本村或附近小学就学，由县市政府或地方团体

① 广东县市平民住所或村规则[J].广东省政府周报，1929，80（91）：25-30.
② 广州市社会局劳工（平民）宿舍组织规程[J].社会行政月刊，1946，创刊号：42.
③ 广东县市平民住所或村规则[J].广东省政府周报，1929，80（91）：25-30.
④ 广州市社会局劳工（平民）宿舍组织规程[J].社会行政月刊，1946，创刊号：42.

酌予一切便利。"[①] 上海市则将教育卫生等作为平民住所居民需参加的义务进行规定：①学校教育及其他公民训练；②村内公共卫生及消防警卫等事项；③体格及卫生之检验；④消费合作社之组织。平民住所组织中对儿童教育、居住者学习与务工的要求，表明平民住所具有社会教养与关怀的职能。因此，平民住所在提供基本住所之外，具有提高贫民劳工生存发展机会的积极意义。

二、平民住所的奖助措施

为促进平民住所的建设，上海、青岛等城市在政府直接出资建造市民住所的同时，积极鼓励市民及公私团体兴建平民住所。

青岛采取鼓励在特定区域内搭盖板房的居民到指定区域、免费领地自建住所的方式。1930 年的《平民住所领地建屋简章》与 1932 年的《青岛市平民领地自建住所规则》，基本内容大致相同。领地自建住所的平民需填报呈文、保证书、连环保，由社会局与财政局审核办理租地凭照。政府对领地自建住所给予地租减免，所领土地租期为 30 年，租权金及地租全部免缴。平民领地建造的自住房屋不得转移给他人，禁止买卖，如必须出卖，则只能由社会财政局估价收买。

上海通过政府的有条件承租、保租、豁免房捐、褒奖、协助处理土地、建筑事项等途径，鼓励私人或团体投入平民住所的建设。1930 年的《上海市政府奖励建筑平民住所办法》中的许多措施，为 1938 年国民政府行政院颁发的《内地房荒救济办法》所采用。

私人或团体建筑的平民住所须符合 6 项基本条件[②]：①建筑地点须由政府指定或核定；②房屋至少百间，同一地点添造则不受此限；③住所应先由政府指定的棚户租用；④住所租金由政府核定；⑤管理及租赁规则应由政府核准；⑥房屋在 10 年内不拆造或改换用途（经政府核准的除外）。团体或私人建筑的平民住所出租，可由政府全部承租或保租八成，具体办法为：①由政府与平民住所建筑者订立契约，承租全部房屋，政府将房屋转租予平民，房屋修理费仍由业主负担；②由政府保租八成，对因欠租或空租所致的全年房租不足，经查核属实的，由政府补足八成。此外的奖助方法有豁免房捐全部、协助购租土地、代为设计监工、经手建筑等。同时，捐助资产给政府建筑平民住所的私人或团体，由政府援照捐资举办救济事业褒奖条例请国民政府进行褒奖。

南京国民政府时期，地方政府实践着国家法律确定的公力住房救济的各项规定。国家法律规设的政府在住房救济方面的责任，在地方政府层面的立法与实践中得以贯彻。地方规章对住房救济的责任、救济对象、救济方式进行具体规定。地方政府实施了面向贫民群体的住房救济。地方政府提供的救济途径，除直接提供平民住所等救济房屋之外，

---

①　广东县市平民住所或村规则 [J]. 广东省政府周报，1929，80（91）：25-30.
②　上海市社会局. 上海市社会局法规汇编二集 [M]. 上海：上海市社会局，1930：107-108.

还包括出租或放领^①公地给市民自建简易房以及奖助个人或团体建筑平民住所。住房救济的形式，有实物的救济，也有税费减免等其他扶助措施。国家与地方的法规文本都规设了政府的责任，住房救济体系在国家与地方层面的法规中基本形成。国家法律、行政法规、地方规章构成的法规体系，已经赋予公民享有获得住房救济的途径与方法。个人在住房方面的法定救济权利已经诞生。

---

① 公地出租，出租后的土地仍为公地；公地放领，放领后的土地为私有。

第六章　自建住房的生产：政府的组织与扶助

第一节　国家层面的扶助

抗日战争开始后，为缓解因战争带来的房屋供应不足，南京国民政府开始向自建住房提供扶助。主要有鼓励自建住房与提供土地两方面的扶助措施。

1938 年国民政府行政院颁布的《内地房荒救济办法》，首次规定了资助私营住宅建设的措施。私营住宅获得政府资助需具备的 6 个条件。具体为："一、在地方政府制定之区域内建筑者；二、建筑成村满二十幢者；三、院落占地基面积百分之四十以上者；四、建筑合于经济坚固卫生之原则而尽量采用国产材料者；五、建筑经登记合格之技师或技副设计绘图并经主管机关核定者；六、建筑资金筹足百分之六十以上者。"[①] 政府给予奖励资助有 3 种形式，具体为："一、通街道路及公用设备由地方政府优先完成；二、房捐减半征收但应以三年为限；三、建筑经费不足者介绍押款。"[②] 以这种方式建设的私营住宅，出租时租金标准需执行 1930 年《土地法》第 162 条至第 167 条的房屋标准租金等规定。

1948 年，国民政府行政院通过内政部拟定的《鼓励人民兴建房屋实施方案》及《奖励民营住宅建筑条例草案》[③]，扩展对私人建设住房的扶助。《奖励民营住宅建筑条例草案》是国民政府颁布的奖励私有住宅建设的第一部专门法令，目的在于"实施房屋救济促进土地利用"，奖助"人民经营住宇建筑"[④]。

市县政府的奖助对象扩展为 3 类，即共同建筑居住房屋的合作团体、建筑自住房屋的个人、配合政府解救房荒计划投资兴建市民住宅的民营企业组织。奖助方法有 5 项措施：豁免地价税的一部分或全部 3～5 年；豁免土地改良物税或房捐 1～3 年；协助取得基地；协助向银行贷款；减征公共工程受益费并予交通及装置水电之便利。奖励标准为：①对私有土地建设平民住宅 20 幢以上并廉价租给平民居住者，或在地方政府指定区域建设与改造接连 5 幢以上残毁住宅的情况，予以减税；②对已筹足建筑资金但无法取得基地者，政府协助其取得基地；③对建筑资金已筹足 50% 以上并有基地者，政府协助其向银行贷款；④在市郊建设超过 20 幢房屋者，减征公共工程受益费并提供交通及装置水电方面的便利。政府协助取得的土地，或在指定区域建设的住宅，需要配合都市计划或

① 内政部总务司第二科编辑 . 内政法规汇编地政类 [M]. 商务日报馆，1940：128.
② 内政部总务司第二科编辑 . 内政法规汇编地政类 [M]. 商务日报馆，1940：128.
③ 张群 . 居有其屋：中国住房权问题的历史考察 [M]. 北京：社会科学文献出版社，2009：136.
④ 奖励民营住宅建筑条例草案 . 青岛市政府公报，1948，6（22）：5-6.

城镇营建计划优先开辟新住宅区。草案第 7 条规定，未完成营建计划的市县应将宜建住宅的公地优先出租或放领用于建设住宅。

除减免税费、协助取得基地、协助向银行贷款、提供市政公共设施便利等鼓励住房建设的措施之外，向市民提供公有土地也属于政府提供的自建住房扶助措施。1945 年，行政院公布施行《收复区城镇营建规则》。市县政府因复兴与重建需要，征收未改良或已改良的土地①，所征收的土地经市县政府整理规划、划定单位面积后，由人民承租经营使用，按地价征收累进地租②。1946 年，财政部公布《公有土地管理办法》，制定公地放领用于居民自建住房的办法。《公有土地管理办法》规定，未经放租、放垦或放租期满的公有土地，即国有土地及定着物，由土地管理机关向市民放领。放领公有土地的具体方法为："由管理机关将土地坐落、四至、面积、地目、地号、地价、收益情形，定着物数量及放领底价，绘具图说，分报主管部署，转报行政院核准，转呈国民政府备案后，始得公告放领。"③1947 年，行政院再次公布《公有土地管理办法》，对宅地放领条件进行限制，"宅地非自为居住者，不得承领"，"凡租用或拨用公有土地者，不得转租或擅自转拨"④。

第二节　地方层面的扶助

民国时期，贫民常在市区内城墙根、铁路旁等公地或私地的空地上搭建简易住房及棚屋居住。为解决贫民的住房问题，部分城市制定自建住房的扶助措施。

1927 年后，南京市棚屋增多，遍布全市⑤。1929 年，为规范市民在公地、私地上自建简易房屋的行为，颁布《南京特别市市政府工务局取缔市内搭盖棚房章程》，允许市民承租公地自建简易住宅。第 5 条规定，"在市内偏僻处所无碍交通之公地得由市民承租起建木屋"⑥。起建木屋者承租公地前，须按程序申报并通过工务局审核，获得建设许可证后方能起建木屋。

抗日战争胜利后，为解决房荒问题，上海市政府制定房屋建设奖励方法，鼓励市民与社会各界积极建造与修缮住房。1946 年，上海市颁布《上海市奖励建筑房屋治本办法》，

---

① 1930 年《土地法》第 281 条规定，依法令使用之土地为改良地，未依法令使用之土地为未改良地。

② 收复区城镇营建规则. 民国法律. 中国国家数字图书馆 [DB/OL].[2017-07-18]. http://mylib.nlc.cn/web/guest/search/minguofalv/medaDataDisplay?metaData.id=432987&metaData.lId=437468&IdLib=402834c3361f55da01361f5dfbe4001e.

③ 公有土地管理办法（1946）. 民国法律. 中国国家数字图书馆 [DB/OL].[2017-07-18]. http://mylib.nlc.cn/web/guest/search/minguofalv/medaDataDisplay?metaData.id=433582&metaData.lId=438063&IdLib=402834c3361f55da01361f5dfbe4001e.

④ 公有土地管理办法（1947）. 民国法律. 中国国家数字图书馆 [DB/OL].[2017-07-18]. http://mylib.nlc.cn/web/guest/search/minguofalv/medaDataDisplay?metaData.id=431950&metaData.lId=436431&IdLib=402834c3361f55da01361f5dfbe4001e.

⑤ 南京市地方志编纂委员会办公室. 南京市志第二册城乡建设 [DB/OL].[2017-07-18].http://221.226.86.187:8080/webpic/njdfz/UpLoadFile/html/sz1_4/sec.html.

⑥ 南京特别市市政府. 南京特别市市政法规汇编 [M]. 南京：民智书局，1929：339-340.

并根据该办法制定《上海市奖励建筑房屋出租公地实施规则》。奖励建筑房屋有4种途径[①]：①减免新建住宅的捐税负担；②奖励社会资金从事房屋建筑；③督促私有空地建房；④奖励修缮房屋。

减免新建住宅房屋的各项捐税负担，具体方法为：①豁免新建住宅房屋基地的地价税2年，若在1年内转移，则免除其土地增值税、免征1年契税；②新建住宅房屋的现金，不受现行房租标准限制；③新建住宅房屋业主部分，房捐免征一认。奖励社会资金从事房屋建筑的方法有4项：①洽商国家金融机关投资房屋建筑，对于建筑新屋者，给予抵押放款便利，其不动产抵押品产权由地政局予以证明；②建筑新屋可向政府申请租赁公荒基地，其租期租金依照土地法规定；③政府在近郊划定适当公地为建筑棚屋的区域，将现存禁建区的棚户逐渐迁移至划定区域内；④政府为新建住宅房屋区域的道路、水电、设备提供便利。督促私有空地新建房屋的具体措施为规定必须限期建筑以及对逾期不建者加征空地税（3～10倍）。此外，修缮已倾倒或无人居住的房屋，修建后可享受前项各条优待办法。

《上海市奖励建筑房屋出租公地实施规则》于1946年12月20日公布，并于1947年1月29日修正公布规则第6条内容[②]，规范上海市民租赁市有公地建筑住宅房屋事项。市政府放租公地以"解决房荒奖助建筑"，"由地政局将适宜建筑房屋之市有公地，提经市政会议决定后，分期公告出租"[③]。建筑自住房屋对放租公地有优先租用权。新建房屋各项捐税的减免，依照解救房荒治本办法办理。公地租期届满时，承租人得于期满前3个月续约继续承租；如政府对土地另有使用安排，须于期满前3个月通知承租人，政府酌价将不愿拆让的建筑物收归公有。

第三节　新住宅区自建住房的地方政府组织

南京国民政府时期，广州、上海、南京等城市新区开辟中的住宅区建设，都以政府主导下的市民自建住宅为基本形式。城市政府在新住宅区建设过程中，承担组织者的角色。政府首先对住宅区建设所需土地进行征收或整理，然后制定统一规划与分期建设计划，确定宅地划分与定价，制定建造标准要求，最后将土地放领给市民个人或团体建设住房。放领的土地价格中，已经包括市政与公共服务设施的投入，因此，政府负责公共服务设施与市政设施的设置与建设。放领后的土地为私有土地。

新住宅区建设范围内的土地，一般为私有土地，或者为私有土地、公有土地、无主

① 上海市奖励建筑房屋治本办法 [J]. 银行周报，1947，31（23）：55.
② 修正上海市政府奖励建筑房屋出租公地实施规则第六条条文 [J]. 上海市政府公报，1947，6（6）：179.
③ 上海市政府奖励建筑房屋出租公地实施规则 [J]. 上海市政府公报，1946，5（29）：515.

土地等混合地段。为便于制定住宅区范围内的土地使用规划、分期分段和预算计划等，市政府通常先进行土地征收或整理。例如广州模范住宅区筹备处规定，在模范住宅区筹备期间，停止土地买卖 1 年以进行土地权属整理[①]。中山公园住宅区计划制定期间，1932 年 12 月，广州省颁布《禁止石牌中山公园及省府合署附近土地买卖暂行章程》，禁止划定的省府合署地址及中山公园土地收用界线内的土地私相买卖[②]；1935 年财政局发布《调验中山公园住宅区范围内地段契据》，收用划定范围内的私有土地[③]。上海市市中心区域计划执行时，1929 年 7 月建设讨论委员会通过决议，停止市中心区域内的地产买卖过户，以防止土地投机。1929 年底，市政府开始一次性征收全部市中心区域的土地，并于 1930 年公布《上海市中心区域地亩估价规定》。

被征收土地的价格，由市政府参考市场价格确定。例如上海市中心区的征收地亩，依区位与现状使用状况的不同分等定价。引翔、江湾、殷行 3 个区域的土地，按沿马路、宅基坟地、普通田地分为上、中、下等。按照南京市 1928 年 8 月颁布的《南京特别市市政府土地征收章程》，大方巷至古林寺一带的征收土地价格分为每方 3 元、4 元、5 元共 3 等。政府制定的土地征收价格通常因偏低而受到土地所有人的抵制。上海市中心区征收的 5400 亩土地，征收中曾遭到被征收范围内大量业主的反对[④]。南京市土地局在 1930 年进行的土地征收，因价格过低而遭到农户业主的抵制。1932 年市政会议通过《南京市新住宅区第一区征收给价及承领土地等事办法》，将征收土地价格定为平均以 6 元为标准，此后又将原 3 等价格分别增加到 6 元、7 元、8 元后土地征收才得以进行[⑤]。

征收后的土地，依据政府拟定的住宅区计划，由政府以分等定价的方式放领给市民自建住宅。《修正筹建广州市模范住宅区章程》将住宅用地，依面积大小分为 4 等[⑥]：甲等每户约 60 华井、乙等每户约 30 华井、丙等每户约 25 华井、丁等铺户约 15 华井[⑦]；住宅建造费用规定甲等 16200 元、乙等 13000 元、丙等 9300 元、丁等 8900 元。上海市市中心区域第一、第二次土地招领地价相同[⑧]，每亩分 2000 元及 2500 元两种，职员领地的地价亦相同。第三次土地招领的领价为每亩 3000 元与 2500 元两种[⑨]，职员领地为每亩地价 2500 元[⑩]。几次领地对每户的面积进行限制，最多 4 亩，最低 5 分。南京市第一、第四住宅区的领地价格为每方 6 元、7 元、8 元共 3 等，建设费为每亩 1200 元。按照《南京市新住宅区第一区征收给价及承领土地等事办法》，承领价格中的征收地价与建设费

①　孙翔.民国时期广州居住规划建设研究 [D]. 广州：华南理工大学建筑学院，2011：68.
②　广东省政府秘书处.禁止石牌中山公园及省府合署附近土地买卖暂行章程 [J]. 广东省府公报，1932（208）：11.
③　广州市市政府编辑股.财政局调验中山公园住宅区范围内地段契据.广州市市政府市政公报，1935（511）：133.
④　魏枢.大上海计划启示录：近代上海市中心区域的规划变迁与空间演进 [M]. 南京：东南大学出版社，2011.
⑤　议定新住宅区征收地价案 [J]. 南京市政府公报，1933（123）：47.
⑥　广州市市政厅编辑股.民国十七年广州市市政报告汇刊 [M].1929.
⑦　1 华井等于 13.987m²。
⑧　安克强.1927-1937 年的上海：市政权、地方性和现代化 [M]. 张培德，辛文锋，肖庆璋译.上海：上海古籍出版社，2004：131.
⑨　上海市政府.上海市市政法规汇编 [M]. 上海：上海市政府，1935：284.
⑩　上海市政府.上海市市政法规汇编 [M]. 上海：上海市政府，1935：286.

分开计算①。承领土地的每亩地价为 1500 元（即每方 25 元），其中建设费 19 元，征收地价每方平均以 6 元为标准。宅地按面积大小分为甲、乙、丙三种，每户领地的上限约为 4 亩。

土地放领中，土地原所有人一般被赋予优先承领权。广州市《修正筹建广州市模范住宅区章程》要求土地所有人在宅地划定布告后 6 个月内，依工务局建筑章程和图则自行建筑住宅，若土地所有人不能按要求自建住宅，则由市政府收用该土地并给还地价。这种方式，实际上赋予了原土地所有人对土地的优先选择权。上海市的第一次、第二次职员承领土地办法，都赋予原土地所有人优先承领权。原土地所有人有权在土地开始招领前 1 个月内，将原土地优先申请领回，过期不申请视为放弃优先权。南京市的新住宅领地章程都赋予原土地所有人优先承领权，第一区领地优先承领以 1 个月为限，第四区以 2 个月为限。

市民领地后必须在一定期限内建设住宅。住宅建设需尊重住宅区建设规章确定的建筑层数、建筑密度等标准要求。此外，住宅造型外观还需以政府提供的标准图样为参考。

---

① 南京市新住宅区第一区征收给价及承领土地等事办法 [J]. 南京市政府公报，1932（120）: 5-6.

第七章　住宅建造的控制：通则约束

第一节　地方规章中的住宅建造标准

一、公权力对私权利建造约束的开始

住宅建造控制开端于上海租界。19 世纪末至 20 世纪初，近代中国第一批包含住宅建造控制内容的建筑法规诞生。在各国租界或租借地颁布的建造控制规章中，上海公共租界的建筑规则不但可以视为其中的代表，而且对民国时期许多城市的同类规章的制定产生过实质上的影响。南京国民政府时期，市政管理与建设水平领先的上海公共租界建筑法规，成为各地制定建筑规则时借鉴的对象。南京城市规划局（1929 年 4 月 10）、山东省政府建设厅（1929 年 7 月 8 日）、广东省政府（1930 年 4 月 18 日）、南京中央建设委员会（1931 年 8 月 8 日）等都曾向上海公共租界工部局索要建筑规则进行参考[①]。

上海租界的租地章程及附则最早开始针对公共空间制定建筑物的建造约束，划分公私领域，调整邻避关系。调整内容从公共安全与卫生维护，扩展至私人领域与公共领域交界界面的建筑物建造以及私人领域与室内环境控制。随着租界内居住人口的快速增长，居住建筑成为租界建筑的主体，关于居住建筑建造与居住环境维护的控制内容随之增加。

1901 年上海公共租界的《中式新房建造章程》是中国大陆法制近代化进程中的第一部建筑类行政法规，其调整对象主要为以里弄住宅为主的居住房屋。1903 年的《西式房屋建造章程》为租界以欧美经验管理西式建筑的开始。《中式新房建造章程》规定了中式房屋[②]的高度与里弄通道的宽度。普通住宅不得超过 2 层；里弄中两侧都有面向通道的房屋时，宽度为 10 英尺，一侧有面向通道的房屋，而另一侧有栈房、房屋的背面或侧面、墙壁或者篱笆时，路宽可为 7.5 英尺；通向屋后的通道宽度只需 3 英尺[③]。《西式房屋建造章程》规定一般新建建筑（铁骨或钢骨建筑、教堂或礼拜堂除外）高度不能超过 85 英尺[④]。在处理建筑物沿道路的布置中，引入西方国家在 17 世纪实行的建筑红线制度[⑤]。章程要求宽度小于 30 英尺的公共道路两侧新建或重建时，建筑物须按照工部局制定的

---

① 唐方. 都市建筑控制：近代上海公共租界建筑法规研究（1845-1943）[D]. 上海：同济大学，2006：131.
② "中国式房屋"，即由木质梁柱承受重量的房屋，一间普通的中式房屋是指面积约为 24 英尺 ×12 英尺的建筑物。
③ 上海市地方志办公室. 上海租界志 [DB/OL].（2003-08-27）[2017-07-18].http://www.shtong.gov.cn/newsite/node2/node2245/node63852/index.html.
④ 上海档案馆：卷宗 UI-2-246. 修改外国楼房建筑章程、铺设电车、建娱乐场及河南路拓宽等文件 [Z].
⑤ 建筑红线制度最初在法国黎塞留城应用，在亨利四世时期，由宰相苏利公爵在 1603 年签署法令而法制化。

建筑红线要求向后退界。

1916年，上海公共租界实施修订后的《中式新房建筑规则》与《西式房屋建筑规则》。《中式新房建筑规则》依据里弄两侧使用状况的不同，详细规定了各种类型里弄宽度的最小尺寸①，规定居住房屋②"须有平均不少于8英尺之高度，并备有直接与外面空气流通之窗一扇，或几扇，窗之面积，至少须为地板面积十分之一"③。此外，修订的规则对通风及室外空地要求更为细化，根据房屋空间位置关系的差异制定不同的控制要求，并将前版规则中控制建筑物周围开敞空间面积数值的方法调整为控制相对比例关系④。《西式房屋建筑规则》规定，各种新建新屋（教堂除外）高度"不得高过84英尺"；同时，"新屋之高度，不得大过自沿此屋之路线，至沿对面房屋之路线之垂直地平距离（按即路宽）之一倍半"⑤。20世纪30年代末，上海公共租界通过《通用建筑规则》，但因战事不断等社会动荡因素而未能实施。

公共租界先后两次制定的建筑规则，都从安全、通风、健康的角度出发，制定了建筑物的通风采光、室外开敞空间要求。建筑物限高、里弄通道宽度控制、建筑红线制度、1∶10的窗地比、1∶1.5的道路宽度与建筑高度比，都为南京国民政府时期各地的城市建筑规则所采用。

二、民国时期的里弄空间与住宅建造要求

民国北京政府时期，受租界、租借地城市住宅建造控制发展的影响，广州、北京等市政管理较为超前的城市制定出建筑控制章程。

1923年，以"限制建筑、预防危险、适合卫生、利便交通"为宗旨⑥，《广州市新订取缔建筑章程》颁布。《广州市新订取缔建筑章程》对街道两侧的建筑高度、住宅的采光通风等制定要求。根据道路的不同，建筑高度或以高度为限，或以路宽来控制⑦。建筑物执行退界制度，须按照工务局规定街道图进行退缩。住宅开窗⑧要满足"凡房屋深度不满30尺者，每层住楼至少须一面开窗，如深度逾30尺者，须两面开窗，其窗口

---

① 第9条规定：两面前门相对之里弄，10英尺；一面为前门，一面为石库门或后门，或房屋之侧面，或墙身，或篱笆之里弄，7.5英尺；专通一排或数排房屋之里弄，10英尺；通屋后厨房或一层高之厢房之里弄，3英尺；通屋后厨房或二层高之厢房之里弄，5英尺。第10条规定："每一华式房屋须有前后通路"；当房屋长度不超过65英尺时，房屋可背靠背建造且只需前面有里弄，但"此项规则不得适用于该基地上建造房屋之数在百分之十以上"，且基地总面积不得超过5万平方英尺。

② 每一居人之房间，包括厨房在内。

③ 陈炎林.上海地产大全[M].上海：上海地产研所，1933：867-883.

④ 关于空地的具体规定为："在每一方房屋内，为各房屋关系，当备有无阻碍之空地，等于地面面积十二分之五，平均分配于该一方地上，俾各房屋有适当之通气。若为接近公路之房屋，该路5英尺之宽度，可算在空地之内。"关于天井的规定为："在遮盖之天井中，有永久通气之一部分，该天井之一半面积，可认为本规则所需之空地，唯遮盖屋顶两边之通气地位，须等于不少该天井面积三分之一。"

⑤ 杨肇辉.上海公共租界房屋建筑章程[J].中国建筑，1933，1（1）.

⑥ 广州市市政厅总务科编辑股.广州市市政例规章程汇编[M].香港：商务印书馆，1924：3.

⑦ 旧街道两侧的建筑高度限制，"凡旧街宽度不及20尺者，其两旁屋宇之高度不得超过35英尺，如屋宇另有面临马路者不在此列"。不在新区域范围之内的新辟街道宽度，不得少于两侧建筑前墙高度的一半，"如屋顶之后部有建筑物，其高处与屋之前檐所成之角形不得大过45度"。

⑧ 开窗需满足外部空间条件规定："开窗面积必以对街或对马路或对空地或对天井，然后方准作窗户计，所对之街或马路天井空地以5英尺宽度为限，其天井或称通天最少以60方尺为限。"

面积不得少于该楼面积 1/10" 的条件 [①]。两侧建筑为纯居住功能的街道 [②] 进行宽度控制为 12 ~ 16 尺。广州建筑规章的许多内容，与上海公共租界的建筑规则一脉相承，已经形成限定建筑层数、建筑密度、容积率、建筑退界等符合现代城市管理要求的指标控制。

　　南京国民政府时期，在对租界、租界地城市建筑规章的借鉴中，自 1929 年开始各地制定的建筑规则相继颁布。上海市、重庆市、青岛市等城市的建筑规则内容较为完备，许多条款针对住宅建造提出专门要求。各地的建筑规则都有关于建筑高度、建筑密度、里弄、居室的内容规定。《上海市建筑规则》《重庆市建筑规则》《广州市建筑规则》《济南市工务局取缔建筑暂行规则》《北平市建筑限制及设计准则规程》《修正南京市建筑规则》等建筑规则，关于建筑高度、采光（窗地比）指标的规定基本相同，延续了上海市公共租界建筑规则控制标准。建筑高度确定的方法，都以高度不超过沿路路面宽度的 1.5 倍为标准。上海、重庆等城市另外规定，建筑高度超出上述规定时，应将上层建筑依 1 : 1.5 的比例逐层收缩。关于住宅采光通风的要求，各地的窗地比都以每层住楼开窗的窗口面积不少于地面面积的 10% 为标准。

　　各地的建筑规则都对里弄建筑层数、里弄的宽度进行了详细的规定，具体内容与控制数值略有不同。其中，以上海的里弄控制为最详细 [③]。重庆市还特别规定了每段里衖房屋基地的大小，深度不得超过 30m，长度不得过 72m。《重庆市建筑规则》规定了"住宅区空地比"，住宅区内建筑物的建筑面积 [④] 不得超过基地面积的 50%。其他城市的建筑规则，虽然未专门规定住宅区的建筑密度指标，但采用控制建筑面积与基地面积比值的方式控制建筑密度，只是在数值上有所差异 [⑤]。由于里弄中主要为住宅建筑，因此，里弄的建筑高度、建筑密度、里弄宽度等规定，实际上主要是关于居住地段的规定。

三、新开辟住宅区的专项控制

　　广州、南京等城市新开辟的住宅区，有仿效欧美城市经验改良都市住宅，为中国的住区建设提供新模范之意。新住宅区的开辟，受土地与建造成本等因素影响，主要满足

---

① 广州市市政厅总务科编辑股 . 广州市市政例规章程汇编 [M]. 香港：商务印书馆，1924：10.
② "街道全属住屋者"，街道宽度为 12 ~ 16 尺；尽端路长度在 100 尺、100 ~ 250 尺、250 尺以上时，其宽度分别应为 8 尺、10 尺、12 尺。除"住屋"外，街内建筑物总数中的商铺比例分别为 1/4、1/2、3/4 时，街道宽度对应为 16 尺、18 尺、20 尺。"凡街内全属商铺者，该街宽度定为 24 尺"。
③ 3 层及 3 层以上房屋的里弄宽度为①前面里弄至少须宽 3.5m，其前后建筑物之间的距离至少须宽 6.0m；②后面里弄至少须宽 3m，如后面房屋为 2 层，得减至 2.5m；③前项里弄，除工务局特许外，应与房屋前后墙平行，其长度须与开间相等。2 层及 2 层以下房屋的里弄宽度为：①两面前门的里弄，至少宽 3m；②一面前门或前后门相对者，至少宽 2.5m；③后门弄至少须宽 1.5m。另外，总弄不得狭于支弄之宽度，总弄连通里弄在 4 条以上者，至少须宽 3m；一端通行之支弄，其长度在 50m 以上者，应加辟横支弄一条；供两家以上出入的里弄小路，未经特殊规定外，宽度应一律为 3m，由两业主平均收让。任何房屋应有后园并出路，但房屋不高于 2 层，或地基宽度与深度不足 9m，或楼板与楼梯建筑悉用钢骨水泥的房屋，其基地深度超过 9m 时，工务局可酌情变通办理。
④ 按照 1941 年重庆市工务局出版的《重庆市建筑规则（附非常时期重庆市补充建筑规则）》，建筑面积指"建筑各层面积中平面最大层之面积"。因此，建筑面积与基地面积的比值，相当于现在的建筑密度指标。
⑤ 上海市规定 2 层及 2 层以下的房屋，其建筑面积不得超过基地面积 70%；3 层及 3 层以上的房屋，其建筑面积不得超过基地面积的 60%。青岛市规定 2 层及以上建筑密度不得超过 75%，3 层以上的上限为 60%。济南市规定平房的建筑面积不得超过基地面积的 80%，2 层及以上则不得超过 70%。北京市规定 2 层及以下的房屋，其建筑面积不得超过地建全部面积的 70%，3 层及以上不得超过 60%。南京市的建筑密度指标则为：4 层以上楼房为 50%，2 ~ 3 层为 60%，平房为 70%。

社会中上阶层的居住需求。因此，新住宅区规章针对建筑密度、建筑高度、建筑形式、公共设施、绿化环境等，提出较高要求。对居住环境质量控制有直接影响的指标为建筑密度与建筑高度两项。

《修正筹建广州市模范住宅区章程》规定："住宅地段须以该地五分之二为建筑物，五分之三为花园。"①《领建松岗模范住宅区地段规则》规定本区内建筑高度不得超过 3 层，建筑密度和预留为花园的空地比例与模范住宅区章程相同。《招领东沙住宅区地段及建筑章程》规定住宅建筑不得高过 3 层，建筑密度不超过 50%。《修正招领中山公园住宅区地段及建筑限制章程》不限制住宅建筑高度，建筑密度的规定上限也为 50%。《广州市新式住宅区自辟街道及建筑住宅取缔规则》第 2 章为住宅的专项规定："拟建之住宅地段，不得少过 280 平方公尺；拟建住宅之面积，不得超过该地段面积之一半；拟建之住宅，其架楼不得高逾三层；各楼层之高度，楼下不得低过三公尺，余层不得低过二公尺半。"②

《修正南京市新住宅区建筑规则》规定："建筑所占面积，不得超过基地面积百分之六十，除公用建筑及指定商号外，正屋四周，应留出空地，距基地边界至少二公尺，但如临号宅地，系同一业主，或经同意者，不在此限。"③《青岛市暂行建筑规则》对市内"特别区域"的公私建筑物建造或改造作出的特别要求与广州、南京等城市的住宅区建造专项规章的控制内容十分相似。特别区域的建筑密度规定为：在 600 方步④ 以上的基地，其建筑物之面积不得超过基地面积的 30%；在 300 方步以上者，不得超过 40%；在 300 方步以下者，不得超过 50%。按照专项规章等建设的新住宅区，基本为"花园住宅"式住区。

从上海租界的租地章程与附后规则开始，至南京国民政府时期的建筑规则与住宅区规章，公权力约束下的私人居住空间建造权利体系形成。建筑规则与住宅区专项规章关于建筑高度、建筑密度、里弄空间、居室通风采光等的控制要求，成为居住空间形态生产的制度框架。私人建造受公私领域划分、邻避关系调整、室内环境维护等多方面的控制约束。这种空间管制与约束，包含着对个人使用居住空间的权利干预。但是，这种干预以通则约束的方式实现，基本不涉及针对特定人群的限制，也不涉及与人身条件有关的限制。同时，建造限制仅限于使用范畴，不涉及居住空间的获得与占有。

第二节 国家法规中的宅地使用与营建约束

晚清时期，在"城乡合治"的管理方式下，土地没有乡村土地与城镇土地的区分，更没有住宅的单独用地类别。至民国北京政府时期，这一格局仍然没有打破。直到

---

① 广州市市政厅总务科编辑股.民国十七年广州市市政报告汇刊 [M].1929: 96.
② 广州市工务局.广州市建筑法规 [M].广州市工务局，1936: 66-69.
③ 修正南京市新住宅区建筑规则 [J].南京市政府公告，1935（159）: 56-57.
④ 方步是民国时期的面积单位。1 步等于 5 尺，1 方步等于 25 方尺，1 亩等于 240 方步。1 方步约合 2.78m²。

1928 年国民政府颁布《特别市组织法》及《市组织法》形成统一市制之后，市地与农地才有正式区分。

1930 年《土地法》首次明确区分市地与农地。市行政区域内的土地，即城市土地，作为一个单独的类别，从农村土地中区分出来。由此，土地由城乡宅地一体进入到城乡有别的阶段。同时，区别于农村土地，1930 年《土地法》首次将"市地"从其他土地类别中区分出来，以"地尽其用"为目标，对城市中的土地利用和建筑建造限制设置国家层面的法定化约束。市地"为市行政区域内之土地"，市地的使用"得分为限制使用区及自由使用区"①。限制使用区的土地使用与建筑物建造需遵循一般限制，"市设计"时应确定建筑物使用限制、建筑线、建筑高度、建筑层数及其形式以及土地使用的限制、用地划分的深度及宽度、用地的建筑密度等。

1946 年的《土地法》首次进行土地种类的法定划分，土地依据使用分为建筑用地、直接生产用地、交通水利用地、其他用地等 4 类。其中，建筑用地包括"住宅、官署、机关、学校、工厂、仓库、公园、娱乐场、会所、寺庙、教堂、城堞、军营、炮台、船埠、码头、飞机基地、坟场等属之"②，由此开始，"住宅"归属于建筑用地类别。城市区域需依都市计划来使用，市县地政机关有权编定土地使用种类，并有权强制依法使用管辖区内的私有空地。

1938 年颁布的《建筑法》③赋予市县主管建筑机关管理权限，建立建筑许可制度与建筑退界制度④。公有建筑（即政府机关或自治团体的建筑）、私有建筑都应由起造人向市县主管建筑机关申报建筑计划工程图样及说明书，并申请建筑执照。市县（或省）主管建筑机关需划定道路界线为建筑线，或在道路以内另定建筑线，建筑物应连接建筑线且不得凸出于建筑线之外。《建筑法》首次正式赋予市县建筑管理机关确定公、私空间边界的权力，代表了公共权力对私人空间营造与空间权利的法制化约束。住宅建造作为城市建筑中最多的建筑活动，必须遵守《建筑法》的约束。1939 年施行的《都市计划法》规定住宅区为限制使用区。制定都市计划的城市⑤，应"划定住宅商业工业等限制使用区"，"住宅区内土地及建筑物之使用，不得有碍居住之安宁"⑥。

1945 年由行政院公布施行的《收复区城镇营建规则》提出了住宅区的空间布局原则，详细规定了住宅区内的居住路宽度、居住地带尺度划分、住宅用地开发强度等要求。《收

① 土地法. 民国法律. 中国国家数字图书馆 [DB/OL]. [2017-07-18]. http://mylib.nlc.cn/web/guest/search/minguofalv/medaData Display?metaData.id=433583&metaData.lId=438064&IdLib=402834c3361f55da01361f5dfbe4001e.
② 上海法学编译社. 中华民国民法物权 [M]. 上海：会文堂新记书局，1937.
③ 建筑法的适用范围为：在市、已开埠的商埠、省会、聚居 10 万人口以上的区域、国民政府确定的区域内，公私建筑物的建造、改造、拆卸及使用。
④ 建筑法. 民国法律. 中国国家数字图书馆 [DB/OL]. [2017-07-18]. http://mylib.nlc.cn/web/guest/search/minguofalv/medaData Display?metaData.id=433989&metaData.lId=438470&IdLib=402834c3361f55da01361f5dfbe4001e.
⑤ 需制定都市计划的城市为：市、已开之商埠、省会、聚居人口在 10 万以上者、其他经国民政府认为应依本法拟定都市计划之地方。
⑥ 都市计划法. 民国法律. 中国国家数字图书馆 [DB/OL]. [2017-07-18]. http://mylib.nlc.cn/web/guest/search/minguofalv/medaData Display?metaData.id=431378&metaData.lId=435859&IdLib=402834c3361f55da01361f5dfbe4001e.

复区城镇营建规则》提出住宅区与工业区在空间布局上分离的要求："住宅地带应与工业地带绝对分离"，两区域间应布置永久绿地，此外，禁止"自动力工厂使用二匹马力以上，及手工业雇佣工人在十五人以上者"设于住宅地带①。道路依使用性质分为交通路、商业路、居住路，道路界定为园林大道、干路、路、街、里、巷 6 个等级。"道路与道路之间基地面积称为地段"，"居住地带"的地段的长边宽度应在 80 ~ 150m 之间②。公有或私有新造建筑，除商业繁盛地带或经许可者之外，建筑密度上限为 40%。

经过 20 年的发展，与住宅建造相关的住宅用地类别、住宅区选址、用地强度、道路等级、居住地块划分、建筑退界、建造审批等内容，在国家法律体系中基本形成。包含住宅建造控制内容的国家层面法规，为私人的居住空间建造设置了法定的权利约束框架。

---

① 收复区城镇营建规则.民国法律.中国国家数字图书馆 [DB/OL].[2017-07-18]. http://mylib.nlc.cn/web/guest/search/minguofalv/medaDataDisplay?metaData.id=432987&metaData.lId=437468&IdLib=402834c3361f55da01361f5dfbe4001e.
② 收复区城镇营建规则.民国法律.中国国家数字图书馆 [DB/OL].[2017-07-18]. http://mylib.nlc.cn/web/guest/search/minguofalv/medaDataDisplay?metaData.id=432987&metaData.lId=437468&IdLib=402834c3361f55da01361f5dfbe4001e.

第八章　法定住房权利的诞生

第一节　以贸易为基础的权利实现

在以贸易为基础的权利方面，个人通过自愿交易获得住房，需具备两个基本条件：一是私有财产权的保护，二是自由交易市场的存在。

在国家法律层面，经过清末修律的积淀，土地权利体系自民国北京政府时期开始向现代转型。1915 年颁布的《土地收用法》提出了国有、公有、民有的 3 种土地产权形式。至南京国民政府时期，现代意义上的土地法制与权利体系形成。1930 年颁布的《土地法》承认与保护个人依法取得的土地所有权，1929 年颁布的《中华民国民法·物权》承认与保护个人对土地拥有自由使用、收益、处分、排除他人干涉的权利。在国家法律层面，土地私有财产权得到承认与保护。由于房屋作为土地定着物并无单独凭证，《土地法》与《中华民国民法·物权》针对土地私有财产权的规定也是对房屋私有财产权的规定。因此，在国家法律关系中，承认与保护土地的私有财产权，意味着同时承认与保护住房的私有财产权。

在地方城市中，现代意义上的土地私有财产权首次出现在上海租界。清末民初，在各地新城区的开辟实践中，传统土地权利向现代土地权利转变。至南京国民政府时期，各地政府组织新建住宅区的土地放领，市民（团体或个人）通过承领获得土地的私有财产权，个人在承领土地上自建的住宅也属于私有产权形式。国家法律确定的私有土地与住房的财产权，在地方政府的规章文本与实践中得到贯彻。地方政府规章承认与保护私有土地与住房的私有财产权，与国家法律文本中的权利设定衔接一致。

在土地与住房的交易方面，传统的宅地买卖、租赁等市场交易方式依然存在。同时，以营利为目的、独立于其他行业之外的专门性房地产业发展起来。南京国民政府时期，个人可以通过传统的方式交易买卖、租赁土地与住房，也可以通过与房地产商的交易买卖、租赁住房。

经过晚清至民国时期的演变，个人享有法定的土地与住房的私有财产权[①]。个人享有通过自愿交易获得住房的机会，实现的方式包括购买、租赁等多种市场途径。因此，在个人的住房权利构成中，以贸易为基础的权利基本实现。

---

① 个人享有的宅地私有财产权，也受到国家与地方公权力的限制。法律基于平均地权目的而限制户均宅地面积，并赋予国家因公共事业征收私有宅地的权利。

第二节　社会救济权利的获得

个人住房救济的权利发端，从1928年南京国民政府内政部颁布政令建设平民住所开始。在国家法律制定的过程中，住房问题随土地使用纳入土地法范畴。1930年的《土地法》提出建立准备房屋制度，当准备房屋不足时，政府采用规定房屋标准租金、减免新建筑房屋税款、建筑市民住宅等3种途径向市民提供公力救济。在国家法律之下，还有行政院制定的《内地房荒救济办法》《收复区城镇营建规则》等关于住房救济的行政法规。由政府提供的公营住宅制度由《内地房荒救济办法》进行详细规定。1946年的《土地法》明确规定了城市政府建造准备房屋的责任。《土地法》确立的准备房屋制度、对政府建造准备房屋的责任要求以及向市民提供的住房救济措施，代表着政府住房救济责任的法定。1943年的《社会救济法》提出了针对贫困群体的住房救济要求。《土地法》、《社会救济法》中关于住房救济的规定，代表着法律承认政府在解决住房问题方面的救济义务，个人获得住房救济的权利受法律保护。

国家法律确定政府住房救济责任的同时，地方政府实践着国家法律确定的公力住房救济规定。地方政府制定并施行住房救济规章，确定住房救济的目标、对象、措施。国家法规与地方规章确定的住房救济对象有普通市民与特殊贫困群体两类。地方政府提供的救济途径，有实物的救济也有非实物的救济。实物救济主要有3种：提供公营住宅给贫困市民租住、出租或放领公地给市民自建简易房屋、向贫穷而无力生活者提供免费或廉价住宅。非实物的救济包括规定房屋标准租金、减免新建筑房屋税款、信贷支持、协助取得基地等多种方式。

国家法律、行政法规、地方规章构成的法规体系，在规定政府救济责任的同时，赋予个人获得住房救济的途径与方法。虽然政府提供的公力住房救济仅局限于少数现代化程度较高的城市，救济范围尚未覆盖至全国所有城市，但个人获得住房救济的法定权利已经形成。公力住房救济的提供，代表着政府对经济、社会方面积极义务的承担，个人的住房权利由消极权利扩展至积极权利。

第三节　以生产为基础的权利的实现

晚清至民国时期，在土地市场一直存在的条件下，个人可以通过土地市场购买或租赁私有土地自建住房。南京国民政府时期，为解决房荒等住房问题，国家与地方政府制定规章向市民提供公有土地、自建住房奖助等扶助措施，给予市场途径之外的公助救济。

政府对自建住房的奖助规定，体现于 1938 年国民政府行政院颁布的《内地房荒救济办法》以及1948年国民政府行政院通过内政部拟定的《鼓励人民兴建房屋实施方案》与《奖励民营住宅建筑条例草案》。市县政府的奖助对象有 3 类，包括共同建筑居住房屋的合作团体、建筑自住房屋的个人、配合政府解救房荒计划投资兴建市民住宅的民营企业组织。政府给予私营住宅的奖励资助措施，包括市政公用设施的保证、减免税收、信贷支持、协助取得基地等多种形式。向市民提供公有土地是另一种自建住房的扶助措施。抗日战争胜利后，行政院颁布的《收复区城镇营建规则》《公有土地管理办法》规定了放领公地用于居民自建住房的办法。

为解决贫民的住房问题，南京、上海、青岛等城市制定了自建住房的扶助措施。南京市制定《南京特别市市政府工务局取缔市内搭盖棚房章程》，允许市民承租公地自建简易住宅。青岛市制定《平民住所领地建屋简章》与《青岛市平民领地自建住所规则》，鼓励在特定区域内搭盖板房的居民到指定区域、免费领租公地自建住所。抗日战争胜利后，上海市政府制定《上海市奖励建筑房屋治本办法》与《上海市奖励建筑房屋出租公地实施规则》，鼓励市民与社会各界积极建造与修缮住房。奖励建筑房屋的途径有税收减免、信贷支持、提供市政公用设施便利、放租公地、督促私有空地建房、奖励修缮房屋等。

此外，地方政府在新住宅区的自建住房中承担组织功能。在住宅的建造方面，国家法规与地方规章建立起空间管制框架，形成对个人权利的约束。

由上述分析可见，南京国民政府时期，个人可以使用以生产为基础的权利，个人可以利用自己的土地、空间等资源建造住房，或使用雇佣资源建造住房。政府保护个人自建住房的权利，并给个人自建住房提供公力扶助。住房市场的存在，使个人的自建住房能够自由地出租或转让。

第四节　基本完整的法定住房权

20 世纪个人的住房权利演变，以晚清时期的社会状况为历史起点。晚清时期，城镇中大多数土地房屋为自产自用的祖遗财产，个人宅地有原始取得与继受取得两种途径。私人土地所有权已成为主导的所有权形式，并受到《大清律例》《户部则例》《户部续纂则例》等国家立法的承认，但个人权利在国家与乡族之下，受皇权、宗法族规、民间习惯的制约。在土地与住房的交易方面，"上连屋盖下连地基"的田宅买卖大量存在，宅地住房的租赁也十分活跃，但没有房地产业。虽然清代有旗人官房制度[①]，但没有针对普

---

① 清朝朝廷对旗人有官房制度。为旗人划定居住区域，住宅由政府免费提供，按照官职高低分配。住房在旗人之间可以自由交易，乾隆时期不再禁止非旗人之间的旗产买卖。

通人的住房救济。传统中国社会里未能生长出合格的个人权利观念、体系与保护机制，个人在住房方面的权利亦无例外。

19世纪中期开始，在个人权利观念涌入传统中国的进程中，个人的住房权利随公民、财产、土地等方面的权利变化而发育生长。外国势力控制下的租界、租借地城市土地规章的颁布，开启了个人住房权利变化的序幕。在对西方法制的学习中，中国国家与地方层面的住房法制向现代化转变。至南京国民政府时期，以土地法与民法为核心、包括住房专项立法的国家住房法律体系建立；地方政府层面的土地、住房、建筑等规章与国家法律衔接。

国家层面与地方层面住房法规体系建构的进程中，个人的住房权利体系逐渐成型。在获得住房的权利组合中，以贸易为基础的权利、以生产为基础的权利、获得社会救济的权利经由法律的确定得以确立。民国时期，由于土地与住房市场、劳动力市场的存在，个人使用自己劳动的权利也基本不受到限制。此外，1947年颁布的《中华民国宪法》[①]规定人民享有居住自由、财产权、工作权、生存权等个人权利。因此，在南京国民政府时期，个人已经具有较为完整的法定住房权利。国家法规与地方规章体系中，规设住房权的框架基本具备。

1948年，住房权作为一项基本人权，在《世界人权宣言》中被提出来："人人有权享受为维持他本人和家属的健康和福利所需的生活水准，包括食物、衣着、住房、医疗和必要的社会服务；在遭到失业、疾病、残废、守寡、衰老或在其他不能控制的情况下丧失谋生能力时，有权享受保障。"尽管住房权概念刚刚为国际社会所接受，其内涵尚不清晰，但中国的住房权已经产生。随着地方政府对住房救济的实践，住房权已经开始进入个人的生活，成为事实上的权利。

---

① 第10条规定："人民有居住及迁徙之自由。"第15条规定："人民之生存权、工作权及财产权，应予保障。"

第九章　实有住房权利享有的制约

个人权利观念发育从 19 世纪中期开始，至 20 世纪初期，权利意识高涨。不但政治、经济、社会权利成为社会先进分子的追求，如何实现与保障民权，也成为政治运动的目标。南京国民政府刚刚成立之际，大规模的立法随即开始。土地法、民法、住房专项立法构成的国家住房法律体系确立，个人的法定住房权诞生。

然而，法定权利的确立，并不等于实际权利的享有。因为各种条件的制约，人们实际享有的权利往往低于法定权利①。南京国民政府时期的高速立法进程，并不等于其内容适应社会现实和需要，也不等于个人住房权利落实与保护的同步进程。

第一节　房地产市场由兴起至畸形

土地法与民法确立的土地权，吸收西方法学理论中的权利理论，在破除身份制的同时，延续了传统地权对私有产权的尊重与保护。因此，法律的实施未给普通人的生活带来较大变化②。然而，由于法律的实施有赖于法院、法官、律师等实施条件的逐渐完备，加之战争等社会动荡，致使土地法与民法等法律没有深入实施，未能成为民事生活的主导性规范。此外，土地法提出的宅地限制等平均地权的措施也未能实施。

晚清时期，私人之间的土地与住房交易一直存在。19 世纪 70 年代后，专门化的房地产业在上海、厦门、天津、汉口、广州等较早开埠的城市兴起。进入 20 世纪初，房地产业有较大发展，至 20、30 年代达到鼎盛。房地产业的发展遵循私人所有制市场经济规律。按照赵津对近代中国城市房地产业的研究，房地产业发展鼎盛时期，经营方式包括发行股票和公司债券、道契挂号、抵押放款、自产经营、租地造屋③、代客经租④等多种形式。此外，金融业以贷款、直接投资等方式渗透入房地产业。房地产市场中的住房交易有买卖与租赁。租赁是住房交易中最大量的形式，租赁交易往往占房地产市场交易次数的 50% ~ 80% 以上⑤。1937 年日本侵华战争的全面爆发，给成长中的资本主义经

---

① 高鸿钧.中国公民权利意识的演进 // 夏勇.走向权利的时代 [M].北京:中国政法大学出版社,1999: 47.
② 杨士泰.清末民国土地法制研究:以地权制度变迁为中心 [D].北京:中国政法大学,2008: 195.
③ 租地造屋是指大房地产商或土地所有人将土地出租,一般租期为 15 ~ 30 年,承租人必须按期交纳地租,期满之后,土地连同地上建筑无条件收归出租人所有。
④ 房屋产权人不愿意或不善于自己经营,将产业委托于经租机构进行经营。经租机构大致地产公司,小至仅有一人的经租帐房。代客经租业务虽无暴利可图,但比房地产投机稳妥可靠。
⑤ 赵津.中国城市房地产史论（1840-1949）[M].天津:南开大学出版社,1994: 82.

济因素带来毁灭性打击，房地产业走向衰落。

民国时期，私有土地财产权、房地产市场的发展使个人交易自由有所提高。但是，房地产市场的稳定性却较差。内战频繁，房屋短缺致使房租高昂。抗日战争时期，城市住房问题日益严峻，房地产投机风气盛行。抗日战争胜利后，战争带来的房屋破坏与城市人口的恢复使房荒加剧，大量的土地投机使房地产市场进入畸形状态。畸形表现在多方面，例如地价上涨波及房租及物价，城市住房奇缺，房租不断提高，住房租赁关系紧张，二房东、三房东现象普遍等。此类畸形的状态，在城市，尤其是大城市尤为突出。虽然国民政府制定了房荒救济办法与房租控制措施，但都未能控制市场的畸形状况。

第二节　普通人的住房窘迫

民国时期，城市普通劳工住房条件较差，许多劳工更是无力租赁住宅，只能搭建棚屋栖身。1945 年后，因战争、灾荒、人口向城市的集中等因素的共同作用，城市房荒问题更加严重。

上海、北京、南京等城市的城墙根、沿河、沿江等公有土地上，形成了集中成片的棚户区，居民生活条件极度恶劣（图 9-1）。例如 1935 年南京市全市有棚户 3500 户[1]，30年代中期，汉口有棚户 12746 所、17865 户[2]，1949 年前，上海市的 200 户以上的棚户区有 322 处[3]，绝大部分分布在租界外围、码头车站、沿江沿河地带。

除无从容身的棚户居民外，普通人的居住状况也十分窘迫。国民政府社会部统计处与金陵大学社会学系于 1944 年进行的成都皇城坝劳工家庭调查[4]，真实地记录了当时普通劳工的住房状况，能够反映当时普通人的实际住房状况。成都皇城坝劳工家庭调查的对象为来自各地的劳工家庭，540 户居民居住于成都市中心区的皇城坝。540 户家庭共1959 人，户均 3.63 人，3 口之家为数最多，共 164 家。540 个劳工家庭的家主从业共有24 种，其中以拉车者为最多，共 170 人，做商贩者次之，为 101 人，做杂手工者又次之，为 45 人。

540 个家庭的生活水平很低，恩格尔系数为 74.1%，房租支出占总支出的比例平均为 2.5%。540 个劳工家庭中，532 家为租赁住房，厂主供给住房的有 5 家，自有住宅为3 家。在每户家庭的住宅间数中，一家住一间者最多，共 279 家，占总家数的 51.7%；两家合住一间者有 129 家，占 23.9%；甚至有三家、四家合住一间者；每户有住宅一间半者共 10 家、有两间者共 92 家；一家住两间以上者非常少，共 15 家。平均每家的住房

---

① 张群 . 居有其屋：中国住房权问题的历史考察 [M]. 北京：社会科学文献出版社，2009：87.
② 唐博 . 民国时期的平民住宅及其制度创建：以北平为中心的研究 [J]. 近代史研究，2010（4）：134.
③ 张仲礼 . 近代上海城市研究 [M]. 上海：上海人民出版社，1990：457.
④ 成都皇城坝劳工家庭调查结果之分析 [J]. 社会调查与统计，1945（6）：1-34.

面积仅 1.83 方丈(约为 $20.34m^2$),有 30.6% 的家庭住房面积在 1 方丈(约为 $11.17m^2$)以下。在 540 户家庭中，住房有窗户的仅占 24.8%。

这些数据显示，城市普通劳工家庭生活凄苦。租赁住房是普通劳工家庭获得住房的主要方式。劳工家庭住房条件窘迫，多数家庭的人均住房面积很低，一户甚至几户家庭拥挤于一间住房内。除住房拥挤外，卫生条件也极其恶劣，许多住房连基本的通风采光条件都没有。

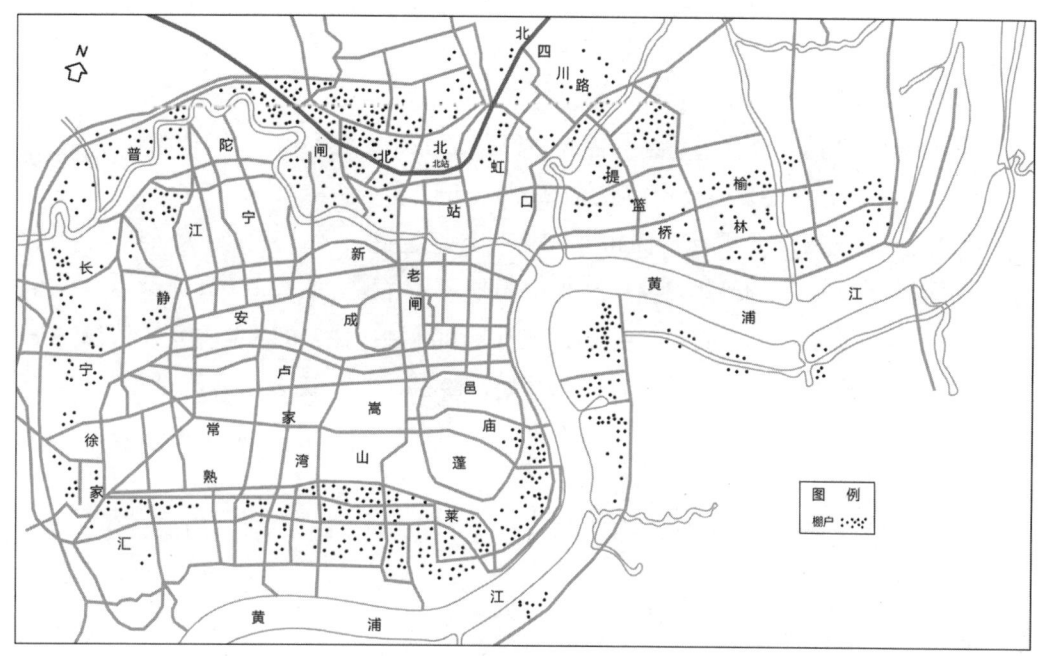

图 9-1　民国时期上海棚户分布

资料来源：张仲礼 . 近代上海城市研究 [M]. 上海：上海人民出版社，1990：458.

第三节　住房救济的匮乏无力

1928 年，国民政府内政部通令各地建筑平民住所。此后，南京、上海、广州、汕头、青岛、北京、杭州等地陆续建设多处平民住宅，实施住房救济。1930 年左右，第一批平民住所在上海、广州、汕头、青岛等城市建设完成。

南京市最早开始建设"平民住宅"。1928 年，南京市开始兴建平民住宅，工务局于"鼓楼附近及大阴沟与武定门外"，"分别建筑甲、乙、丙三种市民住宅，计 250 余间" [①]，

[①]　南京特别市政府秘书处编译股 . 首都市政（中华民国十八年国庆纪念特刊）[M]. 南京：南京特别市政府秘书处编译股，1929：38.

武定门平民住宅于 1929 年 1 月竣工[①]。武定门平民住宅[②]的建设初衷是因开辟马路,拆除沿路房屋,"本府恐被拆各户,有失所之忧"[③]。

1928 年,广州市土地局开始计划建设官营平民住宅[④]。1929 年,陈济棠将天一轮罚款的 6 万元送于市政府[⑤],工务局随即选址在高第街建军事厅旧址设平民住宅[⑥]。1931 年,广州市第一平民官正式落成。1928 年 10 月,上海特别市政府第 90 次市政会议通过决定,筹建平民住所,组建筹建平民住所委员会。筹建平民住所委员会在调查上海市各区的草棚分布状况及居住情形后,决定在棚户集中区域分别建造平民住所。计划建造的平民住所房屋分为甲、乙、丙三种,甲种为职工住房,乙种次之,丙种建筑专供原棚户居民居住。按计划,除居住房屋外,每处平民住所设礼堂、运动场、花圃及其他公共设施。第一平民住所位于全家庵路(今临平北路),占地面积为 22.863 亩[⑦]。第一平民住所有"平民住屋 100 所",由筹建平民住所委员会拨款 15000 元给工务局招标而建[⑧]。

青岛的平民住所建设开始于 1930 年。第一个平民住所,"计建住屋 172 间,为谭爱伦女士捐款所建筑"[⑨]。此后,政府开始积极建设平民住所。第二平民住所位于四川路,其中政府投资建设 268 间,妇女正宜会投资建设 100 间,均在 1932 年前竣工[⑩]。汕头早在 1926 年左右即提出过建设平民新村的计划,1928 年,市长萧冠英开始筹建平民新村[⑪]。1929 年 8 月,位于厦岭港龙舌埔的汕头市第一处平民新村建成。平民新村包括甲等住宅 32 户(每户内分 4 小间,可容纳 12～16 人),乙等住宅 80 户(每户内分 2 小间,可容纳 6～8 人),此外还有可作平民消费合作社用的市场 1 座、消防所 1 座、公共厕所 1 座[⑫]。

1928～1938 年间,全国多个城市兴建了平民住所。八年抗战期间,平民住所建设一度几乎停滞,部分平民住所更因战事被毁,仅西南地区的城市有少量平民住所建设。抗日战争胜利后,平民住所建设有所恢复。

南京市在战前已经建设多处平民住所,包括和平门、中山门外、武定门内、光华门内及宫后山平民住宅数百户,此外,"勘定平民住宅区 7 处",战前已建筑完成和平门 60

① 南京市历年建筑各种平民住宅一览表 [J]. 南京市政府公报,1935(159):181.
② 此处平民住宅并非完全意义上的政府为解决市民住房短缺而建的救济住宅。按照南京首都计划中的设定,公营住宅的对象包括低收入的工人、因筑路拆屋而失去居所的居民、政府职工。
③ 南京特别市政府秘书处编译股.首都市政(中华民国十八年国庆纪念特刊)[M].南京:南京特别市政府秘书处编译股,1929:38.
④ 土地局长积极计划官营平民住宅 [J]. 广州市市政公报,1928(301):6.
⑤ 陈济棠拨巨款与市政府办平民官 [J]. 广州市市政公报,1929(337):14.
⑥ 兴筑平民官 [J]. 广州市市政公报,1929(339):28.
⑦ 上海市地方志办公室.上海住宅建设志 [DB/OL].(2007-3-8)[2017-07-18]. http://www.shtong.gov.cn/newsite/node2/node2245/node75091/index.html.
⑧ 本府筹建平民住所委员会主席徐佩璜呈称为拟具建筑平民住所收付款项办法 [J]. 上海特别市政府市政公报,1929(19):8-9.
⑨ 青岛市最近行政建设 [J]. 都市与农村,1935(4):5.
⑩ 青岛市最近行政建设 [J]. 都市与农村,1935(4):5.
⑪ 陈海忠.民国都市住房救济与地方社会:以 1928-1937 年汕头市平民新村的建设与管理为中心 [J]. 社会科学辑刊,2012(1):168-177.
⑫ 令汕头市市长许锡清据呈报筹建平民新村经过情形连同所拟章程等件请核示一案准备案由 [J]. 广东民政公报,1929(45):87-88.

户、止马营 212 户、通将门外七里街 200 户[①]。

依据 1946 年 7 月青岛市政府的统计,青岛市已有平民住所 12 处[②]。由政府出资建设并管理的官建平民住所共 4 处,为第一、第二、第八、第九平民住所,合计房间 1182 间。由社会团体建设的平民住所 1 处,为妇女正宜会所捐资所建的 140 间。其余 7 处平民住所为民建,即由平民领租公地自建,经租等事项由房主管理,政府仅负责监督,合计 2701 间。

上海的平民住所,在抗日战争后由社会局接收,改称平民村。因战事等原因,上海的平民住所损毁严重,大木桥路原有村屋被拆毁,中华新路被毁 563 间,普善路被毁 129 间,其美路被毁 64 间,斜土路被毁 300 余间,战后存留的房屋仅为战前的一半左右[③]。1946 年的平民村共有 6 处,房屋 1355 间,其中斜土路 140 间、大木桥路 13 间、中山路 130 间、中华新路 490 间、普善路 128 间、其美路 254 间,除中华新路为草屋外,其他各村均为平房[④]。大木桥路、普善路、其美路、斜土路平民村于 1946 年由市政府出资修复[⑤]。

1936 年广州已建成的平民宿舍共 5 处。1936 年 6 月竣工的大南路、东较场、黄沙兆福新街等 3 处劳工住宅,与原有第一、第二平民宿舍一并排序,定为第三、第四、第五平民宿舍。北京于 1937 年选址天桥德树里建设第一平民住宅区,共有住房 140 间;1942 年建设的第二平民住宅区位于东直门北城根,住房共 180 间[⑥]。杭州市政府投资建设平民住宅 3 处,共 400 余间。汉口市政府建设平民住宅 900 幢[⑦]。

内陆城市在抗日战争前已经开始建设平民住宅,抗日战争期间,平民住宅的建设仍在继续。1937 年,重庆市政府在江北三洞桥边筹建第一批简易平民住宅 132 间[⑧];成都的第一处平民住宅建成于 1939 年[⑨]。抗战开始后,重庆在唐家沱和黄桷垭两个郊外市场修建平民住宅,教会组织与红十字会捐赠修建望龙门平民住宅。1940 年,市政府用国民政府拨款的 25 万元在郊区修建观音桥、杨坝滩、大沙溪、弹子石等 4 处共 492 栋平民住宅。整个抗战期间,重庆市的 7 处平民住宅合计房屋 750 栋,占地面积 31hm[⑩](图 9-2、图 9-3)。

尽管南京、上海、广州、汕头、青岛、北京、杭州、成都、重庆等城市建起了一定数量的平民住宅,但建设总量非常少,远远难以满足住房窘迫的居民的需求。大量棚户

---

① 南京市政府 . 首都建设 [M]. 南京市政府,1947:10.
② 青岛市各平民住所概括统计表 [J]. 青岛市政府公报,1946(8):14.
③ 陆舟山 . 上海市现有各平民村之概括 [J]. 社会月刊,1946(4):42.
④ 陆舟山 . 上海市现有各平民村之概括 [J]. 社会月刊,1946(4):42.
⑤ 上海市地方志办公室 . 上海住宅建设志 [DB/OL].(2007-3-8)[2017-07-18]. http://www.shtong.gov.cn/newsite/node2/node2245/node75091/index.html.
⑥ 唐博 . 民国时期的平民住宅及其制度创建:以北平为中心的研究 [J]. 近代史研究,2010(4):133-142.
⑦ 孙宗文 . 平民住宅政策 [J]. 建设研究,1940(2):39
⑧ 谢璇 .1937-1949 年重庆城市建设与规划研究 [M]. 北京:中国建筑工业出版社,2014:178.
⑨ 成都平民住宅竣工 [J]. 国际劳工通讯,1939,6(10):231.
⑩ 谢璇 .1937-1949 年重庆城市建设与规划研究 [M]. 北京:中国建筑工业出版社,2014:179.

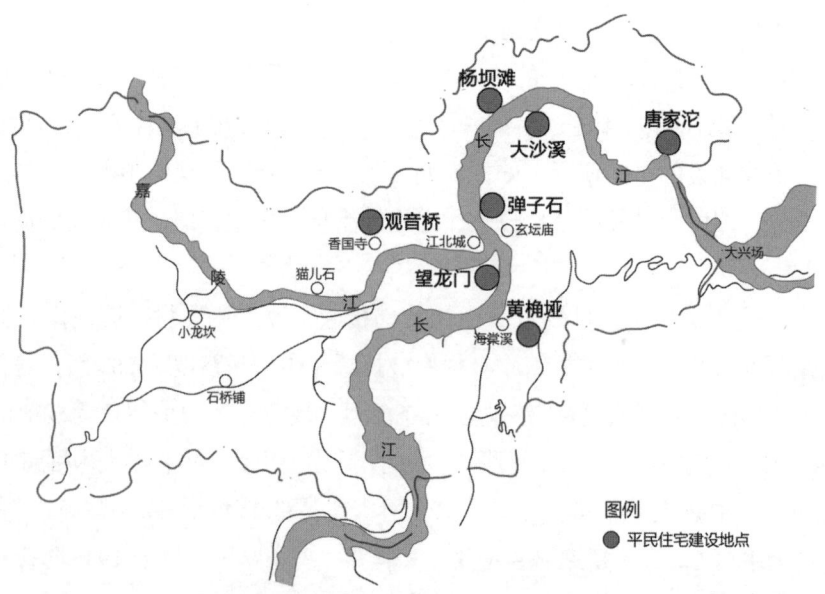

图 9-2　重庆市战时平民住宅建设区位示意图

资料来源：谢璇 .1937-1949 年重庆城市建设与规划研究 [M]. 北京：中国建筑工业出版社，2014：179.

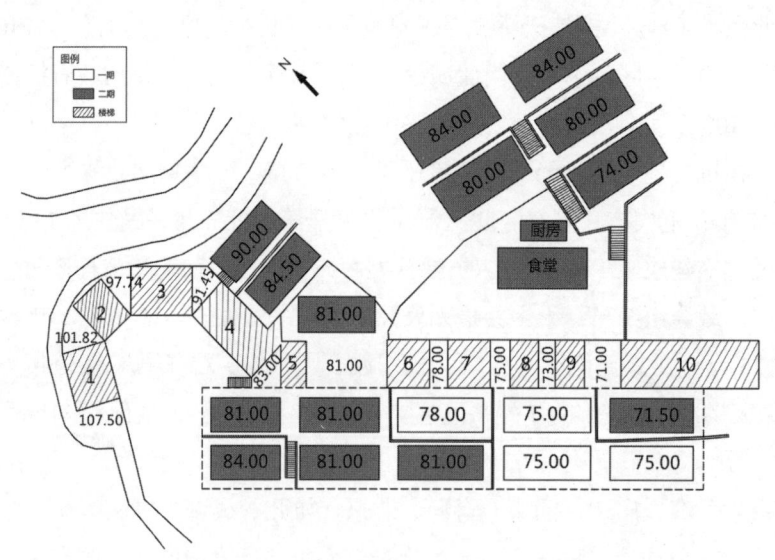

图 9-3　重庆望龙门平民住宅规划图

资料来源：谢璇 .1937-1949 年重庆城市建设与规划研究 [M]. 北京：中国建筑工业出版社，2014：180.

区沿河道、城墙、公路附近等公有土地上的出现，正是政府住房救济实施无力的外在表现。尽管这些城市政府积极地建设平民住宅，履行法定救济责任，但住房救济实施的实际状况却是匮乏无力的。从全国整体范围审视，平民住所、房荒救济等公力救济与公力扶助措施，局限于少数发展较快的大城市，而绝大多数地区尚未有住房救济的实际举措。住房救济实施的范围与力度，远未覆盖至广大贫困群体，难以满足普通人的实际要求。

第四节　有待逐步实现的住房权

经过南京国民政府时期的高速立法，法定住房权已经诞生。但是，住房权的实现才刚刚起步。

在以贸易为基础的权利方面，个人的私有土地财产权得到承认与保护，但自由交易受到土地与住房市场的不稳定性的强烈干扰。况且，刚刚确立的民法由于法院、法官、律师等尚未充实到位，还没有在实际上成为民事生活中的主导性规范；在法律实施过程中，地权仍然延续传统地权的特点而未发生显著变化[①]。抗日战争带来的社会动荡，更使土地法等法律的实践举步维艰。劳动市场的存在，让个人有使用自己劳动的权利。但是，市场不稳定乃至畸形，尤其是 1945 年后因通货膨胀与物价快速上涨而处于崩溃边缘的市场，使个人已经无法有效控制自己的劳动收入。整个 20 世纪的上半叶，利用祖遗宅地或土地买卖获得土地是自建住房的主要形式。南京国民政府时期，地方政府组织下的自建住房出现在广州、上海、南京、汉口等城市，社会中的中上阶层可以通过这种新的自建住房方式建设花园住区。因此，个人在住房方面的以生产为基础的权利是较为完整的。

在全国范围内，现代土地与住房法规实践所波及的区域，局限于新兴城市与向现代化转型的传统城市。遍布全国的中小城市、集镇、农村地区，土地财产权、土地与住房市场、住宅建造等仍以传统的延续为主导。住房救济体系在国家与地方层面的法规建立，法规文本规设了公民的权利与政府的责任。但是，法规对政府救济责任的具体要求较为模糊，未规定具体的数量、标准等目标与执行要求。住房救济的实施局限于少数几个城市，覆盖全国范围的住房救济尚未形成，救济范围与程度无力满足社会现实需求。住房救济法定权利的落实才刚刚起步。经由法律"宣示"的文本中的完备权利，未能顺利地进入实际社会生活。

由此可见，"权利在规范里生长，未必意味着权利在社会生活里生长"[②]。住房权的法定权利已经建立，但住房权的保护和实际享有，得以落实的过程仍十分漫长。

---

① 杨士泰. 清末民国土地法制研究：以地权制度变迁为中心 [D]. 北京：中国政法大学，2008：195.

② 张群. 居有其屋：中国住房权问题的历史考察 [M]. 北京：社会科学文献出版社，2009：276.

第十章　社会主义计划经济时期的住房政策演变
(1949～1978 年)

第一节　社会变革中的城市背景

一、中华民国法律的废除

　　1949 年 2 月 22 日，中共中央发布《中央关于废除国民党＜六法全书＞与确定解放区司法原则的指示》，废除国民党的《六法全书》。南京国民政府公布的宪法、民法、商法、刑法、民事诉讼法、刑事诉讼法等国家法律，全部废除，因为"在无产阶级领导的以工农联盟为主体的人民民主专政的政权下，国民党的《六法全书》应该废除，人民的司法工作不能再以国民党的《六法全书》作依据，而应该以人民的新的法律作为依据"[①]。

　　新法律未系统发布前，按照中共中央的指示，一切以共产党的政策以及人民政府与人民解放军已发布的各种纲领、法律、命令、条例、决议为依据。在新法律还不完备的情况下，司法机关的办事原则为：有纲领、法律、命令、条例、决议规定者，从纲领、法律、命令、条例、决议之规定；无纲领、法律、命令、条例、决议规定者，从新民主主义政策。同时，中共中央要求以马列主义－毛泽东思想的国家观、法律观及新民主主义的政策、纲领、法律、命令、条例、决议的办法，教育和改造司法干部。

　　中共中央废除国民党六法全书的指示，标志着 1949 年前南京国民政府时期所建立的法律体系和法律规范的全面失效。民国时期建立起的法定个人权利体系随之解体。已经诞生的法定住房权利，随着国家与地方层面住房法规的失效，也不再存在。

　　中华人民共和国成立前，中国共产党的土地政策以农村土地为基本对象，尚未形成解决城市住房问题的相关政策。中华人民共和国成立初期，住房法规处于空白状态。此后的一段时期内，领导讲话、政党方针、计划、指令、行政文件等成为政府干预住房问题的主要形式。虽然民国时期确立的法定住房权被废除，但个人的实有住房权利仍然存在。中华人民共和国成立后，个人的实有住房权利进入新的演化阶段。

二、社会主义国家基本制度的确立

1949年9月29日，中国人民政治协商会议第一届全体会议宣告中华人民共和国成立，通过《中国人民政治协商会议共同纲领》。它是起到临时宪法作用的共同纲领，确立中华人民共和国为新民主主义即人民民主主义的国家。

国家发展的目标确定为：没收官僚资本归人民的国家所有，有步骤地建立农民的土地所有制，保护国家的公共财产和合作社的财产，保护工人、农民、小资产阶级和民族资产阶级的经济利益及其私有财产，发展新民主主义的人民经济，稳步地变农业国为工业国。经济建设方针是：以公私兼顾、劳资两利、城乡互助、内外交流的政策，达到发展生产、繁荣经济的目的。国营经济因其社会主义性质而被确定为整个社会经济的主要物质基础和领导力量，在各种社会经济成分中处于领导地位。为创立国家工业化，工业发展以有计划、有步骤地恢复和发展重工业为重点，进行土地改革，为发展生产力和国家工业化提供必要条件。

按照共同纲领的政治意图，新民主主义社会中的社会主义因素将不断发展，逐步过渡至社会主义社会[①]。中华人民共和国成立，至社会主义改造的基本完成，属于过渡时期。1952年后，中国共产党在过渡时期的总路线开始酝酿。1953年6月，中共中央政治局会议较为完整地概括出了过渡时期的总路线和总任务。1953年底，过渡时期的总路线最终形成。12月28日，中共中央批准宣传部发布《为动员一切力量把我国建设成为一个伟大的社会主义国家而奋斗——关于党在过渡时期总路线的学习和宣传提纲》，对过渡时期总路线的内容、实质和特点作出解释。中国共产党在过渡时期的总路线和总任务是"在一个相当长的时期内，基本上实现国家工业化和对农业、手工业和资本主义工商业的社会主义改造"[②]。

1954年9月20日，《中华人民共和国宪法》颁布。《宪法》规定中华人民共和国是工人阶级领导的、以工农联盟为基础的人民民主国家。中华人民共和国依靠国家机关和社会力量，通过社会主义工业化和社会主义改造，保证逐步消灭剥削制度，建立社会主义社会。中华人民共和国的生产资料所有制包括国家所有制（全民所有制）、合作社所有制（劳动群众集体所有制）、个体劳动者所有制、资本家所有制。国营经济是全民所有制的社会主义经济，是国民经济中的领导力量和国家实现社会主义改造的物质基础，国家保证优先发展国营经济。

经过几年的过渡，由共产党领导、以社会主义为意识形态、以公有财产权为基础的社会主义制度自上而下建构成型。

---

① 陈娟，马延．从《共同纲领》看新中国的社会性质 [J]．理论探讨，2007（4）：27-29．
② 张晋藩，海威，初尊贤等．中华人民共和国国史大辞典 [M]．哈尔滨：黑龙江人民出版社，1992：137．

三、集中统一经济体制的建立

在社会主义意识形态的指导下，以消灭私人资本主义、建立符合社会主义性质的公有产权制度为目标的经济体制重构开始。社会主义改造和大规模经济建设的展开，以苏联经济体制为模式的集中型经济体制逐步形成[①]。

中华人民共和国成立后，政务院随即作出全国统一财经的决策。1950 年 3 月 3 日，政务院第 22 次政务会议召开，颁布《统一国家财政经济工作的决定》。《统一国家财政经济工作的决定》包括成立全国编制委员会、国有工矿企业分类管理等 10 条决定，其中统一全国财政收支、统一全国物资调度、统一全国现金管理是最为重要的 3 点[②]。1950 年 3 月 24 日，政务院第 25 次政务会议通过《关于统一管理一九五〇年度财政收支的决定》，将国家财政、公粮、税收等统一于中央人民政府[③]。1951 年，经济管理权限和财政收支权力逐渐集中于中央政府，"高度集中的统收统支"的经济管理体制开始实施。绝大部分资金逐渐集中于中央财政，集中主要财力进行重点建设。划分收支、分级管理的财政体制下，中央政府直接支配和使用财力的权力高，地方政府和企业的财权则较小[④]。

为实施统一的经济管理，全国性的经济计划编制、管理机构设置、执行工作开始实施。1950 年 5 月，政务院财政经济委员会编制《一九五〇年国民经济计划概要》。1951 年，中财委计划局编制《国民经济计划要点》。1952 年 11 月，国家计划委员会成立，以适应国民经济计划管理要求。1954 年 2 月 1 日，中共中央制定《关于建立与充实各级计划机构的指示》，规定中央人民政府所属各经济部门和文教部门必须建立和健全计划机构，把计划机构逐渐建立到基本工作部门和基层企业单位。根据指示要求，计划机构须于 1954 年底全部建立完成，形成从上到下的经济计划管理系统，以便国民经济建设计划能够系统全面运行。

1953 年起，全国范围内实行物资的计划分配制。粮食实行统购统销政策，重要的生产资料由中央统一分配。在产品分配中，中央控制的物资以实物的形式分配，供企业使用，个人消费品的分配则以维持"基本平均"的消费水平为原则。国家采取直接计划与间接计划相结合的方式管理国营企业、公私合营企业、手工业、农业[⑤]。1953 ~ 1957 年，国家计划委员会直接掌控的工业品由 115 种增加至 290 种，国家统一分配的物资由 220 种增加至 530 种[⑥]。国营企业和少数国家安排产品生产的公私合营企业的生产指令、生产资料、产品，都由国家及各主管部门统一调配，企业利润等由国家支配。所需基本建设投资等由财政部门按定额拨付，企业只有少量的奖励基金和福利基金。企业不再是独立

---

① 赵德馨. 中华人民共和国经济史（1949-1966）[M]. 郑州：河南人民出版社，1988：380.
② 张晋藩，海威，初尊贤等. 中华人民共和国国史大辞典 [M]. 哈尔滨：黑龙江人民出版社，1992：34.
③ 张晋藩，海威，初尊贤等. 中华人民共和国国史大辞典 [M]. 哈尔滨：黑龙江人民出版社，1992：36.
④ 赵德馨. 中华人民共和国经济史（1949-1966）[M]. 郑州：河南人民出版社，1988：387.
⑤ 张润君，李宗植. 中华人民共和国经济史（1949-1999）[M]. 兰州：兰州大学出版社，1999：128.
⑥ 曾培炎. 新中国经济 50 年：1949-1999[M]. 北京：中国计划出版社，1999：56.

经营的机构，而隶属于按行政部门层级的"条条"管理，主要工业企业的经营管理权逐步集中于中央主管部门。同时，国家通过各种经济政策、经济措施和经济合同等手段，将手工业、农业、私营工业企业的活动纳入国家计划。

1954 年以前，在国家批准的劳动计划指标范围内，公私企业可自主聘用职工。此后，中央集中管理扩大到企业用工制度，职工人数计划由国家逐年下达，招工必经主管单位审批。国家逐步扩大统一分配干部工人的范围，从大专、中专、技校的毕业生，到复原退伍军人都逐渐由国家统一安排[①]。1956 年，对原私营企业的职工也包下来安排工作，统包统配代替自谋职业，形成"铁饭碗"的劳动制度。中华人民共和国成立初期，全国没有统一的工资制度，老区进城的干部实行供给制，接管企业的职工和留用公务人员基本维持原有工资。1954 年起，职工工资集中到中央劳动部统一管理。1956 年，国务院发布《关于工资改革的决定》，党政机关、企事业单位实行统一的等级工资制度，方便于国家对生活水平及消费资金的控制。

在成立后的 7 年中，中华人民共和国形成了集中统一的经济体制[②]。国家通过行政手段来强制贯彻统一计划，调节国民经济运行。资金、生产资料、产品、职工就业、收入等由中央集中控制与调配。官僚协调机制取代市场机制，成为主导的经济协调机制。经济体制以生产资料所有制的单一化、管理权力集中于中央、靠行政手段直接进行管理的计划经济为主要特征。在官僚协调机制中，进行协调的个人或组织与被协调的个人或组织之间形成科层化的上下级纵向联系。社会主义经济制度的建立，把国家行政机关、企业、军队与其他社会组织等组织，合并成一个单一的机构，将社会生活的全部都纳入其中[③]。

四、强制增长下的差别化城市发展

按照官方意识形态，社会主义制度的优越性之一在于迅速赶上发达国家。马克思主义政治经济学对"生产性"和"非生产性"活动进行了区分，投资应该优先用于生产性活动。早在 1949 年 3 月，新华社在《人民日报》上发表社论《把消费城市变成生产城市》，指出使城市起领导乡村作用的中心环节是"迅速恢复和发展城市生产，把消费的城市变成生产的城市"[④]。工业，尤其是重工业被认为是经济增长的引擎，工业投资必须优先于其他任何经济部门。在这种信念的指导下，为快速实现工业化，以"苏联模式"为蓝本，优先发展重工业的强制增长模式在新中国迅速确立。

优先发展重工业的强制增长战略集中体现于第一个五年计划。1951 年春，中财委着手编制第一个五年计划。1955 年 7 月，《中华人民共和国发展国民经济的第一个五年计划（1953-1957）》经第一届全国人民代表大会第二次会议通过。第一个五年计划

① 张润君，李宗植.中华人民共和国经济史（1949-1999）[M].兰州：兰州大学出版社，1999：130.
② 赵德馨.中华人民共和国经济史（1949-1966）[M].郑州：河南人民出版社，1988：404.
③ （匈）雅诺什·科尔奈.社会主义体制：共产主义的政治经济学[M].张安译.北京：中央编译出版社，2007：91.
④ 中央档案馆.中共中央文件选集（第18册）[M].北京：中共中央党校出版社，1992：495.

的基本任务是"集中主要力量进行以苏联帮助我国设计的一五六个建设单位为中心的、由限额以上的六九四个建设单位组成的工业建设，建立我国的社会主义工业化的初步基础"[①]。

苏联援助下的 156 个单位的建设，是工业建设计划的中心[②]。第一个五年计划正式通过之前，156 项[③]重点工业项目中的许多项目自 1950 年已开始建设。重工业布局集中于两个区域：一是东北、上海和其他已有工业基础的城市，建设以鞍山钢铁联合企业为中心的东北工业基地；二是华北、西北、华中等新工业地区，为第二个五年计划期间形成包头钢铁联合企业和武汉钢铁联合企业为中心的两个新工业基地[④]。此外，西南地区也开始部分工业建设。

为实现尽快配备完整的工业格局，配合重点项目投资在空间上的落实，中央政府制定出优先发展重点工业城市的方针。1954 年 6 月，建筑工程部在北京召开了全国第 1 次城市建设会议。会议提出采取与工业建设相适应的"重点建设，稳步前进"的城市建设方针[⑤]，把力量集中在工业中心项目所在地的重点工业城市。全国城市被划分为 4 类[⑥]。第一类城市是重点建设的城市，多为重点工业建设项目安排较多的新工业城市[⑦]；第二类城市是有限额以上项目分布的扩建城市，第三类城市是新建项目不多的局部扩建城市，第四类为未安排限额以上工业项目的以维护为主的一般中小城市[⑧]。

强制增长模式的投资分配，执行重点项目优先的原则。重点建设项目由中央政府部门进行集中统一管理，基建投资由中央财政拨款。"一五"计划期间预算内的基本建设拨款，属于中央项目的占 79%，属于地方项目的仅占 21%[⑨]。按照中央的城市建设方针，必须集中力量建设有重要工程的新工业城市；原来有一定的工业基础、有扩建和新建工厂的近代化城市，"应该放在我国城市建设工作的第二位"；工业建设不多的某些大城市和一般的中小城市则"基本上不可能进行新的建设"[⑩]。差别化的城市发展方针，意味着 4

[①] 中共中央文献研究室. 建国以来重要文献选编（第 6 册）[M]. 北京：中央文献出版社，1993：410.

[②] 中共中央文献研究室. 建国以来重要文献选编（第 6 册）[M]. 北京：中央文献出版社，1993：422.

[③] 从苏联引进资金和技术的经济建设方针从中华人民共和国建立前夕已开始酝酿。董志凯对 156 项的确立进行了详细研究。自 1950 年至 1952 年初，苏联帮助设计的项目共 42 个；经过大量的准备工作与苏联协商，至 1952 年底，陆续商定的苏联帮助中国恢复与建设的重点项目有 50 个；1953 年 5 月 15 日，《关于苏维埃社会主义共和国联盟政府援助中华人民共和国中央人民政府发展中国国民经济的协定》又确定了援助中国的 91 个项目。国民经济恢复时期与 1953 年 5 月 15 日确立的项目合计 141 项。此后，苏联援助项目有所调整及增加，至第一个五年计划于 1955 年正式通过颁布时，确定的项目有 156 项。在此 156 个项目中，实际正式施工的项目为 150 个，但在公开宣传中则将"156"项作为一个标志而未加改动。

[④] 中共中央文献研究室. 建国以来重要文献选编（第 6 册）[M]. 北京：中央文献出版社，1993：424.

[⑤] 张晋藩，海威，初尊贤等. 中华人民共和国国史大辞典 [M]. 哈尔滨：黑龙江人民出版社，1992：167.

[⑥] 第一类城市包括北京、太原、包头、兰州、西安、武汉、大同、成都和洛阳。第二类城市包括鞍山、沈阳、吉林、长春、哈尔滨、抚顺、富拉尔基、石家庄、上海、重庆、广州、郑州、株洲、青岛、本溪、邯郸、湛江、天津、佳木斯、大连和鹤岗等。第三类城市包括南京、济南、杭州、昆明、唐山、长沙、南昌、贵阳、南宁、呼和浩特、张家口、西宁、银川、宝鸡等。

[⑦] 张晋藩，海威，初尊贤等. 中华人民共和国国史大辞典 [M]. 哈尔滨：黑龙江人民出版社，1992：167.

[⑧] 曹洪涛，储传亨. 当代中国的城市建设 [M]. 北京：中国社会科学出版社，1990：44.

[⑨] 赵德馨. 中华人民共和国经济史（1949-1966）[M]. 郑州：河南人民出版社，1988：387.

[⑩] 中国社会科学院，中央档案馆.1953-1957 中华人民共和国经济档案资料选编：固定资产投资和建筑业卷 [M]. 北京：中国物价出版社，1998：775.

类城市获得的中央投资存在巨大差异，也意味着发展机会的巨大差异。强制增长模式下的城市发展差异，不是来自城市的自发驱动，而是由中央计划自上而下的强力推行。

第二节　公有住房政策演变

一、公有住房制度的起始

1945 年后，因人民解放军在军事上的胜利和解放区的不断扩大，中国共产党的工作重心由农村转移到城市。中国共产党组织军事管制委员会开展城市接管工作。城市接管的总方针是完整保护和系统整套接收城市，具体到每一个城市，则因时间先后不同而在方针上略有差异[①]。

城市公有住房的最初来源，是接收或没收的城市公地、官僚资本、战犯的地产房产等。1948 年 12 月，中共中央制定《关于处理矿产与城市房地产政策问题给中原局的指示》，处理房地产接管。城市中的公地、官僚资本、被法庭判决之战犯的地产房产，由市政府管理。1948 年 12 月 20 日，针对接收城市公共房屋中出现的随意占有、毁坏等问题，中共中央制定《关于城市中公共房产问题的决定》。公共房屋连同家具、设备等，"不论有无机关或个人居住和已否分配，一律由房产管理委员会接收和保管，并进行登记，造具清册，成为国家财产"[②]。1949 年 4 月，中共中央在《对华东局关于接管江南城市指示草案的批示》中提出没收官僚资本的房屋："对一切官僚资本的企业及其他各种公共企业，如工厂、矿山、铁路、邮电、轮船、银行、电灯、电话、自来水、商店、仓库等，必须一律接管。"[③]1949 年《关于城市房产、房租的性质和政策》规定，国家接收官僚资本的房产、没收战争罪犯和罪大恶极的反革命分子的房产，所有权属于人民政府，即属于全体人民。此类房产属于"人民大众的""有社会主义性质"的公有财产[④]。公共房屋由人民政府出租，房租用来作公有房屋整理、修补的基金，扩展城市的建设。

接管城市后，中国共产党在处理党政军工作人员的住房问题上，延续战争时期的供给制，由军管会或城市政府提供公房给党政军人员居住。针对党、政、军、民各系统工作人员的居住问题，《关于城市中公共房产问题的决定》提出专项要求，规定了居住形式、房租缴纳、提供房屋给贫民居住等内容。党、政、军、民各系统工作人员在寄宿舍集中居住，个人向房产管理处支付居住公共房屋的房租。

1952 年 5 月 24 日，内地（52）字第 67 号文件公布《内务部关于加强城市公有房地

① 刘宋斌．中国共产党对大城市的接管：1945-1952[M]．北京：北京图书馆出版社，1997：4.
② 中央档案馆．中共中央文件选集（第 17 册）[M]．北京：中共中央党校出版社，1992：603.
③ 中央档案馆．中共中央文件选集（第 18 册）[M]．北京：中共中央党校出版社，1992：24.
④ 中央档案馆．中共中央文件选集（第 18 册）[M]．北京：中共中央党校出版社，1992：5.

产管理的意见（草稿）》，制定了城市公有房地产管理与使用规定。按照 67 号文件的解释，由于公有房地产是国家的重要财产，因而必须加强公有房地产管理的集中性，施行统一管理、统一调配；住房不公是城市公有房地产缺乏的重要原因，个人缴纳的公房租金将用于房屋修缮与建房。针对城市房屋缺乏的现象，67 号文件提出：各地可在财力许可下，有计划、有领导地建筑一部分房屋；公私企业可抽出一定的资金，建筑职工宿舍；公房租金，除用于以租养房外，可用来建筑一部分简单耐用的民房，以解决贫苦市民的住房问题。

内地（52）字第 67 号文件，是公有住房建设、使用、管理制度化的政策起点。公有房地产统一管理、出租公有住房、国家出资建设公有住房、企业出资给职工建设住房、公房租金用于建设住房等解决住房问题的基本思路，在 67 号文件中初步形成。中共中央提出恢复和发展工业生产的指导思想后，改善工人生活成为住房建设的重点。公有住房快速扩张，城市住宅的投资、建设、管理、分配，进入完全不同于中华人民共和国成立前的发展轨道。

二、公有住房制度的形成

第一个五年计划时期，"单位"成为国家管理社会的基层组织。国家将行政管理、政治组织延伸到劳动者的就业场所，通过"单位"向职工提供公有住房。公有住房的投资、土地、建造、分配等由国家控制下的单位组织来执行。

城市新建住宅的建设经费来源先后由多项政策进行规定。1952 年，政务院财政经济委员会颁布《基本建设工作暂行办法》，规定国家投资用于基本建设单位的住宅建设；《国营企业提用企业奖励基金暂行办法》规定企业奖励基金可以用于职工宿舍等集体福利事业的新建、扩充与改善。1957 年，国务院颁布《关于职工生活方面若干问题的指示》，要求中央各部门和各省、自治区、直辖市人民委员会承担职工住房供给的责任，将基本建设投资用于建设职工住宅。1960 年，中共中央批转建筑工程部党组《关于解决城市住宅问题的报告》，贯彻勤俭建国原则，提出了企业筹集、地方自筹、国家划拨等 3 项资金来源途径。1964 年，国家房产管理局制定《关于加强全民所有制房产管理工作的报告》，提出利用有限的资金，由市人民委员会领导组织有自筹资金的单位建设住宅。

新建公有住宅所需土地的变化，从城市郊区土地改革开始。1950 年，政务院制定《城市郊区土地改革条例》，为建设大工业区、发展公有住房提供公有土地的储备。1953 年政务院转发《上海市政府关于机关征用土地的建议》给各地参考，将上海市首先实行的征地统一管理经验向全国各地推广。1953 年《国家建设征用土地办法》颁布，1954 年《中华人民共和国宪法》颁布，土地的国家征用权建立，国家对土地实行无偿征用，被征用土地的产权属于国家。1954 年，建工部制定的《城市建筑管理试行条例（草案）》经国务院公布实行，政府控制下的以单位为主体的土地征用与使用制度建立。1954 ~ 1955 年，政务院颁布《关于对国营企业、机关、部队、学校等占用市郊土地征收土地使用费或租金问题的批复》，内务部颁布《答复关于国营企业、公司合营企业及私营企业等征用私有土地及使用国有土地缴纳契税或租金的几个问题》《关于对执行国家建设征用土地办法中几个问题的第二次综合答复》。3 个政策文件的规定与执行，使城市土地使用进入全面"无偿"的时代。1958 年，《国家建设征用土地办法》修正施行，国家征用土地的适用范围进一步扩大。

公有住房的统一管理，由 1955 年国家建委颁布的《国家建委关于改进北京市房屋建筑的意见》提出。1956 年国务院颁布的《关于加强新工业区和新工业城市建设工作几个问题的决定》、1957 年城市建设局制定的《关于几个问题的总结报告》、1964 年国家房产管理局制定的《关于加强全民所有制房产管理工作的报告》等文件，反复强调公有住宅"统一规划、统一投资、统一设计、统一施工、统一分配和统一管理"的方式。

公有住宅的建造标准控制，始自 1955 年城市规划设计局制定的《关于重新审查修改城市规划的几项主要意见的报告》以及国家建委党组制定的《关于当前城市建设工作的情况和几个问题的报告》。1956 年、1957 年国家建委制定的《城市规划暂行定额和规程草案》《对今后城市建设及住宅民用建筑的初步意见》，与 1958 年国家建委、城建部颁布的《关于城市规划几项控制指标的通知》，不断调整着城市人均用地与人均居住面积的定额标准。1955 年，国务院制定《关于 1955 年下半年在基本建设中如何贯彻节约方针的指示》。为贯彻基本建设中节约的方针，住宅作为非生产性建筑，其建造标准一再降低。1956 年，国家计委、国家建委颁布《关于 1956 年住宅和民用建筑的标准设计》，大力推广住宅和民用建筑的标准设计。1966 年，国家建委批转建筑工程部《关于住宅宿舍建筑标准的意见》，继续强调降低住宅建造标准，提出贯彻延安的"干打垒"精神。1973 年、1974 年国家建委颁布《对修订职工住宅、宿舍建筑标准的几项意见（试行稿）》《国家建委关于厂矿企业职工住宅、宿舍建筑标准的几项意见》，将各地的住房建造标准进行统一，住宅建造的面积与造价标准向上微调。1973 年后，经国家基本建设委员会统一后的职工住宅、宿舍建筑标准，基本恢复到 1955 年之前的水平。

第三节　私有住房政策演变

在大中城市的解放和接管中，中共中央针对各地房产制定相应的处置政策。对于城市土地和房产的社会主义改造，中国共产党采取了与农村、城市郊区土地改革完全不同的策略。

1949 年 8 月，《人民日报》"新华社信箱"发布《关于城市房产、房租的性质和政策》。1948 年 12 月，中共中央发布《关于处理矿产与城市房地产政策问题给中原局的指示》。

1949 年 4 月，中共中央发布《对华东局关于接管江南城市指示草案的批示》，继续执行保护私人房屋所有权的政策。这些政策对城市私人所有的房屋都采取保护的基本态度，允许房屋租赁经营。城市土地因被认定为房产资本不可分离的部分，而采取暂时不处理的策略。此外，因国家资财主要用于进行人民革命战争及恢复和发展生产，所以国家鼓励私人资本修建房屋，保护房屋的所有权并允许其正当合法地租赁。1950 年政务院发布《契税暂行条例》，1951 年《城市房地产税暂行条例》公布，对土地房屋的交易进行征税。对公民房屋所有权的保护，被列入 1954 年《宪法》的第 11 条。

国家对私人住房的保护政策一直持续至 1956 年。农业、手工业、资本主义工商业的社会主义改造基本完成后，城市房屋私人所有制的社会主义改造作为"城市全面的社会主义改造的一个组成部分"开始启动[①]。

1956 年 1 月，中共中央批转中央书记处第二办公室制定的《关于目前城市私有房产基本情况及进行社会主义改造的意见》，私有房屋的社会主义改造开始。中共中央制定的目标是力图在一两年内完成私有房产的社会主义改造，但实际执行的进度较慢。1958 年 3 月，商业部向国务院提交《关于城市私房改造问题的报告》，调整改造政策。1958 年 8 月，《人民日报》刊登新华社《中央主管机关负责人就城市私有出租房屋的社会主义改造工作发表谈话》，对改造办法进行详细解释。

1958 年底，私有房屋的社会主义改造全面开始。1960 年底，全国范围内仅剩 14% 的市及 2/3 左右的县还未进行或者没有完成社会主义改造工作[②]。1963 年底，全国各城市和 1/3 的镇已进行私房改造工作，纳入改造的私房共约有 1 亿 m^2[③]。私人所有的城市空地、街基等地产，随私有房屋的社会主义改造被一起处理。1964 年 1 月，国务院批转国家房产管理局《关于私有出租房屋社会主义改造问题的报告》，将国家经租的方式定义为逐步改变房屋的所有制形式。1966 年 10 月，国家房产管理局制定《关于改造房主的定租暂停支付的意见》，停止支付国家经租房屋的租金。

对于私有住房的建设，中央政府部门曾制定过自建公助的政策。国民经济恢复时期，自建公助的住宅建设方式已经出现。青岛国棉六厂于 1950 年春天开始自建住宅，自建公助住宅建设的经验在"一五"时期得到推广。1956 年纺织工业部、中国纺织工会全国委员会制定的《纺织职工自建公助建筑住宅暂行办法》，支持私人以自建公助方式建造住宅。

---

① 中央档案馆.中共中央文件选集（第 18 册）[M].北京：中共中央党校出版社，1992：283.
② 中央档案馆.中共中央文件选集（第 18 册）[M].北京：中共中央党校出版社，1992：293.
③ 中央档案馆.中共中央文件选集（第 18 册）[M].北京：中共中央党校出版社，1992：296.

第十一章　公有住房制度的成形

中华人民共和国成立之际，中国共产党的工作重心由农村转移到城市。社会主义国家建构的目标确立为由农业国家转变为工业国家、由新民主主义社会过渡到社会主义社会。国家管理社会的方式与程度逐步发生着深刻而巨大的变化，延伸至社会各层面。集中统一的计划经济体制，使住房经济不可避免地成为再分配经济[①]的一部分。公有住房制度在第一个五年计划时期逐渐形成，成为社会主义制度建构的重要部分。借由单位组织，国家权力渗透入普通市民的日常居住生活之中。

第一节　公有住房扩张为城市住房的主体

中华人民共和国成立初期，主要工矿企业职工居住在公有住房的不到 1/10[②]。城市公有住房的最初来源，也仅有 1949 年前后接管的国营与官僚资本等公共房产以及没收的共有或私有房屋。各城市中公有房屋（包括住房与其他房屋）的比例较低。例如北京的公房为 18 万多间（占全市房屋的 15%），上海为 2.5 万幢（占 10%），武汉为 4.3 万多间（占10%），济南为 8.2 万多间（占 17%），南京有 13.1 万多间（占 40%），太原有 10 万多间（占 45%），大连有 400 万 m² （占 64%）[③]。

1952 年，毛泽东作出关于在今后数年内要解决大城市的工人住宅问题的指示[④]。中华全国总工会搬运工会党组于 1952 年对"下层"工人的居住情况展开调查。13 个城市的65791 位搬运工人中，自有瓦房的 3825 人，租瓦房的 16264 人，住草棚、窝棚的 23790人，无固定居所的 21912 人[⑤]。调查数据反映了当时部分工人窘迫的实际居住状况。"一五"经济建设开展的同时，解决工人住房短缺、居住条件差的问题，成为国家在城市住宅建设中的首要议题。工业项目建设带来了第一次城建高潮，形成了围绕 156 项工程及 694项重点工业项目建设的城市建设新模式[⑥]。为工业项目配套的新建职工住宅大量兴建，由

① 按照伊万·塞勒尼的理论，社会主义与资本主义福利社会的"再分配"之间存在本质区别：资本主义体制下，收入先由劳动力市场确定，再由国家进行再分配，国家预算来自税收；在社会主义条件下，剩余则不积累个人收入，国家预算直接从生产组织获得财政收入，国家根据中央决定的目标对剩余进行再分配。
② 严忠勤.当代中国的职工工资福利和社会保险[M].北京：中国社会科学出版社，1987：191.
③ 房产通讯杂志社.国家房地产政策文件选编（1948-1981）[M].房产通讯（增刊），1982：420.
④ 山东省地方史志编纂委员会.山东省志·大事记[M].济南：山东人民出版社，2000：651.
⑤ 中国社会科学院，中央档案馆.1953-1957 中华人民共和国经济档案资料选编：劳动工资和职工保险福利卷[M].北京：中国物价出版社，1998：1131.
⑥ 何一民，周明长.156 项工程与新中国工业城市发展（1949-1957 年）[J].当代中国史研究，2007，14（2）：73.

中央与地方政府、企业投资建设的公有住房迅速增加。

　　"一五"期末，城市公有住房与私有住房的比例关系发生变化，公有住房比例明显提高。1955 年底，沈阳、哈尔滨的公房比例已超过 55%，北京、天津也已超过 40%（表3）。私人房屋用作住宅的，一般占私房的一半以上，如上海，私人房屋用作住宅的占54.76%[1]。1956 年底，175 个城市实有的住宅建筑面积为 2.83 亿 m²，居住面积为 1.78 亿m²，其中，国家所有的居住面积占 41.1%，私人所有的占 53.7%，公私合营、合作社及其他所有的占 5.2%[2]。1957 年国家建委对 58 个城市的统计显示：1957 年底城市住宅建筑面积中，42.7% 为国有，47.7% 为私有，公私合营、合作社及其他所有为 9.6%；大城市住房产权的国有、私有、公私合营与合作社及其他的比例为 44.6%、44.0%、11.4%；中等城市为 37.3%、58.8%、3.9%；小城市为 31.2%、65.3%、3.5%[3]。"一五"期间，城市公有住房面积快速增长，尤其在大城市中扩张迅速。

　　国家统计局对 1956 年全国 175 个城市住宅增减变化和居住水平的调查显示，1956年 175 个城市的住宅投资为 12.74 亿元，竣工的住宅建筑面积为 2523 万 m²[4]。国家住房拨款在不同类型的城市之间有所差别，1956 年建成的住宅面积集中在重点建设城市、内地新兴城市[5]。156 项工程主要配置在东北地区、中部地区和西部地区，成组分布在新兴工业区的核心城市和重要配套城市[6]。156 项工程在 18 个重点城市[7]里布点 88 项[8]，配套的 694 个限额工业项目[9]，大体上分布在 91 个城市、116 个工人镇[10]。重点工业项目的实施，使城市人口在短期内发生了较大变化。特大城市、大城市获得优先发展，甚至超前发展；中等城市发展最快；小城市发展却相当缓慢，甚至出现相对衰退的局面[11]。获得优先发展的城市与发展较快的城市，也是公有住宅增长最为集中的城市。

　　至"一五"末期，公有住宅已经成为住宅构成的重要组成部分，城市新建住宅以公有住宅为主导（表 11-1）。此后，新增公有住房面积继续增加。经过 1956 年开始实施的私有住房的社会主义改造，公有住房的比例进一步提高。大量公有住房的兴建与私有住房的社会主义改造，使住房所有制形成了国家所有为绝对主导的格局。1978 年，城市中

---

① 房产通讯杂志社 . 国家房地产政策文件选编（1948-1981）[M]. 房产通讯（增刊），1982：285.
② 中国社会科学院，中央档案馆 .1953-1957 中华人民共和国经济档案资料选编：固定资产投资和建筑业卷 [M]. 北京：中国物价出版社，1998：947.
③ 中国社会科学院，中央档案馆 .1953-1957 中华人民共和国经济档案资料选编：固定资产投资和建筑业卷 [M]. 北京：中国物价出版社，1998：955.
④ 中国社会科学院，中央档案馆 .1953-1957 中华人民共和国经济档案资料选编：固定资产投资和建筑业卷 [M]. 北京：中国物价出版社，1998：944.
⑤ 中国社会科学院，中央档案馆 .1953-1957 中华人民共和国经济档案资料选编：固定资产投资和建筑业卷 [M]. 北京：中国物价出版社，1998：945.
⑥ 何一民，周明长 .156 项工程与新中国工业城市发展（1949-1957 年）[J]. 当代中国史研究，2007，14（2）：71.
⑦ 北京、包头、太原、大同、石家庄、西安、兰州、武汉、洛阳、郑州、株洲、沈阳、鞍山、长春、吉林、哈尔滨、富拉尔基、成都。
⑧ 中国社会科学院，中央档案馆 .1953-1957 中华人民共和国经济档案资料选编：固定资产投资和建筑业卷 [M]. 北京：中国物价出版社，1998：892.
⑨ 65% 分布在京广铁路以西的 45 个城市和 61 个工人镇，35% 分布在京广铁路以东及东北地区的 46 个城市和 5 个工人镇。
⑩ 曹洪涛，储传亨 . 当代中国的城市建设 [M]. 北京：中国社会科学出版社，1990：48.
⑪ 何一民，周明长 .156 项工程与新中国工业城市发展（1949-1957 年）[J]. 当代中国史研究，2007，14（2）：76.

的公有住房比例已经高达 78.4%[①]。

地区	公产（%）	私产（%）	外产（%）
北京	44.35	53.85	1.8
天津	43.41	53.99	2.6
上海	25.8	66	7.6
济南	22	78	0
青岛	57.9	37.9	4.16
沈阳	64	36	0
哈尔滨	55.31	40.2	4.46
南京	37.75	61.3	0.95
无锡	19.75	80.25	0
苏州	14	86	0

1955 年底 10 个城市公私房屋构成表　　　　　　表 11-1

资料来源：房产通讯杂志社 . 国家房地产政策文件选编（1948-1981）[M]. 房产通讯（增刊），1982：284.

第二节　国家投资主导公有住房资金来源

新建公有住房的建设经费来源包括国家拨款、企事业单位出资。其中，国家拨款的住宅建设占绝对主导地位。

按照 1952 年政务院财政经济委员会颁布的《基本建设工作暂行办法》，住宅建设属于基本建设的基本内容，住宅建筑工程的设计、施工等为基本建设工作的内容之一。"凡固定资产扩大再生产的新建、改建、恢复工程及与之连带的工作为基本建设"，"如工矿、交通、农林、水利、财政、贸易、文化、教育、卫生、城市建设及大行政区以上政府机关等部门所属单位的事业建设、住宅建设、文教建设、科学试验研究建设、卫生设施及公共事业建设均属之"[②]。

国家基本建设单位按投资额分为"限额以上"和"限额以下"两种。"限额以上"建设单位又根据投资额划分为甲、乙两类，甲类为全部投资在 1000 万元以上的建设单位，1000 万元以下的建设单位为乙类。"限额以下"建设单位又分为丙、丁两类，全部投资在 20 万以上者为丙类建设单位，20 万元以下者为丁类建设单位。未按规定限额的单位如进行住宅建筑的基本建设，以 30 万元为限额以上与以下的标准。上述建设单位的住宅建设资金皆来自国家拨款，由大行政区预算或地方预算中拨付。"一五"计划期间预

[①]　侯淅珉，应红，张亚平等 . 为有广厦千万间：中国城镇住房制度的重大突破 [M]. 桂林：广西师范大学出版社，1999：11.

[②]　基本建设工作暂行办法 [J]. 新黄河，1952（4）：14-20.

算内的基本建设拨款，属于中央项目的占 79%，属于地方项目的仅占 21%[①]。住宅建设的投资也以中央财政拨款为主。

企业资金用于住宅建设的规定始于 1952 年。政务院财政经济委员会颁布的《国营企业提用企业奖励基金暂行办法》规定，已确定资金、生产定额与消耗定额，实行经济核算的国营基层企业，在完成经国家批准的计划（生产、销售、财务计划等）后，可从国家的计划利润或超计划利润中申请提留企业奖励基金。企业奖励基金的使用范围包括"改善职工物质生活与文化生活的各种福利设施，及其他集体福利事业（如职工宿舍、医院、疗养院、幼稚院、托儿所及体育设备等）的新建、扩充与改善"[②]。地方公营企业也适用于此办法。由此开始，企业可以将奖励基金和福利基金用于职工住宅建设。

1957 年国务院颁布《关于职工生活方面若干问题的指示》，针对住房缺乏等生活问题，对职工住宅建设的资金来源作出规定。"指示"要求各级政府根据国家基本建设计划分配基本建设的住宅投资，逐年为缺房职工增建住宅；企业需将历年积存下来的奖励基金和今后每年提取的奖励基金拨出一部分用来建造职工住宅；新建和扩建企业必须根据国家计划和批准的初步设计，同时修建新增职工所必需的住宅。

虽然国家政策规定企业奖励基金可以用于职工住房建设，但企业基金在公有住房投资中所占的比例并不高。1956 年手工业、资本主义工商业的社会主义改造基本完成后，绝大多数企业都是全民所有制与集体所有制，私营企业已经很少。至 1956 年底，全国 91.7% 的手工业劳动者加入手工业生产合作社组织，盐业、运输业等个体经济也基本完成合作化[③]；全国私营工业户数的 99%、私营商业户数的 82% 实现所有制改造，私营轮船、汽车运输业实现全行业公私合营，私营饮食业有 86% 实现改造[④]。许多集体所有制企业没有能力为职工提供住房建设资金。根据纺织部与交通部的资料，企业奖励基金用于住宅建设在 1953 年为 24%，在 1954 年为 14.8%，在 1955 年为 9.6%；企业奖励基金和福利基金用于职工住宅，在"一五"期间呈现逐渐减少的趋势，1955 年的绝对值仅为 1953 年的 26.7%[⑤]。

公有住宅建设的资金来源，以国家拨款为主导。例如 1956 年建设完成的住宅，其建设资金绝大部分来自于国家拨款。全年建成的住宅面积中，国家投资的占 91.3%，私人出资的占 6.9%，公私合营、合作社等出资建设的住宅占 1.8%[⑥]。

1960 年后，针对城市住宅建设资金不足的状况，中央政策开始倡导企业筹集、地方自筹资金用于建设职工住房。1960 年《关于解决城市住宅问题的报告》提出的具体建议为：

---

① 赵德馨.中华人民共和国经济史（1949-1966）[M].郑州：河南人民出版社，1988：387.
② 国营企业提用企业奖励基金暂行办法 [J].山西政报，1952（2）：35-37.
③ 张润君，李宗植.中华人民共和国经济史（1949-1999）[M].兰州：兰州大学出版社，1999：72.
④ 张润君，李宗植.中华人民共和国经济史（1949-1999）[M].兰州：兰州大学出版社，1999：87.
⑤ 中国社会科学院，中央档案馆.1953-1957 中华人民共和国经济档案资料选编：固定资产投资和建筑业卷 [M].北京：中国物价出版社，1998：930.
⑥ 中国社会科学院，中央档案馆.1953-1957 中华人民共和国经济档案资料选编：固定资产投资和建筑业卷 [M].北京：中国物价出版社，1998：945.

第一，新建大中企业建厂时需建设相应住宅，企业超额分成，除用于技术组织措施者外，主要应用于修建职工宿舍；第二，各省、市从地方自筹资金中抽出一定款项用于城市的住宅建设；第三，从1961年起将城市住宅建设列入国家计划，每年酌情拨出一定的投资和材料，帮助重点城市修建一部分机动房屋以便调剂、周转。1964年《关于加强全民所有制房产管理工作的报告》提出，利用有限资金，由市人民委员会领导组织有自筹资金的单位建设住宅。具体做法为：对于资金少、不易单独建设住宅的单位，组织和帮助进行合资建房，建成后按照投资比例分房；对于应由所属系统进行投资建设住宅的单位，如其住宅极端缺乏，房管部门应当建议在安排基本建设计划时尽可能建设一些住宅。

国家拨款的住宅建设资金，重点投资于为重要工业项目配套的生活区建设。国家投资占公有住宅资金来源主导地位的格局，自"一五"时期开始，在整个计划经济时期内一直延续。"二五"时期开始后，住宅建设资金来源与第一个五年计划时期基本相同，国家拨款仍为城市职工住房建设资金的主要来源，但企业资金、地方资金、合资建房的重要性明显上升。

第三节　国有化的公有住房用地来源

一、公有住房用地的国有化

新增城市公有住房用地的国有化，从国家建设征用土地制度的建立开始。

1951年底，为给大规模工业建设提供充分的用地储备，大城市郊区及决定建设大工业区的范围施行土地改革。《城市郊区土地改革条例》实施之后，城市郊区的土地有国有与农民所有两种形式。城郊国有土地来源有三：一是没收的地主土地，二是征收的祠堂、庙宇、寺院、教堂、学校和团体的农业土地和荒地，三是征收的工商业家的农业土地和荒地。此类国有土地中的农业用地由乡农民协会分配给无地、少地的农民耕种使用，国家因市政建设及其他需要可以收回。城郊私人所有的农业用地，因市政建设及其他需要，国家也有权征用。

经过3年国民经济恢复，工业项目、城市建设项目对用地的需求逐渐增多，土地征用引发的问题不断出现。1953年2月，上海针对土地征用中的土地荒废、变更计划损害农民利益、多占土地等混乱现象，制定了《上海市政府关于机关征用土地的建议》①。政务院于3月转发《上海市政府关于机关征用土地的建议》，将上海市的征地统一管理经

---

① 《上海市政府关于机关征用土地的建议》针对征地问题制定的3项建议为：①各单位申请用地（征购、征用或保留），必须提出上级批准的计划任务书，由市建委统一管理；②因计划变更或未能批准，中止征地时，农民和业主蒙受之损失，一律由申请单位负责赔偿；③已办竣手续之地因计划变更不需要者应立即交还房地局统一管理，不准私自保留。

验向全国各地推广。1953 年 12 月 5 日，《国家建设征用土地办法》公布施行。

《国家建设征用土地办法》规定，"凡兴建国防工程、厂矿、铁路、交通、水利工程、市政建设及其他经济、文化建设等所需用之土地"，均可通过征用取得[①]。征用的土地产权属于国家，用地单位不需用时应交还国家，不得转让。1954 年《中华人民共和国宪法》颁布，国家为了公共利益的需要，可以依照法律规定的条件，对城乡土地和其他生产资料实行征购、征用或者收归国有。1958 年 1 月，修正后的《国家建设征用土地办法》实施，国家征用土地的适用范围扩大至"厂矿、铁路、交通、水利、国防等工程，进行文化教育卫生建设、市政建设和其他建设"[②]。按照 1952 年政务院财政经济委员会颁布的《基本建设工作暂行办法》，工矿、交通、农林、水利、财政、贸易、文化、教育、卫生、城市建设及大行政区以上政府机关等部门所属单位的住宅建设属于基本建设内容。基本建设单位建设公有住宅所需的土地，通常随基本建设单位的生产、办公等用地一起征用。因此，按《国家建设征用土地办法》与《基本建设工作暂行办法》征用的公有住宅建设用地，都为国有用地。

"一五"期间，城市手工业、资本主义工商业改造使许多企业、团体等的权属与性质发生改变。1954 年，政务院内务部先后制定多项文件，处理企业、机关、团体等占用土地与使用土地的权属问题。

1954 年 2 月 24 日，政务院颁布《关于对国营企业、机关、部队、学校等占用市郊土地征收土地使用费或租金问题的批复》，将国营企业、机关、部队、学校等占用的市郊土地认定为国有土地。1954 年 3 月 8 日，内务部颁布《答复关于国营企业、公司合营企业及私营企业等征用私有土地及使用国有土地缴纳契税或租金的几个问题》。内务部指出，国营企业、公私合营企业及私营企业或私营文教事业等，经批准按照《国家建设征用土地办法》征用的土地与房屋，产权均属于国家。1955 年 11 月 16 日，内务部颁布《关于对执行国家建设征用土地办法中几个问题的第二次综合答复》。文件规定，国家机关、企业、学校等在《国家建设征用土地办法》颁布以前，经批准在城市市区内购买的私有房屋，如果未购买而只租用地基，经申请批准，可援用《国家建设征用土地办法》第 17 条规定，对地基办理征用手续。这些地基和房屋的产权原来属于一人的，不另补偿；分属两人的，根据地基所有人的生活状况酌情补偿。文件将国家、企业、学校等购买与租用的私人房屋与土地，都划归为国有的范畴。

1955 年，内务部指出："国家机关、企业、学校等兴建办公房屋及职工宿舍，属于国家基本建设。"[③]按照 1954～1955 年关于土地问题的 3 项政策文件，《国家建设征用土地办法》颁布之前，国家机关、企业、学校等在城市市区内租用或购买的用于住宅建设的地基，补办征用手续后，地基属于国有。

---

① 中国社会科学院，中央档案馆.1953-1957 中华人民共和国经济档案资料选编：固定资产投资和建筑业卷 [M]. 北京：中国物价出版社，1998：603.
② 国家建设征用土地办法 [J]. 中华人民共和国国务院公报，1958（2）：50-54.
③ 房产通讯杂志社.国家房地产政策文件选编（1948-1981）[M]. 房产通讯（增刊），1982：330.

按照《基本建设工作暂行办法》《国家建设征用土地办法》、1955 年前后的国家政策，国营企业、国家机关、学校、团体及公私合营企业，建设住宅时经批准按规定手续征用、租用、购买的土地，全部属于国有土地。

二、公有住房用地的无偿化

中华人民共和国成立初期，土地交易的市场仍然存在。政府对公有住房的土地使用仍征收租金、使用费等，各地均沿袭国民政府时期的惯例，政府按照土地分级收取城市土地使用税（费）。例如天津市对土地使用费用有详细的规定：1949 年 5 月，天津市公产清理局制定《评定租金临时办法》和《天津市私人租用公地暂行办法》，对出租的公有房屋的基地和空地征收地租。住宅用地中的房屋基地租金为每月 2～5 斤小米，住宅用地中的空地的租金为 0.15～0.2 斤小米[①]。1953 年市政府又颁布《天津国有土地使用费标准》，29 级地的土地使用费标准分别为每月每平方米 0.001～0.192 元，而且该标准一直延续使用到 20 世纪 90 年代[②]。

1954 年 2 月政务院颁布的《关于对国营企业、机构、部队、学校等占用市郊土地征收土地使用费或租金问题的批复》规定，不必对国营企业、机关、部队、学校等占用市郊的土地征收土地使用费或租金。政务院认为，收取使用费或租金"并非真正增加国家收入，而是不必要地提高企业的生产成本和扩大国家预算"[③]。但为防止随意占用或多占用土地，对未经批准而占用的土地或占用比原批准多的部分，可以征收租金。同年 3 月内务部颁布的《答复关于国营企业、公私合营企业及私营企业等征用私有土地及使用国有土地缴纳契税或租金的几个问题》，对土地的使用费用再次进行规定。国营企业、公私合营企业，经批准征用的土地与房屋均属于国家，使用国有土地一律由当地政府无偿拨给，不须交纳租金。

依据 1954 年的内务部政策文件，各单位使用国有土地（除私营企业或私营文教事业需向政府缴纳租金外），皆由当地政府无偿拨给使用。1955 年前后，全国各城市基本取消城市土地使用税（费），逐渐形成城市土地的无偿使用制度。国营企业、国家机关、学校、团体及公私合营企业等建设住宅所需的国有土地，也为无偿使用。

三、公有住房用地的单位化

1953 年公布施行的《国家建设征用土地办法》是中华人民共和国成立后，首部处理国家建设征用土地问题的行政法规。1954 年 6 月，建工部制定的《城市建筑管理试行条例（草案）》经国务院公布后实行。在市辖区内新建、扩建或改建的工厂、矿山、铁路、交通、仓库、港埠、水利工程、住宅、公共建筑、公用事业设施以及其他等项建设所需

① 吴次芳，靳相木.中国土地制度改革三十年 [M].北京：科学出版社，2009：70.
② 吴次芳，靳相木.中国土地制度改革三十年 [M].北京：科学出版社，2009：70.
③ 房产通讯杂志社.国家房地产政策文件选编（1948-1981）[M].房产通讯（增刊），1982：335.

的土地，除遵照国家建筑征用土地办法外，还需按照该条例执行。《国家建设征用土地办法》与《城市建筑管理试行条例（草案）》建立起了政府控制下的、以单位为主体的土地征用与使用制度。

《国家建设征用土地办法》规定，兴建国防工程、厂矿、铁路、交通、水利工程、市政建设及其他经济、文化建设等需征用土地时，土地征用的申请、补偿由用地单位在政府的批准下执行。

首先，由用地单位提出征用土地计划书，按业务系统报经其上级领导机关批准后，转请中央人民政府政务院或大行政区行政委员会或省、市、县人民政府核准公布。其次，征用土地计划书完成批准手续后，由用地单位协同当地人民政府和中共党委（有些小的单位则直接在当地党政领导下），向当地人民进行解释工作，宣布对土地被征用者补偿安置的各项具体办法。然后，对被征地农户的补偿或安置也由单位来进行。被征用土地的农户可获得补偿费或迁移补助费，补偿费向用地单位领取（可由当地人民政府代发）。征用公有土地及城市郊区国有土地时，对耕种土地的农民予以补助。被征用土地的农民有两种安置途径：一是由当地人民政府负责协助解决其继续生产所需之土地或协助其转业，二是用地单位协同政府劳动部门和工会在条件许可的范围内吸收其参加工作[①]。

《城市建筑管理试行条例（草案）》规定了建设用地的申请制度。市人民委员会有划拨、收回、统一调整城市土地的权力。首先，建设单位向市人民委员会申请用地，申请用地时需提供审核所需的文件[②]。然后，由市人民委员会负责指定用地选择范围。建设单位与市人民委员会签订协议书后，由市人民委员会根据建设单位已经上报机关批准的计划任务书，正式核拨建筑用地。建设单位负责赔偿批准用地范围内原土地使用人的损失费，保证迁出的居民获得居住房屋。

《国家建设征用土地办法》与《城市建筑管理试行条例（草案）》建立起了土地征用与建设的申请行政审批制度。土地征用与用地申请行政审批所对应的行政相对方都是用地单位。征地与使用土地过程中对原土地所有人与使用者的补偿以及生活条件保障等也由用地单位来承担。土地的征用与使用，皆以"单位"这一组织形式来进行，"单位"为土地征用与使用的主体。公有住房建设所需的土地，征用与使用也以单位为主体。国家拨款兴建公有住宅所需的土地，随国家机关、企业、事业单位等的建设计划，经政府审核后，由单位征用与使用。企事业单位自筹资金建设的住宅，作为新建公有住宅的一类，所需土地有两种来源：一是利用单位原有用地，二是由单位向政府机构申请征用土地。两种形式的土地获得，也都以单位为主体。

[①] 对被征地农民的安置，1957年修订后的《国家建设征用土地办法》提出尽量就地在农业上安置，取消吸收其参加用地单位工作的规定，并规定对就地在农业上和在其他方面都无法安置的农民，可以组织移民。

[②] 文件内容包括上级主管机关的说明文件，并附有建筑用途、员工人数、建筑面积、建筑层数、用地面积、建筑期限及发展远景等项说明（工厂申请用地尚需附有主要产品规格，生产能力，原材料及动力来源，劳动力及住宅的保证条件，分期投入生产的计划，扩建的可能性以及对用地的特殊要求等项说明）。

第四节　统一控制的公有住房居住标准

一、居住标准统一控制的形成

1. 苏联规划定额的引入

"一五"期间，工业区新建、改建、扩建以及相应城市公用事业设施的建设逐步展开。工业项目较多的重要城市，陆续开始编制城市总体规划草案，以指导项目建设。苏联城市建设经验成为当时学习的主流，苏联城市规划内容和编制方法在各地的城市规划编制中得到应用。城市总体规划和详细规划编制时都采用苏联的规划定额作为规划依据。

城市规划被认为是"国民经济工作的继续和具体化，是一种有计划的市区内对各种建设进行布置并使其相互配合的方法"[1]。1952年，以苏联城市建设专家拟定的"中华人民共和国编制城市规划设计与修建设计程序"草稿为基础[2]，政务院财政经济委员会颁布《城市规划设计程序暂行办法（草案）》、《城市规划批准程序暂行办法（草案）》。1953年2月，《人民日报》发表《掀起学习苏联的高潮，建设我们的国家》的社论，提出"为实现中国的工业化，头等重要的事情就是向苏联学习"[3]。

苏联的住宅区规划方法、居住用地经济技术定额等随援助工业项目的建设引入。"一五"期间，国家投资建设的住宅区普遍采用苏联以人均居住面积定额为核心的指标控制。苏联城市规划编制以划分不同规模城市、选用各类城市经济技术定额为编制基础。城市用地中的居住用地被划分为住宅街坊、公共机关、绿地及道路用地。居住用地规划通过住宅街坊千人用地综合指标、千人居住用地面积指标、人口密度、居住密度、街坊建筑密度（建筑百分比）、不同层数的建筑比例等指标，来确定其规模、衡量其经济性。其中，每人的居住面积定额为计算的基础。苏联城市建设计划中的人均居住面积定额为 $9m^2$ [4]。

从苏联引入的按标准控制城市居民居住水平的计划方法与控制指标体系，成为整个社会主义计划经济时期的居住标准控制的基础。

2. 人均居住面积定额的形成

"一五"初期，国家没有统一拟定城市规划定额，各城市编制城市规划时所用的定额，基本采用苏联的定额[5]。规划期限和居住面积定额，一般分为3个时期：第1期（5～10年），

---

① 中国社会科学院，中央档案馆.1953-1957中华人民共和国经济档案资料选编：固定资产投资和建筑业卷 [M]. 北京：中国物价出版社，1998：799.

② 黄立.中国现代城市规划历史研究（1949-1965）[D]. 武汉：武汉理工大学，2006：32.

③ 张晋藩，海威，初尊贤等.中华人民共和国史大辞典 [M]. 哈尔滨：黑龙江人民出版社，1992：128.

④ 中央建筑工程部城市建设局.苏联城市规划中几项定额汇集 [M]. 北京：建筑工程出版社，1954：59.

⑤ 中国社会科学院，中央档案馆.1953-1957中华人民共和国经济档案资料选编：固定资产投资和建筑业卷 [M]. 北京：中国物价出版社，1998：807.

人均居住面积为 4.5m²，第 2 期（15 ~ 20 年）为 6m²，远景（没有期限）采用苏联的远景定额 9m²，并据此计算每人相应的生活居住用地面积[①]。

采用苏联规划定额后的实际问题逐渐凸显出来。1955 年，城市规划设计局在《关于重新审查修改城市规划的几项主要意见的报告》中指出，苏联标准与中国实际情况脱节。例如总体规划和详细规划标准制定过高，房屋层数的比例、住宅标准、公共建筑要求以及道路、广场质量和绿地要求等，均存在不同程度地脱离中国国民经济发展水平的过高要求。城市规划设计局提出：每人居住面积近期为 4.5m²，15 ~ 20 年后为 6m²；住宅标准不应过高或过低，每平方米造价控制在 20 ~ 60 元[②]；人均住宅用地指标按城市类别[③]分为 26 ~ 30m²、25 ~ 28m²、22 ~ 25m²、19 ~ 23m²[④]。

1955 年 11 月，国家建委党组在《关于当前城市建设工作的情况和几个问题的报告》中提出降低居住面积定额标准，因为现状城市每人平均居住面积仅为 3 ~ 4m²，要达到每人 9m² 的水平需要很长时间。国家建委党组确定编制城市规划的期限与居住面积定额标准为：近期 15 年即国家过渡时期，平均每人居住面积为 4.5m²；远期 40 ~ 50 年，平均每人居住面积为 6m²，并据此拟定其他相应的定额，用以计算城市生活用地面积[⑤]。

1956 年 2 月，国家建委制定《城市规划暂行定额和规程草案》，对全国城市规划定额进行统一，以平均每人居住面积 6m² 为计算基础[⑥]。《城市规划暂行定额和规程草案》以居住建筑、公共建筑、道路广场、公共绿地等一套远期定额指标作为编制城市和街坊的规划时计算和布置各项建筑物、设施及其用地的标准。1957 年，国家建委《对今后城市建设及住宅民用建筑的初步意见》提出对城市规划定额的要求，城市规划的远景期限确定为 15 ~ 20 年（即 1967 ~ 1972 年），远景期限的每人平均居住面积确定为 6m²[⑦]。

从"一五"初期套用苏联规定定额编制城市规划开始，人均居住面积与人均住宅用地标准经过调整，至 1956 年首次形成全国统一的城市规划定额。按照《城市规划暂行定额和规程草案》的规定，这套定额也是城市建设拨用土地的控制标准。政府拨地时需要具体核算建设单位的实际要求，在定额规定的范围内确定用地数量。在全国统一的居住标准下，按定额供给住居用地、按定额控制住宅建设量的控制方式，使居住成为一种依照计划被设计的"按定额的生活"。

---

① 中国社会科学院，中央档案馆.1953-1957 中华人民共和国经济档案资料选编：固定资产投资和建筑业卷 [M]. 北京：中国物价出版社，1998：810.
② 中国社会科学院，中央档案馆.1953-1957 中华人民共和国经济档案资料选编：固定资产投资和建筑业卷 [M]. 北京：中国物价出版社，1998：802.
③ 城市按人口分为 5 万人口以下、5 万 ~ 10 万人、10 万 ~ 25 万人、25 万 ~ 50 万人等 4 组。
④ 中国社会科学院，中央档案馆.1953-1957 中华人民共和国经济档案资料选编：固定资产投资和建筑业卷 [M]. 北京：中国物价出版社，1998：803.
⑤ 中国社会科学院，中央档案馆.1953-1957 中华人民共和国经济档案资料选编：固定资产投资和建筑业卷 [M]. 北京：中国物价出版社，1998：811.
⑥ 中国社会科学院，中央档案馆.1953-1957 中华人民共和国经济档案资料选编：固定资产投资和建筑业卷 [M]. 北京：中国物价出版社，1998：818.
⑦ 中国社会科学院，中央档案馆.1953-1957 中华人民共和国经济档案资料选编：固定资产投资和建筑业卷 [M]. 北京：中国物价出版社，1998：841.

进入"二五"时期，国家建委等部门认为"一五"时期所规定的城市规划定额有很多地方不符合国家实际情况。在"贯彻勤俭建国"方针的指导下，将居住标准控制下调。1958 年 1 月，国家建委、城建部颁布《关于城市规划几项控制指标的通知》，对"二五"期间新建城市及旧城市新建区的规划控制指标[①]作出规定。人均居住面积指标近期降低为 4m^2 以下，生活居住用地的人均指标为 18 ~ 28m^2[②]；人均居住面积远期为 5m^2 以下，人均生活居住用地为 35m^2 以下[③]。1958 年的城市规划控制指标，作为各地编制城市规划与住宅建设时的定额指标，直到 1980 年 12 月 16 日国家建委颁布《城市规划定额指标暂行规定》前一直发挥作用。

二、住宅建筑标准的波动

1954 年，建工部在制定《城市建筑管理试行条例（草案）》时，提出城市建设以"适用、经济及可能条件下的美观"为目的[④]。1955 年开始，贯彻国务院"厉行节约，反对浪费"的方针，降低住宅建筑标准成为住宅建设的指导思想。

1955 年 6 月 19 日，《人民日报》发表题为"坚决降低非生产性建筑的标准"的社论。社论指出国营基本建设中存在浪费现象，"特别是在办公室、宿舍、学校、医院、剧院、仓库、车站等类非生产性建筑中，表现得更为明显"[⑤]。社论指出非生产性建筑不是基本建设的主要部分，而是为生产服务的且本身不创造价值，因而降低非生产性建筑的标准不但"不妨碍生产"，反而"还可腾出资金来发展生产"。按照党中央厉行节约、积累资金、集中使用资金于生产性建设的方针，应降低一切非生产性建筑标准，住宅每平方米的建筑标准应由 90 元左右降至 20 ~ 60 元。1955 年 7 月，国务院制定《关于 1955 年下半年在基本建设中如何贯彻节约方针的指示》，要求宿舍和民用建筑应根据各地建筑用地多少、建筑量大小、就地取材[⑥]等原则，将宿舍造价控制在"每平方公尺由二十元至六十元"的范围内[⑦]。1966 年 2 月，国家建委批转建筑工程部《关于住宅宿舍建筑标准的意见》，提出非生产性建设要发扬延安作风，贯彻"干打垒"精神，适当降低民用建筑标准[⑧]。平均每户居住面积被确定为 18m^2[⑨]。

1955 年后，住宅建设始终以降低造价、采用低标准为主流，仅在 1959 年出现过一

① 各项指标按近期与远期分别控制，近期为 5 年以内，远期为 10 ~ 15 年。近期规划的控制指标包括人口、人均居住面积、建筑层数、居住建筑密度、人均生活居住用地等 5 项。远期规划控制指标为人口、人均居住面积、人均生活居住用地等 3 项。
② 房产通讯杂志社 . 国家房地产政策文件选编（1948-1981）[M]. 房产通讯（增刊），1982：192.
③ 房产通讯杂志社 . 国家房地产政策文件选编（1948-1981）[M]. 房产通讯（增刊），1982：193.
④ 中国社会科学院，中央档案馆 .1953-1957 中华人民共和国经济档案资料选编：固定资产投资和建筑业卷 [M]. 北京：中国物价出版社，1998：794.
⑤ 人民日报社论 . 坚决降低非生产性建筑的标准 [J]. 湖南政报，1955（10）：9-11.
⑥ 如果当地可以取得大量廉价建筑材料（如竹料、小木料、芦苇、麦秸、稻草、土坯等），则应当尽可能建筑一部分更低标准的平房（竹结构、木结构、土结构、砖结构或上述的混合结构，每平方米造价约二三十元，或更低一些）。
⑦ 房产通讯杂志社 . 国家房地产政策文件选编（1948-1981）[M]. 房产通讯（增刊），1982：185.
⑧ 李沉 . 中国建筑设计六十年大事略记（二）（1966-1990）[J]. 建筑创作，2009（2）：169-172.
⑨ 关于印发《对修订职工住宅、宿舍建筑标准的几项意见》（试行稿）的通知 [J]. 铁路标准设计通讯，1974（3）：44-45.

次高标准建设住宅的风潮[①]。由于工业建设飞速发展、城市人口增加，城市住宅的建设落后于实际的需要，许多大中城市平均居住面积呈逐年下降趋势。1960 年 10 月 28 日，中共中央批转建筑工程部党组《关于解决城市住宅问题的报告》，要求贯彻"勤俭建国"原则，大力压缩城市劳动力。1964 年 7 月，国家房产管理局制定《关于加强全民所有制房产管理工作的报告》，继续强调在住宅建设工作中贯彻勤俭建国的方针。报告提出：住宅标准不宜过高，在大中城市的边缘地区和小城镇可建设一些简易的住宅；推广上海、武汉等地将现有房屋加层的办法，以节省投资，节省建设用地[②]。

"文化大革命"开始后，住宅建设减少。"文化大革命"后期，住宅建设开始恢复。1971 年，各地相继开始修订职工住宅、宿舍建筑标准。1973 年底，18 个省、市、自治区制定职工住宅、宿舍（或民用建筑）建筑标准，其中 14 个省、市、自治区颁布试行[③]。

1973 年 11 月 30 日，国家基本建设委员会颁布《对修订职工住宅、宿舍建筑标准的几项意见（试行稿）》，对各地标准不一的问题给予了全国性的统一原则要求。平均每户居住面积定额提高为 18 ~ 21m²，集体宿舍平均每人居住面积为 3.5 ~ 4m²；楼房住宅平均每户建筑面积为 34 ~ 37m²，严寒地区为 36 ~ 39m²；楼房集体宿舍平均每人建筑面积不大于 6m²，严寒地区不大于 6.5m²；楼房住宅每平方米建筑造价按地区控制，南方地区不超过 55 元、北方地区不超过 65 元、严寒地区不超过 80 元[④]。经国家基本建设委员会统一后的职工住宅、宿舍建筑标准，基本恢复到了 1955 年之前的水平。

1977 年 4 月，国家建委发布《国家建委关于厂矿企业职工住宅、宿舍建筑标准的几项意见》，将 1973 年的住宅建筑标准向上微调。新建厂矿企业楼房的住宅面积定额，比 1973 年的指标增加 1m²，平均每户住宅建筑面积为 34 ~ 38m²，严寒地区为 36 ~ 40m²；老厂矿企业增建职工住宅，每户建筑面积定额[⑤]提高至 39 ~ 42m²，严寒地区不超过 45m²；楼房住宅每平方米造价指标，南方地区为 55 ~ 70 元、北方地区为 65 ~ 85 元、严寒地区为 80 ~ 100 元[⑥]。住宅建设仍以贯彻厉行节约、勤俭建国的方针，发扬"干打垒"精神为指导思想，要求建筑设计按照适用、经济、在可能的条件下注意美观的原则进行。

三、住宅定型设计的推广

配合中央降低非生产性建筑标准的指示，1956 年，住宅（宿舍）的标准设计开始推广。国家计委、国家建委向各单位提出制定推广计划与具体指标的要求，以保证推广标准设计的实施。

1955 年初，为配合北京市的住宅统一建设，节省设计力量、提高建筑质量、加速建

① 吕俊华，彼得·罗，张杰.中国现代城市住宅：1840-2000[M].北京：清华大学出版社，2003：152.
② 房产通讯杂志社.国家房地产政策文件选编（1948-1981）[M].房产通讯（增刊），1982：82.
③ 关于印发《对修订职工住宅、宿舍建筑标准的几项意见》（试行稿）的通知[J].铁路标准设计通讯，1974（3）：44-45.
④ 关于印发《对修订职工住宅、宿舍建筑标准的几项意见》（试行稿）的通知[J].铁路标准设计通讯，1974（3）：44-45.
⑤ 整个厂矿的住宅建筑面积总平均定额，要求控制在每户 40m² 以内，严寒地区控制在 42m² 以内.
⑥ 房产通讯杂志社.国家房地产政策文件选编（1948-1981）[M].房产通讯（增刊），1982：82.

设进度，同时合理地分布居住区内的生活服务设施，国家建委制定了《国家建委关于改进北京市房屋建筑的意见》。意见要求北京市人民政府会同中央建筑工程部及国务院城市建设总局，开始住宅和公共建筑的定型设计，拟定文化生活福利设施的建筑定额。

1955 年 12 月，城市建设总局受国家建设委员会委托，进行全国楼房住宅、宿舍的评选工作。参评单位覆盖全国的主要地区与行业 ①。评选依据为中央降低非生产性建筑标准的指示，国家计委、建委颁布的《1956 年度民用建筑经济指标》以及建委颁布的《1956 年楼房住宅、宿舍、办公室暂行指标》。经过近一个月的时间，评委会最终在 56 套住宅方案、72 个宿舍方案中选出 26 个方案（其中住宅 11 套，宿舍 15 个）作为 1956 年住宅（宿舍）的标准设计图纸 ②。

1956 年 1 月 4 日，国家计委、国家建委颁布《关于 1956 年住宅和民用建筑的标准设计》文件，大力推广住宅和民用建筑的标准设计。国家计委、建委要求各单位制定 1956 年推广住宅、宿舍、生活服务设施等标准设计的计划，同时向各单位提出了推广标准设计的具体指标要求，住宅、宿舍可推广至 70% 的比例 ③。此后，住宅标准设计逐渐推广。

第五节　公有住房建设的统一组织

一、公有住房的"六统一"

为减少公用房屋的分散建造，国家建委提倡城市住宅的统一建设，以避免分散建造各自为政、资金浪费、文化福利设施与市政设施相互不适应等状况。1955 年，公有住房建设管理的统一组织，由北京、上海等城市首先实施。

1955 年 2 月，国家建委颁布《国家建委关于改进北京市房屋建筑的意见》，要求北京市公用房屋建筑 ④ 从 1956 年起实行统一投资、统一建设、统一分配、统一管理的办法。北京随即成立首都建设委员会，指导部分单位公用房屋的统一建设与管理。上海市采取分别投资、统一建造的方式建设公有住宅，由上海市政建设委员会制定了《上海市统一建造住宅暂行办法》⑤。上海市规划建筑管理局统一组织住宅建设，建筑工程局实行包工包料，各建设单位只需办理委托、签订合约、分期付款、验收接管等事项。

---

① 参加评选的单位有建筑、纺织、轻工业、一机、二机、重工业、电力、铁道、邮电等部，城市建设总局城市设计院以及北京、天津、上海、辽宁、吉林、黑龙江、河北、山西、山东、江苏、湖北、湖南、广东、云南等 14 个省、市共计 25 个单位。
② 城市建设总局规划设计局.全国标准设计评选会议简讯 [J].建筑学报，1956（1）：3-5.
③ 中国社会科学院，中央档案馆.1953-1957 中华人民共和国经济档案资料选编：固定资产投资和建筑业卷 [M].北京：中国物价出版社，1998：924.
④ 公用房屋包括机关办公房屋、住宅和礼堂、小学校、托儿所、影剧院等文化生活福利设施，其建筑投资统一划拨给北京市人民政府，按统一规划与设计进行统一建设，建成后实行统一分配与统一管理。
⑤ 1955 年的《上海市统一建造住宅暂行办法》对建房基地、设计图纸、建筑结构、室内设备以及室外附属工程的规划、设计与施工，分别进行规定。

1956 年，国务院颁布的《关于加强新工业区和新工业城市建设工作几个问题的决定》中提出，新工业城市、工人镇、其他重要城市的住宅与文化福利设施建设，应逐步地实行"统一规划、统一投资、统一设计、统一施工、统一分配和统一管理"的方针[①]。城市建设局在 1957 年 2 月制定的《关于几个问题的总结报告》中提出，在有条件的城市进行一定区域或几项工程的"六统一"试点。

公有住房建设组织的"六统一"，由此成为整个计划经济时期倡导的公有住宅统建方式。在国家政策的指挥下，不种类型的统建方式在各地出现。"六统一"的作用与影响一直延续到 1978 年后的城市建设综合开发。分别投资、联合建设，或委托城市建设部门承包，统一规划、设计、施工等过渡办法[②]，也是中央倡导的公有住房建设组织方式。1963 年 9 月至 10 月，中共中央与国务院主持召开第二次城市工作会议。会议对公有住房提出了统一管理的要求，中央企业与市属企业的住房投资都要施行统一建设和统一经营管理，或在统一规划下实行分建统管。1964 年，国家房产管理局制定《关于加强全民所有制房产管理工作的报告》，提出对全民所有制房产（连同国家经租房屋）的管理逐步实行房屋统一经营和管理，城市公有住宅等逐步由市人民委员会统一建设、维修、调剂、分配、经营。

二、从住宅街坊到居住区的形式演变

"一五"时期，重点工业项目的厂区与生活区规划与设计，在苏联专家的协助下进行。向苏联学习由工业领域扩张至城市建设领域，苏联的住宅街坊、居住小区成为各地住宅区建设学习的对象。住宅街坊、居住小区、居住区，以统一组织的形式，在公有住宅建设的过程中逐步发展。

"一五"初期，关于苏联城市建设经验的系统介绍还很少。按照苏联住宅街坊形式组织建设的住宅区刚刚开始出现，北京市三里河与百万庄住宅区成为首批建设的住宅街坊（图 11-1）。百万庄住宅区于 1953 年基本建成，较三里河住宅区更完整，居民以干部为主；国棉一厂生活区则是第一个按街坊设计的工人居住区[③]（图 11-2）。百万庄与国棉一厂两个街坊的居住建筑都为 3 层，分为眷属住宅与单身宿舍。两个街坊的眷属住宅均采用单元式拼接的定型设计[④]，附属房间及供暖卫生设备齐全。住宅单元为一梯两户或三户，每户设有厨房、厕所、上下水、采暖设施。百万庄、国棉厂以及当时的酒仙桥生活区的这种住宅定型设计，作为单元式住宅的"原型"沿用至今（图 11-3）。住宅的层数、

---

① 中国社会科学院，中央档案馆.1953-1957 中华人民共和国经济档案资料选编：固定资产投资和建筑业卷 [M]. 北京：中国物价出版社，1998：789.
② 中国社会科学院，中央档案馆.1953-1957 中华人民共和国经济档案资料选编：固定资产投资和建筑业卷 [M]. 北京：中国物价出版社，1998：834.
③ 李宏铎. 百万庄住宅区和国棉一厂生活区调查 [J]. 建筑学报，1956（6）：19-29.
④ 李宏铎. 百万庄住宅区和国棉一厂生活区调查 [J]. 建筑学报，1956（6）：19-29.

结构、形式等虽然在日后有所变化，但始终没有离开这种"原型"[①]。

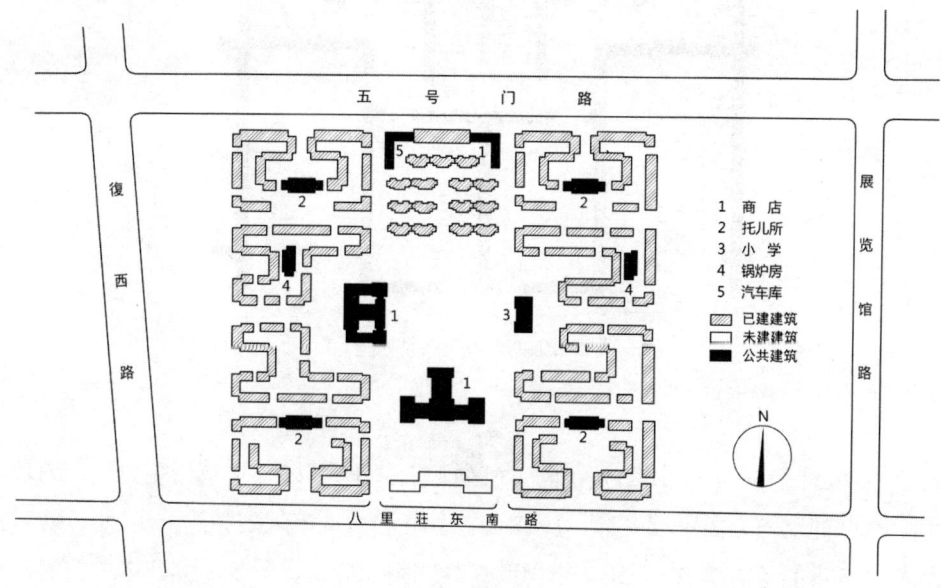

图11-1　百万庄住宅区总平面示意图

资料来源：李宏铎．百万庄住宅区和国棉一厂生活区调查 [J]．建筑学报，1956（6）：20．

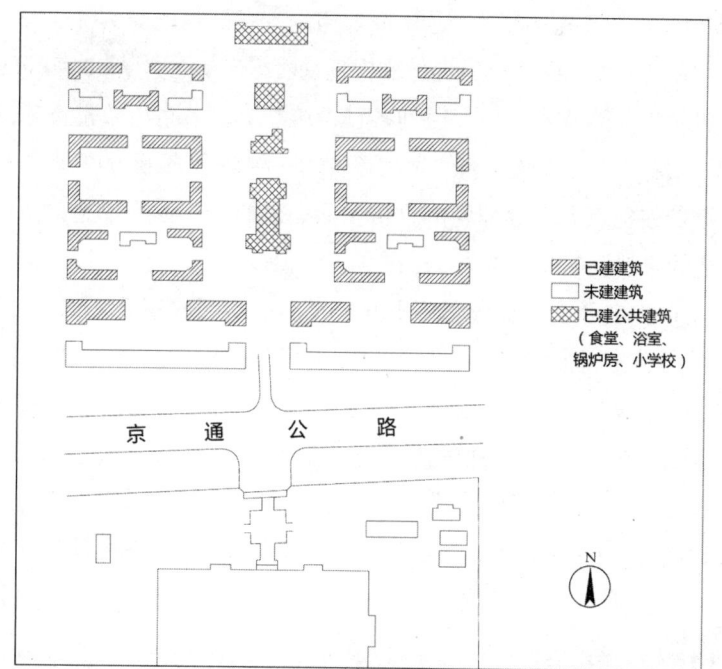

图11-2　国棉一厂生活区总平面示意图

资料来源：李宏铎．百万庄住宅区和国棉一厂生活区调查 [J]．建筑学报，1956（6）：21．

---

① 北京建设史书编辑委员会编辑部．建国以来的北京城市建设 [M]．北京：北京建设史书编辑委员会编辑部，1985：171．

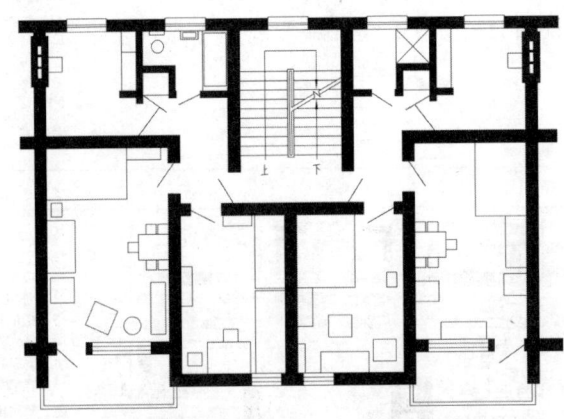

图 11-3　20 世纪 50 年代的单位住宅

资料来源：北京建设史书编辑委员会编辑部 . 建国以来的北京城市建设 [M]. 北京：北京建设史书编辑委员会编辑部，1985：172.

　　苏联从 20 世纪 50 年代中期开始推广小区规划。"小区"以邻里单位规划理论为基础，在规划、公共建筑等方面进行变形。1958 年，苏联的《城市规划和建筑规范》规定将小区作为构成城市的基本单位[①]。中国以"小区"作为组织城市居民生活的基本单位的设想，最早出现在 20 世纪 50 年代北京的城市总体规划方案中。1953 年北京市都市计划委员会制定的《改建与扩建北京市城市规划草案要点》提出，住宅街坊统一规划、统一设计、综合建设；1957 年的《北京城市建设总体规划初步方案》强调要实行以统一投资为核心的住宅建设"六统一"。《北京城市建设总体规划初步方案》提出以 30 ~ 60hm^2 的"小区"作为组织城市居民生活的基本单位，以利各种设施配套，节省市政投资和创造安静的生活环境[②]。居住小区"是安排城市居住生活建筑的一种新形式，它的特点是在城市干路包围的地区内安排居住建筑和一套完整的日常生活必需的文化福利设施，使小区内避免了全市性过境交通的干扰"[③]。

　　1957 年，北京在小区规划指导思想下开始夕照寺小区的规划"试验设计"。北京市夕照寺居住小区位于北京市中心区的东南角。规划面积为 74.5hm^2，基地内已有一些居民与建筑[④]，因此，方案编制中将小区规划的性质定为"改建扩建，而不是新建"[⑤]。小区规划分近期、远景两个阶段[⑥]，分别设计近期与远景的布局方案、公共服务设施的种类与数量。小区规划设计包含详细的技术经济指标计算与公共服务设施各项目计算。技术经济指标包括用地面积指标、建设强度指标、人口密度指标等；公共服务设施分为 10 类。

① 商志原 . 居住区发展概述 [J]. 城市规划研究，1981（2）：12-44.
② 北京建设史书编辑委员会编辑部 . 建国以来的北京城市建设 [M]. 北京：北京建设史书编辑委员会编辑部，1985：39.
③ 傅守谦，罗栋，张国良 . 北京市夕照寺居住小区规划方案介绍 [J]. 建筑学报，1958（1）：10-16.
④ 基地内有中华人民共和国成立前与成立后建设的居住生活建筑、三处工厂（出版、苏打制造、地毯编织）、19 户手工业，其他仍为农田、果园和空荒地。已有居民 3086 户，12266 人，居民主要职业为铁路职工、工厂职工、手工业生产合作社社员、机关职工及其家属。
⑤ 傅守谦，罗栋，张国良 . 北京市夕照寺居住小区规划方案介绍 [J]. 建筑学报，1958（1）：10-16.
⑥ 1957 年夕照寺小区开工建设的区域位于整个规范范围的西南部，小区占地 1513hm^2，规划居住人口 5087 人，住宅平均 3.7 层，人口毛密度每公顷 332 人。远景规划居住人口为 16700 人。

居住小区指标与设施安排基本复制了苏联经验，体现着按计划、按人均、按定额的住区建设模式。

　　1957 年《北京城市建设总体规划初步方案》确定的以"小区"组织居民生活，成为居住小区这种住区组织形式推行的起点。第二个五年计划期间，居住小区逐步普及，代替过去的住宅街坊成为住区组织的主要形式。夕照寺居住小区规划的方案内容、公共服务设施布置、各类指标等，体现出设计人员对居住小区理论的掌握与应用已经较为成熟（图 11-4、表 11-2、表 11-3）。尽管"居住小区"的建设刚刚开始，但其指标体系已经为居住空间控制标准的形成奠定了基础。

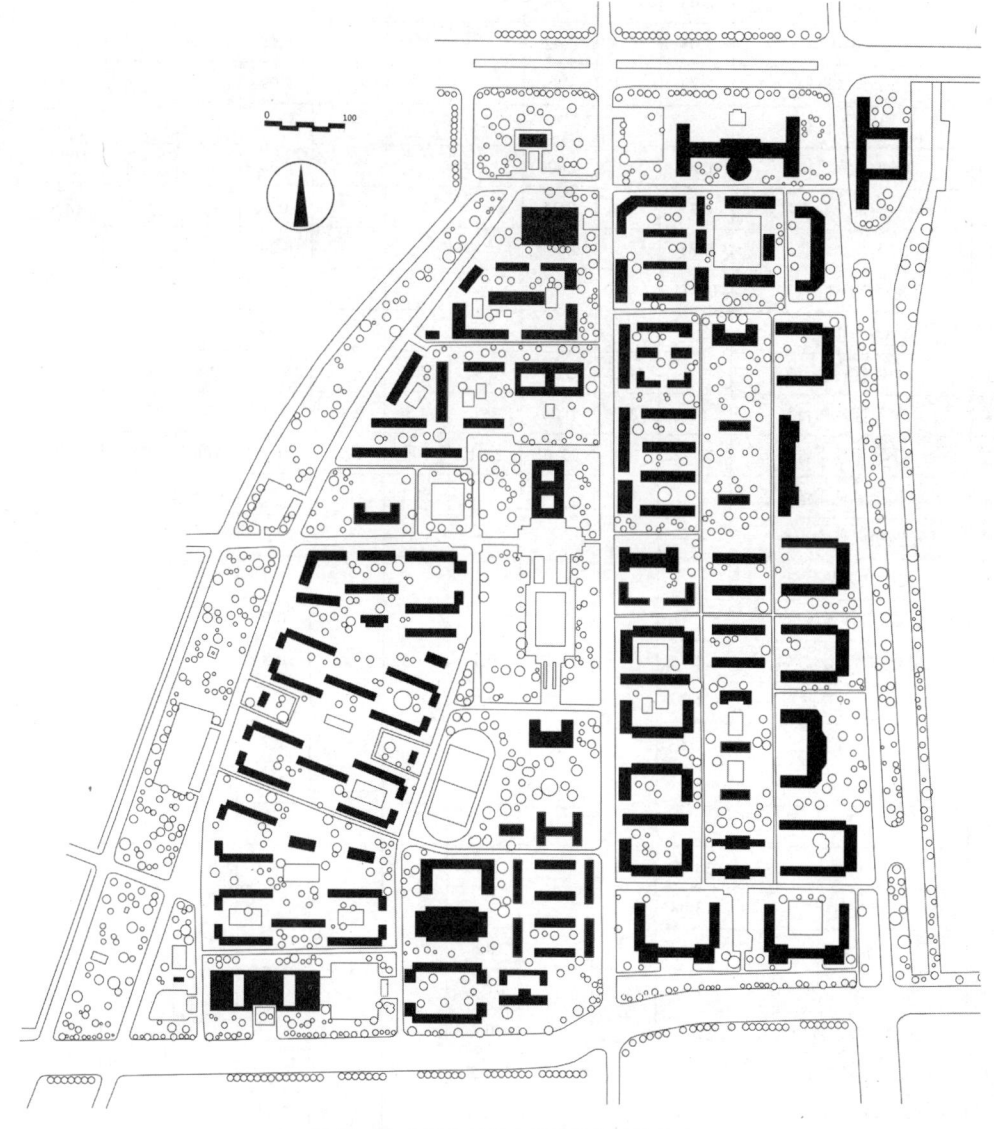

图 11-4　夕照寺居住小区远景规划总平面

资料来源：傅守谦，罗栋，张国良 . 北京市夕照寺居住小区规划方案介绍 [J]. 建筑学报，1958（1）：12.

夕照寺小区现状规划土地使用平衡表　　　　　表 11-2

编号	土地使用性质	现状			近期规划			远景规划			备注
		面积	占总用地比例	每人占地	面积	占总用地比例	每人占地	面积	占总用地比例	每人占地	
		hm²	(%)	m²/人	hm²	(%)	m²/人	hm²	(%)	m²/人	
一	居住小区										
1	居住用地	21.8	68.8	17.3	26.5	69.5	13.3	24.8	53	14.85	
	3～4层							17.2		10.3	
	6～8层							7.6		4.55	
2	小区级公共服务设施	5.92	18.6	4.69	7	18.4	3.53	13.2	28.2	7.9	现状居住12600人,近期居住19900人,远景居住16700人
	（1）行政经济机关	0.08		0.06				0.046			
	（2）中小学	3.05		2.42				5.18			
	（3）儿童机构	2.37		1.88				5.09			
	（4）文化机构							0.005			
	（5）医疗机构	0.006		0.004				0.33			
	（6）商店及公共饮食业	0.31		0.24				0.6			
	（7）公共事业	0.01		0.008				0.24			
	（8）服务性作坊	0.094		0.073				0.12			
	（9）其他							1.59			
3	小区道路及广场	3.2	10.2	2.54	2.9	7.6	1.46	4.6	9.8	2.75	
4	小区绿地及体育场	0.8	2.5	0.04	1.7	4.5	0.86	4.2	9	2.5	
5	小区用地合计	31.72	100	25.17	38.1	100	19.2	46.8	100	28	
6	小区用地占总用地比重		42			51.1			62.8		
二	小区级以外的用地	4.5			3.6	4.83		11			
1	市区级公共建筑							1.7			
2	市区级绿地及体育场							0.9			
3	非地方性公共建筑	0.7	6		0.7			0.8	14.8		
4	工业手工业	3.9			2.9			2.7			
	（1）工业	1.2			1.2			1.2			
	（2）手工业	2.7			1.7			1.5			
5	河湖							4.9			
三	其他	38.28			32.8			16.7			
1	空地	13.08									
2	产业及苗圃	1.5			0.6						
3	专用土地	1.2	51		1.2	44			22.4		
4	古建筑及宗教用地	0.4			0.4						
5	不适于建筑地段				8.5						
6	市级道路及对外交通用地	22.1			22.1			22.1			
	总计	74.5			74.5			74.5			

资料来源: 傅守谦, 罗栋, 张国良. 北京市夕照寺居住小区规划方案介绍 [J]. 建筑学报, 1958（1）: 14.

夕照寺小区简要经济技术指标　　　　　　　　　　　　表 11-3

序号	指标		远景		
			合计	3~4层	6~9层
1		小区总用地（hm²）	74.5		
		小区用地（hm²）	46.8		
		平均每人用地（m²）	28		
2		居住用地（hm²）	24.8	17.2	7.6
		平均每人用地（m²）	14.8	17.3	11.3
3		居住人数（人）	16700	9970	6730
4		住宅平均建筑层数		3.7	8
5		首层建筑面积（m²）	62750	45550	17200
6		居住建筑面积（m²）	307100	169500	137600
7		居住建筑密度（%）		26.7	22.6
8		居住总面积（m²）	150300	89700	60600
9	居住面积密度（m²/hm²）	毛密度	3200		
		净密度	6040	5210	8000
10	人口密度	毛密度（人/hm²）	357		
		净密度（人/hm²）	673	580	885
11		小区服务设施用地（hm²）	13.2		
		平均每人用地（m²）	7.9		
12		小区绿地（hm²）	4.2		
		平均每人用地（m²）	2.5		
13		小区道路（hm²）	4.6		
		平均每人用地（m²）	2.75		
14		合计			

资料来源：傅守谦，罗栋，张国良.北京市夕照寺居住小区规划方案介绍[J].建筑学报，1958（1）：14.

　　苏联在 20 世纪 50 年代中后期开始规划由几个小区组成的居住区。居住区规模为 2.5 万~5 万人，用地约 100~200hm²，居住区中心服务半径为 1000~1500m，步行约 25~20 分钟[1]。"二五"时期，居住区这种住区组织形式开始引入中国。1958 年的《北京城市总体规划》提出，城市居住区应按人民公社化的原则组织[2]。1959 年学习苏联经验规划的牡丹江工人居住区是较早按居住区规划原理设计的居住区，但由于工厂下马而并未实施[3]（图 11-5）。

① 商志原.居住区发展概述[J].城市规划研究，1981（2）：22.
② 吕俊华，彼得·罗，张杰.中国现代城市住宅：1840-2000[M].北京：清华大学出版社，2003：163.
③ 商志原.居住区发展概述[J].城市规划研究，1981（2）：37.

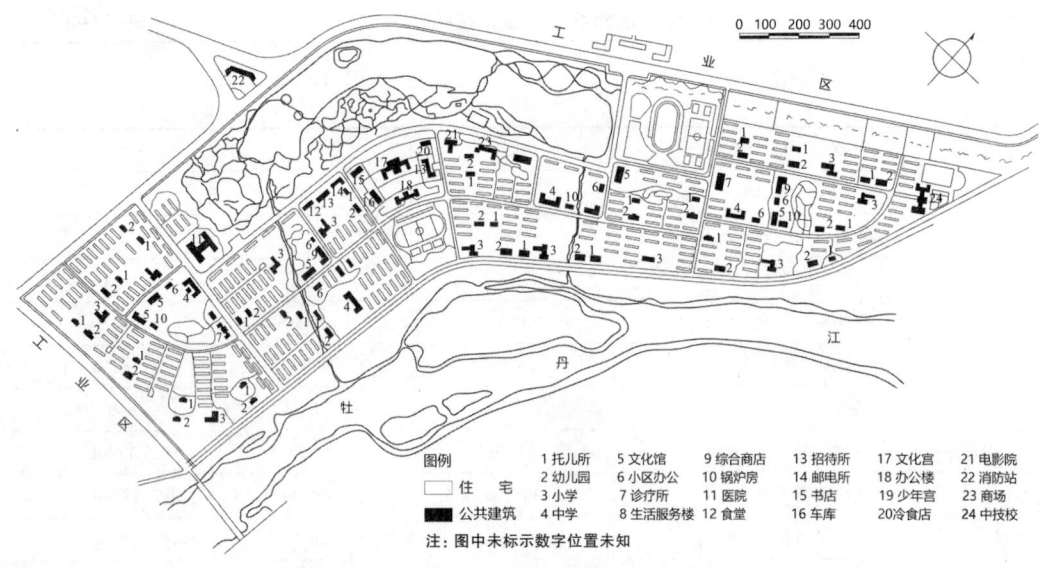

图 11-5   牡丹江工人居住区

资料来源: 商志原 . 居住区发展概述 [J]. 城市规划研究, 1981 (2): 44.

图例

住宅	1 托儿所	5 文化馆	9 综合商店	13 招待所	17 文化宫	21 电影院
公共建筑	2 幼儿园	6 小区办公	10 锅炉房	14 邮电所	18 办公楼	22 消防站
	3 小学	7 诊疗所	11 医院	15 书店	19 少年宫	23 商场
	4 中学	8 生活服务楼	12 食堂	16 车库	20 冷食店	24 中技校

注: 图中未标示数字位置未知

居住区规划理念引入后, 在一段时期内尚未定型。居住区规划设计问题成为讨论的热点[①]。城市居住区的规模被认为大致为 4 万 ~ 6 万人左右[②], 讨论将居住区组织结构概括为两种形式。形式之一类似于上海市 1958 年以前规划修建的新村, 以四周干道所包围的街坊群组成有独立生活服务设施的居住分区 (居住区的一个部分), 区内不设穿越交通, 用地 50 ~ 100hm², 人口三四万左右, 中心地段设文化商业中心, 四周干道有公共交通路线, 公共车站和文化商业中心的服务半径最大不超过 500 ~ 600m[③]。形式之二以小区组成居住区, 以人口规模约 1 万人、用地近 20hm²、设有日常生活服务设施的居住小区作为组成居住区的基本规划单位, 居住区内部形成公共交通网环绕文化商业中心的布局[④]。

大型居住区的建设, 直到 20 世纪 70 年代才开始。70 年代中期, 国家计委制定 "43" 方案[⑤], 开始了继 "156 项" 后第二次大规模从国外引进工业设备的计划[⑥]。大型居住区随着一些重点工业项目、卫星城镇的建设而形成。比较典型的例子为上海石油化工总厂生活居住区规划 (图 11-6)。上海石油化工总厂以合成纤维为主要产品, 这个大型石油化工联合企业位于上海西南郊金山卫。工厂的生活居住区规划为 "一个布局科学合理、居

① 例如汪骅、陈庆庄对生活服务设施的分级与布置、住宅密度、住宅群体组织的研究, 董鉴泓对庭院式居住区的探讨以及王硕克对商业服务设施设置的研究等。
② 王硕克 . 居住区级商业服务设施设置形式的探讨 [J]. 建筑学报, 1964 (4): 20-26.
③ 汪骅, 陈庆庄 . 上海居住区规划设计中几个问题的探讨 [J]. 建筑学报, 1964 (2): 8.
④ 汪骅, 陈庆庄 . 上海居住区规划设计中几个问题的探讨 [J]. 建筑学报, 1964 (2): 9.
⑤ 20 世纪 70 年代初期, 向美国、前联邦德国、法国、日本、荷兰、瑞士、意大利等国家大规模引进成套技术设备的计划。1973 年 1 月, 国家计委向国务院建议在 3 ~ 5 年内引进价值 43 亿美元的成套设备, 通称 "四三方案"。
⑥ 陈东林 .156-43-78: 中国改革开放前的三次对外经济引进高潮 // 当代中国与它的外部世界——第一届当代中国史国际高级论坛论文集 [C]. 当代中国出版社, 2006: 256-271.

住条件较好、新型的远郊卫星城镇"[1]，按统一投资、统一规划、统一设计、统一施工的方式建设。生活居住区规划总用地面积 144.95hm²，规划结构分卫星城—居住区—街坊—住宅群等 4 级，以适应行政管理的地区办事机构—街道委员会—居民委员会—居民小组体制。居住区的建设仍以按计划、按人均、按定额为基本模式。居住区平均[2]每人生活居住用地为 18.3m²；职工住宅户型以上海的 5～6 层定型住宅为主，一期住宅标准偏低，每户建筑面积为 36～42m²，二期标准提高至平均每户建筑面积 42～45m²[3]。

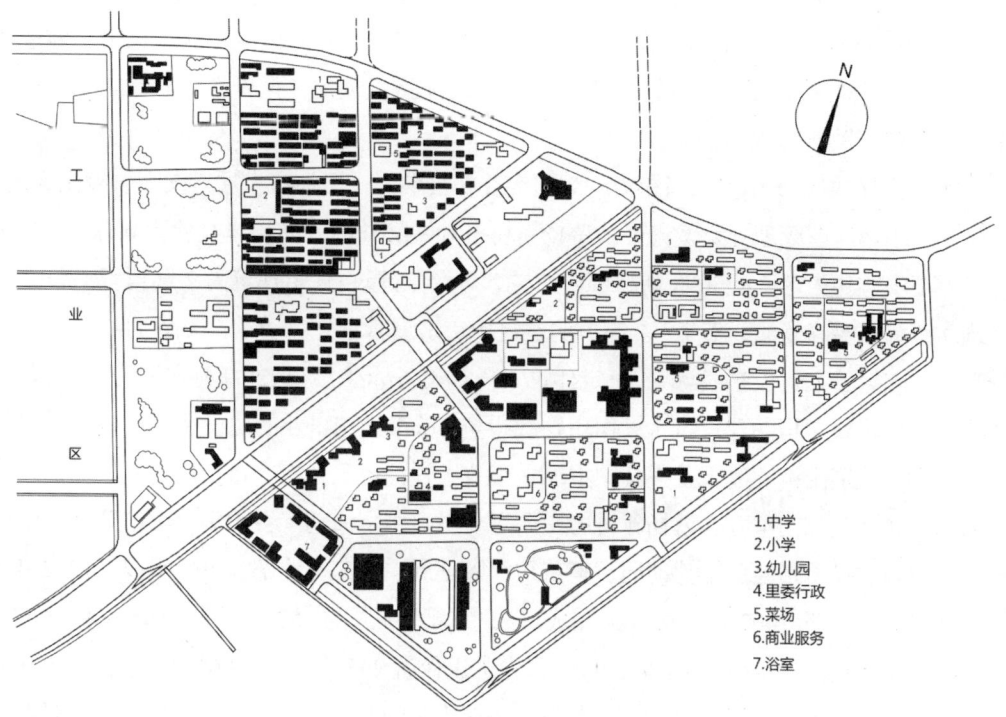

图 11-6 上海石油化工总厂生活区总平面

资料来源：上海市城市规划办公室.上海石油化工总厂生活居住区规划 [J].城市规划，1979（Z1）：35.

1.中学
2.小学
3.幼儿园
4.里委行政
5.菜场
6.商业服务
7.浴室

第六节 公有住房供给的国家－单位模式

一、雏形：示范性工人新村

新建公有住房的供给，始于国民经济恢复时期的工人新村建设。1951 年 2 月，中共

---

① 上海市城市规划办公室.上海石油化工总厂生活居住区规划 [J].城市规划，1979（Z1）：33.
② 生活居住区分为两期：一期用地 44.3hm²，从 1973 年开始建设；二期用地 87.95hm²，1978 年开始建设。一期 3.6 万人，平均每人生活居住用地 12.3m²，居民反映建筑密度较大，比较拥挤，日照条件较差；二期居住 4.4 万人，平均每人生活居住用地 20.0m²。
③ 上海市城市规划办公室.上海石油化工总厂生活居住区规划 [J].城市规划，1979（Z1）：35，36.

中央发布《政治局扩大会议决议要点》，制定了城市建设计划中贯彻为生产、为工人服务的方针，提出在增加生产的基础上逐步改善工人生活。为工人服务、建设工人住宅成为国民经济恢复时期各地城市建设的重点。1952 年，以上海曹杨新村、天津中山门新村为代表的一批工人新村在几个大城市相继落成。

1. 曹杨新村与二万户住宅

上海市曹杨新村第 1 期工程有 1002 户住宅，由国家统一投资、统一规划、统一设计、统一施工、统一分配、统一管理，是第一个以"六统一"方式组织建造的城市工人住宅区[①]。曹杨新村一期建设的征地，为中华人民共和国成立后上海市统一征用农田[②]建造住宅的开始。征地"采取了阻力最小的路线"[③]，普陀区兰溪路、花溪路交汇处的 225 亩土地由上海市人民政府批准征用。

《曹杨新村规划》由上海市都市计划研究委员会参考《上海市发展方向图》编制完成，新村建筑由市房屋管理处负责设计。曹杨新村占地 94.63hm²，基地半径约为 0.6km，从边缘步行至中心约为 7 ~ 8 分钟，新村中心布置各项公共建筑；住宅建筑为 2 层，行列式布置，建筑间距为住宅高度的一倍半[④]。新村的建筑由市房屋管理处负责设计（图 11-7），设计前曾听取普陀区工人代表座谈意见，确定建筑式样和设备标准[⑤]。曹杨新村一期的住宅、公共建筑及室外附属工程的建设资金，由市财政投资；城市公用事业的建设费用由各有关单位投资。房屋建筑由市营建筑工程公司承担，市政工程由市工务局、市公用局主办，公共建筑分别由各有关部门承办。曹杨新村房屋调配委员会由上海总工会牵头，由市公共房屋管理处、市政建设委员会、市劳动局、华东纺织管理局、华东工业部等单位组成。1952 年 6 月，曹杨新村一期 1002 户住房分配完成。52 家国营工厂的 653 名工人和 65 家私营工厂的 349 名工人迁入 1002 户新工房。其中，先进工作者 247 人（占 24.6%），老工人 530 人（占 52.9%）[⑥]。1952 年曹杨新村建设期间，上海人民印制厂在曹杨新村内征地兴建职工住宅 32543m²，为新中国成立后上海的企业首次建造职工住宅[⑦]。此后，许多国营、公私合营、私营企业也在指定地点投资建造工人住宅。曹杨新村的建设，以曹杨一村为中心逐步向外扩展建设，至 1977 年，曹杨新村分四期建设完成（图 11-8）。

继曹杨新村一村的建设之后，1952 年 4 月，上海市决定兴建"二万户"工人住宅，作为"今后更大规模地建造工人住宅的开端"[⑧]。为统筹"二万户"住宅建设，上海市工

---

① 上海市地方志办公室. 上海住宅建设志 [DB/OL].（2007-3-8）[2017-07-18]. http://www.shtong.gov.cn/newsite/node2/node2245/node75091/index.html.
② 征地涉及农民 122 户，当时郊区尚未实行土地改革，市政府区别不同情况，对农民给予补偿。
③ 汪定曾. 上海曹杨新村住宅区的规划设计 [J]. 建筑学报，1956（2）：1.
④ 汪定曾. 上海曹杨新村住宅区的规划设计 [J]. 建筑学报，1956（2）：13.
⑤ 上海市地方志办公室. 上海城市规划志 [DB/OL].（2003-09-04）[2017-07-18]. http://www.shtong.gov.cn/Newsite/node2/node2245/node64620/index.html.
⑥ 李家齐. 上海工运志 [M]. 上海：上海社会科学院出版社，1997：561.
⑦ 周玉升，张步云. 上海市普陀区住宅建设志 [M]. 上海：上海市普陀区人民政府住宅建设办公室，1994：11.
⑧ 上海市地方志办公室. 上海住宅建设志 [DB/OL].（2007-3-8）[2017-07-18]. http://www.shtong.gov.cn/newsite/node2/node2245/node75091/index.html.

人住宅建筑委员会成立。"二万户"住宅的征地、投资、设计、建设、分配皆由政府部门组织完成。"二万户"工房分布在沪东、沪西、沪南的 9 处基地，分属 5 个行政区，共占地 5650 亩 [①]。征地由市地政局负责，用地补偿办法由地政局会同普陀、新泾、真如、大场、江湾等区人民政府和市公共房屋管理处、市郊农民协会等单位共同研究决定。"二万户"住宅设计由华东建筑设计公司承担，住宅户型经相关领导最终确定，只有一种统一的形式，住宅结构为五开间为 1 个单元的 2 层楼房。住宅以行列式排列，前后间距为房高的 1 ~ 1.5 倍。1952 年 8 月 15 日，"二万户"住宅建设工程动工。"二万户"住宅建设费用为 5821 万元，全部由国家投资，共新建住宅 1052 幢，建筑面积 552671m² [②]。住宅分配给华东纺织管理局和华东工业部所属上海纺织、五金、化工工厂工人共 13580 户，地方国营工厂和私营工厂工人共 4700 多户，建筑工人和市政工人共 1500 多户 [③]。

"二万户"住宅建成后，划分为 17 个工人新村。其中，曹杨新村二村、三村、四村、五村、六村共有"二万户"工房 400 个单元，合计 4000 户，建筑面积 11 万 m²，用地 23.63hm²，于 1953 年 7 月竣工 [④]。

2. 天津中山门与王串场工人新村

1952 年天津市政府将兴建工人新村列为市政建设的基本任务之一。2 月，市政府召集天津钢厂等联建单位研究兴建工人住宅的计划。3 月 11 日，"天津市建筑管理委员会"成立，统一指挥工人新村的兴建。3 月 22 日，市人民政府发出建设工人宿舍的指示后，建管会开始办理公私营企业和单位申请建房的登记手续 [⑤]。

1952 年 4 月至年底，建筑管理委员会选择中山门、西南楼、吴家窑、丁字沽、王串场、唐家口、佟楼等 7 处靠近工业区的地段建设工人新村。每个新村规划人口规模为 3 万 ~ 5 万人，以邻里单位理论为依据 [⑥]。新村地段由城市干道包围，内部划分为 6 ~ 8hm² 的街坊，中心为公共绿地，围绕中心布置文化、医疗和其他福利设施。住宅采用行列式布局，住房设计为每户一室与半间厨房。新村住宅建设的资金由机关及企业单位联合筹集，建设所需土地由市政府统一组织征用，实现从规划、设计、施工建设到分配管理的五统一。

中山门与王串场工人新村为 7 处新村的代表。中山门工人新村最早开始建设，王串场工人新村则是建筑规模最大的新村。1952 年 4 月 19 日开工，10 月，首批住宅工程建成 [⑦]。中山门新村位于河东区，基地原为荒地，由天津钢厂、纺织厂、邮电等单位参建。中山门工人新村也是天津市首批兴建的 7 个工人新村中占地面积最大的，占地面积为

① 周玉升，张步云.上海市普陀区住宅建设志 [M].上海：上海市普陀区人民政府住宅建设办公室，1994：56.
② 上海市地方志办公室.上海住宅建设志 [DB/OL].（2007-3-8）[2017-07-18]. http://www.shtong.gov.cn/newsite/node2/node2245/node75091/index.html.
③ 上海市地方志办公室.上海住宅建设志 [DB/OL].（2007-3-8）[2017-07-18]. http://www.shtong.gov.cn/newsite/node2/node2245/node75091/index.html.
④ 周玉升，张步云.上海市普陀区住宅建设志 [M].上海：上海市普陀区人民政府住宅建设办公室，1994：56.
⑤ 康天锦.天津房地产志 [M].天津：天津社会科学出版社，1999：139.
⑥ 张龙斌.天津市城市规划志 [M].天津：天津科学技术出版社，1994：172.
⑦ 王长和.河东区房地产志 [M].天津：天津社会科学院出版社，1996：40.

图 11-7 曹杨新村规划总平面图

资料来源: 汪定曾. 上海曹杨新村住宅区的规划设计 [J]. 建筑学报, 1956 (2): 3.

图 11-8　曹杨新村分期建设图

资料来源：孙平．上海城市规划志 [M]．上海：上海社会科学院出版社，1999：529．

2073.297 亩，建筑面积 164532.51m²，房屋 10093 间[1]。新村内部的八卦形道路将用地划分为 12 个街坊，围绕中心公园布置生活服务设施，住宅呈行列式布置，每排 10 间或 12 间（图 11-9）。住宅建筑原规划布置呈东南向，动工时为考虑正朝向，均调整为正南北向布置与内部道路成 45°角[2]（图 11-10）。

王串场工人新村分两批历时 1 年多建设而成。新村基地原为农田、菜地、水坑、坟墓，占地面积 1720.539 亩，建筑面积 225459.86m²，房屋 13787 间[3]。新村建设用地由市政府统一征用，建设资金由 19 个单位筹集，包括铁路、电工二厂、电业局、天津邮政局、纺织局、电机厂、橡胶配件厂、建筑工程局、搬运工会、国营运输公司、公安局、房管局、大中华橡胶厂、市政工程局、工业局、被服厂、制革厂、工商局、华北基建公司[4]。

1952 年年底，天津市 7 个工人新村全部竣工并交付使用，共建房 55097 间，建筑面积 90.14 万 m²，96 个单位的 17 万名职工及家属迁入新建住宅区[5]。

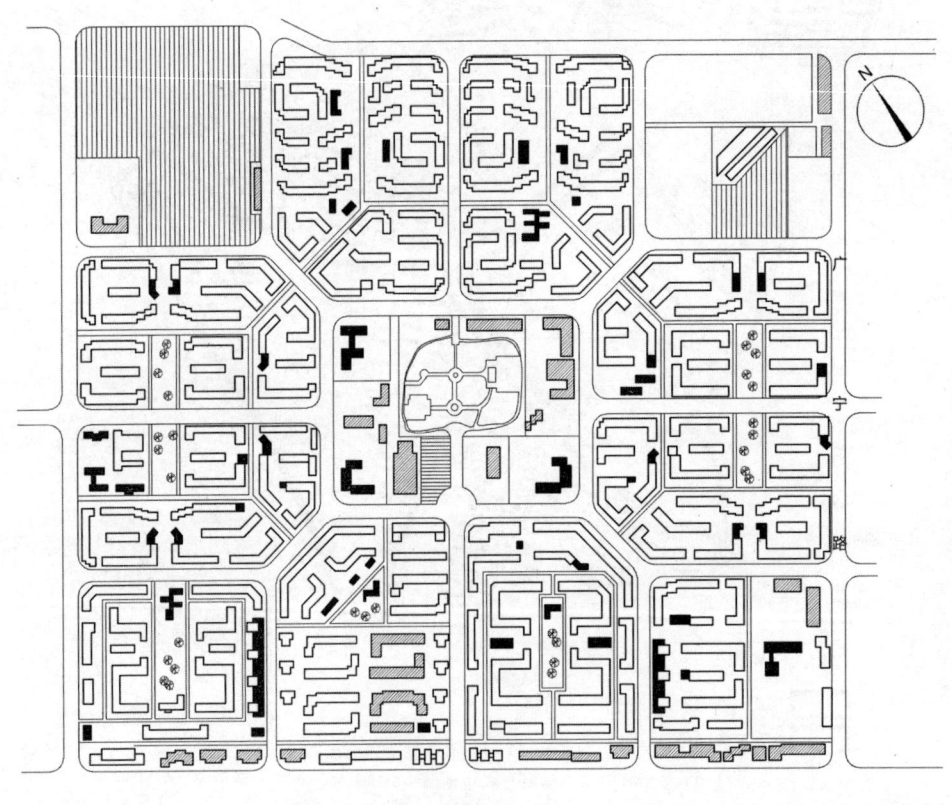

图 11-9 中山门工人新村规划平面图

资料来源：张龙斌. 天津市城市规划志 [M]. 天津：天津科学技术出版社，1994：174.

---

[1] 康天锦. 天津房地志 [M]. 天津：天津社会科学出版社，1999：139.
[2] 张龙斌. 天津市城市规划志 [M]. 天津：天津科学技术出版社，1994：172.
[3] 康天锦. 天津房地志 [M]. 天津：天津社会科学出版社，1999：139.
[4] 季宜勤. 河北区房地志 [M]. 天津：天津社会科学院出版社，1995：81.
[5] 康天锦. 天津房地志 [M]. 天津：天津社会科学出版社，1999：139.

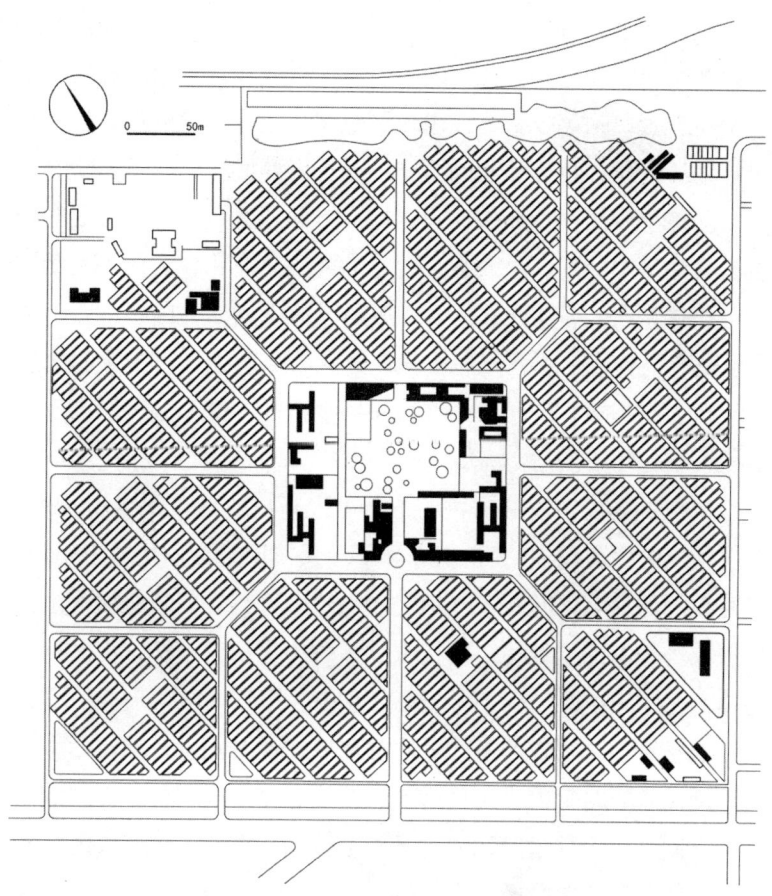

图 11-10 中山门工人新村实际建设平面图

资料来源：张龙斌. 天津市城市规划志 [M]. 天津：天津科学技术出版社，1994：174.

3. 示范性的新模式

上海的曹杨新村与天津的中山门新村等中华人民共和国成立后的第一批工人住宅区，作为政府统建住宅的代表，体现出了政府改善工人生活、为工人服务的政治意图与示范性作用。曹杨新村一期 1002 户住宅对上海市乃至全国的工人住宅建设具有突出的示范作用，"为全市国营、公私合营和私营企业建造工人住宅指明了方向"[①]。天津工人新村的兴建，从设计到施工皆作为政府的一项政治任务来完成[②]。1953 年 8 月 12 日，1002 户工人住宅被命名为曹杨一村。新华社发布新闻称："曹杨新村目前已成为中国第一座工人住宅新村。"[③]

第一批工人新村的建设过程中，公有住房供给制度的雏形开始显现。工人新村建设

[①] 上海市地方志办公室. 上海住宅建设志 [DB/OL].（2007-3-8）[2017-07-18]. http://www.shtong.gov.cn/newsite/node2/node2245/node75091/index.html.

[②] 王长和. 河东区房地产志 [M]. 天津：天津社会科学院出版社，1996：40.

[③] 上海市地方志办公室. 上海住宅建设志 [DB/OL].（2007-3-8）[2017-07-18]. http://www.shtong.gov.cn/newsite/node2/node2245/node75091/index.html.

的核心特征为政府对征地、筹资、建设、分配等全过程的主导与组织。政府为筹建工人住宅成立了专门组织与管理机构。住宅区建设所需城郊农地，由政府统一征收为国有土地。新建住宅所需资金由国家投资，或由政府组织企业等单位筹集。住宅区的规划与建筑设计、施工、住房分配，也在政府的主导下进行。建成后的住房为公有住房，分到住房的个人或家庭缴纳租金居住。在住房建设标准方面，统一户型与标准的趋势已经开始显现。第一批工人住房的分配，除改善工人生活外，还有将住房作为奖励品的意图。例如曹杨一村的分房原则是：①就近分配给住房困难的工人，并以纺织、五金等产业的工人为主；②照顾生产上有贡献者，将房屋优先分配给生产上一贯带头的先进工人和工龄较长、生产上一贯表现积极的老工人中住房特别拥挤的。此项分房原则后来为分配上海市政府建造的工人新村时所沿用[①]。

　　政府主导、单位参与的公有住房供给，由工人新村的建设促生出一种全新的模式。虽然也是政府主导下的住房建设，但它完全不同于民国时期政府主导下的新住宅区开辟。南京国民政府时期的新住宅区开辟，土地征收由政府进行，但政府仅限于整体规划与市政设施建设。征收为公有的土地经市民按价承领后仍为私有土地，市民自建的住宅也为私有产权。整体上，政府主要发挥组织与规范建设的职能。工人新村则是政府控制筹资、征地、建设、分配、管理全过程的方式。这种住宅建设方式以及建成后土地与住宅的产权形式，与南京国民政府时期的平民住所更为接近。但工人新村住房供给的目标对象与平民住所又完全不同。住房建设的目的不是实施救助，而是为中华人民共和国的"领导阶级"——工人群体服务。第一批工人新村的建设，成为官方意识形态许诺的生活愿景的展示。土地公有、住房公有的形式，体现着符合社会主义公有制目标的特征。

二、定型：国家－单位模式

　　单位制形成于第一个五年计划期间，起始可追溯至中华人民共和国成立之前共产党对东北大城市的接管。中国共产党在接管东北企业和管理城市时，借助根据地与苏联经验，概括出了接管城市及企业的模式，形成了"单位制"的雏形，在全国单位制形成过程中扮演了关键的"典型示范"角色[②]。"一五"期间，多项苏联援助的重大建设项目落户东北。东北不但成为了新中国工业化建设的示范区，而且确立起了典型的单位体制。苏联模式的职工生活区随工业项目的厂区一起建设起来。生活区建设不但以保证职工生活需要与便利为目的，更为体现社会主义制度优越于资本主义的原则[③]。长春第一汽车制造厂生活区作为厂区的配套项目，体现出了"一五"期间重点工业项目住宅区的典型特征。

---

①　李家齐. 上海工运志 [M]. 上海：上海社会科学院出版社，1997：561.
②　田毅鹏. "典型单位制"的起源和形成 [J]. 吉林大学社会科学学报，2007，47（4）：56.
③　田毅鹏. "典型单位制"的起源和形成 [J]. 吉林大学社会科学学报，2007，47（4）：60.

　　长春第一汽车制造厂（以下简称一汽）是第一个五年计划期间 156 项重点工程之一。项目于 1950 年开始筹备，1953 年兴建，1956 年建成投产，生活区随厂区同时兴建。一汽由中央人民政府重工业部汽车工业筹备组负责筹建。一汽兴建时没有总预算，总投资额由第一机械工业部于 1955 年 3 月确定。至 1957 年末结尾工程结束，共完成投资 61724 万元[①]，全部为国家拨款。1953 年 6 月，《中共中央关于力争三年建设长春汽车厂的指示》颁布，第一汽车制造厂工程得到中央政府各部门及全国各地的建设物资、人员的支持。1953 ~ 1956 年建厂时期，工程整体规划项目共 106 项，其中，工厂区 55 项，宿舍区 23 项，其他 28 项[②]。1956 年建成后的一汽厂区面积为 150hm²[③]，生活区用地面积为 223hm²[④]。

　　一汽的选址由苏联斯大林汽车厂总设计师斯莫林为组长的苏联专家协助，基地由政务院财经委员会批准。一汽选址在长春城郊孟家屯车站对面铁路以西地区，大部分土地为公有。生活区的初步规划设计，委托苏联建筑工程部城市建筑设计院进行。1953 年 4 月，《长春市西南区规划图说明书》提供给第一汽车制造厂。《长春市西南区规划图说明书》的内容包括整个西南区的计划图、居住区与福利设施区内市政设施的基本系统图以及居住区第一期建设的综合计划。生活区采用按定额指标设计的方法，布局为苏联的居住街坊形式（图 11-11、图 11-12）。

　　由于苏联设计采用的基本职工人数与实际情况不同、选取的定额指标较高等原因，华东工业设计院、长春市城市规划委员会、市电业管理局与第一机械工业部设计公司合作，对苏联设计院制定的第一期建设综合计划进行修改与深化设计。生活区规划总人口最终确定为 46560 人，生活区采用按定额指标设计的方法。人均居住面积定额采用近期 4.5m²、中期 6m²、远景 9m²，总平面布置图选用每人 6m² 为标准编制规划[⑤]。居住区整体布局采用住宅街坊形式，街坊面积在 6 ~ 12hm² 之间。住宅建筑以 4 ~ 5 层为主，少部分地区布置 3 层建筑。此外，居住区按居民人数、规划分期指标进行公共建筑配置。公共建筑包括托幼、中小学、文化、餐饮、医疗、服务等 19 项设施。

　　第一生活区包括 300、301 两个宿舍区共 23 项工程，与厂区建设同期进行，于 1953 年 8 月动工，1956 年完成。生活区总投资 4758.50 万元[⑥]，占工厂总投资的 7.7%。生活区建成职工单身宿舍、职工家属宿舍、专家宿舍以及小学、食堂、浴室、厨房、合作社等设施，向单位职工提供集体性与社会性生活服务。生活区每平方米建筑面积的平均造价为 140 元，宿舍每平方米建筑面积的平均造价为 90 元。建成后的职工宿舍为公有住房，用地为国有土地。

① 第一汽车制造厂史志编纂室.第一汽车制造厂厂志 1950-1986[M]. 长春：吉林科学技术出版社，1991：106.
② 第一汽车制造厂史志编纂室.第一汽车制造厂厂志 1950-1986[M]. 长春：吉林科学技术出版社，1991：2.
③ 第一汽车制造厂史志编纂室.第一汽车制造厂厂志 1950-1986[M]. 长春：吉林科学技术出版社，1991：106.
④ 华东工业设计院.附东北某居住区详细规划设计的内容介绍 [J]. 建筑学报，1955（2）：35.
⑤ 华东工业设计院.附东北某居住区详细规划设计的内容介绍 [J]. 建筑学报，1955（2）：33.
⑥ 第一汽车制造厂史志编纂室.第一汽车制造厂厂志 1950-1986[M]. 长春：吉林科学技术出版社，1991：120.

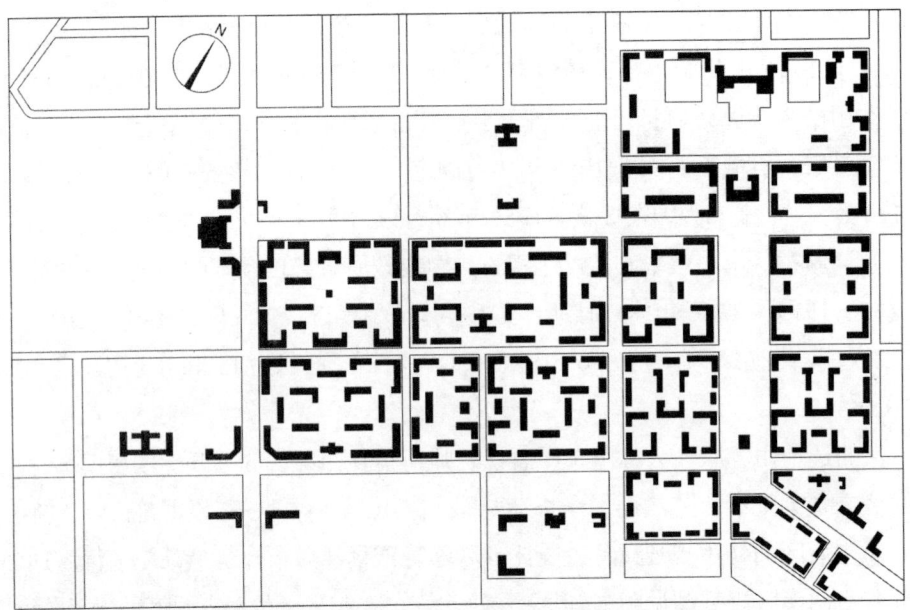

图 11-11 第一汽车制造厂居住区详细规划图

资料来源：华东工业设计院.附东北某居住区详细规划设计的内容介绍 [J].建筑学报，1955（2）：29.

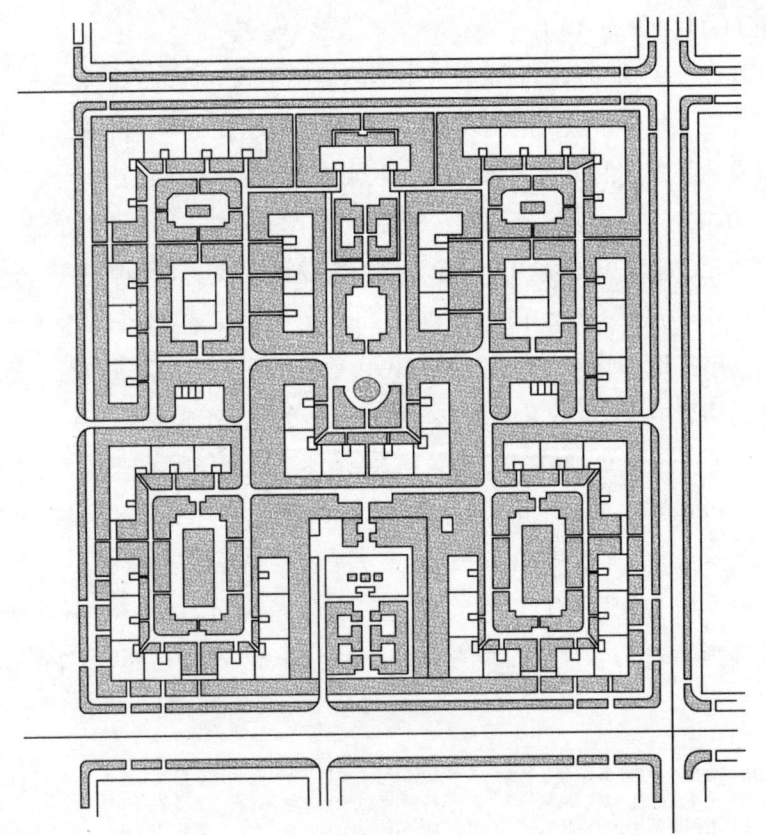

图 11-12 第一汽车制造厂居住区街坊布置图

资料来源：华东工业设计院.附东北某居住区详细规划设计的内容介绍 [J].建筑学报，1955（2）：30.

长春第一汽车制造厂生活区建设以"单位"形式来组织,项目、选址、土地准备、投资、规划、设计、建设、使用全过程完全体现为国家计划的执行。单位成为贯彻国家意图的执行机构,国家不直接面向职工个人提供住房,而通过单位来实现生活资料的分配。长春第一汽车厂生活区是以"国家 - 单位"模式建设公有住房的代表。公有住房的这种供给模式,不但应用于156项及其配套的694项等工业建设单位,也波及机关、企业、团体等各行各业。

第一个五年计划时期,一系列制度安排,使劳工的就业场所这一社会基层组织转变为"单位"[①]。单位成为职工获得包括住房在内的个人基本生活资料的主要来源。随着国家土地征用权的建立,政府运用行政权力,通过郊区土地改革、基本项目建设逐步实现了郊区与市内征用土地的国有化,城市公有土地范围不断扩大。自上而下进行的土地、空间、建筑材料等资源的指令性配置,依靠各级政府与行业部门的执行,通过单位这一住房供给的责任主体完成。按照《国家建设征用土地办法》与《城市建筑管理试行条例(草案)》确立的土地征收与使用的行政审批制度,"单位"为土地征用与使用的主体。建设住宅所需的土地,必须依托国家机关、企事业单位、团体等各类"单位"组织来获得。住房建设资金由国家按照计划拨付(或为企业奖励基金等),资金的使用与住房建设由单位与地方政府协作完成。按定额供地、按定额建房、住宅定型设计等居住标准的国家整体控制,具体由单位来承接与执行。住宅街坊与居住小区的建设形式,也都依赖于单位组织的集中住宅建设以及土地的统一征用才能实现。

整体上,公有住房供给所需的资金、土地、材料等由国家控制与分配,住房的建设、分配、管理在国家控制下依靠单位来具体完成,由此形成公有住房供给与分配的"国家 - 单位"模式。国家权力与资源的统一配置结构中,单位制确立了所有社会要素所依赖的路径[②]。借由单位组织,国家权力渗透入普通市民的日常居住生活之中,公有住房制度成为国家进行社会主义制度建构的重要部分。

第七节　公有住房制度的特征

一、总量增长下的住房短缺

1949年至20世纪70年代末,为适应社会主义工业化建设的需要,大量职工住宅在城市中建设起来。从国民经济恢复时期开始,至"一五"时期,城市住宅面积总量呈现

---

① 路风.中国单位体制的起源和形成[J].中国社会科学季刊(香港),1993(5):91-134.
② 渠敬东.项目制:一种新的国家治理体制//周雪光,刘世定,折晓叶.国家建设与政府行为[M].北京:社会科学出版社,2012:239.

较大幅度的增长。

国民经济恢复时期的 1949～1952 年，全国城市大约新建 1000 万 m^2 的职工住宅[①]。至 1952 年底，成都市新建住宅 7.7 万 m^2，太原市新建住宅 26.7 万 m^2，济南市新建住宅 20.4 万 m^2，北京市新建住宅 156.9 万 m^2，江西省全省城市共建住宅 452.97 万 m^2[②]。新建住房的来源主要有 3 种途径，包括居民自建、公私企业建设以及国家投资建设。

"一五"时期，国家投资建设的公有住房快速增加，逐步成为城市新增住房的绝对主体。全国总工会的统计资料显示，1952～1956 年，国家对职工住宅的投资共有 41.6 亿元，建筑面积达 7282 万 m^2（每平方米造价平均 57 元），住宅投资平均约占国家基本建设投资的 9.32%[③]。国家建委对 58 个城市的统计数据显示，1949 年底 58 个城市[④]的住宅建筑面积为 10700.5 万 m^2，1957 年底为 15923.9 万 m^2，1957 年住宅面积为 1949 年的 1.49 倍[⑤]。8 年内新增竣工的住宅面积合计 5254 万 m^2，其中 1950～1952 年间为 763.7 万 m^2，1953～1957 年间为 4490.3 万 m^2[⑥]。国家统计局对全国人口、劳动和工资福利的统计显示，"一五"期间，全国新建的职工住宅建筑面积合计 9454 万 m^2[⑦]。

公有住房的总量伴随着城镇与城镇人口数量的增长而增长。1949 年中华人民共和国刚成立时，有城市 132 个，市区人口 3949 万人，城市市区人口占全国总人口比重为 7.3%[⑧]。1949 年底，全国共有设县镇的小城市 2000 多个[⑨]。"一五"时期 156 项重点工程启动后，新建工矿城市诞生、原有城市扩大，1957 年末，城市已发展到 176 个，市区人口增加 7077.27 万，市区人口占全国人口的比重提高到 10.9%[⑩]。1949～1978 年，全国城镇人口由 5765 万人增长至 17245 万人[⑪]。同期城镇住宅总共竣工 4.67 亿 m^2，平均每年建成新住房 1557 万 m^2；总投资 369.16 亿元，平均每年 12.3 亿元[⑫]。"一五""二五"时期住宅面积快速增加，住宅建设速度在整个 20 世纪 60 年代明显放缓，至 70 年代末期才逐渐恢复（表 11-4）。

新建公有住宅大量增加、居民生活状况改善的同时，城市住房短缺等问题却十分突

---

① 曹洪涛，储传亨. 当代中国的城市建设 [M]. 北京：中国社会科学出版社，1990：29.
② 曹洪涛，储传亨. 当代中国的城市建设 [M]. 北京：中国社会科学出版社，1990：29.
③ 中国社会科学院，中央档案馆.1953-1957 中华人民共和国经济档案资料选编：劳动工资和职工保险福利卷 [M]. 北京：中国物价出版社，1998：1138.
④ 58 个城市中包括 50 万人以上的大城市为北京、天津等 22 个城市，10 万～50 万人的中等城市为承德、张家口等 25 个，10 万人以下的小城市为巴彦浩特等 11 个城市。
⑤ 中国社会科学院，中央档案馆.1953-1957 中华人民共和国经济档案资料选编：固定资产投资和建筑业卷 [M]. 北京：中国物价出版社，1998：957.
⑥ 中国社会科学院，中央档案馆.1953-1957 中华人民共和国经济档案资料选编：固定资产投资和建筑业卷 [M]. 北京：中国物价出版社，1998：954.
⑦ 中国社会科学院，中央档案馆.1953-1957 中华人民共和国经济档案资料选编：劳动工资和职工保险福利卷 [M]. 北京：中国物价出版社，1998：1141.
⑧ 国家统计局. 新中国 60 年 [M]. 北京：中国统计出版社，2009：71.
⑨ 黄立. 中国现代城市规划历史研究（1949-1965）[D]. 武汉：武汉理工大学，2006：21.
⑩ 国家统计局. 新中国 60 年 [M]. 北京：中国统计出版社，2009：71.
⑪ 国家统计局. 新中国 60 年 [M]. 北京：中国统计出版社，2009：608.
⑫ 林群. 住宅建设四十年 [J]. 城市规划，1989（6）：9.

出。全国城市中的缺房户共323万户,占居民总户数的17%[1]。在强制增长的国家战略下,以扩大生产性投资为目的,非生产性投资与消费受到较多抑制。住房作为非生产性建筑的主体,其投资被压缩至较低限度。

1950～1978 年,国家的住宅建设投资占国家基本建设总投资的比重,除1950～1953 年间维持在11%左右,其余年份皆在10%以下,1970 年更低至2.6%[2]（表11-5）。近30 年的城镇住宅建设投资,仅占同时期国民生产总值的0.78%,全社会住宅投资仅约为国民生产总值的1.5%,远低于联合国提出的住房困难经验数值（小于国民生产总值的3.0%,住房条件即会出现困难）[3]。在国家对非生产性投资的管控下,住宅建设与居民生活居住质量一直处于被忽视与受限制的状态。

基本建设竣工房屋建筑面积（万 m^2 ）　　　　　　表 11-4

时期（年份）	竣工房屋建筑面积合计	厂房	仓库	办公室	住宅	学校	医疗机构	其他
"一五" 时期	26640	2239	2678	1719	9454	2385	583	7582
"二五" 时期	38111	10515	4593	1893	11012	3322	576	6200
1963～1965	10850	1865	1327	517	4271	1145	264	1461
"三五" 时期	20166	4033	2420	1008	5400	1774	544	4987
"四五" 时期	38296	8705	4369	2043	12573	3392	1150	6064
"五五" 时期	50040	8085	4190	2744	23486	3585	1204	6746
其中: 1978	9011	1752	828	473	3752	639	245	1322
1979	12000	1702	886	607	6256	734	260	1555
1980	14500	1595	919	823	8230	866	246	1821

注:"三五"时期竣工房屋面积为估算。
资料来源:国家统计局.中国统计年鉴1984[M].北京:中国统计出版社,1984:3666.

1950～1981 年历年住宅建设投资总额及比重　　　　　　表 11-5

年份	投资额（亿元）			占投资总额比重（%）		
	生产性建设	非生产性建设		生产性建设	非生产性建设	
		合计	其中:住宅		合计	其中:住宅
1950	7.37	3.97	1.25	65.0	35.0	11.0
1951	15.25	8.21	2.58	65.0	35.0	11.0
1952	29.14	14.42	4.48	66.9	33.1	10.3
1953	46.90	33.11	9.97	58.6	41.4	12.5
1954	59.88	30.74	8.44	66.1	33.9	9.3
1955	70.47	22.55	6.16	75.8	24.2	6.6

---

[1]　房产通讯杂志社.国家房地产政策文件选编（1948-1981）[M].房产通讯（增刊）,1982:205.
[2]　国家统计局.中国统计年鉴1981[M].北京:中国统计出版社,1982:209.
[3]　林群.住宅建设四十年[J].城市规划,1989（6）:9.

续表

年份	投资额（亿元）			占投资总额比重（%）		
	生产性建设	非生产性建设		生产性建设	非生产性建设	
		合计	其中：住宅		合计	其中：住宅
1956	112.16	35.86	12.74	75.8	24.2	8.6
1957	105.09	33.20	12.82	76.0	24.0	9.3
1958	234.90	32.06	8.10	88.0	12.0	3.0
1959	299.26	45.39	13.47	86.8	13.2	3.9
1960	331.84	52.23	15.70	86.4	13.6	4.1
1961	105.13	18.24	7.43	85.2	14.8	6.0
1962	58.53	9.09	3.96	86.6	13.4	5.9
1963	78.05	16.11	7.28	82.9	17.1	7.7
1964	112.26	26.43	11.16	80.9	19.1	8.0
1965	144.74	26.15	9.43	84.7	15.3	5.5
1966	172.70	26.72	8.77	86.6	13.4	4.4
1967	114.21	16.31	4.96	87.5	12.5	3.8
1968	91.22	12.91	5.21	87.6	12.4	5.0
1969	163.93	21.72	10.21	88.3	11.7	5.5
1970	275.96	19.03	7.62	93.5	6.5	2.6
1971	288.82	32.63	13.70	89.8	10.2	4.3
1972	272.82	39.97	17.97	87.2	12.8	5.7
1973	275.88	45.38	19.85	85.9	14.1	6.2
1974	281.76	51.25	21.55	84.6	15.4	6.5
1975	335.88	55.98	22.94	85.7	14.3	5.9
1976	305.81	53.71	21.81	85.1	14.9	6.1
1977	303.47	60.94	25.06	83.3	16.7	6.9
1978	396.24	83.31	37.54	82.6	17.4	7.8
1979	365.14	134.74	73.79	73.0	27.0	14.8
1980	357.65	181.74	107.76	66.3	33.7	20.0
1981	251.68	176.21	109.23	58.7	41.3	25.5

资料来源：国家统计局. 中国统计年鉴 1981[M]. 北京：中国统计出版社，1982：309.

二、国家控制的低居住水平

中华人民共和国成立后 30 年左右的时间中，城市住宅总量与城市人口数量显著增加。但城市人均居住水平较 1949 年时，反而有所降低。1978 年，全国有城镇 3400 个，人口 1.1 亿，其中设市城市 190 个，人口 7600 万 [1]。1977 年底的统计显示，全国 190 个城市平均

---

① 房产通讯杂志社. 国家房地产政策文件选编（1948-1981）[M]. 房产通讯（增刊），1982：205.

每人居住面积仅为 $3.6m^2$，这一数值比中华人民共和国成立之初的每人 $4.5m^2$ 下降 $0.9m^{2①}$。同时，许多新建住宅被"合理设计，不合理使用"[②]，住宅建筑造价在国家标准控制下一直维持较低水平。1978 年，城市人均住宅建筑面积为 $6.7m^{2③}$，城市人均住宅居住面积为 $4.2m^{2④}$。

除城镇人口总量增长、国家住房投资比重低等因素外，低居住水平的实际状况与国家控制的居住标准执行密切关联。"一五"时期开始，公有住宅进入按"计划"的供应轨道。国家与政府按计划来调拨住宅建设所需的资金、土地、材料等资源。开始执行严格的人口流动控制之后，国家对城镇与乡村居民采取不同的住房政策。城市公有住房的建造标准一直处于统一的国家控制之下。

"一五"时期，资金、物资等管理与分配向中央集中，实行计划分配时城乡人口的划分问题逐步凸显。对计划体制来说，城乡人口作为确定计划和各项决策的主要依据之一，关系到"粮食供应、商品购销、商业网设置、文教卫生设施、城市建设和公用事业的举办、政府工作力量的配备以及财政收支预算的编制"等多方面的计划制定和工作[⑤]。中华人民共和国成立初期，中央已开始确定设市标准，设市人口标准定为 5 万人[⑥]。1953年时，中央借鉴苏联经验[⑦]决定暂以 2 万人口作为城乡划分的界限[⑧]。但根据苏联经验确定的城乡划分标准，各地在执行中出现许多问题。1955 年，国务院通过《国务院关于设置市、镇建制的决定》《关于城乡划分标准的规定》，作为各部门编制计划、统计等区别城乡的依据。镇以常住人口 2000 人，城市以聚居人口 10 万以上、常住人口 20000 人为基本标准。1955 年 11 月，《国家建委党组关于当前城市建设工作的情况和几个问题的报告》提出将城市分为大城市、中等城市、小城市和工人镇。1956 年 2 月，国家建委制定《城市规划暂行定额和规程草案》，按人口数量将城市划分为 10 万人以下、10 万 ~ 25 万人、25 万 ~ 50 万人、50 万 ~ 100 万人、100 万人以上等 5 种类型。中央对城市进行分类的目的在于编制与执行计划，进行有差别的定额及综合指标控制。

对居住标准的控制，与城市人口的控制基本同步。从"一五"初期套用苏联规定定额编制城市规划开始，国家逐步降低人均居住面积与人均住宅用地标准。至 1956 年，首次形成全国统一的城市规划定额，人均居住面积在规划设计、项目审批、建设用地划拨中按 $6m^2$ 控制。"一五"期末，人均居住面积指标实际已经调整至 $4m^2$。1956 年

---

① 房产通讯杂志社 . 国家房地产政策文件选编（1948-1981）[M]. 房产通讯（增刊），1982：205.
② 吕俊华，彼得·罗，张杰 . 中国现代城市住宅：1840-2000[M]. 北京：清华大学出版社，2003：126.
③ 国家统计局 . 新中国 60 年 [M]. 北京：中国统计出版社，2009：592.
④ 国家统计局 . 中国统计年鉴 1986[M]. 北京：中国统计出版社，1986：686.
⑤ 中国社会科学院，中央档案馆 .1953-1957 中华人民共和国经济档案资料选编：固定资产投资和建筑业卷 [M]. 北京：中国物价出版社，1998：769.
⑥ 黄立 . 中国现代城市规划历史研究（1949-1965）[D]. 武汉：武汉理工大学，2006：21.
⑦ 依据中央建筑工程部城市建设局 1954 年出版的《苏联城市规划中几项定额汇集》，当时将城市按人口数量分为 2 万 ~ 5 万、5 万 ~ 10 万、10 万 ~ 30 万、30 万 ~ 50 万、50 万人共 5 组。
⑧ 中国社会科学院，中央档案馆 .1953-1957 中华人民共和国经济档案资料选编：固定资产投资和建筑业卷 [M]. 北京：中国物价出版社，1998：769.

底，全国 175 个城市的人均居住面积为 3.5m²。1957 年，58 个城市[①]的人均居住面积为 3.58m²[②]。中华人民共和国成立后，经过 7 年的城市住宅建设后人均居住水平仍维持在 1949 年水平的原因，除城市人口增长这一因素外，居住定额执行所产生的控制作用也是其中之一。

1962 年，国家开始执行严格的压缩城市人口政策。中共中央、国务院颁布《关于当前城市工作若干问题的指示》，提出："今后一个长时期内，对于城市，特别是大城市人口的增长，应当严格加以控制"[③]。1963 年 12 月，中共中央、国务院制定《关于调整市镇建制、缩小城市郊区的指示》，提出：提高市镇建制标准，压缩城镇人口规模。1978 年前，市镇建制一直执行 1963 年的标准。

压缩城镇人口政策的意图在于严格控制各种城市生活资源的分配，20 世纪 60 年代起，住房建设的控制更为系统。从 1956 年开始至 1977 年，全国各地的居住标准一直处于严格的人均定额、户均定量的国家控制之下。"一五"末期直至 1977 年间，人均居住面积定额降为 4m² 以下。1956 年住宅（宿舍）的标准设计推广后，全国的住宅建筑标准开始趋向一致。至 1973 年，国家基本建设委员会将各地标准统一。1977 年，住宅平均每户建筑面积为 34～38m²。整个社会主义计划经济时期，个人或家庭居住水平受到国家政策的严格约束。这种约束主要通过人均居住用地、人均居住面积、户均建筑面积、住宅建筑造价等指标来执行。

三、公有住房制度的再分配特征

1952 年 5 月 24 日，内地（52）字第 67 号文件公布《内务部关于加强城市公有房地产管理的意见（草稿）》。内地（52）字第 67 号文件提出的城市公有房地产的管理、出租、建设等基本思路，指导着公有住房制度的演变。1957 年 1 月 11 日，国务院颁布《关于职工生活方面若干问题的指示》，制定了职工住宅缺乏等问题的解决措施，对公有住房的投资来源进行规定。中央各部门和省、自治区、直辖市人民委员会在提供职工住房、解决住房缺乏方面的责任在《关于职工生活方面若干问题的指示》中首次被明确提出，标志着公有住房制度的正式建立。

"一五"时期，随着社会主义计划经济体制的确立，建设住房所需的土地、材料、资金等由中央集中控制与调配。按照国家制定的工业发展与差别化城市发展方针，重点建设城市、内地新兴城市等重点工业项目布点的城市得到优先发展，为重点工业项目配套的住宅大量兴建。新增公有住宅的建设计划，由中央与地方的官僚协调机制来安排。

---

① 58 个城市包括 50 万人以上的大城市为北京、天津等 22 个城市；10 万～50 万人的中等城市为承德、张家口等 25 个；10 万人以下的小城市为巴彦浩特等 11 个城市。

② 中国社会科学院，中央档案馆.1953-1957 中华人民共和国经济档案资料选编：固定资产投资和建筑业卷 [M].北京：中国物价出版社，1998：955.

③ 中共中央文献研究室.建国以来重要文献选编（第 15 册）[M].北京：中央文献出版社，1997：658.

新建公有住房由国家投资主导,建造住房所需的用地,以单位申请、行政划拨的方式供应。

　　在国家的经济强制增长战略下,公有住房的投资与消费受到严格约束。公有住房按用地与建筑的人均面积等定量标准建设。职工依赖于工作单位提供公有住房的使用机会,而这种使用机会的分配由官僚协调机制确定。个人或家庭用货币直接购买住房消费的可能性被大大缩减,而由政府与单位提供的公有住房消费比例则不断提高。全国统一的工资制实行后,平均工资水平基本由官僚机构决定。建设新住房与维修老住房所需的住房成本,没有被累积入个人收入,而是直接集中到中央,纳入国家预算(少量纳入企业奖励基金和福利基金),按照国家意图进行分配与使用。

　　公有住房制度,随国家经济体制的转变而形成。住房经济成为一种再分配经济[①]。住房再分配的逻辑与过程体现为国家意图的贯彻:在建立社会主义公有制的总目标下,实施重工业优先发展战略,为生产、为工人服务,增加工业积累,降低生活成本。社会主义体制的计划经济时期,公有住房制度呈现出再分配特征:住房成本不归为个人收入由个人支配,而是直接进入国家财政;由中央财政将住房投资分配给各项基本建设项目,或以企业奖励基金与福利基金形式留存给企业;国家以给所有缺房职工提供住房为目的,但官僚协调机制对于住房的分配却有一系列优先选择原则。

---

① 伊万·塞勒尼.新古典社会学的想象力 [M].吕鹏等译.北京:社会科学文献出版社,2010:125.

第十二章　城市私有房地保护的丧失

第一节　私人房地产权的暂时承认

中华人民共和国成立初期，中共中央对城市土地和房产的处置，采取不同于农村与城市郊区土地的策略。政府暂时承认及保护私人房屋，工作重点放在接管、没收官僚资本家、战犯、汉奸、反革命分子等所有的企业资产与私人房地产上。此外，政府还接收了外国侨民在城市中的房屋与地产。

1948 年底至 1949 年初，中共中央发布《关于处理矿产与城市房地产政策问题给中原局的指示》《对华东局关于接管江南城市指示草案的批示》。两项指示提出了保护私人房地产的基本处理态度："除公地及官僚资本与被法庭判决之战犯的地产房产应予接收及没收，由市政府管理外，其他私人地产房产均不应没收，应承认其所有权，由市政府征收一定之地产税及房产税。"[1] 房客应继续交纳房租，租金多少应由房客与房东议定，有纠纷者应由政府或人民法庭调解仲裁解决。1949 年 8 月 11 日《人民日报》"新华社信箱"发布《关于城市房产、房租的性质和政策》，指出城市的土地房屋不能和农村土地问题一样处理，因为私人房主对房屋的占有属资本主义性质，在新民主主义革命时期，应当和其他官僚资本以外的私人资本的所有权一样地受到保护。

1950 年 4 月政务院发布的《契税暂行条例》规定，凡土地、房屋的买卖、典当、赠与和交换，都应当凭土地、房屋所有证，并由当事人双方订立契约，由承受人缴纳契税。1951 年 8 月政务院公布《城市房地产税暂行条例》，规定城市房地产税的纳税人为房地产的产权所有人或者承典人、代管人、使用人，征税对象为规定的城市房地产。两项税收条例的颁布，表明了国家对私人房屋所有权的承认，允许进行土地房屋的自由交易。

1956 年之前，虽然城市私人房产被定性为资本主义，但因形势需要，一般私人房产的所有权受到承认。机关、团体或个人任意占用私人房屋的行为被禁止。房屋所有人的正当合法经营受到保护。因国家资财主要用于进行人民革命战争、恢复和发展生产，国家政策鼓励私人资本修建房屋，允许其正当合法地租赁。

---

[1]　中央档案馆.中共中央文件选集（第 17 册）[M].北京：中共中央党校出版社，1992：557.

第二节　私有住房财产权遭受的冲击

1956 年开始的城市私有房屋的社会主义改造，改变了以往对私人住房的保护政策。私有房屋的社会主义改造以消灭剥削制度为目的，包括对"人"的改造和对"房"的改造两个层面。私房改造涉及出租性私有住房与自住性私有住房，改造运作充满了意识形态与政治权力的贯彻[1]。1955 年 12 月 16 日，中央书记处第二办公室制定《关于目前城市私有房产基本情况及进行社会主义改造的意见》。中共中央于 1956 年 1 月 18 日转批该文件，私有房屋的社会主义改造开始。

私有房产社会主义改造的总要求是"加强国家控制"："首先使私有房产出租完全服从国家的政策，进而逐步改变其所有制。"[2]中共中央最初确定的私人房产改造形式有国家经租、公私合营、房屋出租管制等 3 种。国家经租，即由国家进行统一租赁、统一分配使用和修缮维护，由国家来调整决定租金与房主（包括工商业者出租的与企业无关的房屋）的利润。公私合营的方式适用于私营房产公司与某些大的房屋占有者，由各个城市组织统一的公私合营房产公司。房屋出租管制要求，除自住外，有少量房屋出租的小房主以及暂不能纳入国家经租的房主出租房屋时必须服从国家政策，服从政府关于租金、房屋修缮等的规定。社会主义改造后，出租私房的租金以降低房租利润率为原则，租金标准由各市统一规定。

中共中央最初部署在一两年内完成私有房产的社会主义改造，然而，实际执行进展缓慢。1958 年初，省辖市以上的城市基本完成改造任务和开始改造的只占 1/5，小城镇比例则更低[3]。鉴于执行社会主义改造的实际进度，中共中央对私人房产改造政策作出调整。商业部在召开全国第一次房产工作会议之后，于 1958 年 3 月向国务院提交《关于城市私房改造问题的报告》，将改造私有房屋的形式确定为"国家经租、依租定租"。1958 年 8 月 6 日，《人民日报》刊登新华社《中央主管机关负责人就城市私有出租房屋的社会主义改造工作发表谈话》，对"国家经租、依租定租"进行解释。

"国家经租、依租定租"，意味着房主把出租的房屋交给国家，由政府房产管理部门统一管理、统一修缮、统一调配使用，国家按月付给房主固定的租息。按照政策规定，实行国家经租改造的出租房屋，建筑面积起点按城市大小有不同的要求，大城市为 150m^2 以上、中等城市为 100m^2 以上、小城市（包括城镇）为 50 ~ 100m^2[4]。国家经租的租金按"依租定租"的方法确定，定租总水平不超过原租金净收入的总水平。定租的标

---

① 李爱勇 .1950-1980 年的上海私有住房：城市中的意识形态、私房权利和住房空间 [D]. 上海：华东师范大学，2014：53.

② 房产通讯杂志社 . 国家房地产政策文件选编（1948-1981）[M]. 房产通讯（增刊），1982：286.

③ 房产通讯杂志社 . 国家房地产政策文件选编（1948-1981）[M]. 房产通讯（增刊），1982：288.

④ 房产通讯杂志社 . 国家房地产政策文件选编（1948-1981）[M]. 房产通讯（增刊），1982：291.

准按租金的百分比计算，一般为原租金的 20% ~ 40%，平均为 30%。私有房屋的国家经租在 1958 年底全面开始，至 1960 年底，大多数城市进行了私有房屋的社会主义改造。全国范围内仅剩 14% 的城市与 2/3 左右的县还未进行或者没有完成社会主义改造工作[1]。1963 年底，全国各城市和 1/3 的镇已进行私房改造工作，纳入改造的私房共约有 1 亿 m²[2]。

1964 年后，经租房屋的性质发生本质性的变化，原有房主的私有权被取消。1964 年 1 月 13 日，国务院批转国家房产管理局的《关于私有出租房屋社会主义改造问题的报告》，"国家经租房屋的性质"被解释为"对城市房屋占有者用类似赎买的办法，即在一定时期内给以固定的租金，来逐步地改变他们的所有制"[3]。国家经租的房屋，房主只能领取固定租金，不能收回已由国家经租的房屋。这一定性意味着国家完全掌控经租房屋，房屋所有人已经事实上失去了房屋的私有权。1966 年 10 月 21 日，国家房产管理局颁布《关于改造房主的定租暂停支付的意见》。"改造房主的定租，一律暂停支付"[4]，使经租房屋彻底失去私有权。

经过 10 年的私有房屋的社会主义改造，城市中的私有住房只剩下自住房屋。对于改造房屋，房屋原所有人逐渐失去了自主租赁、买卖等处分权和部分收益权，最后失去所有权。"文化大革命"期间，私有住房的财产权遭受到更大的破坏，冲击、没收、紧缩等形式的"抢房"[5]时有发生。私有住房所有人的权利未能得到基本的尊重。

第三节　私有土地财产权的消失

国民经济恢复时期，依据《关于城市房产、房租的性质和政策》文件精神，城市土地产权维持原有状态。"与城市房屋相联系的地产的占有"，是"构成房产资本的不可分离的一部分"，因此与农村土地不同，应采取"暂不处理"的策略[6]。区别于晚清至民国时期房屋被视为土地的附着物的传统，国家政策将城市土地视为房屋的连带物。

1953 年，暂不处理市区土地的策略开始改变。1953 年颁布的《国家建设征用土地办法》规定了城市私有土地经国家建设征用无偿转变为国有土地的操作步骤。征用市区空地、地主在市区内出租的农地，无需进行补偿。市区土地被征用时，补偿仅针对地上的房屋及其他附着物。如果地基与房屋的产权同属一人，地基不进行补偿；如果地基与

---

[1] 房产通讯杂志社.国家房地产政策文件选编（1948-1981）[M].房产通讯（增刊），1982：293.
[2] 房产通讯杂志社.国家房地产政策文件选编（1948-1981）[M].房产通讯（增刊），1982：296.
[3] 房产通讯杂志社.国家房地产政策文件选编（1948-1981）[M].房产通讯（增刊），1982：296.
[4] 吴次芳，靳相木.中国土地制度改革三十年[M].北京：科学出版社，2009：11.
[5] "冲击"是对私房房主的抄家和扫地出门；"没收"、"紧缩"是将私房的全部或部分收归国家所有。"抢房"，是对三者的笼统称谓.
[6] 房产通讯杂志社.国家房地产政策文件选编（1948-1981）[M].房产通讯（增刊），1982：5.

房屋的产权属于不同的人，地基所有人仅得到依生活情况的酌情补偿，而不是得到对土地的补偿。征用农民在市区内自耕农地的补偿与农村被征地农户[①]相同。1955 年内务部颁布《关于对执行国家建设征用土地办法中几个问题的第二次综合答复》，处理国家建设征用土地办法实施之前，国家机关、企业、学校等房屋租赁与买卖中搁置的土地权属问题。国家机关、企业、学校等经批准在城市市区内购买的私有房屋或租用的地基，允许对地基办理征用手续。此类地基和房屋的征用补偿，与《国家建设征用土地办法》的规定一致，即：地基和房屋产权原来属于一人的，不另补偿；分属两人的，根据地基所有人的生活状况酌情补偿。

征用私有房屋与土地的规定，只对房屋进行补偿，而不对土地进行补偿。国家法律和政府文件不承认私有土地的财产价值，只承认私有房屋的财产价值。只承认房产价值的补偿方式，建立在土地无偿使用的逻辑之上。地产随房产处置，使土地事实上成为房产的附属物。"以房收地"的土地处置方式，虽然仍视房屋与土地为不可分割的整体，实际上已颠覆清朝至民国时期的土地房屋产权内涵。近代，不动产产权基本为土地产权，通常只有土地产权证件，房屋一般作为土地定着物而存在。私有土地因国有化而无需对原所有人支付补偿的规定，说明国家政策在本质上不支持私有土地的财产权。

1956 年私有房屋的社会主义改造初始，私人所有的城市空地、街基等地产即被宣布为国有。《关于目前城市私有房产基本情况及进行社会主义改造的意见》规定："一切私人占有的城市空地、街基等地产，经过适当的办法，一律收归国有。"[②] 私有住房的房基地，在 1958 年的改造政策中，随房屋一起被"国家经租"。《关于城市私房改造问题的报告》规定："房屋与基地同属一人者，基地随房带进，不另处理。房屋与基地分属二人者，由房主将所领租息分给基地主一部分"[③]。对私有土地的处置，延续着"以房收地"的策略。国家经租的住房，国家向住房所有人支付定租租金，说明此时经租房屋的所有权仍然属于原房屋所有人，而此时经租房屋的房基地已经基本不属于原土地所有人。

随着 1964 年国家经租房屋的性质被确定为对城市房屋占有者的赎买以及 1966 年国家停止支付改造房屋的定租，原土地所有人彻底失去对经租房屋的地基享有的私有权。1967 年 10 月 31 日，国家房产管理局、财政部税务总局在《答复关于城镇土地国有化请示提纲的记录》[④]中提出："关于城镇私人土地收归国有的范围，无论什么空地（包括旗地）、

① 依据《国家建设征用土地办法》，被征用农村土地的补偿费一般土地以其最近 3～5 年产量的总值为标准，土地上的房屋、水井、树木等附着物及种植的农作物均应按勘定现状予以补偿，补偿费由当地人民政府会同用地单位、农民协会及土地原所有人（或原使用人）或由原所有人（或原使用人）推出的代表商定。1958 年《国家建设征用土地办法》修订了农村一般土地的补偿费，以最近 2～4 年的定产量的总值为标准，补偿费由当地人民委员会会同用地单位和被征用土地者共同评定。
② 房产通讯杂志社.国家房地产政策文件选编（1948-1981）[M].房产通讯（增刊），1982：286.
③ 房产通讯杂志社.国家房地产政策文件选编（1948-1981）[M].房产通讯（增刊），1982：288.
④ 关于这份文件的效力存在争议。华新民在 2012 年 11 月 27 日《东方早报》的上海经济评论专论第 8、9 版的《中国城市土地所有权的梳理与追问》一文中，质疑《答复关于城镇土地国有化请示提纲的记录》的有效性。华新民指出"文化大革命"刚结束时，政府未认同此文件。

无论什么人的土地（包括剥削者、劳动人民）都要收归国有。"[1] 对于 1956 年中共中央提出的将一切私人占有的城市空地、街基等收归国有的规定，国家房产管理局将"街基等地产"解释为包括城镇中建有房屋的私有宅基地。

从国家建设征用土地办法实施开始，私有土地的财产权开始逐步消失。《宪法》宣示了对农民的土地所有权和其他生产资料所有权的保护以及公民房屋和各种生活资料的所有权的保护，但是，对于城市土地却未进行规定。《宪法》第 13 条规定，国家因公共利益需要，可对城乡土地征购、征用或收归国有。1958 年修正后的《国家建设征用土地办法》，将国家征用土地范围扩大至几乎所有城市建设，例如兴建厂矿、铁路、交通、水利、国防等工程，进行文化教育卫生建设、市政建设和其他建设等。在以建构生产资料公有制为目标，所有国家行动都事涉代表"全体人民"的利益时，基于公共利益的土地征收边界已经无从界定。国家征用土地范围的扩张，对应着私有土地财产权保护的萎缩。通过国家经租等社会主义私房改造政策的执行，国家取得了原土地所有人对经租房屋地基的所有权。国家对私有土地权的掌控，并非通过法律的明确界定而实现，仅仅依靠政策文件的执行来完成。

---

① 杜西川，徐秀义 . 中国土地管理法律大全 [M]. 北京：中国国际广播出版社，1990：155.

第十三章　自建住房的萎缩

第一节　政府主导的自建公助

一、自建公助的起步

国民经济恢复时期，自建公助的住宅建设方式最先出现在青岛。此后，劳动部将自建公助推广至全国。

1950 年春天，青岛国棉六厂的工人自发利用起厂内的一些碎石等废料，建造了 308 户住宅。1952 年 8 月，青岛国棉六厂制定《自建公助建筑住房六项办法》，由工会组织职工自建住宅。工会领导工人组成"自建委员会"，负责筹备和具体领导修建工作。自建住宅的费用由职工本人负担，土地和其他公共设施由工厂负责。行政和工会（或与人民银行联系）给予职工贷款帮助，贷款偿还期以不影响日常生活为原则，由工会和行政具体商定。自建住宅（不包括基地和其他公共设施）由出资人永久所有；住宅可以交易但只允许买卖给本厂职工，或由本厂按市价收买。1952 年青岛国棉六厂参加自建公助建造住宅的有 23 户，住宅由 23 户职工自己出资（资金不足部分由企业奖金基金给职工提供贷款），共建设 51 间住宅①。

1951～1952 年，上海政府曾划定若干地块供工厂企业自建住宅和职工"自建公助"住宅②。1953 年，上海第一个自建公助新村——"搬运新村"建设完成，"集体"建造住房的经验由上海《劳动报》进行详细报道。1953 年时，鞍山钢铁公司拨给职工材料，帮助工人建筑 5000 户简单住宅，抚顺、本溪等城市也开始采取自建公助的方式解决职工宿舍问题③。

1953 年 6 月，劳动部在《关于福利问题的报告》中向全国推广青岛国棉六厂自建公助住宅建设的经验。劳动部提出了"鼓励职工自建住宅，公家按具体情况给予不同的帮助"的意见④，以解决全国各地普遍存在的住宅缺乏问题。从 1952～1956 年，铁道、煤炭、

---

① 中华全国总工会劳动保险部福利科.青岛国棉六厂组织工人"自建公助"建筑住宅的经验 [J].劳动，1954（2）: 23-24.
② 上海市地方志办公室.上海住宅建设志 [DB/OL].（2007-3-8）[2017-07-18]. http://www.shtong.gov.cn/newsite/node2/node2245/node75091/index.html.
③ 中国社会科学院，中央档案馆.1953-1957 中华人民共和国经济档案资料选编：劳动工资和职工保险福利卷 [M].北京：中国物价出版社，1998: 1133.
④ 中国社会科学院，中央档案馆.1953-1957 中华人民共和国经济档案资料选编：劳动工资和职工保险福利卷 [M].北京：中国物价出版社，1998: 1135.

纺织等部门共帮助 11 万多户职工自建住宅 230 多万平方米[①]。自建公助没有成为住宅建设的主流,在城市职工新建住宅中所占比例较小。国家统计局对 175 个城市的调查显示,1956 年推行自建公助方式建设住宅的城市约占 1/4,还很不普遍;自建公助住宅面积只有 78 万 m^2,仅占全部新建数的 4.2%;建设集中在华北、东北各城市(47 万 m^2),其他地区较少(31 万 m^2)[②]。

二、自建公助的推广

"一五"时期,在生产性投资优先的意识主导下,住房等非生产性投资整体上受到严格的数量控制。国家投资的住房建设向重点工业项目倾斜。虽然国家投资建设的公有住房快速增加,但许多城市居民的住房并未获得改善。例如国家经贸委于 1957 年发布的《上海市工业职工住宅重点调查的报告》显示,职工或因财力问题难以自建住房,或存在无法获得小块土地等制约,居住条件改善面临困难。1957 年,国营企业都有国家投资的新建住房,公私合营企业则不论规模大小都没有新建住房,更有一些职工抱怨"国家只看见机关干部和大厂工人,忽视了小厂的工人"[③]。"一五"期间,不可能向住宅建设投入大量资金的国家政策导向形成,因而中共中央开始积极鼓励职工自建住房以解决住房问题。

1956 年 6 月,纺织工业部、中国纺织工会全国委员会颁布《纺织职工自建公助建筑住宅暂行办法》,配合国家投资建筑住宅的计划,帮助职工个人建造住宅。1957 年,《关于劳动工资和劳保福利政策的意见》《国家统计局关于我国的房屋建筑面积和造价问题》《国务院第五办公室关于职工住房和房租补贴问题》等政策文件,都将职工自建公助建设住宅的方式作为解决住房困难问题的途径之一。《国务院第五办公室关于职工住房和房租补贴问题》提出"鼓励和提倡群众投资自建住房,或者采取自建公助办法修建住房,工会对此要加以组织"[④],研究解决自建公助中的建筑材料、住房贷款等存在的问题。

《纺织职工自建公助建筑住宅暂行办法》为自建公助住宅建设管理法规文件的代表,详细规定了管理、资金与材料、建筑用地与设计、产权与房屋管理等具体安排。一切有条件实行建筑职工住宅的国营、地方国营、公私合营纺织企业单位,都可以组织职工以自建公助方式建造住房。自建公助的住宅建设模式,以企业、政府、职工等三方合作为基础,三个主体各有明确的责任。

企业在自建公助中发挥核心作用。各企业单位负责将建筑职工住宅工作纳入本企业

① 中国社会科学院,中央档案馆.1953-1957 中华人民共和国经济档案资料选编:劳动工资和职工保险福利卷 [M]. 北京:中国物价出版社,1998:1139.
② 中国社会科学院,中央档案馆.1953-1957 中华人民共和国经济档案资料选编:固定资产投资和建筑业卷 [M]. 北京:中国物价出版社,1998:945.
③ 李爱勇.1950-1980 年的上海私有房产:城市中的意识形态、私房权利和住房空间 [D]. 上海:华东师范大学,2014:25.
④ 中国社会科学院,中央档案馆.1953-1957 中华人民共和国经济档案资料选编:劳动工资和职工保险福利卷 [M]. 北京:中国物价出版社,1998:1140.

基建计划之内，根据需要设立职工住宅的专管机构或责成有关部门负责贷款、用地、设计、施工等管理工作。职工建房所需土地，由企业行政无偿地拨给职工使用。本企业没有土地使用时，请求当地人民委员会拨给；因建筑而必须占用农民土地或赔青和迁墓时，按当地人民委员会的规定处理，所需经费由企业奖励基金解决。职工建设住宅的资金，除自筹外，不足部分由各企业行政代为向中国人民建设银行申请贷款，也可由企业奖励基金中拨出一部分作为职工住宅的贷款。此外，各企业行政负责统一筹划和供应建筑材料，并提供住宅户型的几种标准图供职工选用。职工住宅建成后，各企业行政房产管理部门可根据需要建立职工住宅的管理制度，并发给职工房屋使用证。纺织部、地方政府等行政机构承担基建计划、土地划拨等责任。自建住房由职工出资，住房的全部房屋产权（不包括基地及室外水电、厕所等公用设备）归职工本人所有。职工有权转让住房，但承让者必须是本厂的职工。自建公助建筑的职工住宅不得出租，也不得借给非供养亲属或朋友使用。国家因建设需要，必须征用职工住宅占用的土地时，按国家征用土地办法办理。

响应中央政策的号召，许多城市积极组织以自建公助方式建造住房。例如 1957 年，上海市房地产管理局会同上海总工会、市规划局组成工作组制定《上海市企业职工住宅自建公助暂行办法（草案）》，建设银行制定《企业职工建造住宅长期贷款发放办法》，鼓励和支持职工自建住房，规范住宅建设管理。上海市工厂企业采用的自建公助方式有两种，一种为职工自筹资金，另一种为企业组织建造，再按成本价售给本厂职工。《上海市企业职工住宅自建公助暂行办法（草案）》的基本规定与 1956 年《纺织职工自建公助建筑住宅暂行办法》大致相同。

学习苏联自建公助的组织、设计和施工经验，1958 年上海的自建公助像工人新村一样，开始按照城市规划要求，有计划、有组织地进行"统一建造"[①]。上海市规划院负责全市自建公助住房的规划，房管局会同规划局统一建房征地，房地局提供单栋房屋的建设标准；职工本人负担住房本身的全部造价，住房产权归职工所有；企业负责帮助职工向建设银行申请贷款，同时承担住房的征地、公用设施、室外工程等费用。上海铁路局首先采用"自建公助"的方法，建成了 6 万多平方米住宅，解决了 2300 多户职工的居住问题；1957 年，上海市企业自建住房合计 27 万 m^2，5400 幢，解决了 1 万户职工的居住问题；1958 年又新建 4749 幢，计 24 万 m^2；采用自建公助方式，共建成 24 个新村[②]。

然而，自建公助这种最初受到企业与职工个人欢迎的建房模式，持续时间并不长。较大规模的自建公助开始后，住宅建设因在用地、建筑材料、资金补助等方面引发了一些问题而逐渐减少。例如上海市于 1958 年终止了自建公助的建房模式，政策终止有多

① 李爱勇.1950-1980 年的上海私有住房：城市中的意识形态、私房权利和住房空间 [D].上海：华东师范大学，2014：23.
② 上海市地方志办公室.上海住宅建设志 [DB/OL].（2007-3-8）[2017-07-18]. http://www.shtong.gov.cn/newsite/node2/node2245/node75091/index.html.

方面原因^①。根本症结在于职工与政府的住房所有权的矛盾，政府、企业曾将自建公助住房从职工所有简单地划归国家所有，与职工争夺住房所有权^②。

第二节　市民自主的零星自建

整个计划经济时期，城市居民自主进行的建房活动一直存在，但自建住房未成为国家政策重点关注的领域。

中华人民共和国成立初期，整治城市居住环境成为首要任务。大城市结合爱国卫生运动，投入建设资金改造道路，疏浚河道，添加市政公用设施，改善棚户区、简屋区的居住条件。棚户简屋的改善，部分由政府主导进行，部分由市民自发而行。以上海为例，1950 年先后由政府主导改造了药水弄等棚户简屋区共 81 处^③。1952 年底，为改善工人居住条件，鼓励居民、工厂企业帮助职工进行草棚翻建瓦屋，上海市政建设委员会制定《简单住宅暂行管理办法》，规定了居民自建住宅中的规划、设计、用地和市政配套建设等方面的有关政策。

私有住房的社会主义改造进行之前，虽然城市私人房产被定性为资本主义，但因形势需要，房屋的私有权得到承认，政策鼓励私人从事房屋建设与经营。城市私有房地产交易的存在，意味着个人可从市场获得土地、建筑材料，建筑自住或出租经营的住房。

然而，城市郊区土地改革后，随着国家土地征用与使用制度的建立，个人已经很难获得建房所需的新增土地。私人出资的住宅建设，一般只能利用原有用地或空地进行翻建、改建或增建。"一五"期间，国家对国民经济的计划调配与各类资源的控制，使个人以市场方式获得建设住房所需的收入、土地、材料等的可能性逐渐降低。私房社会主义改造的实施，使城市房地市场完全萎缩。从 1956 年的私房社会主义改造至"文化大革命"期间的社会生活秩序失衡，城市居民的自建住宅，只能在市区原有土地上零星地进行，更有甚多"见缝插针"式的建设。

---

① 建设用地的分配原则是靠近企业生产地点，但自建公助的大规模建设影响了城市规划和工人新村的建设；自建公助的建筑材料供应，加大了建材市场的压力；向自建公助提供的银行贷款和企业补助出现难以为继的情况；自建公助引发的人口回流，与上海市的人口严控政策相矛盾。
② 李爱勇.1950-1980 年的上海私有住房：城市中的意识形态、私房权利和住房空间 [D]. 上海：华东师范大学，2014：27.
③ 上海市地方志办公室.上海住宅建设志 [DB/OL]. (2007-3-8) [2017-07-18]. http://www.shtong.gov.cn/newsite/node2/node2245/node75091/index.html.

第十四章 定居与劳动收入的限制

第一节 定居自由的管控

全国性户籍制度从国民经济恢复时期开始建立，但此时的户籍管理并未限制公民的居住和迁徙自由。1951 年 7 月 16 日，公安部《城市户口管理暂行条例》经政务院批准后实施。条例制定的目的为"维护社会治安，保障人民之安全及居住、迁徙之自由"[①]。至 1956 年，全国性户籍制度由城市覆盖至农村，由公安部门负责管理。"一五"时期的户籍管理，尚无限制公民居住和迁徙自由的内容，但已经开始界定和区分户籍类别。

大规模工业建设的展开，吸引大量农村人口进入城市寻找工作机会。1953～1957 年，《关于劝止农民盲目流入城市的指示》《关于防止农村人口盲目外流的指示》《关于制止农村人口盲目外流的指示》等政策文件先后发布，以阻止农村人口进城的趋势。1957 年国务院发布《关于各单位从农村中招用临时工的暂行规定》，以规范各单位临时工的招收。1958 年"大跃进"开始后，农村进入城市的人口继续增加。1958 年时全国新增加职工（包括学徒和临时工）近 1000 万，工业生产方面增加 800 万人左右，超过"一五"期间全部职工增加人数的总和；1958 年下半年职工更快速地增加，8 月份至年底间工业生产方面共增加约 680 万人[②]。

为压缩城市人口，按国家统一计划管理人口流动，1958 年《中华人民共和国户口登记条例》颁布，开始从立法层面限制户口从农村迁往城镇。户口登记条例规定，公民由农村迁往城市，必须持有城市劳动部门的录用证明，学校的录取证明，或者城市户口登记机关的准予迁入的证明，向常住地户口登记机关申请办理迁出手续。公民的迁移必须经过国家行政机关的审核，个人失去了在国内自由选择定居地点的决定权。公民的短期出行、跨市出行也受到严格控制。在常住地市、县范围以外的城市暂住 3 日以上，需向户口登记机关申报登记。公民因私事离开常住地外出、暂住时间超过 3 个月，需向户口登记机关申请延长时间或者办理迁移手续。"既无理由延长时间又无迁移条件的，应当返回常住地。"[③]《中华人民共和国户口登记条例》对人口从农村迁徙到城市定居进行严格

---

① 城市户口管理暂行条例 [J]. 天津市政，1951（Z1）：1-2.
② 中共中央文献研究室 . 建国以来重要文献选编（第 12 册）[M]. 北京：中央文献出版社，1995：9.
③ 中共中央文献研究室 . 建国以来重要文献选编（第 11 册）[M]. 北京：中央文献出版社，1995：16-21.

的管制，同时，公民在城市之间的迁徙也受到严格控制。

　　1958～1963 年，中共中央先后颁布《关于精简职工和减少城镇人口工作中几个问题的通知》《中共中央关于立即停止招收新职工和固定临时工的通知》《关于制止农村劳动力流动的指示》和《关于制止农村劳动力盲目外流的紧急通知》《关于减少城镇人口和压缩城镇粮食销量的九条办法》等多项政策，控制城市职工数量及减少城镇人口。1962 年开始，国家开始执行严格的压缩城市人口政策，"对于城市，特别是大城市人口的增长，应当严格加以控制"[1]。一系列政策的核心目的在于压缩城镇人口数量，将农业人口从城镇人口中剔除，从而严格地控制各种生活资源的分配。在严格的城市人口增长控制下，1958～1978 年间，城镇人口的年均增长率从第一个五年计划时期的 6.79% 降至接近 3%，1966～1975 年间更低至 2%[2]（表 14-1）。

　　1955 年时，粮食供应开始和户籍联系起来[3]。进入 20 世纪 60 年代，国家继续强化对各种资源的控制，生活必需品、日用消费品、教育就业机会等资源的分配与户籍挂钩[4]。没有城镇户口的人在城镇中几乎无法生存，城市户籍转化为一种有别于农村户籍的、享有特殊权益的资格。压缩城市人口、户口管理限制公民的自由迁徙、生活必需品的获得与户籍挂钩等政策的执行，使公民丧失了在城乡之间、城市之间的自由迁徙与自主选择定居地的机会。

1953～1982 年市镇农业人口与市镇总人口的年均增长速度（%）　　　表 14-1

时期	市镇总人口	其中非农业人口	农业人口
30 年平均每年递增速度	36.8	30.0	57.8
1953～1957 年	67.9	67.9	67.8
1958～1962 年	32.2	36.6	10.8
1963～1965 年	38.2	12.6	155.6
1966～1970 年	20.3	−1.9	86.3
1971～1975 年	20.3	20.8	22.5
1976～1980 年	36.1	37.3	33.4
1981～1982 年	51.3	32.2	94.7

资料来源：胡开华，陈玮. 我国城镇人口统计的有关问题 [J]. 人口与经济，1984（3）：41.

---

① 中共中央文献研究室. 建国以来重要文献选编（第 15 册）[M]. 北京：中央文献出版社，1997：658.
② 胡开华，陈玮. 我国城镇人口统计的有关问题 [J]. 人口与经济，1984（3）：39-42.
③ 马福云. 当代中国户籍制度变迁研究 [D]. 中国社会科学院研究生院，2000：51.
④ 马福云. 当代中国户籍制度变迁研究 [D]. 中国社会科学院研究生院，2000：55.

第二节 货币收入中住房成本的剥离

一、统一工资制的建立

1949 年前，中国共产党对党政人员以及部分家属的基本生活资料供应实行供给制。中华人民共和国成立时，供给制已较为完备，生活资料的分配采用实物和经费相结合的供给方法。在战争条件下形成的供给制，虽是以平均主义为指导思想的分配制度，但也存在地域与职位等级之间的差别，尽管在生活待遇方面的差别非常小[1]。

中华人民共和国成立之初，城市中的党、政、军、民各系统工作人员仍沿用供给制，公职人员一般集中居住在"公家"提供的公共宿舍中。按照中共中央颁布的《关于新解放城市职工的工资薪水问题的指示》，"原来是供给制待遇的一些干部，到新解放的城市工作，也不必急于改行薪水制"，"凡是供给制待遇的干部，可以集中居住于若干公共宿舍"，"一切生活供给则以公共宿舍为单位，照旧实行供给制"[2]。大中城市中的国民党政府时期的留用人员，工资则从军管时期的发放维持费陆续改为"原职原薪"。"一五"时期，供给制浪费严重、薪金制与供给制之间的矛盾等问题越来越突出，要求统一实行工资制的呼声日渐高涨。

1955 年国务院颁布《国家机关工作人员全部实行工资制和改行货币工资制的命令》，决定自 1955 年 7 月起，国家机关工作人员一律改为货币工资制："改行工资制待遇后，工作人员个人及其家属的一切生活费用，均由个人负担。"[3]1956 年，全国性的各行各业全面工资改革开始。1956 年国务院颁布《关于工资改革的决定》，规定国家机关、事业、企业（包括国营企业、供销合作社企业、全行业公私合营前的公司合营企业）自 4 月 1 日起实行新的工资标准。1956 年 7 月，国务院《关于颁发国家机关工作人员工资方案的通知》对各类人员的工资标准又进行了一次调整。

二、个人货币收入增长的限制

货币工资制的第一项显著特征是职务等级制。1955 年国务院颁布的工资标准采用严格的等级制，行政领导、法院与检察院、工程与农业技术人员、翻译、技术工人等按等级划分工资金额。1956 年 7 月进行工资标准调整，国家机关、事业、企业全部采用职务等级制。工资改革实施后，全国范围内的"等级森严、差距较大"[4]的职务等级工资基

---

① 杨奎松.从供给制到职务等级工资制：新中国建立前后党政人员收入分配制度的演变 [J].历史研究，2007（4）：114.

② 中央档案馆.中共中央文件选集（第 18 册）[M].北京：中共中央党校出版社，1992：26.

③ 中国社会科学院，中央档案馆.1953-1957 中华人民共和国经济档案资料选编：劳动工资和职工保险福利卷 [M].北京：中国物价出版社，1998：426.

④ 杨奎松.从供给制到职务等级工资制：新中国建立前后党政人员收入分配制度的演变 [J].历史研究，2007（4）：115.

本确立起来。

货币工资制的第二项显著特征是国家对工资增长的控制。按照马克思主义政治经济学,对生产工具的投资应该优先于消费品。实现快速增长的主要手段是进行大规模投资,投资比例越大,增长速度越快[①]。减少消费才能有更多的资金用于投资。社会主义体制中,国家预算来自于从企业抽取来的税收与利润,中央政府按目标以拨款、补贴或免费救济等形式,将其重新配置到生产和再生产的领域中[②]。伊万·塞勒尼将这种分配方式称为"经济再分配"。经济再分配中,中央政府决定投资与消费的比例。

1956年,国务院制定视劳动生产率、消费基金状况决定工资增长速度的原则。"劳动生产率的提高,应该高于工资的增长",积累基金和消费基金的比例"取决于国家每个时期政治经济的具体任务";在消费基金中,"社会消费基金的比重应适当提高,工资的增长率不可能太快";中央处理工资问题的原则为"工资福利适当逐步增加","不可不增,亦不可多增"[③]。1957～1978年间,国有企业工人的货币工资一直维持在600元左右(1957年为637元,1978年为644元)(表14-2),实际工资水平则下降11.6%[④]。

1952～1978年历年全民所有制各部门职工平均工资(元)										表 14-2
年份	各部门平均	工业	建筑业	农林水利气象	运输邮电	商业	城市公用事业	科学文教卫生	金融保险	机关团体
1952	446	515	564	375	583	360	634	368	458	376
1953	496	576	591	433	643	381	650	392	498	423
1954	519	597	612	459	648	403	672	422	521	451
1955	534	600	612	461	645	443	610	448	532	479
1956	610	674	698	498	746	490	661	548	586	597
1957	637	690	744	501	752	529	651	580	613	631
1958	550	526	595	471	673	489	642	557	586	639
1959	524	514	554	411	627	454	589	542	583	631
1960	528	538	581	365	618	449	564	519	543	615
1961	537	560	596	362	620	455	582	519	553	605
1962	592	652	705	392	702	494	631	542	559	626
1963	641	720	775	421	760	550	672	574	604	658
1964	661	741	765	433	782	581	683	596	614	688
1965	652	729	730	433	774	579	687	598	624	684
1966	636	689	644	428	755	570	697	583	620	660
1967	630	701	672	426	754	563	696	578	620	681

---

① 伊万·塞勒尼. 新古典社会学的想象力 [M]. 吕鹏等译. 北京:社会科学文献出版社,2010:159.
② 伊万·塞勒尼. 新古典社会学的想象力 [M]. 吕鹏等译. 北京:社会科学文献出版社,2010:159.
③ 中国社会科学院,中央档案馆.1953-1957中华人民共和国经济档案资料选编:劳动工资和职工保险福利卷 [M].北京:中国物价出版社,1998:464.
④ 国家统计局.中国统计年鉴1985[M].北京:中国统计出版社,1985:556.

续表

年份	各部门平均	工业	建筑业	农林水利气象	运输邮电	商业	城市公用事业	科学文教卫生	金融保险	机关团体
1968	621	689	654	419	740	561	667	577	630	681
1969	618	683	661	418	734	561	660	564	611	680
1970	609	661	650	419	709	553	660	555	588	678
1971	597	635	662	426	709	539	655	554	604	668
1972	622	650	714	423	723	585	702	598	616	679
1973	614	640	715	436	714	568	680	582	602	659
1974	622	648	710	483	713	571	675	582	629	661
1975	613	644	704	460	699	562	639	574	609	645
1976	605	634	696	459	684	555	621	566	602	636
1977	602	632	695	459	677	552	623	559	622	635
1978	644	683	748	492	733	587	652	582	643	662

注：商业包括商业、饮食业、服务业和物资供销机构；科学文教卫生包括科学研究、文教卫生和社会福利。

资料来源：国家统计局. 中国统计年鉴 1981[M]. 北京：中国统计出版社，1982：426.

三、住房补贴的执行与取消

1955 年 12 月 21 日，国家统计局在《关于工资总额组成的暂行规定》中规定了国营、地方国营、合作社营、公私合营、私营企业、事业、机关、团体以及文教、政府各部门、党派组织、人民团体等的工资总额构成。工资总额由 26 项一般性项目[①]组成，不包括工资附加费、国家机关与团体的福利费。"房贴"属于 26 项一般性项目中的第 25 项，即其他工资性质的津贴。国家机关与团体的福利费等属于国民收入中分配给劳动者的部分，但因区别于工资分配原则，所以不计入工资总额[②]内。工资构成中的"房贴"，意图在于满足职工居住公房缴纳房租的需要。

为配合工资制实行，1955 年 8 月《国家机关工作人员全部实行工资制和改行货币工资制的命令》颁布，开始对工作人员的公有住房征收租金："工作人员在用公家房屋和使用公家家具、水电者，一律缴租、纳费。"[③]同时制定发布的配套文件有：《中央国家机关工作人员住用公家宿舍收租暂行办法》《中央国家机关工作人员宿舍使用公家家具收租

[①]　26 项具体为：对已做工作按工资标准支付的计时工资，对已做工作按计件单件支付的计件工资，由于工作条件变更而发给计件工人的工资津贴，计件工人从事低于其技术等级的工作未达到原工资率的补贴，包工工资，不采用上列工资制度而用营业提成办法所支付的报酬，各种经常性奖金（如完成与超额完成计划，节约原材料、燃料、电力，提高质量及无事故等奖金），加班加点津贴（包括节日、假日），夜班津贴，非因工人过失而产生废品时的工资，非因工人过失而机器设备停工时间的工资，由于工作条件困难而发给的津贴，节日值班津贴，技术津贴，支给兼任工长（班组长）者的津贴，支给生产中教学徒者的津贴，稿费、讲课费及其他专门工作的报酬，地区津贴，在工作中女工哺乳婴儿时间的工资，执行国家和社会义务时的工资，未成年工优待工作时间的工资，职工调动期间的工资，定期休假的工资，支给派出学习但仍算本单位编制内的工作人员的工资，其他工资性质的津贴（如伙食津贴、房贴、水电贴、煤贴等），解雇金。

[②]　工资总额不包括：支付给创造发明、技术改进、合理化建议、劳动竞赛、各种模范等的一次性奖金；工资附加费，国家机关、团体的福利费；劳动保护的各种支出；出差费；调动工作的旅费与调动工作地区的安家费；实习学生的津贴。

[③]　中国社会科学院，中央档案馆.1953-1957 中华人民共和国经济档案资料选编：劳动工资和职工保险福利卷 [M]. 北京：中国物价出版社，1998：426.

暂行办法》《中央国家机关工作人员宿舍水电收费暂行办法》《中央国家机关托儿所收费暂行办法》和《中央国家机关工作人员宿舍取暖补助暂行办法》等。中央国家机关工作人员住用公家宿舍的房租标准为平均每平方米 0.11 元。由于此标准低于各地平均每平方米 0.35 元左右的租金水平，因此各地也纷纷降低公房房租[①]。

住房补贴的实际执行，不同行业与部门间有所差异。以商业部为例，居住在公房中的职工有房租差额补贴，租住民房的职工最初没有差额补贴。考虑到租住民房的情况将长期存在，商业部在 1956 年 7 月的《关于国营商业企业职工生活福利方面几个问题的指示》中要求企业对租住民房的职工进行补贴。按照当地人民委员会规定的职工住房收租办法，由企业补贴房租差额，或由企业承租民房后按公家宿舍收租标准转租给职工。公房房租差额补贴和租住民房的房租差额补贴，均在基本工资及辅助工资子目内列支，不使用福利基金。再如安徽省在 1956 年已有部分地区实行住房补贴[②]，1957 年 8 月《关于宿舍房租补贴意见报告》实行后，又逐步了取消住房补贴[③]。

周恩来在 1957 年 9 月《关于劳动工资和劳保福利政策的意见》中指出，城市房租政策和住宅管理制度存在问题，如公房房租偏低、管理不善、制度不严等。文件将整顿职工的福利待遇、适当提高职工住公房的收费标准作为缓和职工住房紧张的主要途径，并要求采取措施逐步取消对住民房职工的房租补贴。

"一五"时期，公有住房逐渐成为国家机关、企事业单位等解决住房需求的主要途径。私人住房的社会改造完成之后，租住公有住房的职工数量继续增加。国家设定的职工个人货币工资总额中的住房补贴，旨在补贴职工租房所需的租金，不包含职工用于建房、购房所需的资金。而住房补贴的取消，则意味着工资构成中没有用于住房支出的项目。由于国家对生活消费的控制，1957～1978 年间职工货币工资的增长基本停滞。因而，社会主义的计划经济时期，职工能自主掌握的、可用于住房消费的支出十分有限。职工依靠工资货币收入，仅能实现租房支出，难以建造或购买住宅。职工个人自行解决住房问题的可能性与自由度显著降低，只能依赖于国家提供的公有住房。

---

① 《中国房地产市场年鉴》编委会. 中国房地产市场年鉴 1996[M]. 北京: 中国计划出版社, 1996: 909.
② 补贴方法有 3 种: 按民房租金与机关同等房屋租金的差额给予补贴; 按照民房租金的一定比例（例如 70%）给予补贴; 由机关根据房租收入的多少, 给予不定数额的补贴.
③ 安徽省人民委员会转批财政厅"关于宿舍房租补贴意见报告"的通知 [J]. 安徽政报, 1957（9）: 8-9.

第十五章　住房权的解构

第一节　法定住房权利的空缺

1949 年南京国民政府时期的《六法全书》被废除。南京国民政府建立的国家与地方法律体系解体，法律文本中的住房权不复存在。在前法废除后的绝对空白中，中华人民共和国的法律体系开始建构。国家政策有许多关于解决住房问题的内容，出现在中国共产党、人民政府、人民解放军发布的各种纲领、命令、条例、决议、政府文件中，但都未能上升至国家法律层面。1954 年《宪法》规定保护公民的合法收入、储蓄、房屋，保护各种生活资料的所有权以及公民的私有财产继承权。除此之外，整个社会主义计划经济时期，法律文本中没有关于住房权利保护的相关内容。虽然国家政策实际上不断调整着个人的住房权利，但在 1949 ~ 1978 年间，法定住房权没有出现。

第二节　行政分配身份权的形成

一、官僚协调机制的优先选择

在社会主义意识形态中，迅速赶超发达国家是社会主义制度优越性的主要组成部分[①]。20 世纪 50 年代，以赶超为目标、优先发展重工业的强制工业化，成为中国共产党选择的国家发展道路。1952 年，新民主主义向社会主义制度过渡的国家建构开始。经过加速的社会变革，社会主义体制在第一个五年计划时期基本形成。官僚协调机制在社会主义体制的协调体系中占据主导地位[②]，市场协调机制被压缩至很小的空间。为实现强制增长的快速工业化发展目标，国家管理机构进行着一系列的优先选择。

投资优于消费是强制增长的基本逻辑。投资资金的分配有明确的优先次序[③]。工业被认为是经济增长的引擎。因此，投资上，工业必须优先于其他任何经济部门。在工业部门中，重工业优先，重点是机械和钢铁。强制增长的发展速度加快，不是源自社会整体

---

① 伊万·塞勒尼. 新古典社会学的想象力 [M]. 吕鹏等译. 北京：社会科学文献出版社，2010：153.
② 伊万·塞勒尼. 新古典社会学的想象力 [M]. 吕鹏等译. 北京：社会科学文献出版社，2010：345.
③ 伊万·塞勒尼. 新古典社会学的想象力 [M]. 吕鹏等译. 北京：社会科学文献出版社，2010：157.

运动的自发演化，而是由官僚体制自上而下推动执行[①]。按照国家制定的社会发展计划，重工业化通过 156 项重点项目以及为 156 项配套的 694 项限额工业项目来实现。为配合重工业化的项目落实，国家对城市发展次序进行筛选。国家投资重点发展的城市，获得优于其他城市的发展机会。经过官僚协调机制自上而下地选择，重点工业项目、重点行业、重点发展城市，优先获得公有住房投资，在这些项目、行业和城市就业的职工优先获得分配到公有住房的机会。

服从纪律的美德和牺牲精神也是社会主义意识形态的核心观念。家庭生活被置于国家利益之下，个人需要为实现更高的国家利益而放弃改善生活水准的追求，随时准备牺牲个人利益。投资紧张与物资短缺时，个人消费被压缩至很低的水平。同时，户籍制度严格限制农村人口向城市迁移，限制不同城市之间的人口迁移。行政管制的选择，使不同地域的人具有不同的物资生活基础。在享有行政分配的生活物资方面，某些地区的职工优于其他地区的职工，整体上城市优于农村。由于公有住房以城市职工为供给对象，城乡分割的管制，使公有住房成为一项与户籍相联的权益。

经过官僚协调机制自上而下地选择，个人因其所处就业行业、工作单位、城市、政治身份等条件的差异，具有不同的公有住房获得机会。获得公有住房的机会，与个人的特定身份相联。附着于身份的公有住房机会，本质上是一种"对社会公共资源的分享权"，并且有着因个人而异的高度差异性[②]。在住房经济的再分配制度下，分享公共资源的机会分配，并非提供给每个人。

二、与身份相联的纵向等级

在经典社会主义体制中，国有企业、地方企业、公私合营企业、各种合作社、机关团体等预算单位，其财产权没有本质上的区别[③]，都由官僚集团支配[④]。因此，国家投资与企业投资的公有住房，皆属于整个再分配经济中的一部分。公有住房以近乎免费（低租金）的方式分配给职工使用，国家承担所有成本。公有住房实际是一种极端的价格补贴，国家希望这种分配方式能够对实际消费产生均等化效应。公有住房的分配，确有着较高的均等程度。尽管公有住房制度以向所有缺房职工提供住房为目标，并在建设中按人均指标进行面积控制，实际执行中却产生出了各种等级现象。公有住房分配中的不平等，并非中华人民共和国成立前的历史遗留产物，也不是市场导致的结果，而是产生自公有住房制度本身。类似的住房不平等现象在许多社会主义国家出现，这种不平等内在于经典社会主义体制之中，根植于社会主义经济独有的生产关系，由经典社会主义再分配的逻

---

① 伊万·塞勒尼.新古典社会学的想象力[M].吕鹏等译.北京:社会科学文献出版社,2010:187.
② 曹正汉,李国武,周杰.身份权利及其竞争:制约中国社会组织发展的一种机制及其实证检验//周雪光,刘世定,折晓叶.国家建设与政府行为[M].北京:社会科学出版社,2012:282.
③ （匈）雅诺什·科尔奈.社会主义体制:共产主义的政治经济学[M].张安译.北京:中央编译出版社,2007:74.
④ （匈）雅诺什·科尔奈.社会主义体制:共产主义的政治经济学[M].张安译.北京:中央编译出版社,2007:81.

辑决定[①]。

在官僚协调机制发挥主导作用的经典社会主义体制社会中，从上至下都贯穿着一条纵向锁链[②]。公有住房的分配，向特定群体倾斜。职工通过工作单位分配获得的公有住房，因为极为短缺，也实行纵向等级。不同单位的供给水平各不相同，能够获得优先照顾的部门或地区，都要适应不同的政治和经济标准[③]。公有住房分配中的不平等现象，存在于城市与农村之间、不同所有制单位之间、不同行业部门之间、不同职务等级之间。所有这些公有住房分配的差异，都与身份相联。

第一个五年计划时期，公私住房之间的居住差异已经出现。1956 年，全国职工居住公有住房的约占 50% 左右，个人自行解决住房的约 50% 左右[④]。居住在公房中的职工获得相对较高的居住水平。国家统计局 1956 年[⑤]对北京、上海、天津等 99 个大中城市和工矿区职工住宅情况的调查显示，由机关、学校、企业、事业单位供给住宅的职工为 451 万人，占全部职工的 46%；公家供给职工住宅的居住面积为 4550 余万平方米，平均每人居住面积为 3.95m^2[⑥]。居住公有住房职工 3.95m^2 的居住水平，明显高于一般城市居民的 3.4m^2 居住水平[⑦]。与居住公房的职工相比，租赁民房等自行解决住宅的职工，居住状况则更差，住房问题更为严重。依据国家统计局对 13 个城市资料的推算，租赁民房的职工每人平均居住面积为 3.25m^2[⑧]，低于城市居民的平均居住水平，更低于居住公房的职工。

由于单位性质与经济状况的不同，不同行业部门的住房状况呈现出较大差异。不同行业提供公房给职工居住的比重有所差异。中央所属单位、工业的比重最高，53% 的职工居住在公房内；文教卫生、农林水利、国家机关、党派、团体、公用事业等职工居住在公房中的比例都超过 50%；地方所属单位的这一比重为 40%；交通运输、邮电、建筑地质勘探行业，这一比重稍低，在 35% ~ 40% 之间；财贸行业更低，比重为 34%[⑨]。财贸行业中的公私合营商店职工居住在公房中的比例在所有行业中最低，仅为 26%[⑩]。由私营企业经社会主义改造转变而来的公私合营企业，职工住房获得的国家资源和政府关注

---

① 伊万·塞勒尼.新古典社会学的想象力 [M].吕鹏等译.北京：社会科学文献出版社，2010：138.
② （匈）雅诺什·科尔奈.社会主义体制：共产主义的政治经济学 [M].张安译.北京：中央编译出版社，2007：92.
③ （匈）雅诺什·科尔奈.社会主义体制：共产主义的政治经济学 [M].张安译.北京：中央编译出版社，2007：305.
④ 中国社会科学院，中央档案馆.1953-1957 中华人民共和国经济档案资料选编：固定资产投资和建筑业卷 [M].北京：中国物价出版社，1998：926.
⑤ 数据截止至 1956 年 6 月末。
⑥ 中国社会科学院，中央档案馆.1953-1957 中华人民共和国经济档案资料选编：固定资产投资和建筑业卷 [M].北京：中国物价出版社，1998：926.
⑦ 中国社会科学院，中央档案馆.1953-1957 中华人民共和国经济档案资料选编：固定资产投资和建筑业卷 [M].北京：中国物价出版社，1998：926.
⑧ 中国社会科学院，中央档案馆.1953-1957 中华人民共和国经济档案资料选编：固定资产投资和建筑业卷 [M].北京：中国物价出版社，1998：927.
⑨ 中国社会科学院，中央档案馆.1953-1957 中华人民共和国经济档案资料选编：固定资产投资和建筑业卷 [M].北京：中国物价出版社，1998：926.
⑩ 中国社会科学院，中央档案馆.1953-1957 中华人民共和国经济档案资料选编：固定资产投资和建筑业卷 [M].北京：中国物价出版社，1998：926.

较少。工业、中央所属单位在公有住房制度中优先获得较多资金、土地等资源。获得公有住房，意味着获得较好的居住条件以及更多的住房补贴。由于国家在住房供给中的决定性主体地位，公有化程度越高的部门与行业，享有的住房居住水平也越高。

职工住房状况除所有制、行业部门之间的差异之外，在职务等级之间的差异更为明显，纵向等级特征十分突出。职工住房分配标准通常按照等级进行。以上海市为例，1956 年，干部住房按照行政级别划分为十几种待遇标准[①]。最高等级可享受 200m² 以上的大花园精致住宅，5 级为 120~135m² 的新式里弄住宅，而 9 级以下只能分得板房简屋[②]。上海的住房等级标准，相较于 1957 年底全国 58 个城市人均住宅建筑面积 5.74m²、人均居住面积 3.58m² 的实际数据[③]以及户均居住面积 16~20m² 的居住标准[④]来看，差距亦非常之大。1952~1956 年，国家投资的职工住宅每平方米造价平均为 57 元[⑤]。而同期的全民所有制各部门职工年平均工资为 446 元、496 元、519 元、534 元、610 元[⑥]。

比较工资水平（见表 14-2）与住房标准，不难看出，不同职务等级的住房标准间存在的差距，远远大于货币收入差距。以住房标准基本恢复至"一五"时期的 1973 年为例，全民所有制各部门职工年平均工资为 614 元[⑦]，国家确定的职工楼房住宅平均每户建筑面积为 34~37m²，按每平方米建筑造价南方地区 55 元、北方地区 65 元、严寒地区 80 元的标准，一套住宅所带来的生活补贴大致相当于年工资收入的 3~5 倍（如果计入公有住房配套的基础设施与公共服务设施的投入，住房差距则更大）。社会主义计划经济时期，一套新建公有住宅造价与工资收入的比例基本维持这一比值。获得一套公有住房，意味着实际收入的大幅提高。通过行政方式分配的住房，成为个人工资外最重要的生活补贴。

第三节   实有住房权利的克减

一、以贸易为基础的权利消失

中华人民共和国成立初期，住房市场依然存在，在接收或没收房产政策执行之外，

---

① 特甲级可享受 200m² 以上的大花园精致住宅；特乙级可享受 190~195m² 的大花园精美住宅；1 级可享受 180~185m² 的大花园精美住宅；2 级可享受 170~175m² 的独立新式住宅精美公寓；3 级可享受 160~165m² 的上等住宅公寓；4 级则为半独立式普通住宅、中等公寓；5 级为 120~135m² 的新式里弄住宅；6 级为 100~115m² 的有卫生设备的普通里弄住宅；7 级只能分得 80~95m² 的无卫生设备的石库门房屋；8 级只能分得老式立柱房屋；9 级以下只能分得板房简屋；如此等等。
② 杨奎松 . 从供给制到职务等级工资制：新中国建立前后党政人员收入分配制度的演变 [J]. 历史研究，2007（4）：111-137.
③ 中国社会科学院、中央档案馆 .1953-1957 中华人民共和国经济档案资料选编：固定资产投资和建筑业卷 [M]. 北京：中国物价出版社，1998：955.
④ 中国社会科学院、中央档案馆 .1953-1957 中华人民共和国经济档案资料选编：固定资产投资和建筑业卷 [M]. 北京：中国物价出版社，1998：943.
⑤ 中国社会科学院、中央档案馆 .1953-1957 中华人民共和国经济档案资料选编：劳动工资和职工保险福利卷 [M]. 北京：中国物价出版社，1998：1138.
⑥ 国家统计局 . 中国统计年鉴 1981[M]. 北京：中国统计出版社，1982：426.
⑦ 国家统计局 . 中国统计年鉴 1981[M]. 北京：中国统计出版社，1982：309.

城市私有房产得到相关政策的保护与承认。住房私有财产权的保护在 1954 年颁布的《中华人民共和国宪法》中得到正式承认。然而，经由法律文本"宣示"的权利，随着建构社会主义制度的法规、方针、讲话、指示等政策的执行，被一再减损。

城市中的手工业、资本主义工商业经过社会主义改造，企业的所有制转变为全民所有制与集体所有制。《国家建设征用土地办法》与 1954 年内务部处理土地使用费用的政策文件的实施，逐渐形成了城市土地的无偿使用制度。国营企业、国家机关、学校、团体及公私合营企业等建设住宅所需的国有土地，皆为无偿使用。虽然私营企业或私营文教事业使用国有土地时向政府缴纳租金[①]，但手工业、资本主义工商业的社会主义改造完成后，私营企业已经很少。此时的住房土地市场，已经仅存在于私人之间。

城市私有房屋与土地实施社会主义改造，国家政策彻底改变以往对私有住房与土地权的保护态度。除自住房之外的私有住房，以国家经租的方式被国家控制；住房之下的基地，也被宣布为国有。私有住房的社会主义改造，属于公权力对私权的干预，国家权力的触角深入个人家庭生活。国家经租的执行，使个人仅能按标准保留有限的自住房屋。住房市场存留的发展余地降至底限。

此外，国家计划经济体制的形成，使个人、企业等的住房金融活动也逐渐萎缩。住房政策对个人的住房金融扶助，仅出现在国家鼓励自建公助建设住房的有限时段里。整体上，在社会主义计划经济时期，私有住房与土地财产权遭受损害，住房与土地市场萎缩至极度狭小的空间，住房金融活动也基本销声匿迹。个人通过自愿交易（购买、租赁、共同持有等方式）获得住房的机会大大减少，以贸易为基础的权利基本失败。

二、以生产为基础的权利缩减

土地是国家的基本构成要素。对土地问题与地权关系的处理，贯穿于社会主义国家构建的过程中。1949 年中华人民共和国成立后，土地改革作为国家认同与社会动员的方式，推动着国家统治权威的建立。社会主义的最终价值之一，是消灭私人所有权，建立公有产权制度[②]。以土地的公有产权代替私人所有权，成为中华人民共和国社会主义制度建构的任务之一。1952 年冬，全国（除少数民族地区外）的土地改革基本完成。在以实现生产资料公有制为目标的国家运动式土地改革中，城市郊区的土地逐渐国有化。土地改革重构了民国时期农村与城市郊区的土地权结构。由城市郊区的土地改革开始，个人在城市中的土地权利发生巨大的变化。

"一五"时期，随着国家征收权的建立，国营企业、国家机关、学校、团体及公私合营企业、私营企业与文教团体等经批准按规定手续征用、租用、购买的城市郊区、城

[①] 1954 年 3 月内务部颁布的《答复关于国营企业、公司合营企业及私营企业等征用私有土地及使用国有土地缴纳契税或租金的几个问题》规定，私营企业或私营文教事业使用国有土地时，应向政府缴纳租金，但可有条件酌情减免。

[②] （匈）雅诺什·科尔奈. 社会主义体制：共产主义的政治经济学 [M]. 张安译. 北京：中央编译出版社，2007：81.

市内部的土地，全部国有化。城市郊区与市区内的私有土地呈减少趋势。同时，在政府的审批与控制下，企事业、机关、团体等单位成为申请与使用土地的主体。城市新增的住宅建设用地基本全部是国有土地。个人可很难获得经过审批的新增用地来建设住房。仅有自建公助建造住宅时，个人可获得单位提供或由单位向政府机构申请的国有土地的使用机会。以单位为主体的土地征用与使用，从制度上限制着个人获得国有用地自建住房的机会。

国家颁布的《宪法》宣示了对农民的土地所有权的保护，对城市中的私有土地权却未进行规定。经过私有房屋的社会主义改造，城市中原有的一部分私有土地，在以房收地的土地处置策略中，随私有住房的国家经租而被国家控制。个人除保有未被经租的自住房用地的支配权外，已经几乎无法获得住居用地。个人只能局限于利用未被经租的用地或空地进行住宅的翻建、改建或增建。

"一五"时期，社会主义国家制度建构基本成型。集中统一的经济再分配体系建立。国家政治权威在社会生活中占据主导地位，国家控制经由单位组织延伸至社会各层面。在国家对国民经济的计划调配中，个人以市场方式获得建设住房所需的货币收入、土地、材料等的可能性逐渐降低。在地权与经济体制重构的过程中，个人已经基本失去自建住房生产的机会，以生产为基础的权利萎缩。

三、劳动自主的权利压缩

消除不公正的财富分配，使每个人过上美好的生活，是社会主义官方意识形态的基本承诺。基本承诺中最基本的部分，就是全民就业，为每个人提供工作。每个人只需做好自己的工作，其他的由国家负责，国家有义务为所有人提供食物、医疗、教育、住房、文化产品等[1]。

"一五"时期，国家开始集中管理用工制度。中央集中管理扩大到企业用工制度，职工人数计划由国家逐年下达，招工必须经过主管单位审批。1954 年之前，在国家批准的劳动计划指标范围内，公私企业仍可自主聘用职工。此后，统一分配就业的干部、工人范围逐步扩大，从大专、中专、技校的毕业生，扩大至复原退伍军人，逐渐由国家统一安排就业[2]。1956 年，原私营企业的职工也由国家负责安排工作。统包统配代替自谋职业，形成了"铁饭碗"的劳动用工制度。中华人民共和国成立初期，老区进城干部实行供给制，接管企业职工和留用公务人员基本维持原有工资。1954 年起，职工工资集中到中央劳动部统一管理。1956 年后，全国实行统一的等级工资。为防止消费增长，职工的工资水平、增长速度由国家控制。1958 年，国家开始对人口的自由迁徙进行管制。公民逐渐丧失在城乡之间与城市之间自由迁徙、自主选择定居地的机会。

---

① （匈）雅诺什·科尔奈.社会主义体制：共产主义的政治经济学[M].张安译.北京：中央编译出版社，2007：50.
② 张润君，李宗植.中华人民共和国经济史（1949-1999）[M].兰州：兰州大学出版社，1999：130.

职工就业的国家统包统配制，使劳动者丧失了自主选择劳动和职业的机会。统一工资制的执行，则使个人失去了支配自己劳动收入的能力。自由迁徙与定居的限制，也影响着个人自主选择职业、获得劳动收入的机会。社会主义的再分配制度中，劳动的价格并非讨价还价的产物，而由行政力量设定，不能反映劳动所生产的潜在价值或剩余的价值[①]。国家倾向于缩减个人或家庭的货币消费，而不断增加由官僚机构分配的集体消费比例[②]。劳动者的工资收入不包括住房成本，个人解决住房问题的能力降低，不得不更多地依附于就业单位来获得住房。个人失去了对自己劳动能力的支配权，拥有自己的劳动收入受到限制，个人使用自己劳动的权利的自主性大大降低。

四、行政分配身份权对自由的限制

经典社会主义体制中，公有住房制度作为国家经济体系中的一环而存在。公有住房的投资、组织、建设、分配等环节，经由单位而为国家所整体控制。公有住房供给的行政干预，与限制个人自由选择的权利联系在一起[③]。

经典社会主义体制中，个人在定居迁徙、更换工作岗位、获得劳动收入等方面受到各种行政管制，政治、社会和经济自由遭受多重限制。城市住房标准、居住水平标准由国家控制，限制着个人可能获得的居住水平。住房与土地市场的萎缩，使个人的住房改善基本只能依赖单位这一种途径，而且个人对单位供给住房的依赖，没有"退出"的权利。公有住房的获得，以个人生活和改善住房的自由选择机会的减低为代价。

由国家官僚机构掌控的住房供给中，并非人人都有机会获得公有住房。获得公有住房的机会，经过官僚协调机制的刻意选择，与个人的特定身份相联。国家意图的贯彻，经由单位组织这一社会控制单元，赋予不同身份的人。身份权从本质上是一种特权。公有住房分配中的身份特权，意味着不同个体获得公有住房机会的不平等。一部分人享有的公有住房利益，建立在另一部分人的住房利益损失或其他利益的牺牲之上。

五、实有住房权利的克减

南京国民政府时期法定住房权的消解，并不意味着实际生活中个人所拥有的权利也随之产生即时的响应。社会主义国家建构中，党政军等机构发布的纲领、法律、命令、条例、决议以及领导讲话、党政方针、指令、政府报告等政策文件，成为政府干预住房问题的主要形式，个人的实有住房权利也随之重构。

经过向公有财产权的社会主义改造，以私人所有制市场经济为基础的个人权利明显减损。私有住房与土地财产权的破坏以及住房与土地市场的萎缩，使个人以贸易为基础

① 伊万·塞勒尼.新古典社会学的想象力 [M].吕鹏等译.北京：社会科学文献出版社，2010：133.
② 伊万·塞勒尼.新古典社会学的想象力 [M].吕鹏等译.北京：社会科学文献出版社，2010：214.
③ 伊万·塞勒尼.新古典社会学的想象力 [M].吕鹏等译.北京：社会科学文献出版社，2010：298.

的权利基本丧失。个人以市场方式或行政分配方式获得土地、材料等建造住房的机会都很低，已经基本失去自建住房的生产机会，以生产为基础的权利萎缩。个人失去对自己劳动收入的支配权，使用自己劳动的权利的自主性大大降低。此外，住房救济的权利也已经消失。经典社会主义体制形成后，行政分配的身份权出现。但是，公有住房的获得，以个人自由选择权利的损害为代价。身份权并非一种人人平等的权利，而是由官僚协调机制按一定原则选择的有纵向等级的特权。

因此，中华人民共和国社会主义计划经济时期，个人实有住房权利在社会制度的重构中被克减。国家的意识形态已经接受权利的语言，朝着人权意识方向行进，但它们还没有接受和吸收权利观念中的某些基本含义[①]，从而也无法实现对权利的保障。实有权利的减损，只有少量自来法规的执行，多数来自领导讲话、党政方针、指示命令、政府报告等政策文件的贯彻。

美国国际法学家路易斯·亨金（Louis Henkin）认为，权利受到一定限制是允许的，在法定的社会紧急状态下，根据紧急情况严格要求的程度，权利可以有部分克减。但是，"即使这种克减是必需的，也不能包含有令人厌恶的不平等"[②]。社会主义计划经济时期的住房权波动，正是一种存在着不平等的权利克减。

---

① （美）L·亨金.权利的时代 [M]. 北京：知识出版社，1997：255.
② （美）L·亨金.权利的时代 [M]. 北京：知识出版社，1997：5.

第十六章 社会主义市场经济时期的住房政策演变 (1978 ~ 2012 年)

第一节 个人权利发展的社会基础

经典社会主义体制形成的同时，不断积累着内在的矛盾。中国的社会主义计划经济存在高度的不稳定性，持续的不稳定以至于出现"文化大革命"这样的社会、政治和经济危机[①]。1978 年 12 月，中国共产党第十一届中央委员会第三次全体会议召开，由社会主义计划经济向市场经济转型的改革开始。

社会主义从计划经济向市场经济的转型，在内在逻辑上，是对经典社会体制建构的历史解构过程。官方意识形态以中国共产党为领导，保留核心理念的同时在改革中不断修正，不再将"市场"与"社会主义"对立。社会发展战略作出调整，不再片面地以优先发展重工业为中心，而以国民经济综合发展、改善人民生活为目标。区别于以往的封闭主义，与改革进程相联，向资本主义世界开放。产权结构从计划经济的以公有制为主体，趋向于多样化，民营、私营部门兴起。官方意识形态以"市场社会主义"[②]为基本指导思想，经济协调机制由市场与计划的结合取代单一的计划协调，发挥市场对资源配置的基础性作用。

改革与开放，出现在社会的每个领域中。私有化方向不但出现在生产领域，也出现在消费领域和生活领域。经济体制改革中，住房的商品属性被重新认识。伴随土地制度改革、国企改革、住房制度改革的进程，住房市场恢复发展。家庭与个人重新获得拥有私有住房的机会，从而获得退出集体生活、拥有私人生活的物质保证。改革与开放，同样体现在"依法治国"的法制建设中。1979 年的大规模立法，揭开了新时期法制建设的序幕。1982 年通过的《宪法》，是新的历史时期治国的总章程，社会主义法制原则确立[③]。此后的 10 年中，国家颁布了许多法律法规，从多方面完善法律制度。发展人权事业，以法制保障公民人权，成为国家法律的基本诉求。2004 年 3 月，十届全国人大二次会议通过《宪法修正案》，《宪法》第 33 条增加规定："国家尊重和保障人权。"

在社会政治、经济与法制的变革中，曾经被克减的个人权利开始恢复，进而不断发展。

[①] 任晓伟. 社会主义计划经济的历史和理论起源 [M]. 北京：人民出版社，2009：304.

[②] 按照科尔奈的解释，市场社会主义的基本观点是：让市场方式成为中央计划方式的补充，成为社会主义经济的基本协调机制，但公有制仍然占主导地位。市场和计划两种机制互为补充，彼此弥补对方的缺陷，希望成为一种结合两种机制的优点并使各自缺陷最小化的体制。

[③] 杨一凡，陈寒枫，张群. 中华人民共和国法制史 [M]. 北京：社会科学文献出版社，2010：21.

第二节　住房政策转型的开始

1978 年 12 月，中国共产党第十一届中央委员会第三次全体会议召开。中国共产党的工作重点转移至社会主义现代化建设，进行经济管理体制改革，实施对外开放，以在发展生产的基础上逐步改善城乡人民生活为目标。在农村取得经济体制改革的经验成果后，城市开始经济体制改革的试验和探索。

财政体制打破以往的统收统支，中央与地方财政实行"划分收支、分级包干"体制，地方政府财权扩大。企业的自主权与活力在政企分升的制度改革中得以提高。国民收入的分配结构开始变化，企业与居民收入份额增加。商品经济恢复发展，市场调节经济的积极作用开始发挥。在公有制为主体的前提下，多种经济形式与经营方式并存，城镇集体经济和个体经济发展起来。1984 年 10 月，《中共中央关于经济体制改革的决定》提出系统地加快城市经济体制改革，在公有制基础上发展有计划的商品经济，发挥城市在社会主义现代化建设中的主导作用。

中国共产党和人民政府开始致力于解决城市住宅短缺问题，改善城乡居民生活。如何加快城市住宅建设成为城市工作的主要议题之一。住房的商品属性被重新认识，住房市场开始起步。国家基建投资中用于住宅、文教、卫生、城市建设等非生产性建设的投资比重增加。中外合资、合作企业以及外商独资经营企业的发展，给城市土地使用制度带来变化，房地产开发公司建设的商品房小区开始出现。

一、解决住房问题政策的恢复

20 世纪 70 年代末期，住房问题的解决日益受到国务院、国家建委的重视。1978 年 3 月 6 日，国务院在北京召开第三次全国城市工作会议；9 月 7 日，国家建委召开首次全国城市住宅工作会议；1980 年 3 月 2 日，国家城市建设总局召开全国城市房产住宅工作会议；1980 年下半年，全国基本建设工作会议、全国城市规划工作会议先后召开；1980 年 11 月 25 日，全国总工会、国家城建总局在福州召开组织职工、居民建造住宅和向私人出售住宅经验交流会。

多项会议关于解决住房问题的政策议题，可概括为六方面内容：

其一，落实私房政策，保护私有房产。

1980 年 10 月 30 日，国家城市建设总局颁布《转发北京市、辽宁省落实私房政策两个文件的通知》，转发北京市委《关于处理机关部队挤占私房进一步落实私房政策的通知》与辽宁省人民政府批转省城建局《关于"文化大革命"期间错接、错管城镇私房处理意见的报告》。落实私房政策要求确认"文化大革命"期间被收缴的私人房屋原房主的所有权，在三五年之内，分期分批地发还被挤占与没收的私房。1981 年 11 月 26 日，国务院侨务办公室、国家城市建设总局颁布《转发上海市落实华侨私房政策的情况的通知》，落实华侨私房政策。1983 年 12 月 17 日，国务院发布《城市私有房屋管理条例》，加强对城市私有房屋的管理，保护房屋所有人和使用人的合法权益。

其二，发挥国家、地方、企业和个人建设住宅的积极性。

1978 年 3 月 6 日，国务院在北京召开第三次全国城市工作会议，制订国发〔1978〕13 号文件《关于加强城市建设工作的意见》。会议提出加速住宅及市政公用设施的建设，补上城市住宅的缺口，由国家、地方、企业共同努力，有计划地逐步加以解决。1978 年10 月 19 日，国发〔1978〕222 号文件《关于加快城市住宅建设的报告》提出，只要"能够充分发挥国家、地方、企业和群众的积极性"，住房问题是可以得到解决的[①]。组织华侨用侨汇建房，有条件的城市和工矿区试行"自建公助""分期付款"等，成为鼓励和组织个人集资建设住房的主要措施。由此开始，机关、企事业等单位的集资建房，成为职工住房建设的主要方式。

其三，将住宅建设规划纳入国民经济计划。

国发〔1978〕222 号文件要求各地区、各城市制定城市住宅建设的七年规划，将住宅建设规划纳入国民经济计划。1980 年 5 月 20 日，国家建委发布《关于加强住宅建设工作的意见的通知》，要求各地根据 1985 年城市每人平均居住面积达到 $5m^2$ 的标准，编制 1981 ~ 1985 年的住宅建设规划，纳入国民经济长期计划。

其四，推行"六统一"建设方式，实行综合开发。

1963 年第 2 次全国城市工作会议上提出大中城市新建、扩建的企事业单位的住宅等投资拨交所在城市实行统一建设、统一管理的办法。70 年代末，这一方针得到认可与继续贯彻。

1977 年 7 月 30 日，国家建委发布（77）建城字 29 号文件，转发上海市《关于中央各部直属单位建造住宅的暂行办法的通知》，要求中央各部直属单位的住宅建造实行统一建设、统一管理，或者在统一规划下，实行分建统管。国发〔1978〕13 号文件要求民用建筑逐步实行"六统一"的房屋统建。"房屋统建的办法"："一是把国家、地方、企业投资都交给城市房管部门，实行统一建设；二是把国家、地方投资捏在一起，实行局部统建和组织企业集资统建。"[②] 城市公有住宅、中小学校舍和机关、事业单位、文化、卫生、商业、服务行业的房屋以及企业厂区以外的公用房屋，也由城市逐步实行统一管理。国发〔1978〕222 号文件同样强调"六统一"的房屋管理。实际执行中的房屋统建，通常有两种方式：一是把国家、地方、企业投资组织起来统一进行建设；二是把国家和地方投资集中在一起统一建设。

---

① 房产通讯杂志社. 国家房地产政策文件选编（1948-1981）[M]. 房产通讯（增刊），1982: 207.
② 房产通讯杂志社. 国家房地产政策文件选编（1948-1981）[M]. 房产通讯（增刊），1982: 40.

建立专业化的住宅建设公司以适应大规模的住宅统建，由国发〔1978〕13 号文件、国发〔1978〕222 号文件提出。国发〔1980〕299 号文件《国务院批转全国城市规划工作会议纪要》提出："对新建小城市、卫星城，现有城市的新建区、段和旧城成片改造地区，都应考虑组织开发公司，实行综合开发。"[①]1981 年 5 月，国家城市建设总局关于京、津、沪三市城市规划座谈会报告提出，为避免城市用地混乱，"应由市政府统一征地，积极实行综合开发"[②]。

其五，住宅建设与旧城改造相结合。

国发〔1978〕222 号文件提出，结合住宅建设逐步改造旧城区。首先进行危房和棚户区的改造，有条件的城市要有计划地成街成片地进行改造和建设。1980 年 5 月 21 日，国家城市建设总局关于印发《秦仲方同志在全国城市房产住宅工作会议上的报告的通知》，重申国发〔1978〕222 号文件对旧城改造的要求。住宅要严格按照城市规划进行建设，并通过住宅建设逐步改善城市面貌。城市住宅建设"不要搞见缝插针"，"特别是对各单位自建住宅要把好关，不要把城市建乱了"[③]。

其六，实施住宅商品化，试点住宅出售。

1979 年，国家城建总局用国家补贴的住宅资金，在西安、南宁、柳州、桂林等城市，进行以全价向职工出售住宅的试点。住宅售价为每平方米 120～150 元。受低工资、低房租等因素影响，几年中只卖出 36 万 m²[④]。1980 年，《红旗》杂志发表题为"怎样使住宅问题解决得更快些？"的文章，苏星提出住宅属于个人消费品，住宅问题的解决应该走商品化的道路。关于住宅属性、房租等问题的社会讨论由此开始[⑤]，中共中央以发展建筑业、实施住宅商品化等途径解决住房问题的思路逐渐形成。

一系列会议的政策议题反映出住房经济发展的方向。随着多元筹资、房屋统建、私房保护、住宅商品化等政策精神与内容的贯彻执行，住房的生产、分配、交换、消费等由计划向市场的转变开启。

二、城市住宅经济体制改革的启动

1980 年 4 月 2 日，邓小平发表关于建筑业和住宅问题的谈话，提出建筑业不只是"生产消费资料的部门"，"也是发展生产，增加收入的重要产业部门"，要求在国家长期规划中将把建筑业放在重要地位[⑥]。向城镇居民个人出售住宅、分期付款、提高房租等解决住房问题的思路被提出来。1980 年 6 月，中共中央、国务院批转《全国基本建设工作会议汇报提纲》，开始实施住宅商品化。

① 房产通讯杂志社 . 国家房地产政策文件选编（1948-1981）[M]. 房产通讯（增刊），1982：57.
② 房产通讯杂志社 . 国家房地产政策文件选编（1948-1981）[M]. 房产通讯（增刊），1982：71.
③ 房产通讯杂志社 . 国家房地产政策文件选编（1948-1981）[M]. 房产通讯（增刊），1982：52.
④ 黄重光 . 城市建设综合开发指南 [M]. 北京：中国建筑工业出版社，1990：131.
⑤ 《中国房地产市场年鉴》编委会 . 中国房地产市场年鉴 1996[M]. 北京：中国计划出版社，1996：911.
⑥ 城乡建设环境保护部城市住宅局 . 国家房地产政策文件选编（1982-1984）[M]. 北京：中国房地产杂志社，1985：3.

住宅商品化的实施从城镇居民个人出售住宅的试点开始。1981 年 4 月 10 日，国务院办公厅转发《关于组织城镇职工、居民建造住宅和国家向私人出售住宅经验交流会情况的报告》的通知，分析西安等城市住房出售试点中的问题，提出"规定合理的住宅出售价格和一次付款的优惠条件，把住宅出售工作搞活"[1]。1982 年 4 月 17 日，国务院制定《关于城市出售住宅试点问题的复函》给国家建委、国家城建总局及江苏、河南、湖北、吉林省人民政府，要求根据国家建委、国家城市建设总局《关于城市出售住宅试点工作座谈会情况的报告》，研究试点出售住宅。国家建委、国家城市建设总局根据国务院"城市房屋出售问题，要选择几个城市打开局面，摸出经验"的批示[2]，选定在常州、郑州、沙市、四平四个城市进行试点。新建住宅试行以单位补贴的办法向个人出售，个人支付住房售价的 1/3，其余 2/3 由建设单位给予补贴。住宅出售的目标是由补贴出售逐步过渡到以购买为主。

1983 年，住宅经济在国民经济和社会发展中的地位和作用已经开始被重新认识，住宅问题的解决，逐渐被提升到住宅经济体制改革的层面。住宅经济体制的改革成为"与整个国民经济的计划体制、财政体制、工资体制、价格体制等方面的改革关系甚密切"的部分，"改革现行的住宅经济体制核心是要打破长期沿袭下来的城镇住宅建设由国家包下来的做法"[3]。国家体改委的《城市住宅经济体制存在的问题和改革意见》提出从经济发展上重视住宅经济，把住宅作为独立的产品纳入国民经济计划，把住宅建设计划从非生产性基本建设中独立出来，建立固定的、合理的专项住宅基金；调整住宅所有制结构，城镇住宅要采取全民（包括国有和单位所有）、集体（合作）和个人所有等多种经济形式。1984 年 9 月 18 日，国务院颁布《关于改革建筑业和基本建设管理体制若干问题的暂行规定》，要求大中城市逐步扩大商品化住宅的建设。

第三节　住房制度改革的政策过程

1985 年 9 月，《中共中央关于制定国民经济和社会发展第七个五年计划的建议》通过。"努力扩大消费品工业的生产领域，积极发展民用建筑业"成为经济建设的主要方针[4]，建筑业被确定为国民经济的支柱产业。中共中央提出推行城镇住宅商品化，以满足人民由"温饱型"转向"小康型"的消费需求。1986 年 3 月 25 日，在第六届全国人民代表大会第四次会议上，《关于第七个五年计划的报告》通过。在发展生产和提高经济效益的基础上，改善城乡人民生活，为"七五"时期的基本任务和主要建设方针之一。经济

---

① 房产通讯杂志社 . 国家房地产政策文件选编（1948-1981）[M]. 房产通讯（增刊），1982：222.
② 城乡建设环境保护部城市住宅局 . 国家房地产政策文件选编（1982-1984）[M]. 北京：中国房地产杂志社，1985：195.
③ 城乡建设环境保护部城市住宅局 . 国家房地产政策文件选编（1982-1984）[M]. 北京：中国房地产杂志社，1985：17.
④ 关于"七五"计划的建议 [J]. 求实，1985（6）：19-28.

体制改革以建立新的社会主义宏观经济管理制度为目标，发展社会主义的商品市场，完善市场体系；改革以增强企业，特别是全民所有制大中型企业的活力为重点，国家对企业的管理转向间接控制。

"七五"时期，结合工资调整确定合理的房租和住房销售价格，推行住宅商品化，成为商品市场与市场体系发展的重要内容。城镇住房制度改革的推行，从 1986 年正式开始。1982～1985 年，住房制度改革采用"三三制"售房方法，通过国家和单位提供补贴的方式将住房优惠出售给居民。向职工提供住房补贴的方法，因给地方政府，尤其是企业增加了资金压力而受到抱怨和抵制[1]。这项住房改革措施于 1986 年告停。

1986 年 1 月 6 日，国务院召开城镇住房制度改革问题座谈会，国务院住房制度改革领导小组和领导小组办公室成立。住房制度改革领导小组成立后，住房制度改革由试点转向全面铺开。建立与社会主义市场经济体制相适应的新的城镇住房制度，实现住房商品化、社会化，被确立为住房制度改革的根本目的[2]。

一、住房政策整体演变

1986 年 3 月 11 日，城乡建设环境保护部、国家计划委员会发布《关于商品住宅建设问题的通知》，提出"今后建造商品住宅采取先建后卖的办法"[3]。

1987 年，中国共产党第十三次全国代表大会召开，大会报告将房地产市场确定为社会主义市场体系的组成部分。1988 年 2 月 15 日，国务院住房制度改革领导小组颁布《关于在全国城镇分期分批推行住房制度改革的实施方案》，提出将住房的实物分配逐步改变为货币分配，开放房地产市场，发展房地产金融和房地产业。同时，土地使用权有偿出让等土地使用制度改革也为住宅商品化、房地产市场的形成和发展奠定了基础。

在多项政策的共同作用下，城镇住宅商品化逐步展开，房地产开发迅速发展起来。房地产市场作为住房与土地资源配置的一种机制开始发挥作用。1992 年，国务院颁发国发〔1992〕61 号文件[4]《关于发展房地产业若干问题的通知》，提出将房地产业发展成为国民经济发展的支柱产业之一。房地产业在有利的政治经济环境下迅速膨胀，房地产市场出现过热状况。1993 年 7 月，国家开始实施房地产的宏观调控政策。1993 年 11 月，中国共产党第十四届中央委员会第三次全体会议召开，通过《中共中央关于建立社会主义市场经济体制若干问题的决定》，作为 20 世纪 90 年代"进行经济体制改革的行动纲领"[5]。在国家宏观调控下，发挥市场对资源配置的基础性作用，转换国有企业经营机制、建立现代企业制度，建立全国统一开放的市场体系，成为经济体制改革的重点。房地产

① 朱亚鹏. 住房制度改革：政策创新与住房公平 [M]. 广州：中山大学出版社，2007：52.
② 蔡德容. 中国城镇住房制度改革研究 [M]. 长沙：湖南出版社，1996：30.
③ 建设部房地产业司. 国家房地产政策文件选编（1985-1987）[M]. 北京：能源出版社，1988：72.
④ 1990 年以后的住房政策文件资料来源于中华人民共和国中央政府网站信息公开专栏.
⑤ 中国共产党第十四届中央委员会第三次全体会议公报 [J]. 党建，1993（12）：4

市场被列为市场体系培育的重点之一，国家对房地产业的宏观调控继续深化。

1994 年，国务院颁发国发〔1994〕43 号文件《关于深化城镇住房制度改革的决定》，重点解决存量住房的出售问题，住房制度改革在全国范围内逐步推开[①]，住房制度改革进入全面深化的阶段。应对 1997 年的亚洲金融危机，扩大国内需求并培育房地产业被确定为新的经济增长点，为给商品住宅市场提供足够的发展空间，1998 年国务院颁发国发〔1998〕23 号文件《关于进一步深化城镇住房制度改革加快住房建设的通知》。停止住房实物分配、逐步实行住房分配货币化等政策内容的执行，实现了增量住房的商品化[②]。存量住房、增量住房商品化的渠道建立，城镇住房制度改革取得重要进展，社会主义计划经济时期建立起来的公有住房制度全面转向市场化的商品房制度。

二、住房制度改革过程

1. 全国性改革的尝试与停滞

1988 年，住房制度改革正式起步[③]。1988 年 2 月 25 日，国务院颁发国发〔1988〕11 号文件，开始实施国务院住房制度改革领导小组制定的《关于在全国城镇分期分批推行住房制度改革实施方案》。改革计划通过 3 ~ 5 年时间，在全国城镇推行烟台市等试点城市的方法，提高公房租金、发放住房补贴、出售公房。此时的改革目标是"按照社会主义有计划的商品经济的要求，实现住房商品化"。然而，住房补贴让单位和国家财政无法承担，提高租金则受到职工的反对。许多城市转而以低价出售公房来减少单位的资金压力。

1988 年 6 月 8 日、1988 年 12 月 5 日，建设部、国务院住房制度改革领导小组先后发布《关于制止贱价出售公有住房的紧急通知》与《关于加强出售公有住房价格管理的通知》，严令禁止低价出售公房这种被认为是国有资产流失的做法。第一次全国性改革尝试陷入停滞。

1991 年 6 月 7 日，国务院颁发国发〔1991〕30 号文件《关于继续积极稳妥地进行城镇住房制度改革的通知》。改革的根本目的是"要缓解居民住房的困难，不断改善住房条件，正确引导消费，逐步实现住房商品化，发展房地产业"。这次的措施核心在于按照国家、集体和个人共同负担的原则，渐进式地重组住房制度。具体措施包括提高住房租金、出售公房、新房新租金，先卖后租等。

政策的初衷在于用新房新政策，逐渐构建起以市场为导向的住房体系。然而，政策实施中却未能避免新房进入旧体制。同时，房租支出占职工家庭收入的比例也从 1978 年的 1.93% 降至 1992 年的 0.73%，出现历史最低水平[④]。低价出售公房再次成为大多数

① 建设部课题组.住房、住房制度改革和房地产市场专题研究 [M]. 北京：中国建筑工业出版社，2007：14.
② 建设部课题组.住房、住房制度改革和房地产市场专题研究 [M]. 北京：中国建筑工业出版社，2007：15.
③ 于思远.房地产·住房改革运作全书 [M]. 北京：中国建材工业出版社，1998：8.
④ 于思远.房地产·住房改革运作全书 [M]. 北京：中国建材工业出版社，1998：8.

城市地方政府和单位优先考虑的策略。1993 年 12 月 31 日，国务院办公厅发布《关于制止低价出售公有住房问题的通知》，制止以过低价格突击出售公房。

2. 全面性改革的实质性突破

1993 年《中共中央关于建立社会主义市场经济体制若干问题的决定》颁布后，发挥市场在资源配置中的基础性作用成为经济体制改革深化的方向。城镇住房制度改革作为经济体制改革的重要组成部分，进入全面深化的阶段。

1994 年 7 月 18 日，国务院颁发国发〔1994〕43 号文件《关于深化城镇住房制度改革的决定》，再次启动住房制度改革。住房改革的目标被确定为："建立与社会主义市场经济体制相适应的新的城镇住房制度，实现住房商品化、社会化；加快住房建设，改善居住条件，满足城镇居民不断增长的住房需求。"本轮住房制度改革确定的住房供应体系，由经济适用住房和以高收入家庭为对象的商品房构成。改革的主要措施，除提租售房外，重点为将住房实物分配方式改为货币工资分配方式，建立住房公积金制度，发展住房金融和信贷。

1996 年，住房改革的思路调整为从存量住宅入手，实现全部存量住宅的商品化，切断新房进入旧体制的途径，从而使新制度住房成为城镇住宅的主体部分，实现房改目标[①]。

1998 年 7 月 3 日，国务院颁发国发〔1998〕23 号文件《关于进一步深化城镇住房制度改革加快住房建设的通知》，从 1998 年下半年开始停止住房实物分配，住房制度改革取得突破与实质性进展。除继续推进住房商品化、社会化，建立适应社会主义市场经济体制的城镇住房新制度外，"促使住宅成为新的经济增长点"成为 1998 年住房制度改革的目标。改革的主要措施为：停止住房实物分配，逐步实施住房分配货币化；建立和完善以经济适用住房为主的多层次城镇住房供应体系；发展住房金融，培育和规范住房交易市场。

三、住房改革的完成

1999 年 1 月 12 日，建设部部长俞正声在全国建设工作会议上表示，1998 年城镇住房制度改革取得重要进展，新的住房分配和供应体系已经建立[②]：住房分配由实物分配转化为货币分配；住房供应以经济适用住房为核心，辅以市场价商品房、廉租房。

2000 年第五次人口普查中的住房数据，基本能够反映住房制度改革完成时的城市住房状况（表 16-1）。建设部政策研究中心发布的《2000 年第五次人口普查住房状况分析报告》对当时的住房状况进行了总结分析。2000 年城市存量住房总面积为 65.00 亿 m^2，城市平均每户人口为 3.03 人，人均住房建筑面积为 21.81m^2；城市家庭总户数为 8489 万

① 于思远.房地产·住房改革运作全书 [M]. 北京: 中国建材工业出版社, 1998: 11.
② 全国建设工作会议在北京召开 [J]. 城市规划通讯, 1999 (2): 1.

户，其中人均建筑面积在 $8m^2$ 以下的住房困难户占 12.3%，为 1044 万户；2000 年全国城市公有住房中已出售的占 64.3%，仍租住原公有住房的占 35.7%[①]。

2000 年全国城市家庭户按住房来源分的户数及比例   表 16-1

住房类型	户数	比例
自建住房	2184290	26.8%
购买商品房	751224	9.2%
购买经济适用房	533396	6.5%
购买原公有住房	2401075	29.4%
租用公有住房	1331890	16.3%
租用商品房	561724	6.9%
其他	391318	4.8%
全国合计	8154917	100.0%

资料来源：依据 2000 年第五次人口普查资料表 8-4a 数据整理。

　　总体上，城市住房来源中公有住房约占 1/2，自建住房约占 1/4，商品房和经济适用房约占 1/4。住房制度改革后，公有住房仍是城市家庭住房来源的绝对主体，购买与租赁公有住房的城市家庭合计 45.7%。自建住房比例为 26.8%，成为除公有住房之外，城市家庭最主要的住房来源形式。尽管住房改革政策一直将经济适用住房作为住房供应的主体，以满足中低收入家庭的住房需求，但购买经济适用房的城市家庭比例仅为 6.5%。城镇住房商品化推行近 20 年后，住房的商品化程度依然很低，购买与租赁商品住宅所占比例都在 10% 以下。

四、住房保障政策起步

　　国发〔1998〕23 号文件《关于进一步深化城镇住房制度改革加快住房建设的通知》首次提出针对不同群体的差别化住房政策。"对不同收入家庭实行不同的住房供应"，最低收入家庭租赁由政府或单位提供的廉租住房，中低收入家庭购买经济适用住房，其他收入高的家庭购买、租赁市场价商品住房。廉租住房的来源包括调剂的腾退旧公有住房、由政府或单位出资兴建的住房；租金则实行政府定价，具体标准由市（县）人民政府制定。

　　在住房商品化背景下，1998 年廉租房政策的提出标志着住房保障政策的首次确立。然而，将提供廉租住房的责任主体确定为政府与单位的规定，反映出当时的政策对社会保障内涵理解的不足以及对住房救济责任认定的模糊。住房制度改革与国有企业改革等改革措施，一方面努力将提供住房的责任从单位剥离，一方面却又将社会保障与救济责任捆绑到单位组织中。

[①] 建设部政策研究中心.2000 年第五次人口普查住房状况分析报告 [J].长江建设，2003（1）: 32-35.

第四节　全面市场化后的住房政策

一、2007年前的房地产市场调控

国发〔1998〕23号文件的实施使住房实物分配逐步停止，个人住房消费启动。在应对1997年亚洲金融危机、刺激内需、促使住宅成为新的经济增长点的政策激励下，以住宅为主的房地产市场快速发展，房地产开发投资增长迅速。2003年起，针对房地产市场发展中的价格上涨过快、资本投机、供求矛盾等问题，国务院先后颁发国发〔2003〕18号文件、国办发〔2005〕26号文件、国办发〔2006〕37号文件等，对房地产市场进行宏观调控。

2003年8月12日，国务院颁发国发〔2003〕18号文件《关于促进房地产市场持续健康发展的通知》。文件将房地产业定性为"国民经济的支柱产业"，肯定了房地产市场发展在促进消费、扩大内需、拉动投资增长等方面的作用。以住房市场化为方向建设房地产市场体系，国家宏观调控房地产市场总量、结构与价格，成为国家政策的核心内容。国发〔2003〕18号文件对住房供应结构作出重大调整，将"住房供应主体"从1994年起确立的经济适用房改为商品房，"多数家庭购买或承租普通商品住房"。经济适用住房（包括集资、合作建房）是"具有保障性质的政策性商品住房"，廉租住房用以"保障城镇最低收入家庭基本住房需求"。商品房成为住房供应主体，意味着住房全面市场化已经成为现实。

2004年后，针对大城市房价上涨过快，国家住房政策主要围绕抑制商品房价格快速增长，进行宏观市场调控。2005年5月9日，国务院颁发国办发〔2005〕26号文件，转发《建设部等部门关于做好稳定住房价格工作意见的通知》。政策提出的稳定住房价格的主要途径为增加中低价位商品住房的供应，住房供应结构以中低价位普通商品住房和经济适用住房项目为主，严格控制高档住房的建设与用地供应。

2006年5月24日，国务院办公厅颁发国办发〔2006〕37号文件，转发《建设部等部门关于调整住房供应结构稳定住房价格意见的通知》，继续进行对房地产市场的宏观调控。调整住房供应结构的重点是"发展满足当地居民自住需求的中低价位、中小套型普通商品住房"。《通知》制定了新建商品住房中建筑面积90m² 以下住房达到开发建设总面积的70%以上的标准，提出了中低价位、中小套型普通商品住房（含经济适用住房）和廉租住房的土地年度供应量不低于居住用地供应总量的70%的要求。土地供应在限套型、限房价的基础上，采取竞地价、竞房价的办法，以招标方式确定开发建设单位。

然而，房地产投资规模过大、住房价格上涨过快、供应结构不合理、市场秩序不规范、中低收入家庭支付能力下降等问题，来自宏观经济运行中的深层次矛盾①，并非仅仅依靠房地产市场调控政策所能解决。在土地利用与住房建设制度、房地产市场存在结构性问题的情况下，市场机制无法解决住房领域的社会保障与公平问题。

二、2007 年政府住房保障责任的确立

国家连续出台的房地产市场调控政策未能解决房价上涨过快问题，反而让房价"越调越高"。

2007 年住房问题提升至"重要的民生问题"层面，8 月 7 日，国务院颁发国发〔2007〕24 号文件《关于解决城市低收入家庭住房困难的若干意见》，以改善群众居住条件为"城市住房制度改革和房地产业发展的根本目的"。国发〔2007〕24 号文件首次提出将解决城市（县城）低收入家庭住房困难问题作为"政府公共服务的一项重要职责"，标志着政府"住房保障"理念与责任的正式确立。因此，国发〔2007〕24 号文件区别于 1998 年以来的房地产市场调控政策，是住房全面市场化以后的首项住房领域的社会政策。

国发〔2007〕24 号文件提出多渠道解决城市低收入家庭住房困难问题，重点为建立健全城市廉租住房制度，制定将廉租住房制度保障范围由城市最低收入住房困难家庭扩大到低收入住房困难家庭的进程表。经济适用住房供应对象为城市低收入住房困难家庭，并与廉租住房保障对象衔接。文件确定的其他住房困难群体居住条件的改善包括 3 个方面：集中成片棚户区的改造、旧住宅区综合整治、农民工居住条件改善。

三、2008 年起的住房保障与市场调控

2008 年后，住房政策中住房保障与房地产市场调控的内容交错并行，稳定房价和住房保障同时成为住房政策的重点。2010 年、2011 年，住房政策密集出台。

应对美国次贷危机引发的全球性经济衰退给国内经济带来的压力，2008 年 12 月 20 日，国务院办公厅颁发国办发〔2008〕131 号文件《关于促进房地产市场健康发展的若干意见》，提出加大保障性住房建设力度，鼓励普通商品住房消费，支持房地产开发企业积极应对市场变化，强化地方人民政府稳定房地产市场的职责。2010 年 1 月 7 日，国务院办公厅颁发国办发〔2010〕4 号文件《关于促进房地产市场平稳健康发展的通知》，提出增加保障性住房和普通商品住房有效供给、引导住房消费、抑制投资投机性购房需求等措施，以遏制房地产市场回升带来的房价上涨过快等问题。

2010 年 4 月 17 日，国务院颁发国发〔2010〕10 号文件《关于坚决遏制部分城市房价过快上涨的通知》，遏制城市房价、地价过快上涨，投机性购房活跃等问题。国发〔2010〕10 号文件首次提出建立对省级政府"稳定房价和住房保障"工作的考核问责机制。文件

---

① 建设部课题组. 多层次住房保障体系研究 [M]. 北京：中国建筑工业出版社，2007: 15.

同时提出：实行差别化的住房信贷政策来抑制不合理住房需求；通过增加居住用地供应以及探索"综合评标""一次竞价""双向竞价"等土地出让方式，抑制居住用地出让价格非理性上涨；通过执行"保障性住房、棚户区改造和中小套型普通商品住房用地不低于住房建设用地供应总量的 70%"的土地供应比例，调整住房供应结构。2011 年 1 月26 日，国务院办公厅颁发国办发〔2011〕1 号文件《关于进一步做好房地产市场调控工作有关问题的通知》。各直辖市、计划单列市、省会城市和房价过高、上涨过快的城市开始制定和执行住房限购措施，对当地户籍居民家庭与非当地户籍居民家庭的购房进行数量上的限制。

在保障性安居工程建设方面，除加快保障性住房建设、棚户区改造外，国发〔2010〕10 号文件提出："按照政府组织、社会参与的原则，加快发展公共租赁住房。"2010 年6 月 8 日，住房和城乡建设部颁发建保〔2010〕87 号文件《关于加快发展公共租赁住房的指导意见》，将发展公共租赁住房作为满足城市中等偏下收入家庭基本住房需求的重要举措。2011 年 9 月 28 日，国务院办公厅颁发国办发〔2011〕45 号文件《关于保障性安居工程建设和管理的指导意见》，提出"建立健全中国特色的城镇住房保障体系"，并将廉租住房、公共租赁住房、经济适用住房、限价商品住房、棚户区改造、农村危房改造全部列入"保障性安居工程"。文件将公共租赁住房确定为保障性安居工程的建设重点，逐步实现廉租住房与公共租赁住房统筹建设、并轨运行，并提出"十二五"期末全国保障性住房覆盖面达 20% 左右的目标。

2012 年 7 月 11 日，国务院颁发《国家基本公共服务体系"十二五"规划》，提出"享有基本公共服务属于公民的权利，提供基本公共服务是政府的职责"，住房保障被列入基本公共服务范围，"国家建立基本住房保障制度，维护公民居住权利"。尽管"十二五"规划未对"居住权利"进行明确解释，但公民的居住权利首次在国家国民经济和社会发展计划文件中得到正式承认。

第十七章　住房制度改革中的住房商品化

第一节　住房投资的市场化趋向

一、住房建设资金来源的拓宽

1978 年后，财政体制改革使地方和企业自主权扩大，地方财力和企业自有资金增多。1980 年 6 月 22 日，中共中央、国务院发布中发〔1980〕72 号文件批转《国家建委党组全国基本建设工作会议汇报提纲的通知》，"国家对住宅建设的投资不可能增加很多"，"加快住宅建设，主要靠地方和企业"[①]。遵照中央关于"职工住房问题，要由国家、地方、企业共同努力，有计划地逐步加以解决"的指示[②]，地方、企业筹集的资金逐渐成为住宅建设资金的主要来源。

1978 年 3 月，国务院《关于加强城市建设工作的意见》提出，由于住房缺口需要的投资多，"除动员地方、企业财力约可解决三分之二外，尚需国家补助三分之一，用于解决各地城市文教、卫生、商业、服务行业、机关、团体等单位职工缺房问题以及棚户、危房的改造"[③]。1978 年 9 月 5 日，国家计委、国家建委、财政部、国家物资总局发布《关于自筹资金建设职工住房的通知》，将为职工建设住房规定为地方与企业的义务，要求各省、直辖市、自治区和各城市每年必须在自筹资金中安排一部分资金建设职工住房。企业资金列为职工住房建设资金的主要来源，将国家投资作为补充。全民所有制企业职工住房建设资金来源为企业基金以及职工宿舍的更新改造资金，不足的部分由企业主管部门列入基建计划解决；集体所有制企业职工住房建设资金从"税后积累"中解决。

1978 年《关于加快城市住宅建设的报告》确定的资金来源为：①国家工业及非工业建设项目中用于住宅建设的投资，国家对城市住宅建设的专门补助；②地方自筹资金，地方财力除农田基本建设和支农工业外的资金主要用于建设职工住宅；③企业自筹资金，全民所有制企业为企业基金和职工宿舍的更新改造资金，集体所有制企业为"税后积累"；④华侨用侨汇建设私人住宅；⑤个人集资建房，有条件的城市和工矿区试行自建公助、分期付款的办法。

---

① 房产通讯杂志社 . 国家房地产政策文件选编（1948-1981）[M]. 房产通讯（增刊），1982: 219.
② 房产通讯杂志社 . 国家房地产政策文件选编（1948-1981）[M]. 房产通讯（增刊），1982: 230.
③ 房产通讯杂志社 . 国家房地产政策文件选编（1948-1981）[M]. 房产通讯（增刊），1982: 38.

国家政策的调整，给住房建设带来立竿见影的快速变化。1979 年，企业集资在 1 亿元以上的省（直辖市）有辽宁、黑龙江、江苏、四川、上海，其中辽宁省集资多达 3.8 亿多元，超过全省住宅总投资的 50%[①]。新政策的执行，使 1978 年前国家投资占绝对主导地位的状况发生明显变化。除企业、地方、国家资金外，个人资金也成为国家住房政策提倡的方式。住房制度改革的住房商品化过程中，企业、地方资金成为职工住宅建设的主力，尤其是企业资金的比重明显提高。

二、住房建设资金使用方法的调整

改革开放初期，住房金融开始起步。财政体制改革对建筑业和基本建设的资金使用办法进行调整。1984 年，国发〔1984〕1123 号文件《国务院关于改革建筑业和基本建设管理体制若干问题的暂行规定》提出，国家投资的建设项目实行资金有偿使用的原则，将原财政拨款改为银行贷款。由此开始，国家投资建设的住宅，由无偿拨款改为银行贷款。

20 世纪 70 年代末，建设银行开始向企业贷款用于建设住宅。20 世纪 80 年代初，组建城市建设综合开发公司，住宅建设中实行综合开发，国家授权建设银行贷款用于城市综合开发与商品住房的建设。在"自建公助"建设住房与出售住房试点中，也尝试向职工提供贷款。国发〔1984〕1123 号文件规定，城市综合开发公司所需周转资金，可由建设银行贷款。1984 年 10 月，《关于城市建设综合开发公司暂行办法》规定开发公司所需周转资金在建设银行开立账户。开发公司向建设银行申请贷款的制度正式确立。

1984 年之前，国家允许的住房资金信贷机构仅有建设银行一家。城市公有住宅出售试点过程中，从事住房信贷的机构扩展至工商银行。1984 年 10 月 11 日，国务院颁布国发〔1984〕140 号文件转批《城乡建设环境保护部关于扩大城市公有住宅补贴出售试点报告的通知》。国发〔1984〕140 号文件提出，由建设银行对试点城市的房产经营部门设立贷款指标，由工商银行根据存、贷结合的原则，举办购建房储蓄、贷款业务。此后，银行向单位贷款的规模开始扩大，从事住房信贷业务的机构也增加，住房建设信贷逐步发展。

三、政策性住房金融的建立

建立专项住宅基金以满足住房资金筹集与使用，在改革开放初期被提出来。1983 年 11 月，国家体改委在《城市住宅经济体制存在的问题和改革意见》中，提出建立固定的、合理的专项住宅基金。住宅基金的筹集来源包括吸收社会资金、部门与单位筹集[②]的资金。

①　房产通讯杂志社.国家房地产政策文件选编（1948-1981）[M].房产通讯（增刊），1982：47.
②　社会资金包括银行低息贷款、地方和企业自筹资金、住宅储蓄等；部门与单位资金包括按一定比例提取的职工工资、企业超额利润分成、福利费结余等。

　　20 世纪 80 年代末，政策性的住房基金制度建立。1987 年，烟台、蚌埠等住房制度改革试点地区成立住房储蓄银行，建立起第一批专门性的地方住房金融机构；1988 年建设银行设立专业化的房地产信贷部①。1988 年 2 月 25 日，国发〔1988〕11 号文件《关于在全国城镇分期分批推行住房制度改革实施方案》颁布，提出建立城市（县镇）、企事业单位、个人三级住房基金。各级住房基金定向用于住房的生产、经营和消费，由城市相应的金融机构集中管理与使用，以保证住房制度改革和住房建设有固定的资金渠道。除烟台、蚌埠等试点地区的住房储蓄银行外，其他城市由当地政府委托银行设立房地产信贷部，开始专门办理有关住房生产、消费资金的筹集、融通和信贷结算等业务。1992 年 3 月，财综字〔1992〕31 文件《关于住房资金的筹集、使用和管理的暂行规定》颁布，国务院住房制度改革领导小组、财政部、建设部对住房资金的使用与管理进行规范。20世纪 90 年代初，住房资金扩展至 4 类，包括国家、企业、行政事业单位和个人按规定建立的城市住房基金、企业（单位）住房基金和个人住房基金以及在住房制度改革中筹集的其他资金等。

　　20 世纪 90 年代中期，住房公积金制度开始建立。1991 年，住房公积金制度首先出现在上海市。1994 年国发〔1994〕43 号文件《关于深化城镇住房制度改革的决定》提出建立住房公积金制度。所有行政和企事业单位及其职工，应按照"个人存储、单位资助、统一管理、专项使用"的原则交纳住房公积金。依据国发〔1994〕43 号文件，财政部、国务院住房制度改革领导小组、中国人民银行颁发财综字〔1994〕126 号文件《建立住房公积金制度的暂行规定》。住房公积金被设计为"一种长期性住房储金"。由职工个人和所在单位按职工个人工资和职工工资总额的一定比例逐月缴纳，归职工个人所有。住房公积金作为职工个人住房基金，专户储存、统一管理、专项使用。

　　为规范政策性住房信贷业务，中国人民银行、国务院住房制度改革领导小组、财政部联合颁发银发〔1994〕13 号文件《政策性住房信贷业务管理暂行规定》。政策性住房信贷业务是受各市（县）人民政府和军队、煤炭、铁道、石油等系统委托，由指定银行以政策性住房资金为来源而经营的住房信贷业务。政策性住房资金的来源有 6 项②，可用于对实行房改单位的职工购买、建造、大修理自住住房发放抵押贷款，发放城市经济适用住房开发贷款，对实行房改的单位购买、建设职工住房发放抵押贷款以及经委托人同意购买国家债券。《政策性住房信贷业务管理暂行规定》将办理政策性住房信贷业务的指定银行扩展至中国人民建设银行、中国工商银行、中国农业银行。

　　《建立住房公积金制度的暂行规定》颁布后，公积金这种强制性住房储蓄在全国陆续推广。1998 年，住房制度改革进入全面深化阶段。配合住房制度改革，国发〔1998〕

---

① 杨继瑞. 中国经济改革 30 年：房地产卷 [M]. 成都：西南财经大学出版社，2008：42.
② 6 项来源是：城市住房基金；行政、事业、企业单位住房基金；行政、事业、企业单位收取的住房租赁保证金；职工住房公积金；地方政府发行住房建设债券筹集的资金；国际金融组织为地方政府提供的住房贷款资金。

23 号文件提出健全职工个人住房公积金账户，按照"房委会决策，中心运作，银行专户，财政监督"原则加强住房公积金管理。1999 年 4 月 3 日，中华人民共和国国务院令第 262 号颁布《住房公积金管理条例》，全国性的住房公积金①制度正式确立。

四、个人住房信贷的启动

住房商品化初始，公有住房出售中已有个别实验性质的个人贷款试点。20 世纪 90 年代中期，配合国家安居工程的实施，支持城镇居民购买自用住房，个人住房信贷开始发展。1995 年 11 月，中国人民建设银行制定《中国人民建设银行国家安居工程个人住房抵押贷款暂行办法》，开始向符合国家安居工程条件的城镇（单位）居民购买住房提供个人住房抵押贷款。1997 年 4 月，中国人民银行颁布银发〔1997〕171 号文件，实行《个人住房担保贷款管理试行办法》。个人住房担保贷款业务限定于"实施国家安居工程的城市"范围内，其他城市不得开办此项业务。个人住房担保贷款只能购买用住房公积金建设的自用普通住房，不得用于城市居民修、建自用住房，更不得用于购买豪华住房。按银发〔1997〕171 号文件所示，实施安居工程的共有北京、上海、天津、重庆及 27 个省的 219 个城市。

1998 年，配合存量住房的出售，个人住房信贷开始有实质性的发展。国发〔1998〕23 号文件调整了住房公积金的贷款方向，住房公积金调整为主要用于职工购买、建造、修理自住住房的个人贷款。中国人民银行颁布银发〔1998〕169 号文件《关于加大住房信贷投入支持住房建设与消费的通知》，积极支持住房建设和消费。1998 年 5 月 9 日，《个人住房贷款管理办法》由中国人民银行以银发〔1998〕190 号文件颁布实施，标志着市场导向的住房金融体系的形成。

从 1998 年开始，人民银行对各商业银行住房（包括建设与购房）自营贷款实行指导性计划管理，只要借款人符合贷款条件，商业银行均可在资产负债比例要求的范围内发放住房贷款。住房信贷业务范围扩大，原来只能由工、农、建三家银行办理的住房委托存、贷款业务，扩大至所有国有独资商业银行和交通银行。个人住房贷款②的发放范围扩大，所有商业银行在所有城镇均被准许发放个人住房贷款。个人住房贷款的规模限制被取消，个人住房贷款期限也得到放宽。

从最初的个人住房贷款试点开始，经过近 20 年的发展，至 1998 年，个人住房贷款业务终于普及至所有城镇。

---

① 按照 1999 年《住房公积金管理条例》的规定，住房公积金是在职职工缴存的长期住房储金，缴纳住房公积金的单位包括国家机关、国有企业、城镇集体企业、外商投资企业、城镇私营企业及其他城镇企业、事业单位。2002 年国务院对《住房公积金管理条例》进行修改，将缴纳单位的范围扩展至民办非企业单位、社会团体。
② 按照《个人住房贷款管理办法》，个人住房贷款限用于购买自用普通住房和城市居民修、建自用住房，不得用于购买豪华住房。

第二节 商品住房市场的发育

一、商品住房开发的起步

改革开放初期，国家机关、企事业单位的住宅建造方式，主要为政府组织的住宅统建与单位自建。中央各部直属单位建造住宅，一般都纳入所在市的统建住宅计划内，由市住宅建设办公室统一负责建造。中央各部直属单位与所在市的住宅建设办公室签订协议，资金和材料按市统建住宅标准交给市住宅建设办公室，委托其建造住宅。此外，中央各部直属单位也利用在郊区或在市区内的自有空地自行建造住宅。企业自筹资金建设职工住房的政策出台后，企业自建住宅逐步增多。企业的住宅建设，因行业系统、单位所有制、单位规模等差异而有所不同。概括起来有 3 种基本方式：大系统、大单位自建住宅，中小企业[①]由政府房管单位组织起来集资统建，大企业带小企业联合组织建设住宅区。国家机关、事业单位等无资金来源的单位的住宅建设，主要来自国家及地方建设住宅的财政拨款。在建设方式上，有统建也有分散的单位自建[②]。

全国第一个由房地产开发公司建设的商品房小区，出现在特区深圳。深圳特区房地产公司与香港妙丽集团合作建设了第一个商品房小区——东湖丽苑。1980 年 1 月 1 日，深圳市房地产管理局与香港妙丽集团签订合作建房合同。1 月 8 日，深圳特区房地产公司成立。按双方协议规定，深圳方出地，港方出资并负责销售，利润分成比例为深圳方 85%、港方 15%；东湖丽苑第一批、第二批各建 108 套房，户型面积约为 $50 \sim 60m^{2}$[③]。

深圳特区房地产公司与香港妙丽集团的合作建房以"补偿贸易"的形式进行开发，试验性地突破了《宪法》禁止出租买卖土地的禁锢。由东湖丽苑开始，商品住房的开发逐渐起步。

二、商品住房的综合城建开发

进入 20 世纪 80 年代，建立专业化的住宅建设公司，由市政府统一征地，实行综合开发，成为国家确立的大规模住宅建设的主要发展方向。1981 年 10 月，国家基本建设委员会在向中央、国务院汇报的《关于搞活建筑业的汇报提纲》中，提出组织开发建设公司、实行城市建设综合开发方针。实行城市建设综合开发，"从城镇商品住宅化搞起"[④]。

---

① 工厂小、分散、集体所有制单位多，自建住宅困难大、投资少的小单位、小系统，由政府房管单位组织集资统建，房屋分配权归集资单位。
② 黄重光. 城市建设综合开发指南 [M]. 北京：中国建筑工业出版社，1990：113.
③ 刘晓云. 东湖丽苑：中国商品房的原点 [N]. 中国房地产报，2010-9-27（10）.
④ 黄重光. 城市建设综合开发指南 [M]. 北京：中国建筑工业出版社，1990：9.

深圳市综合开发经验推广向全国，新兴工业区、城镇新区建设、老城区的成片改造，开始以城市建设综合开发的方式进行，城镇商品住房建设的综合开发起步。

20 世纪 80 年代初，商品住房开发经营主体开始出现。1980 年 8 月，北京市在原建委统建办公室的基础上，成立北京市城市建设开发总公司，进行住宅小区的统一开发。进行商品住房开发的企业，多从原城市政府的统建住宅机构脱胎而来。城市原有的统建办公室或住宅建设办公室，大部分都改为房屋或城市建设开发公司。同时，新房地产开发公司，在深圳、广州、上海、北京等一些大城市，由政府主管部门实验性地组建起来。例如 1981 年 1 月 16 日，国家建工总局与中国人民建设银行组建的中国房屋建设开发公司成立。中国房屋建设开发公司的主要任务之一，即城市住宅的统一开发[①]。1984 年国发〔1984〕1123 号文件颁布，建立城市综合开发公司，对城市土地、房屋实行综合开发，成为国家推行建筑业和基本建设管理体制改革的重要举措。同年 10 月，为规范城市建设综合开发公司的工作，国家计委、城乡建设环境保护部颁布《城市建设综合开发公司暂行办法》。城市建设综合开发公司发展迅速。1986 年，全国进行城市建设综合开发的房地产企业已有 1900 家[②]。至 1987 年，城市建设综合开发公司发展至 2200 家[③]。

城市建设综合开发公司为具有独立法人资格的企业单位，实行自主经营、独立核算、自负盈亏，对国家承担经济责任，"主要任务为经营城市土地开发和房地产业务"[④]。城市建设综合开发公司属于全民所有制企业[⑤]，实质为政府的土地开发和房地产经营实体，经理由主管部门任命。开发公司具有很多行政属性，承担部分行政职能[⑥]，例如征地拆迁、劳动力安置、开发区的基础设施配套建设等。城市建设综合开发公司进行土地开发与建设的委托人是当地人民政府，土地由地方政府统一审批、统一征用和统一管理。"经过开发的地皮（土地所有权仍归国家）有偿转让给其他单位兴建工程项目，也可以直接组织兴建住宅和其他经营性房屋（如贸易中心、综合服务楼、办公楼、仓库、旅馆和公用性质的厂房等）进行出售。[⑦]" 除承担政府任务外，城市建设综合开发公司可接受有关主管部门或使用单位的委托项目或投标项目，也可自行开发、建设、出售开发设施或商品房屋。

城市商品住宅开发是城市建设综合开发最重要的领域。自 20 世纪 70 年代末开始，许多城市的大型居住区与住宅小区，通过城市建设综合开发的方式建设起来。例如深圳、北京、上海、天津等都进行了大规模的住宅综合开发；常州、无锡、苏州、沙市等城市，

---

① 黄重光.城市建设综合开发指南 [M].北京：中国建筑工业出版社，1990：3.
② 杨继瑞.中国经济改革 30 年：房地产卷 [M].成都：西南财经大学出版社，2008：106.
③ 黄重光.城市建设综合开发指南 [M].北京：中国建筑工业出版社，1990：4.
④ 建设部房地产业司.国家房地产政策文件选编（1985-1987）[M].北京：能源出版社，1988：35.
⑤ 开发公司的资金来源，包括出售开发设施或商品房屋的预付款、建设银行贷款、社会资金入股等。开发公司承包工程的节余资金，可用于建造职工住宅和集体福利设施.
⑥ 黄重光.城市建设综合开发指南 [M].北京：中国建筑工业出版社，1990：159.
⑦ 建设部房地产业司.国家房地产政策文件选编（1985-1987）[M].北京：能源出版社，1988：35.

也通过综合开发建设了一些住宅小区①。

　　城市建设综合开发公司组织建设的商品住房,出售价格由政府按质量分不同标准定价,销售对象以单位为主。商品住宅的经营,基本有 4 种途径。其一,由城市建设综合开发公司接受委托合同,为委托建设单位或个人建设住房。其二,城市建设综合开发公司自行开发建设住宅,向国家机关、企事业单位或个人出售。其三,城市建设综合开发公司进行住宅预售,收取委托单位一部分定金,签订商品房购买合同,到期交房付款。其四,城市建设综合开发公司将土地开发至三通一平,然后销售楼座给单位,由单位自行建造住宅。20 世纪 80 年代,大量商品住房通过上述 4 种方式的城市建设综合开发建设起来。

三、商品住房的房地产开发经营

　　针对商品房屋建设发展较快、各地经营商品房屋的开发公司相继成立的状况,1987 年 11 月,国家计委、城乡建设环境保护部、国家统计局联合颁布《关于加强商品房屋建设计划管理的暂行规定》。自 1987 年起各地区的商品房屋建设被纳入国家计划,商品房建设从基本建设的序列中独立出来,住房消费进入流通领域。

　　《关于加强商品房屋建设计划管理的暂行规定》将商品住房定义为“由开发公司综合开发,建成后出售的住宅”。单位自建、委托施工单位建设、参加统建的自用住宅,都不属于商品住房的范畴。商品房屋开发公司②则是具有独立法人资格的企业单位,实行自主经营,独立核算,自负盈亏。商品房屋建设的前期准备工作,例如征地、搬迁、安置劳动力等,由该地区政府部门负责。1989 年 12 月 31 日,为指导房地产企业的发展,国家建设部颁布《全国房地产开发企业升级实施办法(试行)》。房地产开发企业是“主管城镇房地产综合开发、具有法人资格、实行独立核算、自负盈亏的全民所有制企业”。房地产开发企业承担的政府职能正在逐渐褪去,但房地产企业仍是全民所有制。

　　1986 ~ 1993 年,房地产企业建设的住宅迅速增加,总量约为 3.5 亿 m^2,约占同期全国城市住宅建设量的 31%③。为规范日益增加的房地产开发企业的经营,1994 年 7 月 5 日,《中华人民共和国城市房地产管理法》颁布。配合《中华人民共和国城市房地产管理法》的执行,建设部颁布《城市房地产开发经营管理暂行办法》,自 1995 年 3 月 1 日起施行。依据《中华人民共和国城市房地产管理法》,房地产开发是“在依据本法取得国有土地使用权的土地上进行基础设施、房屋建设的行为”;房地产开发企业是“以营利为目的,从事房地产开发和经营的企业”。房地产开发企业不再局限于全民所有制。《城市房地产开发经营管理暂行办法》将房地产企业的范围扩大至从事房地产开发和经营的专

---

① 黄重光 . 城市建设综合开发指南 [M]. 北京:中国建筑工业出版社,1990:7.
② 按照 1987 年的规定,商品房屋建设的资金来源包括开发公司自有资金、住宅建设债券、银行贷款以及预收一定数额的购房款(不超过全部售价的 50%)等。1994 年,中华人民共和国建设部令第 40 号发布《城市商品房预售管理办法》,自 1995 年 11 月 1 日起施行。商品房预售资金正式成为房地产开发经营企业的重要资金来源。
③ 杨继瑞 . 中国经济改革 30 年:房地产卷 [M]. 成都:西南财经大学出版社,2008:155.

营企业和兼营企业。为贯彻国有企业的改革,《城市房地产开发经营管理暂行办法》提出:
"原有房地产开发企业应当按照国务院的有关规定逐步改组为规范化的公司。"

1997 年,应对亚洲金融危机,以住宅为主的房地产业被国家政策确定为刺激内需的新的经济增长点,商品住房的开发投资增长迅速。1998 年,全国房地产开发的实际投资为 3579.58 亿,其中住宅投资为 2117.94 亿,占总量的 59%;商品房施工面积达 48473.49 万 m²,竣工面积为 15392.73 万 m²[①]。 为规范房地产开发经营行为,1998 年 7 月国务院令颁布《城市房地产开发经营管理条例》。房地产开发经营被定义为"房地产开发企业在城市规划区内国有土地上进行基础设施建设、房屋建设,并转让房地产开发项目或者销售、出租商品房的行为"。

尽管商品住房与开发企业的定义在 10 多年间经历了几次变化,但至 1998 年,房地产企业始终以国有经济为主导。1996 年房地产业企业法人单位从业人数中,国有经济为 72.57 万人,占从业总人数 130.2 万人的 55.7%[②]。至 1997 年,全国已有房地产开发企业 21286 家,其中国有经济开发公司 8164 家,占总数的 38%,处于绝对主导地位;集体经济 4754 家,占 22%,外商投资经济为 2095 家,港、澳、台经济为 1989 家[③]。

第三节　住宅用地的有偿使用

一、城镇土地使用制度的变革

城镇国有土地的有偿使用,从征收中外合营企业的土地使用费开始。1979 年,向中外合营企业征收土地使用费在《中华人民共和国中外合资经营企业法》中以法律形式确定下来。"中国合营者的投资可包括为合营企业经营期间提供的场地使用权。如果场地使用权未作为中国合营者投资的一部分,合营企业应向中国政府缴纳使用费。"[④]1980 年 7 月,国务院发布《关于中外合营企业建设用地的暂行规定》,对中外合资企业建设用地场地使用与使用费的征收进行具体规定。中外合营企业对使用的建设用地"只有使用权,没有所有权"[⑤]。

土地有偿使用范围的扩大始于 1982 年,由中外合资合营企业逐渐扩展至试点城市。1982 年 3 月,深圳经济特区政府颁布《关于土地使用费缴纳办法》;1984 年 3 月,《抚顺市人民政府关于征收城市土地使用费暂行办法》颁布,抚顺市城市规划区内从 1984

① 　孟晓苏,莫天全.中国房地产统计年鉴 1999[M].北京:中国城市出版社,1999:4.
② 　全国基本单位普查办公室.中华人民共和国第一次全国基本单位普查资料汇编[M].北京:中国统计出版社,1998:708.
③ 　孟晓苏,莫天全.中国房地产统计年鉴 1999[M].北京:中国城市出版社,1999:64.
④ 　房产通讯杂志社.国家房地产政策文件选编(1948-1981)[M].房产通讯(增刊),1982:276.
⑤ 　房产通讯杂志社.国家房地产政策文件选编(1948-1981)[M].房产通讯(增刊),1982:343.

年全面开征土地使用费，实行城市国有土地的有偿使用制度。1985 年，财政部正式确定抚顺市作为征收土地使用费的试点城市。1985 年 4 月 15 日颁布的《抚顺市征收城市土地使用费实施办法》将城市土地分为 3 类，按 7 级标准收费①。

抚顺等城市试点探索着城镇土地有偿使用制度改革的同时，新颁布的国家法律严格依然禁止土地的有偿使用。1982 年颁布的《中华人民共和国宪法》规定，城市土地属于国家所有，国家因公共利益需要可依法对土地实行征用，但是禁止买卖、出租等转让土地的行为。直至 1986 年 6 月颁布的《中华人民共和国土地管理法》，仍然禁止任何单位和个人以买卖、出租等形式转让土地。然而，土地使用制度改革的试点仍在进行。1987 年 9 月，国家土地管理局按照国务院指示，研究了深圳、上海、天津、广州等 4 个城市的土地使用制度改革试点方案和步骤。1987 年 9 月，深圳经济特区率先实行土地使用权有偿出让的试点。此后，福州、厦门、广州、上海等城市开始进行城市土地使用权有偿出让的实验，土地使用权有偿出让逐渐普及至全国多个城市。

1988 年 4 月 1，第七届全国人民代表大会第一次会议通过《宪法修正案》，第 10 条第 4 款修改为"任何组织或者个人不得侵占、买卖或者以其他形式非法转让土地。土地的使用权可以依照法律的规定转让"。1988 年 12 月 29 日，全国人民代表大会通过修正后的《土地管理法》，第 2 条中增加了"国有土地和集体所有的土地的使用权可以依法转让"，"国家依法实行国有土地有偿使用制度"。

二、住宅用地的有偿使用

20 世纪 80 年代，城市新增的住宅用地由城市政府征用，以划拨的方式提供给用地单位（个人）②用于住房建设。以城市建设综合开发方式进行的商品住宅建设，用地由地方政府统一审批、统一征用和统一管理。全民所有制与集体所有制单位的统建住宅用地为划拨用地，由城市政府负责统一征地、统一建设，建成后实行统一管理或统建分管。尽管统一征地为国家政策所倡导，综合开发的城镇住宅区发展很快，但 80 年代中期仍有 75% 以上的新建住宅为分散征地建造③。公有住房的管理方式也反映出分散建造占主导的状态。1985 年全国年住房普查结果显示，全国的国家直管住宅仅占全部住宅的24.1%，单位自管的占 58.1%④。国家直管住宅中还包括一部分由企事业单位自行筹款建造、购买并分配后，再转移到系统上级部门等管理的职工住宅。分散的住宅用地，一方面来自单位向县、市政府申请的征用土地，一方面来自单位的原有土地，此外还有一部

---

① 周诚，毕宝德，周义根 等 . 城市土地有偿使用势在必行：抚顺市开征城市土地使用费调查 [J]. 经济理论与经济管理,1987,6: 65-70.
② 城市建设综合开发公司作为政府的土地开发和房地产经营实体，属于全民所有制企业，也是"单位"。个人建造住宅所需的新增用地，多为建设管理部门组织以个人住宅统建、购买商品房、单位集资联建等形式，进行统一征地；侨汇住宅通常为集资统建的方式，所需土地由政府统一征地。
③ 黄重光 . 城市建设综合开发指南 [M]. 北京：中国建筑工业出版社，1990: 129.
④ 边燕杰，约翰·罗根，卢汉龙，等 . "单位制"与住房商品化 [J]. 社会学研究，1996（1）: 83-95.

分自来城市中原有的宅基地和空闲地。

住宅用地使用方式的变化，始于深圳市的土地使用制度改革试点。1987年深圳市首次以定向议标、招标、公开拍卖等三种方式有偿出让的土地，全部为住宅用地。9月9日，首块体现有偿使用原则的土地以定向议标的方式出售。第一块试点土地编号为211-1，面积约为5381.8m^2，位于深圳市上步区振华、中航交叉路口，以200元/m^{2}的价格、106.4万元的总价，出让给中国航空技术进出口公司深圳工贸中心，用于建设单身职工住宅[1]。9月29日，深圳以招标方式出让地块编号118-1、面积46355m^{2}的土地使用权，《土地招标通告》公告地块位置、面积、用途等信息；11月25日，深圳深华工程开发公司中标，土地规定用途为商品住宅，使用年限为50年，建筑容积率为1.3[2]。12月1日，深圳市首次以公开拍卖方式出让土地使用权。拍卖地块编号为409-4，面积为8858m^2，土地用途为住宅（自用或建设商品房），容积率为1.75[3]。最终由深圳特区房地产公司中标。

1989年国有土地有偿使用制度正式确立后，1990年5月《中华人民共和国城镇国有土地使用权出让和转让暂行条例》制定出居住用地使用权有偿让渡的具体方法。按照第3条、第12条、第13条规定，中华人民共和国境内外的公司、企业、其他组织和个人，均有权取得土地使用权进行居住用地的土地开发、利用、经营。居住用地土地使用权出让的最高年限为70年。居住用地的土地使用权出让可以采取协议、招标、拍卖方式，土地使用权可以转让、出租、抵押。除有偿获得土地使用权外，土地使用者还可以通过划拨方式取得土地使用权并缴纳土地使用税。划拨方式取得的土地使用权也可以转让、出租、抵押。按照1995年《中华人民共和国城市房地产管理法》的规定，房地产开发用地的土地使用权取得包括出让与划拨两种形式，土地使用权出让可采取拍卖、招标或者双方协议的方式。其中，豪华住宅用地的使用权需以出让方式[4]取得。

住宅用地的有偿出让始自深圳市3块住宅用地的试点，随后城镇国有土地有偿使用制度的改革在全国推行。然而，20世纪90年代，城市住宅建设的用地获得方式仍以无偿划拨为主。原因在于住房制度改革确定的住房供给构成以经济适用住房为主体，而经济适用住房（包括集资与合作建房、安居工程）的建设土地全部通过划拨的方式取得。只有少量高档商品住房的建设用地，以有偿出让的方式获得。此外，国有企业改革中，有一部分国有企业的划拨用地以出让、抵押、作价入股、国有土地租赁等土地有偿使用形式[5]转换为住宅建设用地。

---

① 吴次芳，靳相木.中国土地制度改革三十年[M].北京：科学出版社，2009：78.
② 吴次芳，靳相木.中国土地制度改革三十年[M].北京：科学出版社，2009：79.
③ 吴次芳，靳相木.中国土地制度改革三十年[M].北京：科学出版社，2009：79.
④ 有条件的必须采取拍卖、招标方式；没有条件，不能采取拍卖、招标方式的，可以采取双方协议的方式。
⑤ 依据的两个文件分别是：①1994年12月3日国家土地管理局、国家经济体制改革委员会以国土（法）字第153号文件颁布《股份有限公司土地使用权管理暂行规定》；②1998年2月17日国家土地管理局令第8号颁布《国有企业改革中划拨土地使用权管理暂行规定》。依据两个文件的规定，企业以出让方式取得的土地使用权，可以转让、出租或作价入股；国有企业改革中涉及的划拨土地使用权，根据企业改革的不同形式和具体情况，可分别采取国有土地使用权出让、国有土地租赁、国家以土地使用权作价出资（入股）和保留划拨用地方式予以处置。

直至 1998 年，住宅用地才开始进入全面有偿使用的阶段。国发〔1998〕23 号文件的执行促使住房实物分配停止，住房体制转向市场化的商品住房体系。1998 年 7 月，国务院令颁布《城市房地产开发经营管理条例》，第 12 条规定，除法律和国务院规定可以采用划拨方式的项目外，房地产开发用地应当以出让方式取得。因而，1998 年 7 月之后，除经济适用住房、廉租房等保障性住房可以继续采用划拨方式之外，有偿出让成为住宅用地使用权获得的主导方式。

第四节　经济适用住房制度的形成

一、经济适用住房内涵的演替

国发〔1994〕43 号文件《关于深化城镇住房制度改革的决定》首次提出"经济适用住房"的概念。文件将经济适用住房的供应对象确定为"中低收入家庭"，住房供应体系，由经济适用住房与以高收入家庭为对象的商品房构成。此时尚无对"中低收入家庭"的清晰界定，对经济适用住房的"社会保障性质"也未作出具体解释。1994 年 12 月 15 日，建设部、国务院住房制度改革领导小组、财政部发布建房〔1994〕761 号文件，颁布《城镇经济适用住房建设管理办法》。1995 年，国家启动安居工程向中低收入家庭提供住房，安居工程执行"经济适用住房"政策。

《城镇经济适用住房建设管理办法》将"经济适用住房"界定为"以中低收入家庭住房困难户为供应对象，并按国家住宅建设标准（不含别墅、高级公寓、外销住宅）建设的普通住宅"。"中低收入家庭住房困难户"的具体标准则交由地方人民政府认定。离退休职工、教师家庭住房困难户是经济适用住房政策提出的优先安排对象。经济适用住房的建设，享受政府在计划、规划、拆迁、税费等方面的政策扶持，优先通过划拨方式获得建设用地。经济适用住房建设资金来源为地方政府用于住宅建设的资金、政策性贷款，或其他资金。经济适用住房的出售价格以建设成本为基础由政府主管部门确定。

对城市中低收入困难家庭进行认定的办法，由上海市率先颁布。上海市在实施 1995 年的住房解困方案时，放弃了以往统一政策、统一办法的解困思路，转而采用依照解困对象的不同收入水平，执行不同政策、不同办法的解困策略。上海市房屋土地管理局颁布沪房改办发〔1995〕15 号文件《1995 年住房解困职工家庭收入线划分标准》，详细界定了住房解困职工家庭收入线的划分标准，对低收入、中收入、高收入按家庭人口规模进行划分[①]。此后，各地政府开始在住房保障政策中，对中低收

---

① 宋琳琳.上海市城市低收入家庭住房供应政策研究（1991-2005）[D].上海:同济大学，2006:30.

入家庭进行界定。

1995 年国家住房政策中的"经济适用住房"是整个住房供应体系中的主体。经济适用住房是在政府指导下由政策性资金投资、房地产开发企业建设、政府划拨土地、政府指导定价的商品房。经济适用住房的销售对象宽泛而模糊,"社会保障性质"并不突出。按照政策的设定,城市普通家庭购买属于微利商品的经济适用住房,高收入家庭购买高档商品房。

1998 年,国发〔1998〕23 号文件对住房供应构成作出调整,最低收入家庭租赁由政府或单位提供的廉租住房,中低收入家庭购买经济适用住房,其他收入高的家庭购买、租赁市场价商品住房。国家安居工程、集资建房和合作建房都被归为经济适用住房的类型。经济适用住房仍是整个住房供应体系的核心,由政府提供政策扶持,实行"保本微利"的政府指导定价。1998 年 8 月 3 日、9 月 14 日,国家计委、建设部、国土资源部、中国人民银行联合印发《关于进一步加快经济适用住房(安居工程)建设有关问题的通知》《关于大力发展经济适用住房的若干意见》两个文件,指导经济适用住房的建设。国发〔1998〕23 号文件将"经济适用住房"的范畴扩大,除高档商品房外的住房几乎都能划入经济适用住房范畴,其"社会保障属性"也更为模糊。

二、国家安居工程的制定与实施

1. 配合国企改革的国家安居工程

国家实施安居工程的思路确立于 1993 年。1993 年《中共中央关于建立社会主义市场经济体制若干问题的决定》颁布,国有企业改革确立起转换国有企业经营机制、建立现代企业制度的方向。配合国企改革进行的企业房改,希望通过社会化方式,解决原有住房困难职工、新参加工作职工的住房问题,使企业脱离向职工提供住房等职能。国发〔1994〕43 号文件将企业房改作为城镇住房制度改革的重点。住房开发建设、分配、管理和维修服务等社会职能逐步从企业分离,成为企业,特别是国有大中型企业建立现代企业制度的需要。

国家安居工程以建立社会保障住房供应体系的思路来运作,目的在于解决国有大中型企业职工和大中城市居民的住房困难[①]。1994 年,建设部制定《实施安居工程的意见》,提出安居工程要以建设平价住宅为主,重点解决城市居民及国有大中型企业职工的住房困难问题。《实施安居工程的意见》将住房困难户界定为人均居住面积在 4m² 以下(含 4m²)的住房拥挤户、居住不方便户或无房户,中低收入的具体标准由地方政府确定[②]。作为住房制度改革的重要配套政策,1995 年 1 月,国务院住房制度改革领导小组制定了《国家安居工程实施方案》。2 月,国务院办公厅颁布国办发〔1995〕6 号文件《关于转

---

① 侯淅珉 . 国家安居工程的政策框架及其对房改的意义 [J]. 北京房地产,1995 (12): 12.
② 建设部 1994 年实施安居工程的意见 [J]. 城市开发,1994 (8): 4-5.

发国务院住房制度改革领导小组国家安居工程实施方案的通知》。1995 年 3 月，建设部颁布《实施国家安居工程的意见》，提出国家安居工程住宅设计的标准要求。

　　国家安居工程实施的目的在于加快城镇住房商品化和社会化进程，为推进城镇住房制度改革提供政策示范。国家安居工程按计划从 1995 年开始实施，用 5 年左右时间新增安居工程建筑面积 1.5 亿 m²。实施安居工程的城市由国务院住房制度改革领导小组确定，实施资金由国家贷款资金和城市配套资金两部分组成，二者的比例关系为 4∶6。安居工程用地由城市人民政府按行政划拨方式供应，以综合开发方式建设，地方人民政府减免有关费用。安居工程住房以成本价直接向中低收入家庭出售，优先出售给无房户、危房户和困难户，在同等条件下优先出售给离退休职工、教师中的住房困难户，不售给高收入家庭。安居工程平均每套住宅建筑面积控制在 55m² 以下，住宅以二室户型为主、三室户与一室户型为辅，二室户型的比重控制在 60% 以上。个人所购的安居工程住房住用 5 年后可以依法进入市场，在补交土地使用权出让金或所含土地收益和按规定交纳有关税费后，收入归个人所有。

　　配合国家安居工程的实施，支持城镇居民购买自用住房，国家金融机构首次正式向个人发放住房贷款。1995 年 11 月 13 日，中国人民建设银行制定《中国人民建设银行国家安居工程个人住房抵押贷款暂行办法》，开始向符合国家安居工程条件的城镇（单位）居民购买安居工程住房提供个人住房抵押贷款。

　　2. 安居工程与试点小区的结合

　　1994 年 7 月，建设部城市住宅小区建设试点工作会议在上海召开，制定《安居工程及城市住宅小区建设扩大试点工作大纲》。

　　住宅小区试点始自 1986 年。为引导住区建设，国家经委将实验住宅小区的开发列为"七五"期间 50 项重点技术开发项目之一。建设部选定分别代表南方、北方和过渡地区气候特点的无锡、济南、天津 3 个城市，作为第一批住宅小区试点。天津的川府新村、济南的燕子山小区、无锡的沁园新村于 1986 年和 1987 年开始实施，1989 年相继建成（图 17-1 ~ 图 17-3、表 17-1）。3 个小区的建设执行"统一规划，合理布局，综合开发，配套建设"方针[①]，以综合开发的方式建成较为完整的小区。在总结首批试点经验后，建设部于 1990 年推动第二批试点小区建设。第二批试点小区共 21 个，分布于全国 6 个大区，14 个省（直辖）市的 20 个不同类型的城市[②]。试点小区树立起住宅小区建设的样板，"起到了强有力的示范作用"[③]。

---

① 赵冠谦. 国家实验住宅小区的实践与启示 [J]. 建筑学报，1990（5）: 25-33.
② 郑一鸣. 全国第二批城市住宅小区建设试点工作将全面展开 [J]. 城市规划，1990（5）: 51.
③ 戴谦. 中国城市住宅小区建设驶入快行道：建设部城市住宅小区建设试点工作会议综述 [J]. 城乡建设，1994（9）: 6-8.

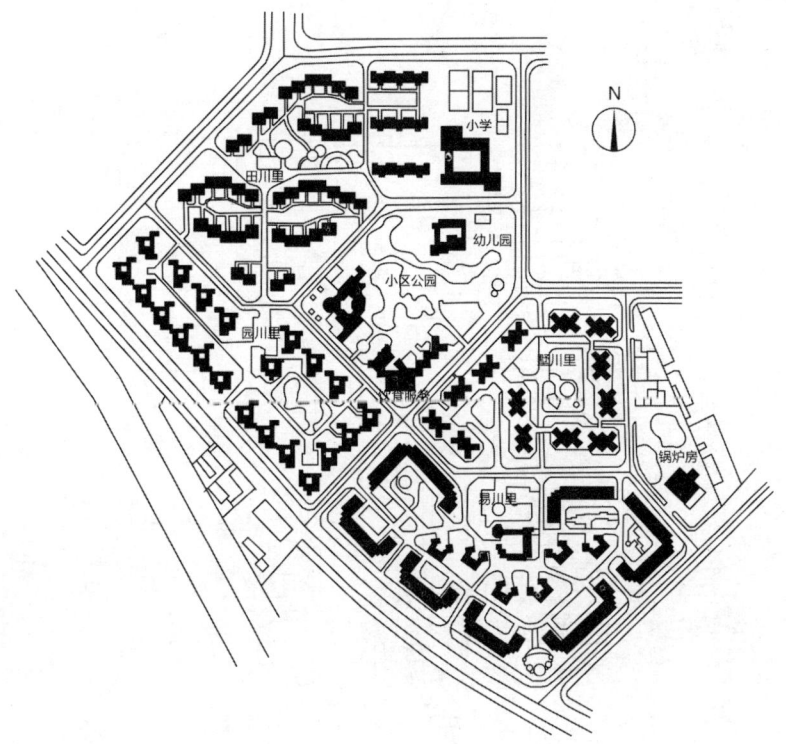

图 17-1　天津川府新村总平面

资料来源: 赵冠谦 . 国家实验住宅小区的实践与启示 [J]. 建筑学报，1990（5）: 26.

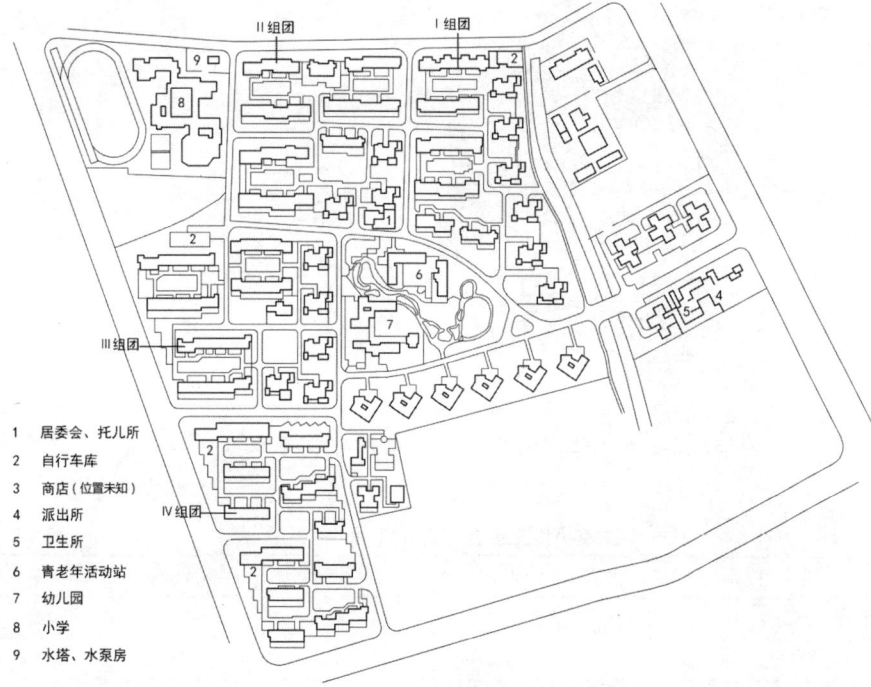

1　居委会、托儿所
2　自行车库
3　商店（位置未知）
4　派出所
5　卫生所
6　青老年活动站
7　幼儿园
8　小学
9　水塔、水泵房

图 17-2　无锡沁园新村总平面

资料来源: 赵冠谦 . 国家实验住宅小区的实践与启示 [J]. 建筑学报，1990（5）: 26.

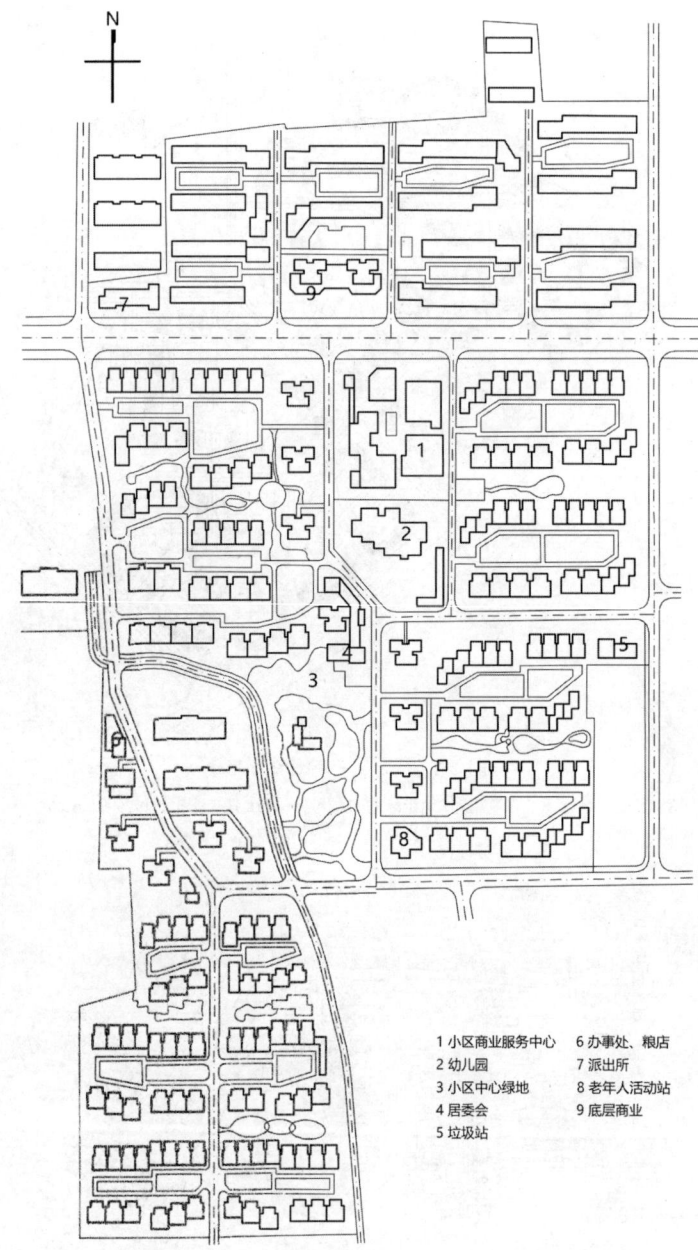

图 17-3　济南燕子山小区总平面

1 小区商业服务中心　6 办事处、粮店
2 幼儿园　　　　　　7 派出所
3 小区中心绿地　　　8 老年人活动站
4 居委会　　　　　　9 底层商业
5 垃圾站

资料来源：赵冠谦.国家实验住宅小区的实践与启示 [J].建筑学报，1990（5）：27.

3 个试点小区主要技术经济指标　　　　　　　　　　　　　表 17-1

项目	无锡沁园新村	济南燕子山小区	天津川府新村
小区总用地（hm²）	11.4	17.3	12.83
总建筑面积（m²）	125000	219500	153329
居住建筑面积（m²）	112000	201100	132846
公共建筑面积（m²）	13000	18400	20473

续表

项目	无锡沁园新村	济南燕子山小区	天津川府新村
居住总户数（户）	2102	3468	2398
居住总人数（人）	7357	12138	8398
平均每户人数（人／户）	3.5	3.5	3.5
人口毛密度（人／hm²）	645	709	654
平均每套建筑面积（m²/hm²）	53.28	54（二类） 76.6（三类）	55.4
住宅平均层数（层）	5.85	5.25	5.8
居住建筑密度（%）	26.83	26	27
建筑面积毛密度（m²/hm²）	10960	12832	12302
居住建筑面积净密度（m²/hm²）	16460	17609	18664
居住建筑面积毛密度（m²/hm²）	9820	11753	10707
道路广场用地（m²/人）	1.41	1.31	1.45
绿化用地（m²/人）	1.78	1.94	1.61

资料来源：赵冠谦.国家实验住宅小区的实践与启示 [J]. 建筑学报，1990（5）：33.

　　城市住宅试点小区的开始是中国住宅建设的里程碑[1]。建设部认为住宅小区试点在提高住宅建设质量、振兴建筑业和房地产业、为国民经济发展做贡献等方面都具有突出意义[2]。国家安居工程实施与住宅小区建设试点结合之后，建设部将住宅小区建设经验全面推广至各省、市、自治区。住宅小区建设试点由建设部一家选征转变为各省、市、自治区同时选征。

　　《国家安居工程实施方案》规定 1995 年的建设规模为 1250 万 m²，约需建设资金125 亿元，其中国家在固定资产贷款计划中安排贷款规模 50 亿元，由国家专业银行提供贷款，其余资金由地方自筹解决。1995 年安居工程在 59 个城市（单位）开始启动[3]，年底实际施工面积 1569 万 m²，竣工面积 818 万 m²，约 6.2 万多户[4]。安居工程住房建设规模占 59 个城市（单位）年住房建设总量的 17%，占全国城镇住房建设总量为 5% 左右[5]。1996 年，建设部将安居工程住宅的面积标准调整为 55 ~ 65m²[6]。1996 年下半年，全国已有 71 个试点小区，其中 30 多个试点小区竣工并投入使用。安居工程在 88 个城市实施，建设规模 1408.8 万 m²，总投资为 125.5 亿元，其中国家在固定资产贷款计划中新安排贷款规模 50.2 亿元，地方自筹资金 75.3 亿元[7]。

　　在全国范围内，试点小区虽发挥着典型示范作用，但建筑规模却很小，不到全国城

① 吕俊华，彼得·罗，张杰.中国现代城市住宅：1840-2000[M]. 北京：清华大学出版社，2003.
② 郑一鸣.全国第二批城市住宅小区建设试点工作将全面展开 [J]. 城市规划，1990（5）：51.
③ 侯淅珉.国家安居工程的政策框架及其对房改的意义 [J]. 北京房地产，1995（12）：12.
④ 今年有 88 个城市实施安居工程 [J]. 中国房地信息，1996（5）：35.
⑤ 侯淅珉.国家安居工程的政策框架及其对房改的意义 [J]. 北京房地产，1995（12）：13.
⑥ 建设部关于认真做好 1996 年国家安居工程实施工作的通知 [J]. 中国房地产，1996（6）：4.
⑦ 今年有 88 个城市实施安居工程 [J]. 中国房地信息，1996（5）：35.

市住宅一年建设总量的 1%[①]。为实现建设部提出的新建住宅小区到 1997 年有 10%、2000
年有 25% 达到或接近试点小区水平的目标,1996 年建设部对扩大试点进行部署。由各省、
自治区、直辖市参照全国试点的做法,开展扩大(省级)试点工作。第 2、3、4 批试点
小区共 78 个,至 1996 年年底,全国共有部级和省级试点小区 244 个;1997 年,全国新
增加 137 个试点小区[②]。国家安居工程规模达 160 亿元,建设部确定的安居工程住宅每平
方米售价大城市控制为 1500 元、中小城市控制为 1000 元以下[③]。1997 年,已有北京、上海、
天津、重庆及 27 个省的 219 个城市实施安居工程[④](表 17-2、表 17-3)。1997 年底的建
设规模为 7159 万 m^2,解决了 65 万户城镇居民的住房问题[⑤]。1998 年,国家下达的国家
安居工程(经济适用房)计划,建设规模为 4873.23 万 m^2,投资总规模为 419.04 亿元,
其中银行贷款 153 亿元,有 275 个城市(系统单位)参加[⑥]。

1995 年国家安居工程和城市住宅小区建设试点分布　　　　　　　表 17-2

住区类型	城市
第一批实验小区 (1986 年实施)	天津、济南、无锡
第二批试点小区 (1990 年实施)	哈尔滨、北京、承德、唐山、石家庄、太原、济南、西安、洛阳、合肥、南通、常州、苏州、上海、成都、株洲、南宁、昆明
第三批试点小区 (1991 年实施)	佳木斯、长春、沈阳、鞍山、烟台、潍坊、任丘、朔州、连云港、淮阴、南京、苏州、上海、湖州、马鞍山、芜湖、铜陵、郑州、咸阳、十堰、武威、临夏、德阳、贵阳、邵阳、广州、昆明、石河子
第四批试点小区 (1994 年实施)	大连、天津、呼和浩特、鱼台、扬州、镇江、上海、巴东、株洲、厦门、万县、重庆
国家安居工程	石河子、乌鲁木齐、拉萨、兰州、包头、成都、重庆、昆明、海口、南宁、柳州、桂林、贵阳、广州、湘潭、长沙、宜昌、武汉、西安、宝鸡、开封、郑州、洛阳、石家庄、太原、呼和浩特、张家口、秦皇岛、天津、鞍山、沈阳、大连、四平、长春、吉林、哈尔滨、牡丹江、齐齐哈尔、烟台、济南、枣庄、徐州、镇江、常州、苏州、上海、南京、合肥、马鞍山、杭州、宁波、九江、武汉、南昌、福州、泉州、厦门、广州

资料来源:国家安居工程和城市住宅小区建设试点分布图 [J]. 城市规划通讯,1995(18):5.

　　国家实施安居工程政策的制定与实施,出发点在于配合国企改革,将企业承担的住
房供给等社会职能从企业中剥离,配合国有大中型企业建立现代企业制度的需要。安居
工程在实施中与城市住宅小区试点建设的结合,在建设部的强力推广下,迅速覆盖至全
国各省、市、自治区。在政府主导下的安居工程,其项目安排、统一征地、集中建设等
方面,与 1978 年前计划经济时期国家拨款的公有住房统建较为相似,资金筹措、住宅
出售等则以市场化的方式进行。

---

① 高拯,饶涛.交流经验扩大成果把试点工作推上新阶段:全国城市住宅小区建设扩大试点工作座谈会在京召开 [J]. 住宅科
技, 1997(1):9-10.
② 建设部关于全国城市住宅小区建设扩大(省级)试点情况公告 [J]. 全国建设市场信息, 1997(6):23-24.
③ 建设部关于继续做好 1997 年国家安居工程实施工作的通知 [J]. 中国房地产, 1997(4):7.
④ 实施国家安居工程城市名单 [J]. 四川政报, 1997(35):28-29.
⑤ 成思危.中国城镇住房制度改革:目标模式与实施难点.北京:北京民族与建设出版社, 1999:13.
⑥ 建设部关于继续做好 1998 年国家安居工程(经济适用房)实施工作的通知 [J]. 中国建设信息, 1998(12):6.

全国城市住宅小区建设扩大（省级）试点开展情况统计表　　　　　　表 17-3

| 省、自治区、直辖市 | 省级试点小区数量（个数） | | | 合计 |
| | 截至 1996 年底 | | 1997 年计划新增 | |
	小区数	总面积（万 m²）	小区数	
江苏	47	1030.81	12	59
湖南	24	422.39	16	40
山东	12	196.62	20	32
安徽	18	325.79	9	27
浙江	16	258.53	5	21
辽宁	16	242.90	-	16
北京	10	298.10	5	15
广东	9	186.56	5	14
湖北	9	228.80	5	14
陕西	7	148.19	6	13
上海	7	980.48	4	11
吉林	11	238.70		11
河南	6	105.10	5	11
新疆	3	40.20	8	11
广西	5	107.67	5	10
山西	4	90.20	6	10
天津	6	72.10	3	9
四川	6	163.85	3	9
福建	3	48.46	6	9
江西	4	73.25	3	7
甘肃	2	33.50	4	6
内蒙古	2	33.47	3	5
云南	4	75.50	1	5
海南	4	70.93	—	4
河北	3	59.70	—	3
贵州	3	48.00	—	3
黑龙江	2	32.00	—	2
青海	1	8.00	1	2
宁夏	—	—	2	2
合计	244	5601.80	137	381

资料来源：建设部关于全国城市住宅小区建设扩大（省级）试点情况公告 [J]. 全国建设市场信息，1997（6）：24.

三、集资合作建房的并入

20 世纪 90 年代，单位与个人在住房消费方面的作用受到国家政策重视。国发〔1991〕

30 号文件提出住房建设应推行国家、集体、个人三方面共同投资体制，积极组织集资建房和合作建房。1992 年 2 月 14 日，国务院住房制度改革领导小组、建设部、国家税务局以建房字〔1992〕67 号文件颁布《城镇住宅合作社管理暂行办法》，鼓励城镇职工、居民投资合作建造住宅。

住宅合作社是"经市（县）人民政府房地产行政主管部门批准，由城市居民、职工为改善自身住房条件而自愿参加，不以营利为目的公益性合作经济组织，具有法人资格"。住宅合作社有社会型、职工型、其他型等 3 种类型[①]。成为住宅合作社社员的基本条件为具有城镇正式户口、家庭为中低收入。合作住宅通过社员集资合作建造的住宅，以社员自住为目的。合作住宅的建设须向政府有关行政主管部门申请建房计划和用地指标，用地由土地管理部门划拨，享受税收、市政建设配套费等减免优惠。合作住宅建设有自建或委托建设两种形式，一般以综合开发的住宅小区方式建设，每户合作建房面积受政府相关行政主管部门制定的面积标准控制。合作住宅产权以出资方式的不同分为合作社所有、社员个人所有、住宅合作社与社员个人共同所有等 3 种形式。全部由住宅合作社出资（含政府和社员所在单位给予的优惠和资助）建设的，其产权为住宅合作社所有；由社员个人出资建设的，其产权为社员个人所有；合作住宅由住宅合作社和社员个人共同出资建设的，其产权为住宅合作社与社员个人共同所有。合作住宅不能向社会出租、出售，社员家庭不需要住宅时，住宅只能退给原住宅合作社。

《城镇住宅合作社管理暂行办法》实施后，通过集资和合作方式建成的住房面积快速增加。国发〔1994〕43 号文件与国发〔1998〕23 号文件鼓励集资合作建房、发展住房合作社，并将发展集资建房和合作建房作为加快经济适用住房建设的途径之一。1992 ~ 1997 年间，城镇个人建房的面积比例保持在 30% 以上，其中包括以集资建房与合作建房形式建设的住宅（表 17-4）。

城镇新建住宅面积和居民居住情况   表 17-4

年份	城镇新建住宅面积（亿 m²）			人均居住面积（m²）	
		其中：城镇个人	占总面积的比例（%）	城市	农村
1978	0.38	—	—	3.6	8.1
1980	0.92	—	—	3.9	9.4
1985	1.88	0.63	33.5	5.2	14.7
1986	1.93	0.72	37.3	6.0	15.3
1987	1.93	0.83	43.0	6.1	16.0
1988	2.03	0.94	46.3	6.3	16.6
1989	1.56	0.78	50.0	6.6	17.2

① 由政府有关机构组织本行政区域内城镇居民参加的社会型住宅合作社；由本系统或本单位组织所属职工参加的系统或单位的职工住宅合作社；政府房地产行政主管部门批准的其他类型的住宅合作社。

年份	城镇新建住宅面积（亿 m²）			人均居住面积（m²）	
	其中：城镇个人	占总面积的比例（%）		城市	农村
1990	1.73	0.65	37.6	6.7	17.8
1991	1.93	0.68	35.2	6.9	18.5
1992	2.40	0.86	35.8	7.1	18.9
1993	3.07	0.98	31.9	7.5	20.7
1994	3.57	1.23	34.5	7.8	20.2
1995	3.75	1.33	35.5	8.1	21.0
1996	3.94	1.46	37.1	8.5	21.7
1997	4.05	1.53	37.8	8.8	22.4

注：本表"人均居住面积"，城市为建设部统计数字，农村为农村住户抽样调查资料。
资料来源：国家统计局.中国统计年鉴1998[M].北京：中国统计出版社，1998：356.

第五节　居住标准统一控制的解除

一、商品化初期的住宅等级

住房商品化初期，国家政策仍然执行严格的住宅标准控制。1978 年 10 月，国发〔1978〕222 号文件提出了 1985 年城市人均居住面积要达到 5m² 的目标[①]。住宅标准按 1977 年国家建委《关于厂矿企业职工住宅、宿舍建筑标准的几点意见》执行，每户平均建筑面积一般不超过 42 ~ 45m²，省直以上机关、大专院校和科研、设计单位的住宅，每户平均建筑面积不得超过 50m²[②]。1980 年 12 月，国家建委颁布《城市规划定额指标暂行规定》，制定了统一的城市规划定额指标，指导城市规划编制审批与城市建设。其中，居住区详细规划定额指标，既作为编制详细规划的依据，也作为制定和审批居住区建设计划的控制性指标。人均居住面积为 5m² 的定额标准，恢复到"一五"初期的水平。

1978 年前后，新建住房数量增加的同时，引发了住房分配苦乐不均、领导干部特殊化、以房权牟私利等问题。为规范城镇新建住宅的分配，1980 年 12 月国家城市建设总局发布《关于认真做好住房分配工作的通知》。一户只能有一处住房[③]、按需房缓急统一排队顺序分房、按住宅建设投资渠道分房[④]成为住房分配的基本规定。住房分配对象包

---

① 房产通讯杂志社.国家房地产政策文件选编（1948-1981）[M].房产通讯（增刊），1982：205.
② 房产通讯杂志社.国家房地产政策文件选编（1948-1981）[M].房产通讯（增刊），1982：208.
③ 分得新房后，原住房必须退交主管部门统一调整，不得私自转让。
④ 自筹资金建房的企业和单位，职工住房问题自行解决，住宅由单位自行分配。国家补助和地方投资建设的住宅，主要分配给无力建房的中小学校教职工、街道居民和基层行政机关、群众团体等单位的职工。国家补助和地方投资建设的住宅，由市房地产管理局编制分配方案，经市人民政府批准后切块分配到单位和房管所。各城市具体规定每人平均分配的居住面积。县、地级领导干部以及相当于这两级干部的人员，因工作需要在分房时能得到不超过一个自然间的照顾。

括无房户、危房户、低于当地平均居住水平的拥挤户、三代同室的不方便户、落实政策需要住房的职工。

人均 5m² 的住宅标准实施后，多数地区反映标准偏低。1981 年，国家建委制定建发设字 384 号文件《关于印发＜对职工住宅设计标准的几项补充规定＞的通知》，将住宅标准提高。住宅设计标准按每户平均建筑面积分为 4 类①，每户平均建筑面积为 50～90m²，适用范围与工作职务等级挂钩。然而，随着地方、企业、个人投入的住宅建设资金的增加，单位与个人在住宅建设中的自主性与自由度提高，许多单位自建住宅的户均面积已突破国家标准限制。

针对"许多地区和部门擅自制定住宅标准，任意突破国家有关规定，为领导干部新建的住宅面积越来越大，标准越来越高"等现象②，1983 年 12 月国务院颁布《关于严格控制城镇住宅标准的规定》，加强对住宅标准的管理。平均每套建筑面积 50m² 的中小型户（一至二居室一套）被确定为全国城镇和各工矿区住宅的主体。国务院提出以建筑面积和住宅套数为衡量住宅建设量的标准，要求城市新增住宅要以建设 1981 年标准的 1 类、2 类住宅为主，住宅紧张的城市和单位暂缓建设 3 类、4 类住宅。同时，国务院规定 1981 年的 4 类住宅标准为住房分配的标准。1 类、2 类适合一般职工，3 类适用于县、处级干部及相当于这一级的知识分子，4 类适用于厅、局、地委一级干部和相当于这一级的高级知识分子。由此开始，全国范围内形成了有统一标准的住房等级分配。

1985 年国家科委制定《城乡住宅建设技术政策》蓝皮书。蓝皮书提出，严格控制新建住宅标准和用地标准，要求国家和集体投资的城镇住宅在 80 年代平均每套建筑面积控制在 50m² 以内，至 90 年代，可适当提高标准，至 2000 年，基本实现城镇居民每户有一套经济实惠的住宅、人均居住面积 8m²，成为"七五"计划及未来 10 年住宅发展的目标③。

二、技术规范对行政直接控制的取代

住房商品化带来住房投资主体与方式的日趋多元化，城市新建住房的标准不断提高。住房市场化的大趋势，使国家行政力对住宅建造标准直接控制的约束能力逐渐式微。以单位自建、综合开发等方式建造起来的住宅，往往会突破国家控制的住宅面积限制。

住宅标准的国家行政直接控制，逐步被技术规范约束取代，始于《住宅建筑设计规范》的颁布。1987 年，国家计委批准颁布编号为 GBJ96-1986 的国家标准《住宅建筑设计规

---

① 第 1 类适用于新建厂矿企业、边远地区、偏僻矿区的职工住宅，每户平均建筑面积最多不超过 50m²；第 2 类适用于城市居民、老厂矿企业、县级以上机关、文教、卫生、科研、设计等单位的一般干部，每户平均建筑面积 45～50m²；第 3 类适用于讲师、助理研究员、工程师、主治医师和相当于这些职称的其他知识分子，也适用于正副县长和相当于此职别的其他领导干部，每户平均建筑面积 60～70m²；第 4 类每户平均建筑面积 80～90m²，适用于正副教授、正副研究员、高级工程师、正副主任医师和相当于这些职称的其他高级知识分子，也适用于国务院各部委和省、市、自治区机关的正副司、局、厅长，行署正副专员级领导干部以及相当于这些职别的其他领导干部。

② 国务院关于严格控制城镇住宅标准的规定 [J]. 中华人民共和国国务院公报，1983（26）：1156-1157.

③ 《中国房地产市场年鉴》编委会. 中国房地产市场年鉴 1996[M]. 北京：中国计划出版社，1996：916.

范》。规范适用于全国城镇及工矿区新建、改建、扩建的 30 层及 30 层以下的住宅建筑设计，住宅套型依据国家规定的平均每户建筑面积 50m² 确定 [①]，分大、中、小三类。大套使用面积不小于 45m²，中套使用面积不小于 30m²，小套使用面积不小于 18m²。需要特别说明的是，这项规范仍以 1983 年《国务院关于严格控制城镇住宅标准的规定》为基础而制定。

从"一五"时期开始执行的人均居住面积指标控制，在 20 世纪 90 年代正式结束。20 世纪 80 年代中期开始的试点住宅小区实践经验，为居住区规划设计规范的制定提供了重要的参考依据。住宅小区试点在不同类型小区的建设方面体现出较高的代表性，涉及全国各地的旧城区改造、新区开发、山坡地形、低洼地势等，既有一般职工住宅，也有中高档的商品房。1993 年 7 月 16 日，中华人民共和国建设部发布国家标准《城市居住区规划设计规范》GB50180-1993，指导城市居住区规划的编制。《城市居住区规划设计规范》在控制方法上与 1980 年的《城市规划定额指标暂行规定》有较高的一致性，控制内容更为详细与全面。规范中仍有人均居住区用地指标，但已经没有人均居住面积的指标控制要求。

建设部制定的《2000 年小康型城乡住宅科技产业工程城市示范小区规划设计导则》，经过 2 年试行并修订后，修订稿于 1996 年 12 月获得批准发布。《导则》将住宅标准按套型面积分为 4 类，一类住宅使用面积 42 ~ 48m²、建筑面积 55 ~ 65m²，二类住宅使用面积 53 ~ 56m²、建筑面积 70 ~ 80m²，三类住宅使用面积 64 ~ 71m²、建筑面积 85 ~ 95m²，四类住宅使用面积 75 ~ 90m²、建筑面积 100 ~ 120m²。1999 年，《住宅建筑设计规范》GBJ96-1986 经修订后调整为《住宅设计规范》GB50096-1999。规范将普通住宅套型按使用面积分为 4 类，一类住宅 34m²，二类住宅 45m²，三类住宅 56m²，四类住宅 68m²。

在住房商品化进程中，社会主义计划经济时期的居住标准行政控制方式逐渐消失。国家住房政策对每户只能拥有一处住房的规定也逐渐放松，不再进行强制限制。城市居民逐渐拥有自主选择住宅户型与使用住房面积大小的自由。

第六节　住房商品化过程中的突出问题

一、住房制度改革中单位功能的强化

1978 年后的住房制度改革，实质为社会主义的住房再分配经济向市场经济的转型。转型过程中，国家的基本统治形式和统治结构很大程度上保持着原有状态，单位组织仍

[①]　张华.《住宅建筑设计规范》(GBJ96-86) 问答 [J]. 建筑知识，1996 (2)：6.

是国家实现统治的中介环节[①]。国家仍主导对社会资源的控制,国有经济仍然在整个社会中占有绝对优势。1996 年 12 月 31 日进行的中国第一次基本单位普查资料显示,国有经济法人单位的从业人数,占全部法人单位从业人数的一半以上[②];500 人以上的法人单位以国有经济为绝对主体[③],集体经济、私营经济、联营经济、外资等法人单位以小中型为主。随着国家直接行政控制的减少,社会资源的占有和支配出现利益单位化倾向[④]。

住房制度改革中,住房领域的国家控制逐渐减弱,单位组织对于个人住房状况的影响则逐渐增强。面向个人或家庭推行的住房改革措施,如公房出售、住房补贴等,也都以单位为中介而进行。城镇住宅商品化和住房市场的发展,使个人获得各种资源的能力与自由度大大提高。但单位组织仍是个人获得资源的重要渠道,个人的工作和生活的诸多方面仍依赖于单位组织[⑤]。除从单位获得工资收入外,单位成为个人获得住房的主要途径。单位在住房建设与分配中的作用与功能得到强化。

国家政策积极鼓励企事业单位利用自有资金建设住房,个人建房通常也以单位组织集资与合作形式进行。各企事业单位可以利用自有土地、申请建设用地自建职工住宅,还可以土地作价入股等形式参与住宅建设。由政府推广实施的安居工程与试点小区等项目,通常也以单位的参与为基础。此外,各系统及单位还利用自身优势参与到商品住房的开发与经营中。一些有规模的大单位和单位系统都成立了房产经营管理公司或房地产开发公司,从事房地产开发业务[⑥]。

边燕杰等进行的住房改革中单位与住房商品化的研究表明,至 20 世纪 90 年代中期,大多数居民尚无机会与能力进入住房市场[⑦]。1994 年之前,几次住房改革尝试成效皆不明显,原因在于城市居民的收入水平与商品住房价格之间一直存在较大差距。1993 年,全国以房地产开发方式建设的每套住宅面积平均为 72.89m^2,商品住宅平均价格为每平方米 1209.06 元[⑧]。同年的全国职工平均工资仅有 3371 元[⑨]。在收入分配制度未进行调整、缺乏个人信贷金融工具的条件下,长期的低工资制度制约着个人的购房需求与能力。

自 20 世纪 80 年代初城市住宅出售开始,商品住房开发与销售规模逐步扩大,但商品房的 75% 左右为企事业单位以集团消费的方式购买[⑩]。1994 年开始执行住房货币化分配政策之后,住房成本开始计入劳动力工资价格之中,个人工资增加。1997 年,全国职

① 李汉林,李路路.资源与交换——中国单位组织中的依赖性结构 [J].社会学研究,1999(4):65.
② 全国基本单位普查办公室.中华人民共和国第一次全国基本单位普查资料汇编 [M].北京:中国统计出版社,1998:656.
③ 全国基本单位普查办公室.中华人民共和国第一次全国基本单位普查资料汇编 [M].北京:中国统计出版社,1998:26.
④ 李汉林,李路路.资源与交换——中国单位组织中的依赖性结构 [J].社会学研究,1999(4):54.
⑤ 李路路,李汉林.中国的单位组织:资源、权力与交换 [M].杭州:浙江人民出版社,2000:213.
⑥ 边燕杰,约翰·罗根,卢汉龙,等."单位制"与住房商品化 [J].社会学研究,1996(1):92.
⑦ 边燕杰,约翰·罗根,卢汉龙,等."单位制"与住房商品化 [J].社会学研究,1996(1):83.
⑧ 《中国房地产市场年鉴》编委会.中国房地产市场年鉴 1996[M].北京:中国计划出版社,1996:408.
⑨ 国家统计局.中国统计年鉴 1998[M].北京:中国统计出版社,1998:159.
⑩ 于思远.房地产·住房改革运作全书 [M].北京:中国建材工业出版社,1998:17.

工平均货币工资增加至 6470 元[①]，同期商品住宅的每平方米价格为 1302.18 元[②]。在职工购房能力提高的情况下，1997 年商品房的购买量中，个人与私人企业占 20%，三资企业占 2%，国有企业占 78%[③]，单位购房仍占绝对主导地位。

这些由企事业单位集团购买的住房与单位筹资建设的住房，延续着由单位向职工提供住房的模式。大量按商品房建设的新建住宅复归旧体制，据估算，约占城镇存量公房总量的 40% ~ 50%[④]。直到国发〔1998〕23 号文件实施，住房实物分配停止，增量住房实现商品化后，个人在住房方面对单位的依赖才得以基本解除。

二、新旧住房不平等的叠加与显化

1985 年住房市场起步，城镇住房经济越来越成为一种混合经济。国家降低了对住房经济的直接控制，鼓励地方、企业、个人建房，再分配机制作用降低。同时，住房的生产、流通和分配被当作商品来对待，商品住房市场作为资源配置的机制开始发挥作用。通过一系列改革措施的激励，城镇住房总量增加，人均居住水平提高。城市人均居住面积由 1985 年的 $5.2m^2$ 上升为 1997 年的 $8.8m^2$，全国城镇新建住宅面积由 1985 年的 1.88 亿 m^2 上升为 1997 年的 4.05 亿 m^2[⑤]，城镇居民的居住条件改善巨大。但是，在住房的再分配经济向市场经济转型的过程中，住房再分配制度产生的不平等依然存在。住房商品化在促进住房平等的同时，也导致了新的不平等的产生。

国家将住房建设与分配责任"下放"，单位作为国家进行社会控制的中介，在住房建设与分配中的作用与功能得到强化。改革中的经济体制仍保留的再分配机制，使单位所有制、单位行政等级、单位类型等因素所产生的住房不平等仍然存在。个人的住房条件不但取决于自身的收入、财产等能力状况，更取决于单位获得与占有社会资源的能力。单位组织占有的资源，由其在国家统治体系中的地位及与国家权力中心的距离而决定，呈现一种差序格局[⑥]。行政级别高的单位，通常具有更多能力保证单位成员的住房条件[⑦]。易成栋利用 2000 年第 5 次人口普查数据对全国城镇家庭住房消费进行的分析显示：国有经济比重越高，公房比重越高，以优惠价格获得公房的比重也越高[⑧]。住房分配在不同所有制企业之间、不同职业职工之间、不同地区之间都存在着不同程度的不均等问题[⑨]。

单位组织也利用所占有的资源参与到市场竞争中。住房与土地市场中的竞争，主要在单位组织之间而不在个人之间展开。企事业单位一方面以集团消费的方式购买商品住

---

① 国家统计局. 中国统计年鉴 1998[M]. 北京：中国统计出版社，1998：159.
② 国家统计局. 中国统计年鉴 1998[M]. 北京：中国统计出版社，1998：236.
③ 成思危. 中国城镇住房制度改革：目标模式与实施难点. 北京：北京民族与建设出版社，1999：386.
④ 于思远. 房地产·住房改革运作全书 [M]. 北京：中国建材工业出版社，1998：17.
⑤ 国家统计局. 中国统计年鉴 1998[M]. 北京：中国统计出版社，1998：356.
⑥ 李路路，李汉林. 中国的单位组织：资源、权力与交换 [M]. 杭州：浙江人民出版社，2000：218.
⑦ 李路路，李汉林. 中国的单位组织：资源、权力与交换 [M]. 杭州：浙江人民出版社，2000：206.
⑧ 易成栋. 中国城镇家庭住房消费的省际差异：基于 2000 年人口普查资料的分析 [J]. 广东商学院学报，2007（4）：24-27.
⑨ 李实，赵人伟. 中国居民收入分配再研究 [J]. 经济研究，1999（4）：3-17.

房，另一方面利用自身优势建设与经营商品住房。在住房与土地市场竞争中，单位组织将依然存留的再分配特权"商品化"。住房领域可能是"再分配特权的商品化"发生的最主要领域[①]。

整体上，住房领域将由再分配所造成的不平等和由市场导致的不平等相互叠加。住房市场的建立与发展对大多数城镇居民有利，但社会中最为贫困的阶层却难以通过市场解决住房问题。1978年前，公私合营企业等集体所有制单位因在国家资源分配中处于较低位置，职工住房条件较差。至20世纪90年代中期，集体所有制单位获得的社会资源仍然最少[②]。此外，虽然农村居民拥有了在城市中获得住房的机会，但住房的市场价格仍远非普通农村居民能够承受。再分配领域中社会经济地位最为低下的群体，最不可能从市场中获得改变其不利地位的机会[③]。

住房制度改革以公有住房出售与住房成本计入职工工资的方式得以完成。公有住房的出售，实际是一个将再分配体制中已有居住资格财产化的过程。住房制度改革本质上是将原体制隐形收入的不平等显化的过程[④]。公有住房出售过程中，原有住房不平等并未得到纠正。李实等学者对住房制度改革与收入分配的研究显示：住房改革过程中，公有住房分配变得越来越不平等，公房分配更加向高收入户倾斜；公有住房的私有化扩大了城镇居民的收入差距[⑤]。

---

① 伊万·塞勒尼.新古典社会学的想象力[M].吕鹏等译.北京：社会科学文献出版社，2010：175.
② 李路路，李汉林.中国的单位组织：资源、权力与交换[M].杭州：浙江人民出版社，2000：233.
③ 伊万·塞勒尼.新古典社会学的想象力[M].吕鹏等译.北京：社会科学文献出版社，2010：176.
④ 赵人伟，李实.中国居民收入差距的扩大及其原因[J].经济研究，1997，9：19-28.
⑤ 李实，赵人伟.中国居民收入分配再研究[J].经济研究，1999（4）：3-17.

第十八章　市场经济中的住房保障

第一节　城镇基本住房保障制度的形成

1994 年，国发〔1994〕43 号文件提出向中低收入家庭提供具有社会保障性质的经济适用住房。然而，此时的经济适用住房尚不属于"住房保障"的范畴，而是整个住房供应体系中的主体。1998 年，国发〔1998〕23 号文件提出最低收入家庭租赁由政府或单位提供的廉租住房。廉租住房保障责任由政府和单位共同承担，单位仍然被要求承担住房领域的社会职能。

1999 年《城镇廉租住房管理办法》颁布，住房保障正式起步。1998 年后的住房保障发展经历了 2 个阶段的发展。第一阶段为 1999～2007 年，《城镇最低收入家庭廉租住房管理办法》《经济适用住房管理办法》先后开始实施。此阶段中，经济适用住房与廉租房保障对象的覆盖范围尚未衔接。因经济适用住房保障对象的模糊性，在实施中不可避免地出现了变相住房实物分配、商品房开发牟利等违规问题。2007 年后，住房保障成为政府公共服务的重要内容，政府在住房保障中的责任得以确立。国发〔2007〕24 号文件《关于解决城市低收入家庭住房困难的若干意见》颁布后，住房保障制度进入新的发展阶段。《廉租住房保障办法》《经济适用住房管理办法》《公共租赁住房管理办法》相继颁布。2011 年，国办发〔2011〕45 号文件《关于保障性安居工程建设和管理的指导意见》颁布，提出"建立健全中国特色的城镇住房保障体系"的要求。2012 年，《国家基本公共服务体系"十二五"规划》颁布，首次提出公民享有住房保障等基本公共服务的权利，国家建立基本住房保障制度以逐步满足城乡居民基本住房需求，实现住有所居。"十二五"规划将公共租赁住房确定为保障性住房的主体与发展重点。

自 1998 年国发〔1998〕23 号文件提出建立廉租住房制度以来，尤其是国发〔2007〕24 号文件颁布后，住房保障覆盖范围不断扩大。《国家基本公共服务体系"十二五"规划》明确宣布，以廉租住房、公共租赁住房和农村危房改造等为主要内容的基本住房保障制度初步形成。城镇居民的基本住房保障体系由廉租住房、公共租赁住房、经济适用住房、限价商品住房以及棚户区、危旧房、城中村改造等构成。公共租赁住房面向城镇中等偏下收入住房困难家庭、新就业无房职工、城镇稳定就业的外来务工人员，为保障性住房发展的主体；廉租住房面向城镇低收入住房困难家庭；经济适用住房和限价商品住房面向有一定支付能力的城镇中低收入住房困难家庭。国家建立的基本住房保障制度，目的在于维护公民的居住权利，逐步满足城乡居民的基本住房需求，实现住有所居。

第二节 廉租住房的发展

一、廉租住房内涵的演变

1998 年以来，城镇廉租住房的保障对象、责任主体、资金来源、面积标准等都发生了明显变化。界定廉租住房内涵的主要是 3 项部门规章。1999 年建设部令第 70 号发布《城镇廉租住房管理办法》，自 1999 年 5 月 1 日起施行。2003 年 12 月建设部、财政部、民政部、国土资源部、国家税务总局联合发布第 120 号令，颁布《城镇最低收入家庭廉租住房管理办法》，《城镇廉租住房管理办法》废止。2007 年 11 月建设部、发展和改革委员会、监察部、民政部、财政部、国土资源部、中国人民银行、国家税务总局、统计局令第 162 号发布《廉租住房保障办法》，自 2007 年 12 月 1 日起施行，《城镇最低收入家庭廉租住房管理办法》废止。

城镇廉租住房的保障对象由 1999 年、2004 年的城镇最低收入家庭调整为 2007 年的城市（城市和县人民政府所在地的镇）低收入住房困难家庭。廉租住房保障对象的具体条件由地方人民政府确定，始终为具有城镇户籍的家庭。法规规定的提供廉租住房实施社会保障的职能主体，1999 年为政府和单位，2004 年责任主体为地方（县、市）人民政府，2007 年为县级以上地方人民政府。在 2007 年 12 月发展和改革委员会颁布的《中央预算内投资对中西部财政困难地区新建廉租住房项目支持办法》中，也明确规定廉租住房建设属于地方事权。

对于廉租住房的资金来源最初没有明确规定，1999 年时只有对廉租住房房源的规定。2004 年确定的廉租住房的资金来源包括 4 项：①市、县财政预算安排的资金；②住房公积金增值收益中按规定提取的城市廉租住房补充资金；③社会捐赠的资金；④其他渠道筹集的资金。这 4 项资金来源表明，廉租住房资金由市、县级地方政府承担。2007 年，廉租住房保障资金来源拓宽至 5 个方面，具体为：①年度财政预算安排的廉租住房保障资金；②提取贷款风险准备金和管理费用后的住房公积金增值收益余额；③土地出让净收益中安排的廉租住房保障资金；④政府的廉租住房租金收入；⑤社会捐赠及其他方式筹集的资金。其中，土地出让净收益用于廉租住房保障资金的比例不得低于 10%。根据 2007 年财政部财综〔2007〕64 号文件颁布的《廉租住房保障资金管理办法》，地方政府年度财政预算安排的廉租住房保障资金又分为省、市县级两种。

此外，中央政府向中西部财政困难地区提供中央预算内投资补助和中央财政廉租住房保障专项补助资金的支持。由中央财政提供的两类廉租住房补助资金，在具体用途上有所差别。财政部 2008 年颁布的《中央廉租住房保障专项补助资金实施办法》规定，中央廉租住房保障专项补助资金主要用于补助廉租住房的租赁补贴开支，可以用于弥补购买、改建、租赁廉租住房的支出，但不得用于新建廉租住房支出。依据发展和改革委员会 2007 年颁布的《中央预算内投资对中西部财政困难地区[①]新建廉租住房项目支持办法》，中央预算内投资补助资金则主要用于新建廉租住房的建设。

廉租住房的面积标准制定自 1998 年以来基本没有变化，始终由地方政府依据地方财政承受能力与当地家庭居住水平等因素来确定。在具体量化面积上，2004 年城镇最低收入家庭人均廉租住房保障面积标准为不超过当地人均住房面积的 60%。对于新建廉租住房，2007 年后则执行单套建筑面积控制在 $50m^2$ 以内的标准。新建廉租住房建设用地一直以政府行政划拨方式进行供应，住房建设享受政府相关税费优惠。

廉租住房的保障方式：1999 年时政府提供实物形式的廉租住房，2004 年后则调整为发放租赁住房补贴和实物配租等相结合的方式，并以增强城市低收入住房困难家庭承租住房能力的货币补贴方式为主。

二、廉租住房的实施

2007 年前，廉租住房覆盖面很低，各地廉租住房保障对象局限于低保家庭[②]。按国家统计局对城镇家庭收入分组划分的最低收入户、较低收入户各占全部户数的 10%[③]，但是这 20% 的低收入家庭中，仅有少数能获得廉租住房或住房补贴。廉租住房发展十分缓慢，保障资金投入较少，资金来源少。1998 年至 2006 年上半年，全国累计投入廉租住房建设资金约 61 亿元，资金来源主要为住房公积金增值收益[④]。

2007 年后，健全廉租住房制度成为住房保障体系构建的重点。保障资金渠道增多，除土地出让金用于廉租住房建设使廉租住房资金增加外，中央政府也开始向地方政府提供资金补助。2008 年全国廉租住房建设量快速增长，廉租房新开工 38 万套，廉租房资金投入 354 亿元，发放住房租赁补贴 249 万户[⑤]。建保〔2009〕91 号文件发布《2009-2011 年廉租住房保障规划》，制定了至 2011 年基本解决 747 万户现有城市低收入住房困难家庭住房问题的目标。

尽管廉租住房建设规模进一步扩大，但以土地出让金净收益、社会捐赠等方式提供的资金数量都有较大的可变性，而资金的不确定性必然影响到廉租住房的保障范围与实

[①] 中西部财政困难地区，指除北京市、天津市、上海市、辽宁省、江苏省、浙江省、福建省、山东省、广东省以外的其他 22 个省（自治区、直辖市）。其中，西部 12 个省（自治区、直辖市），中部 8 个省，河北、海南 2 个省比照中部政策执行，新疆生产建设兵团比照西部政策执行。

[②] 建设部课题组 . 多层次住房保障体系研究 [M]. 北京：中国建筑工业出版社，2007：27.

[③] 国家统计局按收入将城镇居民家庭分为最低收入户（10%，其中包括困难户 5%）、较低收入户（10%）、中等偏下户（20%）、中等收入户（20%）、中等偏上户（20%）、较高收入户（10%）、最高收入户（10%）共 7 组。其中最低收入户与较低收入户构成低收入户。国家统计局统计中所指的"城镇家庭"，在 2001 年以前为全国非农业住户，2002 年以后改为全国城市市区和县城关镇区户。

[④] 建设部课题组 . 多层次住房保障体系研究 [M]. 北京：中国建筑工业出版社，2007：28.

[⑤] 陈杰 . 我国保障性住房的供给与融资：回顾与展望 [J]. 现代城市研究，2010（9）：13-17.

施进度。此外，2007年后新建廉租住房执行的单套建筑面积控制，虽然利于限制住房造价，但忽视了低收入家庭的人口规模与家庭结构因素。

由1998年以来廉租住房的政策内容演变可见，国家一直将城镇廉租住房保障归属于地方事务，保障责任由地方政府承担。保障住房资金的来源，也主要由县市级地方政府承担，2007年后才开始有省级政府投资与中央补助资金。中央面向中西部地区提供廉租住房专项补助资金的措施，也体现出了廉租住房保障被归属于地方事务的意图。正是由于这样的事权与财政安排，廉租住房的保障对象始终为具有城镇户籍的家庭，而从未面向农村户籍人口与流动人口。2008年，民发〔2008〕156号文件《城市低收入家庭认定办法》颁布，将"城市低收入家庭"界定为：家庭成员人均收入和家庭财产状况符合当地人民政府规定的低收入标准的城市居民家庭。各地人民政府在确定可申请廉租住房的低收入家庭标准时，本地户籍仍是基本条件。廉租住房在很长的时间内仍是一种与城镇户籍关联（未包含人口流动）的权益。这种将住房保障与户籍关联的制度安排，削弱了住房保障本应发挥的保障公平与社会调节的再分配作用。

第三节 经济适用住房的变形

一、经济适用住房供应对象的调整

1994年，"经济适用住房"是"住房供应主体"，供应方式以出售方式为主。经济适用住房供应对象的第一次调整出现在2003年。国发〔2003〕18号文件将"住房供应主体"更改为普通商品房，经济适用住房（包括集资、合作建房）则被定性为"具有保障性质的政策性商品住房"。

2004年5月13日，建设部、国家发展和改革委员会、国土资源部、中国人民银行发布建住房〔2004〕77号文件，施行《经济适用住房管理办法》。经济适用住房除供应对象调整外，在土地供应方式、优惠政策、产权关系、面积标准等方面基本保持原有政策的连续性。《经济适用住房管理办法》未对"经济适用住房"的供应对象作具体规定。经济适用住房是一种"政府提供政策优惠，限定建设标准、供应对象和销售价格，具有保障性质的政策性商品住房"。中央和国家机关、直属企事业单位及军队、困难企业与工矿区等都可以利用自用土地集资建设经济适用住房。经济适用住房被赋予"保障"性质，但其供应对象的模糊性使社会保障功能难以界定与实现。1998～2007年间经济适用住房政策的执行中，产生了许多与社会保障目标背离的问题，例如权力寻租、超标准建设、分配不公等。

国发〔2007〕24号文件颁布后，2007年11月建设部等7部门联合印发建住房

〔2007〕258 号文件，颁布修订后的《经济适用住房管理办法》。经济适用住房的供应对象被确定为"面向城市低收入住房困难家庭"，并与廉租住房保障对象衔接。《经济适用住房管理办法》仅对经济适用住房的供应对象作出调整，组织、建设、销售等其他规定无显著变化。组织实施经济适用住房的责任主体为市、县人民政府。城市低收入家庭可承租或购买经济适用住房，所需基本资格为城镇当地户口，具体条件由市、县人民政府确定。经济适用住房的面积标准控制出现在 2004 年，住房户型严格控制为中小套型（中套面积 80m² 左右，小套面积 60m² 左右），2007 年住房单套建筑面积控制减小至 60m² 左右。经济适用住房建设用地以行政划拨方式供应，建设和经营享受政府优惠政策，销售价格以保本微利为原则。2007 年的《经济适用住房管理办法》将经济适用住房补差价收益后上市交易的时间明确为 5 年。

经济适用住房本质上是由政府组织、开发商建设并享受政府优惠政策的微利商品房。经济适用住房政策的变形，折射出政策本身的内在矛盾。由于经济适用住房本质上是微利商品房，尽管有较小的单套面积控制，但一套经济适用房的售价仍可能远超出城市低收入家庭的承受能力。租赁经济适用住房的条件，很长时间内一直以本地户籍为限。这种规定，无疑给非本地城镇户籍居民获得低租金住房设置了障碍，使经济适用住房的社会保障职能无法充分发挥。此外，随着公共租赁住房规模的扩大，租赁型经济适用住房有被公共租赁住房替代的可能[1]。在多重因素的综合作用下，经济适用住房的政策目标与现实状况之间，存在巨大的分歧。

二、集资建房与合作建房的收缩

按照国发〔1994〕43 号文件、国发〔1998〕23 号文件、建房〔1998〕154 号文件，集资建房、合作建房一直属于经济适用住房的一种形式。自 20 世纪 90 年代中期开始，部分城市居民通过集资、合作建房的方式改善住房条件。但是，以集资、合作建房方式进行的单位变相实物分房、房地产开发经营，一直大量存在。

国发〔2003〕18 号文件、2004 年《经济适用住房管理办法》、国办发〔2005〕26 号文件相继规定，禁止任何单位利用职权以集资、合作建房的名义变相搞实物分房或房地产开发经营。2004 年《经济适用住房管理办法》将集资合作建房限制在 2 种范围内，一是中央和国家机关、直属企事业单位及军队可以利用自用土地建设经济适用住房，二是住房困难户较多的工矿区和困难企业可利用单位自用土地进行集资、合作建房。同时，市、县人民政府有权确定是否发展集资、合作建房以及建设规模。2006 年 08 月 14 日，建设部、监察部、国土资源部联合发布建住房〔2006〕196 号文件《关于制止违规集资合作建房的通知》，以遏制部分单位的违规问题："一律停止审批党政机关集资合作建房

① 余宇. 我国经济适用住房政策的内在矛盾及未来走向 [J]. 发展研究，2012（6）: 95-98.

项目，严禁党政机关利用职权或其影响，以任何名义、任何方式搞集资合作建房，超标准为本单位职工牟取住房利益。"文件的严厉措辞反映出了当时违规问题的严重程度。

2007 年修订后的《经济适用住房管理办法》，将集资合作建房的范围大大缩小。有建房资格的单位限定为距离城区较远的独立工矿企业和住房困难户较多的企业。参加建房人限定为本单位符合市、县人民政府规定的低收入住房困难家庭。此类企业可利用单位自用土地进行集资合作建房。各级国家机关的单位集资合作建房被严格禁止，单位利用新征用或新购买的土地组织集资合作建房也被严格禁止。

集资与合作建房以单位组织、政府审批的方式进行。2003 年后，集资与合作建房政策一直处于收缩状态。经过多项政策的调整，集资与合作建房的违规行为基本被制止。享有集资与合作建房资格的企业职工，准入条件与经济适用住房的供应对象趋于统一，必须是低收入住房困难家庭。

第四节　公共租赁住房的兴起

一、政策的出台与发展

公共租赁住房最早由厦门市、深圳市推出，厦门市的保障性租赁房制度于 2006 年正式运作，深圳市于 2007 年正式开始运作[①]。2007 年国发〔2007〕24 号文件颁布后，北京、上海、杭州、宁波、武汉、广州、青岛、重庆、苏州和常州等城市开始发展公共租赁住房。2010 年，国办发〔2010〕4 号文件、国发〔2010〕10 号文件鼓励各地加大投入发展公共租赁住房，中央给予资金支持。

2010 年 6 月 8 日，住房和城乡建设部颁布建保〔2010〕87 号文件《关于加快发展公共租赁住房的指导意见》。公共租赁住房的发展目的被定位为"完善住房供应体系，培育住房租赁市场，满足城市中等偏下收入家庭基本住房需求"。国办发〔2011〕45 号文件《国务院办公厅关于保障性安居工程建设和管理的指导意见》将公共租赁住房作为保障性安居工程的建设重点。2012 年 5 月 28 日，住房和城乡建设部令第 11 号文化颁布《公共租赁住房管理办法》，自 2012 年 7 月 15 日起施行。多项文件对公共租赁住房的各项规定基本保持一致。国家基本公共服务体系"十二五"规划提出重点发展公共租赁住房，逐步使其成为保障性住房的主体，并逐步实现与廉租住房统筹建设、并轨运行。

公共租赁住房为限定建设标准和租金水平的保障性住房，目标群体为城镇中等偏下收入住房困难家庭、新就业无房职工和在城镇稳定就业的外来务工人员。公共租赁住房

---

① 方和荣.我国公共租赁房政策的实践与探索：以厦门、深圳为例 [J]. 中国城市经济，2010（1）：52-55.

申请的具体条件由直辖市和市、县级人民政府住房保障主管部门根据本地区实际情况确定。此外，《公共租赁住房管理办法》规定用人单位可以代表本单位职工申请此类公共租赁住房，企事业单位投资的公共租赁住房的供应对象可以为本单位职工。

公共租赁住房的来源有新建、改建、收购、长期租赁等多种方式。投资方式包括政府投资、政府提供政策支持、社会力量投资。公共租赁住房建设用地的供应方式有划拨和出让。政府投资的面向城市低收入家庭的公共租赁住房以划拨方式供地，社会投资则为出让、租赁或作价入股等有偿使用方式。关于公共租赁住房建设区位的引导，建保〔2010〕87 号文件提出，在外来务工人员集中的开发区和工业园区，各类投资主体可建设面向用工单位或园区就业人员出租的公共租赁住房。公共租赁住房的单套建筑面积标准，建保〔2010〕87 号文件限定为 $60m^2$ 以下，国办发〔2011〕45 号文件规定以 $40m^2$ 左右的小户型为主，《公共租赁住房管理办法》则未对建筑面积作具体规定。

发展公共租赁住房政策的出台，反映出国家对以租赁方式实现住房保障的重视以及住房保障问题解决思路的调整。《公共租赁住房管理办法》对公共租赁住房租赁期限一般不超过 5 年的规定表明公共租赁住房以满足住房困难家庭的过渡性住房需求为目标，而不是提供一次性的永久保障。

二、公共租赁住房的实施

2006 年公共租赁住房首次出现后，在国家政策的大力刺激下，各地公共租赁住房建设迅速增加。2010 年、2011 年全国开工建设的公共租赁住房分别为 40 多万套、227 万套，2012 年全国新增公共租赁住房 230 万套；2012 年中央财政下达补助公共租赁住房专项资金 660 亿元，地方政府也投入近千亿元[①]。从公共租赁住房在各地的实施来看，各地的运作模式存在一定的差异性，供应对象、保障范围、租金标准、租期等不尽相同。公共租赁住房的发展，对租赁型经济适用住房的替代效应日益明显。

公共租赁住房数量快速增加的同时，实施中也产生了一些问题。第一，由于政策实施时间较短，各地方政府决策较仓促，从而导致承租遇冷、保障群体定位不清等状况。第二，公共租赁住房供应的可持续性存在较大的不确定性[②]。政府出资建设或购买的公共租赁住房，资金主要来源于土地出让净收益提取、财政预算安排等，资金来源少且不稳定；社会资本投入建设的公共租赁住房，因只能出租而导致投资利益不能保障，在经济上的经营可行性低。第三，准入资格与租金之间存在一定矛盾。公共租赁住房属于保障性住房，目标对象群体为暂时无力购买商品住房或经济适用住房的中低收入家庭，各地在制定准入条件时必然有较多限制。公共租赁住房多为新建住房，建设成本较高，租金接近于市场租金。

---

① 林素钢.对公共租赁住房遇冷现象的研究：基于上海、南京、武汉、郑州四地的数据分析 [J].价格理论与实践，2012（7）：21-22.
② 刘文杰，田焱.关于发展公共租赁住房的几个关键性问题的探讨 [J].经济体制改革，2011（6）：33-37.

这两方面因素必然导致具有承租资格者对租金的承受能力与公共租赁住房的实际租金之间存在一定的落差。弥补这一落差的方法有两种，一是降低准入资格条件，二是对具备资格者提供更多补贴。前一种方法将使保障范围扩大，从而面临过度保障的风险；后一种方法则会给地方政府增加更多财政压力。第四，企事业单位可以为本单位职工投资建设公共租赁住房的规定，为单位寻租提供可能性；将社会力量投资公共租赁住房所享受的税费优惠等政府补贴，提供给特定人群，对住房保障的公平性有一定程度的负面影响。

第五节　农民工住房保障空白的填补

一、2006 年前的政策空白

自 20 世纪 80 年代起，进城务工的农民工群体规模日益扩大，农民工群体的住房问题随之产生。1998 年前，国家解决农民工问题的政策集中于能否进城、能否留城方面。农民工住房问题不突出，进城务工的农民工大多由雇主提供"包吃包住"的住宿条件。《中国工会统计年鉴 1998》中的调查数据显示，1997 年农民工住房由单位提供集体公房的占 68.7%[①]。

1998 年后，农民工群体的市民化意愿逐渐加强。然而，房地产市场兴起后住房价格的不断上涨，使农民工群体的收入状况与改善居住条件的矛盾越来越突出。面向城镇户籍低收入家庭的住房保障制度起步的同时，解决农民工住房问题的政策却长期空白。农民工因不具有城镇户籍，未被纳入城市住房保障制度覆盖范围之内。2000 年国务院曾提出对有稳定收入的进镇农民在购房、购车和其他消费方面开展信贷业务，但《关于促进小城镇健康发展的若干意见》旨在通过促进小城镇发展而扩大投资与消费，并非针对农民工居住问题的解决。2005 年，建设部、财政部和中国人民银行联合发布《关于住房公积金管理若干具体问题的指导意见》，提出：有条件的地方，城镇单位聘用进城务工人员，单位和职工可缴存住房公积金；进城务工人员购买自住住房时，可按规定提取本人及其配偶住房公积金账户内的存储余额，也可申请住房公积金贷款。这一规定对农民工住房问题的解决难以发挥实质性的作用。

长时期对农民工住房问题的忽视，使农民工住房问题因不断积累而日益凸显。

二、2006 年后的政策填补

2006 年，解决农民工住房问题的对策首次被提出。1 月 31 日，国务院颁布国发〔2006〕

[①] 董昕. 中国农民工住房问题的历史与现状 [J]. 财经问题研究，2013，(1)：117-123.

5 号文件《关于解决农民工问题的若干意见》，指出农民工已成为工业化、城镇化进程中的产业工人的重要组成部分，做好农民工工作对推进工业化、城镇化、现代化都具有重大意义。国发〔2006〕5 号文件提出公平地使农民工享有与城市职工同等的权利和义务，建立惠及农民工的城乡公共服务体制和制度。依据对农民工实行属地管理的精神，政策将改善农民工居住条件的任务确定为输入地政府向农民工提供的公共服务内容之一。国发〔2007〕24 号文件《国务院关于解决城市低收入家庭住房困难的若干意见》将农民工归为"其他住房困难群体"，农民工作为城市低收入群体的组成部分得到认可。2007 年12 月 5 日，建设部等 5 部门联合颁布建住房〔2007〕276 号文件《关于改善农民工居住条件的指导意见》改善农民工居住问题的专项政策首次出台。

尽管改善农民工居住条件被确定为输入地政府提供的公共服务内容，但是国发〔2006〕5 号文件、国发〔2007〕24 号文件提出的改善方法却几乎全部采用市场途径，由企业或个人承担。其一，企业在其用地范围内向农民工提供集体宿舍，企业租用开发区和工业园区建设员工宿舍；其二，用人单位和个人缴存住房公积金；其三，在城中村改造时考虑农民工的居住需要，集中建设向农民工出租的集体宿舍；其四，比照经济适用住房建设的相关优惠政策，政府引导，市场运作，建设符合农民工特点的住房，以农民工可承受的合理租金向农民工出租。

建住房〔2007〕276 号文件虽然提出政府对改善农民工居住条件给予政策扶持，但"用工单位"仍是政策确定的"改善农民工居住条件的责任主体"。用工单位向农民工提供的无偿或廉租住所、住房租金补贴是建住房〔2007〕276 号文件确定的农民工改善居住条件的主要途径。用工单位筹集的农民工住房房源包括 4 类：企业利用自有职工宿舍或租赁、购置的住房；企业在依法取得的企业用地范围内建设农民工集体宿舍；企业承租的开发区和工业园区内集中建设农民工集体宿舍；城中村改造时集中建设向农民工出租的集体宿舍。政府在解决农民工住房问题时发挥的作用仅是"比照经济适用住房建设的相关优惠政策"，对建设面向农民工提供的出租住房给予政策扶持以及引导和鼓励城乡结合部居民利用自有住房向农民工出租。

2010 年，农民工被纳入到公共租赁住房的供应对象之中。建保〔2010〕87 号文件提出加快发展公共租赁住房，将"在城市居住一定年限的外来务工人员"纳入公共租赁住房的供应范围。国办发〔2011〕45 号文件制订了"十二五"期末全国保障性住房覆盖面达到 20% 左右、使外来务工人员居住条件得到明显改善的目标。公共租赁住房面向"在城镇稳定就业的外来务工人员"供应。在《国家基本公共服务体系"十二五"规划》中，为城镇稳定就业的外来务工人员提供公共租赁住房，被确定为"十二五"时期政府提供的基本住房保障服务内容。各类投资主体都可以在市、县人民政府的引导下，在外来务工人员集中的开发区、产业园区建设公共租赁住房，面向用工单位或园区就业人员出租。

农民工作为城镇产业工人的地位得到国家政策的承认，农民工被归入城市低收入群体之中。使农民工公平地享有与城市职工同等的权利和义务已经成为国家政策确立的发展目标。尽管改善农民工居住条件被确定为政府所提供的公共服务之一，但用工单位（企业）却被设定为承担和解决住房问题的主要责任者。政府仅仅承担提供相关优惠政策的责任。即使在面向外来务工人员提供的公共租赁住房建设中，因投资主体的多样化，政府所能承担的保障责任也十分有限。在市场条件下，企业无论以无偿提供、廉价出租、自建宿舍、提供补贴等方式中的哪一种向农民工提出住房，都会将住房消费成本从农民工收入中扣除。将用工单位（企业）确定为承担住房责任的主体，本质上仍是由农民工个人解决住房问题。政府对农民工这一低收入群体的住房保障责任，则以非常隐蔽的方式被推卸掉。因此，国家政策虽然已经提出改善农民工居住条件的目标，但实际上却未真正将农民工的住房问题纳入住房保障范畴，农民工群体仍被排斥在城市资源配置体系之外。

在城市住房价格持续上涨的状况下，农民工的收入与住房消费的矛盾越来越突出。国家统计局发布的《2012年全国农民工监测调查报告》显示：2012年末，外出农民工人均月收入水平为2290元，东部、中部、西部地区农民工收入趋同；49.5%的农民工由雇主或单位提供免费住宿（单位宿舍、经营场所、工地工棚）；9.2%的农民工雇主或单位不提供住宿，但有住房补贴；41.3%的农民工雇主或单位不提供住宿，也没有住房补贴；与他人合租住房的占19.7%，独立租赁住房的占13.5%[1]。在城市中租赁住房的农民工比例已超过30%。王桂新等以上海为例对中国城市农民工市民化的研究认为，尽管受户籍制度等二元社会体制的制约，城市农民工已呈现出比较明显的市民化特征，总体上，城市农民工已经基本转变为准城市居民[2]。针对农民工住房问题的解决，政府制定的公共服务目标与自身责任承担之间，存在明显的矛盾。这种矛盾，正是农民工住房问题解决政策在实际执行中难以奏效的主要原因。面对未来农民工市民化的趋势，农民工住房问题需纳入城镇低收入群体住房问题的整体框架下进行解决。

第六节　基本住房保障的实施

一、资金与土地的来源

影响住房保障政策执行的关键因素有两项，首先是建设保障住房所需的资金，其次

---

① 国家统计局.2012年全国农民工监测调查报告 [EB/OL].（2013-05-27）.[2017-07-18]. http://www.stats.gov.cn/tjsj/zxfb/201305/t20130527_12978.html.
② 王桂新，沈建法，刘建波.中国城市农民工市民化研究 [J].人口与发展，2008，14（1）：3-23.

是建设保障住房所需的土地。

廉租住房政策最初预设的保障方式是由政府与单位提供实物住房，因而《城镇廉租住房管理办法》只规定廉租住房的房源[①]，并未规定保障资金的具体来源。2003 年《城镇最低收入家庭廉租住房管理办法》规定的廉租住房资金来源，包括市县财政预算安排的资金、住房公积金增值收益中按规定提取的城市廉租住房补充资金、社会捐赠的资金、其他渠道筹集的资金。实际执行中，2007 年前的住房保障资金以住房公积金增值收益为主。

2007 年后，地方与中央政府的资金投入都明显增加。2007 年颁布的《廉租住房保障资金管理办法》规定的保障资金来源有 8 项，包括住房公积金增值收益扣除计提贷款风险准备金和管理费用后的全部余额、从土地出让净收益中按照不低于 10% 的比例安排用于廉租住房保障的资金、市县财政预算安排用于廉租住房保障的资金、省级财政预算安排的廉租住房保障补助资金、中央预算内投资中安排的补助资金、中央财政安排的廉租住房保障专项补助资金、社会捐赠的廉租住房保障资金、其他资金。

由政府投资建设的公共租赁住房资金来源，财综〔2010〕95 号文件《关于保障性安居工程资金使用管理有关问题的通知》规定为 5 项，包括土地出让净收益 10% 用于廉租住房保障资金（完成当年廉租住房保障任务）的剩余部分、住房公积金增值收益中计提的廉租住房保障资金（完成当年廉租住房保障任务）的剩余部分、中央财政安排的保障性安居工程补助资金、省级财政安排的各类保障性安居工程补助资金、市县财政安排的保障性安居工程资金。此外，地方政府对经济适用住房与由社会投资的公共租赁住房提供的税费减免，也可理解为住房保障资金的一种形式。2010 年廉租住房与公共租赁住房并轨运行后，两者的主要资金来源已经基本合并。

廉租住房、经济适用住房、由政府投资的公共租赁住房建设所需的土地，都为政府划拨用地。由地方政府提供的土地投入，可以算是地方性住房保障支出的一种变形，尤其是在地方政府对"土地财政"高度依赖的情况下。

二、财政支出与事权安排

住房保障的财政支出主要由县、市级地方政府承担。2007 年后省级政府投资与中央补助资金才开始向住房保障投入。2009 ~ 2012 年，国家用于住房保障的财政支出，中央政府支出的比例分别为 3.64%、16.26%、8.61%、9.17%。在中央财政增加住房保障资金投入之后，地方政府投资仍为住房保障资金的绝对主体（表 18-1）。

[①] 腾退的并符合当地人民政府规定的廉租住房标准的原有公有住房；最低收入家庭承租的符合当地人民政府规定的建筑面积或者使用面积和装修标准的现公有住房；政府和单位出资兴建的用于廉租的住房；政府和单位出资购置的用于廉租的住房；社会捐赠的符合廉租住房标准的住房；市、县人民政府根据当地情况采用其他渠道筹集的符合廉租住房标准的住房。

2009～2012 年国家财政住房保障支出（亿元） 表 18-1

年份	国家财政支出	中央支出	所占比例	地方支出	所占比例
2009	725.97	26.43	3.64%	699.54	96.36%
2010	2376.88	386.48	16.26%	1990.4	83.74%
2011	3820.69	328.82	8.61%	3491.87	91.39%
2012	4479.62	410.91	9.17%	4068.71	90.83%

资料来源：依据 2010～2013 年《中国统计年鉴》整理。

住房保障支出以地方政府为主体的现状，由国家政策确定的住房保障责任主体决定。按照 2007 年《廉租住房保障办法》与《经济适用住房管理办法》、2012 年《公共租赁住房管理办法》的规定，国务院住房和城乡建设主管部门负责指导和监督全国住房保障工作，县级以上地方人民政府住房城乡建设（住房保障）主管部门负责本行政区域内的住房保障管理工作。2007 年发展和改革委员会制定的《中央预算内投资对中西部财政困难地区新建廉租住房项目的支持办法》第 3 条明确规定："廉租住房建设是地方事权，投资以地方为主，中央予以适当补助。"

几项部门规章的规定，反映出中央政府将住房保障事务认定为"地方事权"，由地方政府承担住房保障的主要责任。因此，住房保障的财政支出，以地方政府承担为绝对主导。

三、保障目标与实效之间的落差

自国发〔1998〕23 号文件提出向最低收入家庭提供廉租住房开始，经过 10 多年的发展，城镇基本住房保障制度已经形成。政府面向城镇低收入与中等偏下收入住房困难家庭、新就业无房职工、城镇稳定就业的外来务工人员，以实物配租与租赁补贴的方式提供住房保障。与飞速发展的住房市场相比，住房保障推进的速度与范围却相对滞后。

1998 年住房保障政策开始实施时保障目标已经确立，但初期住房保障落实却进展缓慢。2005 年年底，全国 291 个地级以上城市中有 221 个城市（75.9%）实施廉租住房制度[①]，仍有 70 个地级市未建立廉租住房制度。2006 年年底，建立廉租住房制度的城市有 512 个（占全国 657 个城市的 77.9%）、县级市 229 个（占全国 370 个县级市的 61.9%）；尚有 3 个地级以上城市、近 40% 的县级市未建立廉租住房制度[②]。2007 年后，中央政府与地方政府增加保障性住房的投资，住房保障得到较快发展。2010 年全国人口普查数据显示（表 18-2），全国廉租住房户有 569511 户，占总户数的 1.45%，购买经济适用房

---

① 中华人民共和国中央政府.建设部通报全国城镇廉租住房制度建设和实施情况 [EB/OL].（2006-04-02）.[2017-07-18]. http://www.gov.cn/jrzg/2006-04/02/content_242851.htm.

② 中华人民共和国中央政府.截至 2006 年底全国有 512 个城市建立廉租住房制度 [EB/OL].（2007-02-14）.[2017-07-18]. http://www.gov.cn/jrzg/2007-02/14/content_527544.htm.

的家庭有 856922 户，占总户数的 2.18%①。2010 年后，全国保障性安居工程② 建设提速，
规模逐渐扩大（表 18-3）。

2010 年全国人口普查廉租住房与经济适用住房情况（户）　　　表 18-2

住房来源	全国住户	廉租住房	廉租住房户数比例（%）	经济适用住房	经济适用住房户数比例（%）
城市	12416562	329846	2.66	627345	5.05
镇	7554783	158780	2.10	185238	2.45
乡村	19299627	80885	0.42	44339	0.23
合计	39270972	569511	1.45	856922	2.18

2011～2014 年全国保障性安居工程建设情况　　　表 18-3

年份	月份	开工数（万套）	建成数（万套）	投资（亿元）
2011	1～12	1043	432	—
2012	1～10	722	505	10800
2013	1～9	620	410	8200
2014	1～9	720	480	10700

资料来源：依据住房与城乡建设部网站住房保障行业动态整理。

　　按照国家统计局对城镇居民家庭收入分组的划分，低收入户（最低 10% 与较低
10%）占城镇居民家庭的 20%，中等偏下户占城镇居民家庭的 20%。廉租住房、公共
租赁住房等保障对象的确定，虽然具体依据市、县政府制定的当地标准，但整体上与
国家对低收入、中低收入家庭的划分相吻合。如按照上述标准，城镇居民家庭的住房
保障实施，未达到国家政策预期目标。考虑到大量在城镇工作生活的农业转移人口以
及常住人口城镇化率与户籍人口城镇化率存在的差距③，住房保障政策目标与实施之间
的落差则可能更大。

　　虽然 2007 年以来中央政府与地方政府大力增加了保障性住房的投资，但整体上，
住房保障实施仍未达到国家政策预期目标。住房保障属于国民收入再分配范畴，以调
节社会公平和扶助弱势群体为目标。但在很长一段时间内，廉租住房、经济适用住房
制度将农村户籍人口排除在外，大量在城镇工作的属于低收入群体的农村外出就业者，
无法获得廉租住房与经济适用住房的申请资格。廉租住房、经济适用住房成为一种与
户籍相关的权益，背离了国民收入再分配的调节目标。国家政策关注到了农民工群体
的住房扶助问题，但并未能承担起相应的责任。2010 年后得到大力发展的公共租赁住

① 国务院人口普查办公室，国家统计局人口与就业统计司 . 中国 2010 年人口普查资料 [DB/OL]. [2017-07-18].http：//www.stats.
gov.cn/tjsj/pcsj/rkpc/6rp/indexch.htm.
② 包括廉租住房、公共租赁住房、经济适用住房、限价商品住房、棚户区改造等。
③ 常住人口城镇化率与户籍人口城镇化率通常存在一定数值差距，2012 年全国常住人口城镇化率与户籍人口城镇化率的差
值是 17.3%。

房，成为首类申请人资格不受户籍限制的保障性住房，是面向城镇中等偏下收入住房困难家庭、新就业无房职工、城镇稳定就业的外来务工人员提供的过渡性住房扶助。但公共租赁住房的保障范围、政府或企业责任、租金价格、资金安排等方面都存在诸多待解决问题。

政策目标与实施之间落差的产生，主要由地方政府住房保障资金投入不足以及中央政府对住房保障投入的滞后导致。1998~2009年间，国家财政社会保障支出的城乡结构仍表现出强烈的城市偏向，财政社会保障支出的90%以上投向城镇居民[1]。保障资金的投入不足，体现出地方政府与中央政府在资金投入与执行进度等方面的博弈，也隐藏着各级政府之间在保障责任、事权划分、财政支出分担等方面的问题。

第七节　住房保障中的问题

一、保障责任主体的错置

住房保障政策的实质为社会福利政策。住房保障本质上属于国民收入再分配，目标在于调节社会公平和扶助弱势群体，由政府对社会财政的转移支付来实现。住建部在2007年进行的多层次住房保障体系研究中指出：住房保障通过法律制度和政策安排，利用国家职能对国民收入进行再分配，向中等偏下和低收入住房困难家庭提供救助与扶助。

国民收入再分配意味着政府利用税收和转移支付等方式，将收入从一部分人转移到另一部分人。对国民收入进行的再分配，通常由中央政府在全国层面进行，而不是由地方政府承担。按照公共财政理论，地方政府重新分配收入的努力，会因纳税人的流动与受领人的迁移而受阻[2]。由于人口自由流动的缘故，地方政府向高收入者征税并转移支付给贫困者，会因高收入者的逃离而使地方政府税收减少，同时，将吸引更多贫困者迁入。两者的综合作用将使地方政府的再分配计划执行困难。因为人口在国家之间的流动性比城市之间的流动性小得多，国家的再分配计划会较为有效[3]。

国民收入再分配与人口流动的关系，决定了具有国民收入再分配功能的住房保障，由中央政府来承担与执行更为合适。如果地方政府投入大量资金用于住房保障，一方面将不可避免地导致低收入住房困难家庭的涌入；另一方面，因用于地方公共服务资金减少而带来的公共服务水平降低，会造成高收入、高技术等对公共服务较为敏感的群体的

---

①　徐倩，李放.我国财政社会保障支出的差异与结构：1998-2009年[J].改革，2012（2）：51.
②　阿瑟·奥沙利文.城市经济学（第四版）[M].苏晓燕译.北京：中信出版社，2003：425.
③　阿瑟·奥沙利文.城市经济学（第四版）[M].苏晓燕译.北京：中信出版社，2003：425.

逃离。这两种状况，都是地方政府不愿看到的，同时也是无力承担的。在没有中央政府转移支付的条件下，地方政府对住房保障实施的主动性很低。

按照当前我国住房政策的设定，住房保障责任由中央政府与地方政府共同承担。但是，住房保障被认定为地方事权，住房保障的财政支出以地方政府财政为主。具有国民收入再分配作用的住房保障责任承担，实际上一直以地方政府为主体，而不是以中央政府为主体。由此可见地方政府在住房保障责任承担中面临的困境。由于未能充分考虑人口流动因素，地方政府被赋予了超出能力范围之外的住房保障责任。按照当前的住房保障责任划分与财政支出设定，住房保障的责任主体与再分配职能承担并不匹配。这种错置的关系，正是多年来住房保障进展相对缓慢、住房保障未能突破户籍限制等问题产生的根本原因。

二、住房保障与地方公共服务的混淆

目前的住房保障，还存在混淆住房保障与地方公共服务的问题。住房政策将公共租赁住房、经济适用住房、廉租住房、限价商品住房以及棚户区、危旧房、城中村改造等都划入了住房保障的范围。但是这些由政府主导、目标各异的住房类型，并非都具有国家进行收入再分配的性质。

廉租房、经济适用住房旨在向低收入群体提供住房救济，本质为确保每个公民获得住房的机会，属于国家进行的收入再分配范畴。公共租赁住房、限价商品住房，属于地方政府为保持本地吸引力、防止劳动力流失而提供的地方公共服务。城市中的棚户区、危旧房、城中村等住房改造项目，这类特定空间区域的改造本质为地方政府为维护或改善地方环境而进行的再开发。此类针对特定空间范围的政策，实际是一种积极的歧视[1]。因为空间范围的确定常常意味着某些应该得到帮助的人因其不住在这个区域内而不能获益，而某些不应享受这项待遇的人因其住在这个区域内而受益[2]。因此，基于特定空间范围的财政投入，并非是一种基于公平的救济。棚户区、危旧房、城中村中住房的持有者，不一定是低收入者。许多城市在进行此类改造项目时，未将租户（可能是真正的低收入者）的利益考虑在内。因此，棚户区、危旧房、城中村的改造，基本属于地方政府向本地居民提供的公共服务。当然，向居住在这些区域内的低收入者提供住房保障，属于国民收入再分配的范畴。

因此，属于国民收入再分配的范畴、旨在向低收入群体提供住房救济的廉租住房等，应由中央政府承担。公共租赁住房、限价商品住房的提供责任，则应由地方政府（市、县）

---

[1] 积极的歧视（Positive Discrimination）：一种用于帮助社会中处于劣势的阶层，达到减少（如果不能完全消除）社会不公平现象的政策。这些政策有些是针对特定地区的（被称为地方性政策），因其采取为特定地区提供某项服务或特定群体提供最有效获益手段的方法。
[2] （英）R·J·约翰斯顿.人文地理学词典[M].柴彦威等译.北京:商务印书馆,2005:528.

承担。棚户区、危旧房、城中村等住房改造项目，则主要由地方政府（市、县）承担[①]，其中所涉低收入群体的住房保障由中央政府承担。

然而，目前的住房保障制度安排未能明确区分属于再分配的"住房保障"与属于地方公共服务的"住房保障"，将住房保障资金的财政投入全部归为"保障性安居工程资金"。2010年后，住房政策鼓励将中央财政下达的保障性安居工程补助资金主要用于发展公共租赁住房。廉租住房与公共租赁住房的并轨运行，更加模糊了再分配的"住房保障"与地方公共服务的边界。由于地方政府更愿意对改善本地投资与就业环境的住房项目进行投入，在中央政府的政策激励下，属于再分配的"住房保障"可能进一步萎缩。

三、转移支付与人口流动的背离

1990年以来，流动人口增长迅猛。2000年全国流动人口已经突破1亿，2005年接近1.5亿。2010年全国第六次人口普查数据显示，2010年全国流动人口（居住地与户口登记地所在的乡镇街道不一致且离开户口登记地半年以上的人口，不包括市辖区内人户分离的人口）已达2.21亿[②]（图18-1），占总人口的比例达16%。流动人口大致分为生产类、消费类、中转类等3类[③]，其中以农民工占绝大多数。2012年外出农民工（在本乡镇地域以外从业6个月及以上的农村劳动力）为15335万人[④]，占全国流动人口的比例高达69%（表18-4）。流动人口已成为人口发展最显著的特征之一[⑤]。具有国民收入再分配属性的住房保障，尤其是向流动人口中的低收入群体提供的住房保障，需要结合人口流动的规律与特征来进行。

2010年全国第六次人口普查数据显示，省际之间[⑥]的人口流动上升幅度大于省内流动人口。省际人口流动特征明显，经济发展较落后的中西部地区以人口流出为主，经济发达的东部地区主要为人口流入，东部长三角、珠三角和京津冀三大都市圈是中西部地区流出人口的主要流入地[⑦]。2013年全国外出农民工总量为16610万人，其中7739万人跨省流动，8871万人省内流动，分别占外出农民工的46.6%和53.4%[⑧]。农民工群体的流动特征，与2010年全国第六次人口普查中流动人口的特征相吻合。东部地区外出农民工以省内流动为主，中西部地区外出农民工以跨省流动为主（图18-2）。

---

① 同时应该排除掉"积极的歧视"的因素。
② 中华人民共和国国家统计局.2010年第六次全国人口普查主要数据公报（第1号）[DB/OL].（2012-04-20）.[2017-07-18]. http：//www.gov.cn/test/2012-04/20/content_2118413.htm.
③ 陈敦贤.流动人口社会保障体系论略[J].中南财经政法大学学报，2005（3）:111.
④ 国家统计局.2012年全国农民工监测调查报告[EB/OL].（2013-05-27）.[2017-07-18]. http://www.stats.gov.cn/tjsj/zxfb/201305/t20130527_12978.html.
⑤ 段成荣，吕利丹，邹湘江.当前我国流动人口面临的主要问题和对策：基于2010年第六次全国人口普查数据的分析[J].人口研究，2013，37（2）:17-24.
⑥ 马红旗、陈仲常的依据全国人口普查数据的分析显示，省际流动人口由2000年的3324万上升为8588万，占全部流动人口的比例由2000年的26%上升为2010年的33%。
⑦ 王桂新，潘泽瀚.我国流动人口的空间分布及其影响因素：基于第六次人口普查资料的分析[J].现代城市研究，2013（3）:7.
⑧ 中华人民共和国国家统计局.2013年全国农民工监测调查报告[EB/OL].（2014-05-12）.[2017-07-18]. http://www.stats.gov.cn/tjsj/zxfb/201405/t20140512_551585.html

中部地区跨省流出农民工 4017 万人，89.9% 流向东部地区；西部地区跨省流出农民工 2840 万人，82.7% 流向东部地区。在跨省流动农民工中，流向东部地区的 6602 万人，占 85.3%[①]。

在社会保障不足[②] 的情况下，农民工与城市的关系更像是纯粹的一次性劳务关系，与社会相联系的各种权利、责任等都被简化[③]。农民工群体的工资收入可用于住房消费的支出非常有限，住房状况普遍较差。建设部于 2006 年进行的农村进城务工人员住房问题研究显示，租赁及用人单位提供住房为农民工的主要居住形式，租赁房屋主要聚集在城乡结合部及城中村；农民工的人均居住面积普遍较小，远低于城市户籍人口的住房面积，上海市农民工人均建筑面积不足 $7m^2$，深圳市为 $6.8m^{2}$[④]。近年来，农民工的住房状况整体上没有明显改善，城市住房价格的快速上涨，使农民工的住房问题更加严峻。《2012 年全国农民工监测调查报告》显示，外出农民工的住宿仍以雇主或单位提供为主，与他人合租住房的趋势上升，独立租赁住房、在务工地自购房的比例呈下降趋势[⑤]（表 18-5）。因此，农民工群体中存在大量的低收入住房困难家庭。

流动人口，尤其是农民工群体的流动特征主要是从经济发展相对落后的中西部地区流入经济比较发达的东部地区；同时，跨省流动农民工主要流入大中城市，省内流动农民工主要流入小城镇[⑥]。由于上述两项原因，理论上来说，流动人口中的低收入群体更多地集中到东部地区，尤其是东部地区的大中城市。因此，在向低收入群体提供住房扶助方面，东部经济发达地区较中西部地区的地方政府面临更大压力。

2007 年起，中央政府开始以转移支付方式向地方政府提供住房保障资金。但是，转移支付的补助资金重点面向中西部财政困难地区。在未考虑人口流动因素的情况下，补助资金投入与人口流动趋势之间存在一定的背离。与中西部财政困难地区相同，为向流动人口中的低收入住房困难家庭提供住房保障，东部经济发达地区也需要中央转移支付的住房保障资金的支持。正是由于中央政府提供的住房保障转移支付未能向东部地区的地方政府提供充分的资金支持或激励机制，才导致大量在城镇工作与生活的农业转移人口被排除在住房保障制度的覆盖范围之外。

---

① 中华人民共和国国家统计局 .2013 年全国农民工监测调查报告 [EB/OL].（2014-05-12）.[2017-07-18]. http://www.stats.gov.cn/tjsj/zxfb/201405/t20140512_551585.html
② 2013 年全国农民工监测调查报告显示，外出农民工 2013 年的人均月收入为 2609 元，雇主或单位为农民工缴纳养老保险（15.7%）、工伤保险（28.5%）、医疗保险（17.6%）、失业保险（9.1%）和生育保险（6.6%）的参保比例虽然逐渐提高，但整体比例仍然较低。
③ 陈敦贤 .流动人口社会保障体系论略 [J].中南财经政法大学学报，2005（3）：113.
④ 建设部调研组 .解决农村进城务工人员住房问题研究报告 // 国务院研究室课题组 .中国农民工调研报告 [M].北京：中国言实出版社，2006：275-276.
⑤ 国家统计局 .2012 年全国农民工监测调查报告 [EB/OL].（2013-05-27）.[2017-07-18]. http://www.stats.gov.cn/tjsj/zxfb/201305/t20130527_12978.html.
⑥ 中华人民共和国国家统计局 .2013 年全国农民工监测调查报告 [EB/OL].（2014-05-12）.[2017-07-18]. http://www.stats.gov.cn/tjsj/zxfb/201405/t20140512_551585.html

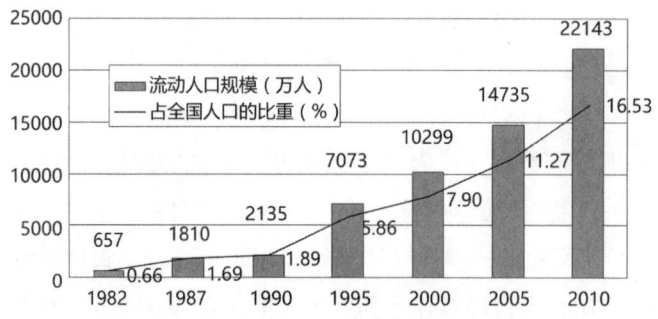

图 18-1 1982~2010 年流动人口规模

资料来源：段成荣，吕利丹，邹湘江.当前我国流动人口面临的主要问题和对策：基于 2010 年第六次全国人口普查数据的分析 [J].
人口研究，2013，37（2）：18.

2008~2012 年农民工数量（万人）   表 18-4

	2008 年	2009 年	2010 年	2011 年	2012 年
农民工总量	22542	22978	24223	25278	26261
1. 外出农民工	14041	14533	15335	15863	16336
住户中外出农民工	11182	11567	12264	12584	12961
举家外出农民工	2859	2966	3071	3279	3375
2. 本地农民工	8501	8445	8888	9415	9925

资料来源：国家统计局《2012 年农民工监测调查报告》

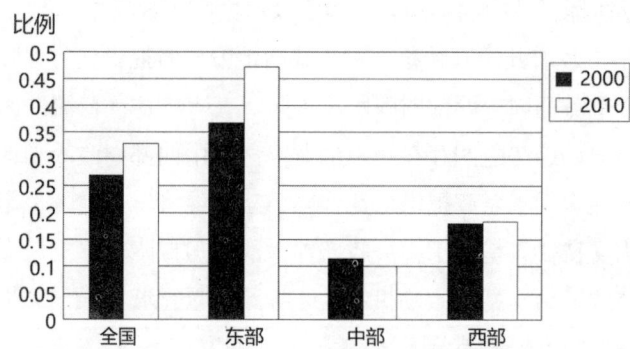

图 18-2 全国及东中西部地区省际流动人口比例

资料来源：马红旗，陈仲常.我国省际流动人口的特征：基于全国第六次人口普查数据 [J]. 人口研究，2012，36（6）：9

2013 年按城市与住宿类型的外出农民工比例（%）   表 18-5

指标	单位宿舍	工地工棚	生产经营场所	与人合租	独立租赁	务工地自购房	乡外从业回家居住	其他
小城镇	23.0	10.4	5.6	13.9	14.9	1.2	27.3	3.8
地级市	33.0	10.9	5.8	20.5	19.9	0.9	6.4	2.7
直辖市和省会城市	30.4	14.9	5.9	21.6	20.4	0.7	3.2	3.0
合计	28.6	11.9	5.8	18.5	18.2	0.9	13.0	3.1

资料来源：《2013 年全国农民工监测调查报告》

第十九章　住房权利的重构与发展

1949 年中华人民共和国成立后，南京国民政府时期的法定住房权被废除。个人的实有住房权利随社会主义制度的建构而重构。社会主义计划经济时期，公有住房制度成型的同时，个人的实有住房权利遭到减损。由官僚协调机制决定的身份特权，取代以市场为基础的个人权利。

1978 年，积聚着重重矛盾的经典社会主义体制开始解构。单一的计划协调逐步被市场与计划结合的经济协调机制取代。在社会主义经济体制的变革中，住房供给从公有住房的行政分配过渡到市场与社会救济的结合。越来越多赋予和保护个人权利的法律规范诞生，公民住房权利的增进与发展迅速。经过住房制度改革，公有住房分配中的身份特权随公有住房制度的解体而消失。私有住房财产权的确立以及住房与土地市场的发展，使个人以贸易为基础的权利基本得以实现。经济体制在劳动制度、住房制度、户籍制度等方面的经济体制改革，使个人获得使用自己劳动的权利。1998 年后，适应市场经济的要求，政府开始承担住房救济责任，基本住房保障制度逐渐覆盖至全国的城镇。虽然住房保障的户籍权益尚未彻底打破，但个人获得住房救济的权利基本达成。

第一节　公有住房分配身份特权的消失

社会主义计划经济时期的公有住房分配中，获得公有住房的机会与个人的特定身份相联。个人因其所处就业行业、工作单位、城市、政治身份等条件的差异，具有不同的公有住房获得机会。经过官僚协调机制自上而下地选择，分享公有住房这种公共资源的机会，未能提供给每个人。

20 世纪 80 年代以来，个人住房权利的改善，首先体现为形成于经典社会主义体制时期的住房分配身份特权，在住房商品化的过程中被逐渐打破。对公有住房制度的改革，通过住房政策的不断调整而完成。公有住房制度解体的过程中，许多单位组织将再分配体制中的特权商品化，单位仍然向职工提供公有住房。住房供给的"双轨制"持续了一段时间，至 1998 年下半年，双轨制最终终结。政府向职工转移住房成本的初衷，与个人或家庭希望获得私有住房的意愿结合在一起。由政府与单位所承担的住房消费成本逐渐转移至个人，政府与单位从住房供给的负担和责任中退出。

至 20 世纪 90 年代末，住房制度改革基本完成，市场成为个人获得住房的基本途径。

随着公有住房制度的解体，行政分配的身份特权基本被打破。在此后的几年中，集资建房等潜在的行政权力寻租方式被禁止之后，行政分配的身份特权彻底不复存在。政府转向承担社会救济的责任，向无力从市场获得住房的弱势群体提供扶助。

第二节　实有住房权利的增进

一、以贸易为基础的权利恢复与发展

1. 与土地分离的住房私有权恢复

1980年10月国家城市建设总局《转发北京市、辽宁省落实私房政策两个文件的通知》颁布，住房私有权的恢复从落实"文化大革命"期间被收缴的私人房屋开始。"文化大革命"期间被错误接管的私有住房、社会主义改造期间被错改的住房等原属于私人所有的房产，按照私房落实[①]政策逐步归还给原房主。

1982年12月，《中华人民共和国宪法》颁布，私有住房的所有权得到承认。该宪法第13条规定：国家保护公民的合法的收入、储蓄、房屋和其他合法财产的所有权，国家依照法律规定保护公民的私有财产的继承权。第39条规定：公民的住宅不受侵犯，禁止非法搜查或者非法侵入公民的住宅。同时，宪法第10条规定：城市的土地属于国家所有；农村和城市郊区的土地，除由法律规定属于国家所有的以外，属于集体所有；宅基地和自留地、自留山，也属于集体所有。

《中华人民共和国宪法》在保护私有住房财产的同时，不再承认与私有住房相联的土地的财产权。城市土地的国有化政策，从1953年《国家建设征用办法》开始，城市市区内的空地、地主出租的农地被无偿征用为国有。1955年内务部政策采用"以房收地"的方法，处理以前购买的私有房屋或租用地基的土地权属问题，将此类土地收为国有。1956年，中共中央制定将一切私人占有的城市空地、街基等地产收归国有的政策。城市私有房屋社会主义改造开始后，一部分私有土地随房屋一起被国家经租，失去实质上的所有权；未被国家经租的私有住房连带的土地，仍然属于私人所有。经过一系列政策的执行和社会主义改造，城市中的私有宅地逐渐减少。但是，私有宅地的国有化，始终没有明确的法律界定。直到1982年，《中华人民共和国宪法》首次对城市土地所有权作出界定，将城市土地宣布为国家所有。该宪法使开始于1956年的城市私有土地的社会主义改造最终完成了形式上的国有化[②]。

城市土地的法定国有化，使城市中的私有住房财产权与土地财产权分离，住房属于

---

① 落实私房政策的执行存在一些历史遗留问题。例如李爱勇在博士论文《1950～1980年的上海私有住房：城市中的意识形态、私房权利和住房空间》中指出，私房落实涉及新中国成立初期的代管房、改造时期的错改房和经租房、"文化大革命"时期的文革产；文革产、错改房、代管房都得到比较彻底的落实，经租房的落实至2013年仍有遗留争议未解决。

② 吴次芳，靳相木.中国土地制度改革三十年[M].北京：科学出版社，2009：12.

私人所有，土地则属于国家所有，"房地分离"的所有权形式得以确立。

　　2. 私有住房财产权的逐步确立

　　《中华人民共和国宪法》颁布后，国务院于 1983 年 12 月发布《城市私有房屋管理条例》，加强对城市私有房屋的管理，保护房屋所有人和使用人的合法权益。国家认可的城市私有房屋，包括直辖市、市、镇和未设镇建制的县城、工矿区内的、个人所有、数人共有的自用或出租的住宅和非住宅用房。"国家依法保护公民城市私有房屋的所有权"，"任何单位或个人都不得侵占、毁坏城市私有房屋"[①]。

　　《城市私有房屋管理条例》是 20 世纪 80 年代初期，保护私有财产最为重要的一部行政法规[②]。尽管宪法保护与承认私有房屋的所有权，但《城市私有房屋管理条例》仍对私有房屋所有权设定出一些限制。首先，限制体现为房屋所有人或使用人对国家管理的"服从"。当城市私有房屋因国家建设需要而被征用拆迁时，房屋所有人或使用人必须"服从"国家建设的需要并按期搬迁。其次，限制体现于对私有房屋交易设定的约束。条例规定：任何单位或个人都不能私买私卖城市私有房屋，买卖城市私有房屋需到房屋所在地房管机关办理手续；同时，房屋交易价格必须参照房屋所在地人民政府规定的定价，经房管机关同意才能成交；机关、团体、部队、企事业单位不能购买或变相购买城市私有房屋；享受国家或企事业单位补贴廉价购买或建造的城市私有房屋，只能卖给原补贴单位或房管机关。本质上，私有住房仍处于国家机关管理权的掌控之下，私有财产权只是部分恢复。尽管处于政府管控之下，住房交易逐渐开始恢复。在 20 世纪 80 年代，公有住宅分配形成全国统一的住房等级。"一户一处住房"的分配政策规定，限制着个人或家庭拥有住房的数量。

　　1987 年 1 月《中华人民共和国民法通则》施行，立法调整平等主体之间的财产关系。该民法通则第 5 章界定了民事权利，以权利为本位建构了财产所有权等民事权利的基本框架。《中华人民共和国民法通则》建立了"财产所有权"概念，所有人依法对自己的财产享有占有、使用、收益和处分的权利。房屋属于公民的个人财产，受法律保护并可以继承，禁止任何组织或者个人侵占、哄抢、破坏或者非法查封、扣押、冻结、没收。《中华人民共和国民法通则》为国家立法逐渐转向私法重心拉开了序幕，标志着民法体系从无到有的起步。该民法通则的颁布对一个传统上只强调义务的国度产生的影响是深远的[③]，私有住房财产权实际上的确立开始。20 世纪 90 年代，住房制度改革使越来越多的家庭不只拥有住房的使用权，而且拥有住房的所有权。商品化使住房在居住属性之外的财产属性不断凸显。国家政策执行的对每户只能有一处住房的控制也逐渐放松。

　　2004 年 3 月，1982 年《中华人民共和国宪法》的第 4 个修正案通过。《中华人民共和国宪法》第 13 条对保护私有财产的规定进行完善，用"财产权"代替原"所有权"措辞："公

①　城乡建设环境保护部城市住宅局.国家房地产政策文件选编（1982-1984）[M].北京：中国房地产杂志社，1985：251.
②　杨一凡，陈寒枫，张群.中华人民共和国法制史[M].北京：社会科学文献出版社，2010：163.
③　杨一凡，陈寒枫，张群.中华人民共和国法制史[M].北京：社会科学文献出版社，2010：166.

民的合法的私有财产不受侵犯", "国家依照法律规定保护公民的私有财产权和继承权"。国家因公共利益的需要依法对公民的私有财产实行征收或者征用并给予补偿的规定，则用于处理私有财产保护和公共利益需要的关系。2007 年 10 月《中华人民共和国物权法》施行。该物权法用于调整因物的归属和利用而产生的民事关系，界定物和物权的范围。《中华人民共和国物权法》确立了"保障一切市场主体的平等法律地位和发展权利"的物权平等原则。按照第 2 条、第 39 条、第 42 条的规定，私有住房的权利人依法享有直接支配和排他的权利，包括所有权、用益物权和担保物权；因公共利益需要征收个人住宅时，被征收人的居住条件需要得到保障。《物权法》使住房的私有财产权更加明确，依法对私有财产给予保护。

2004 年的《中华人民共和国宪法》修正与 2007 年《中华人民共和国物权法》的施行，使私有住房的财产权得以确立。按照该物权法第 45 条、第 47 条，城市土地是属于全民所有的国家财产，国家财产由国务院代表国家行使所有权。因而，城市中的住房私有财产权是与土地分离的财产权。

3. 住房市场的发展

20 世纪 80 年代初期，国家经济体制改革与鼓励住宅经济发展政策开始实施。地方、企业、个人建设住房的积极性与自由度得以提高，城市住宅投资与建设增长迅速。基本建设投资中，住宅投资比重由 1978 年前的 10% 以下，上升至 20% 以上（表 19-1）。住宅建设量快速增加，例如 1978 ~ 1984 年基本建设竣工住宅面积为 50990 万 m^2，超过 1953 ~ 1977 年住宅竣工住宅面积的总和（表 19-2）。1985 年进行的全国第一次城镇房屋普查统计显示，28 个省、323 个市人均居住面积为 6.1m^2，县镇人均 6.84m^2[①]。城市居民的居住水平与质量大幅提高，1985 年的实际城市人均居住面积已经超过 1978 年国家制定的 1985 年达到 5m^2 的目标。20 世纪 80 年代中期至 90 年代，住房制度改革与城镇住房商品化的深入，释放出了巨大的住房需求与经济活力。至 20 世纪 90 年代末，全国存量住房的 80% 基本为 1980 年后建成，1990 ~ 2000 年的 10 年间的住房建设总量（135 亿 m^2）占全部住房存量的 47%，相当于中华人民共和国成立后前 40 年的总和（142 亿 m^2）[②]。

商品住房的市场规模不断扩大，但市场的消费者以单位为主体，个人购买商品房的比重很低。全国第 5 次人口普查数据显示，至 2000 年，自建住房与购买原公有住房是城市家庭住房来源的主体（表 16-1），全国城市家庭户中购买与租用商品住房的比例为 9.2%、6.9%，购买经济适用住房这种保本微利商品房的比例为 6.5%。以市场化为方向的住房制度改革，带来了新建商品房市场、二手房市场以及租房市场的扩张，但是，住房市场的整体发育程度仍然较低。

20 世纪 90 年代末，住房分配由实物转为货币分配政策的实施，彻底打破了单位分房对居民的束缚，个人摆脱了对单位分房的依赖，住房市场驶入快速发展的通道。2003

---

① 国家统计局固定资产投资统计司. 第一次全国城镇房屋普查资料 [J]. 统计, 1987 (5): 46-47.
② 建设部政策研究中心. 2000 年第五次人口普查住房状况分析报告 [J]. 长江建设, 2003 (1): 32-35.

年房地产业被定性为国民经济的支柱产业。多数家庭购买或承租普通商品住房的全面市场化政策，促使住房市场规模不断扩大。2010 年全国第 6 次人口普查资料显示（表 19-3），2000 年后建成的城市住房面积共 460921245m²，已占全部住房面积的 44.99%，居住在 2000 年后建成的住房中的城市家庭为 39.21%[①]。2010 年，全国城市住房的自有率为 69.8%，其中 53.4% 为购买住房，16.4% 为自建住房（表 19-4）。城市住房自有率快速提高，市场成为个人获得住房的主要途径。通过自愿交易的方式，从住房市场购买与租赁商品住房、已出售的公有住房、自建住房等，成为个人或家庭获得住房的基本途径。

　　住房市场规模扩大的同时，城市住房价格快速上涨。城市居民，尤其是低收入群体改善住房条件面临的困难与压力增加。2010 年，尽管全国城市家庭户均住房建筑面积已达 82.5m²，但仍有 9.42% 的家庭人均住房建筑面积在 8m² 以下（表 19-5）[②]。快速上涨的住房价格，不但影响到了低收入群体的住房选择，也给中等收入群体的住房需求的实现带来了巨大的经济压力。为抑制住房价格快速上涨，2011 年 1 月国务院办公厅颁布国办发〔2011〕1 号文件《关于进一步做好房地产市场调控工作有关问题的通知》，实施针对个人（家庭）的住房限购政策。直辖市、计划单列市、省会城市以及部分房价过高、上涨过快的城市，相继制定出具体的限购标准，对当地户籍居民家庭与非当地户籍居民家庭的购房进行数量上的限制。国家制定的限购政策，属于使用行政手段对个人的市场行为的干预，对个人的自由选择机会产生了负面影响。

1953 ～ 1984 年基本建设中的住宅投资额与比重　　　　　　　　表 19-1

时期（年份）	基本建设投资额（亿元）			占总投资额比重（%）		
	生产性建设	非生产性建设		生产性建设	非生产性建设	
		合计	其中：住宅		合计	其中：住宅
"一五"时期	394.50	193.97	53.79	67.0	33.0	9.1
"二五"时期	1029.66	176.43	49.56	85.4	14.6	4.1
1963 ～ 1965 年	335.06	86.84	29.09	79.4	20.6	6.9
"三五"时期	818.02	158.01	39.32	83.8	16.2	4.0
"四五"时期	1455.16	308.79	100.74	82.5	17.5	5.7
"五五"时期	1729.94	612.23	277.29	73.9	26.1	11.8
其中：1978 年	396.24	104.75	39.21	79.1	20.9	7.8
1979 年	365.14	158.34	77.28	69.8	30.2	14.8
1980 年	359.28	199.61	111.66	64.3	35.7	20.0
"八五"时期						
1981 年	252.43	190.48	111.19	57.0	43.0	25.1

---

① 国务院人口普查办公室，国家统计局人口与就业统计司.中国 2010 年人口普查资料 [DB/OL].[2017-07-18].http：//www.stats.gov.cn/tjsj/pcsj/rkpc/6rp/indexch.htm.

② 国务院人口普查办公室，国家统计局人口与就业统计司.中国 2010 年人口普查资料 [DB/OL].[2017-07-18].http：//www.stats.gov.cn/tjsj/pcsj/rkpc/6rp/indexch.htm.

续表

时期（年份）	基本建设投资额（亿元）			占总投资额比重（%）		
	生产性建设	非生产性建设		生产性建设	非生产性建设	
		合计	其中：住宅		合计	其中：住宅
1982 年	302.90	252.63	141.05	54.5	45.5	25.1
1983 年	346.44	247.69	125.07	58.3	41.7	21.1
1984 年	443.40	299.75	134.50	59.7	40.3	18.1

资料来源：国家统计局.中国统计年鉴 1985[M].北京：中国统计出版社，1985：420.

1953 ~ 1984 年基本建设中的住宅竣工面积（万 m^2）　　　　　　表 19-2

时期（年份）	各类竣工房屋建筑面积合计	住宅
"一五" 时期	26.640	9.454
"二五" 时期	38.111	11.012
1963 ~ 1965 年	10.850	4.271
"三五" 时期	20.166	5.400
"四五" 时期	38.296	12.573
"五五" 时期	50.040	23.486
其中：1978 年	9.011	3.752
1979 年	12.000	6.256
1980 年	14.500	8.230
"六五" 时期		
1981 年	12.941	7.904
1982 年	14.357	9.020
1983 年	13.212	8.125
1984 年	13.809	7.703

资料来源：国家统计局.中国统计年鉴 1985[M].北京：中国统计出版社，1985：448.

2010 年全国城市按住房建成时间分的家庭户住房状况　　　　　　表 19-3

年代	建筑面积（m²）	比例	户数	比例	户均建筑面积（m²）
1949 年以前	5414514	0.53%	118311	0.95%	45.8
1949 ~ 1959 年	5164372	0.50%	112493	0.91%	45.9
1960 ~ 1969 年	8214199	0.80%	167511	1.35%	49.0
1970 ~ 1979 年	32776465	3.20%	579927	4.67%	56.5
1980 ~ 1989 年	156656570	15.29%	2294873	18.48%	68.3
1990 ~ 1999 年	355427448	34.69%	4275080	34.43%	83.1
2000 年以后	460921245	44.99%	4868367	39.21%	94.7
合计	1024574813	100.00%	12416562	100.00%	82.5

资料来源：国务院人口普查办公室，国家统计局人口与就业统计司.中国 2010 年人口普查资料表 9-2a 各地区按住房建成时间分的家庭户住房状况（城市）.

2010 年全国城市按住房来源分的家庭户户数　　　表 19-4

住房来源	户数	比例
租赁廉租住房	329846	2.7%
租赁其他住房	2869199	23.1%
自建住房	2039582	16.4%
购买商品房	3231278	26.0%
购买二手房	618097	5.0%
购买经济适用房	627345	5.1%
购买原公有住房	2147896	17.3%
其他	553319	4.5%
合计	12416562	100.0%

资料来源:国务院人口普查办公室,国家统计局人口与就业统计司.中国 2010 年人口普查资料表 9-4a 各地区按住房来源分的家庭户户数(城市).

2010 年全国城市按人均住房建筑面积分的家庭户户数　　　表 19-5

人均住房建筑面积（m²）	户数	比例
8 及以下	12125724	9.42%
9 ~ 12	9096838	7.07%
13 ~ 16	11596805	9.01%
17 ~ 19	8143921	6.33%
20 ~ 29	30455832	23.67%
30 ~ 39	21286416	16.54%
40 ~ 49	13373016	10.39%
50 ~ 59	7010770	5.45%
60 ~ 69	5310428	4.13%
70 及以上	10261183	7.98%
全国合计	128660933	100.00%

资料来源:国务院人口普查办公室,国家统计局人口与就业统计司.中国 2010 年人口普查资料表 8-2a 各地区按人均住房建筑面积分的家庭户户数(城市).

4. 企业独占的住宅用地市场

20 世纪 80 年代,用地单位通过无偿划拨的方式获得建造住宅所需的用地。1988 年,宪法第 10 条第 4 款经过修改,国有土地的所有权与使用权分离的制度建立,土地的使用权可以依照法律规定转让。1989 年,国有土地有偿使用制度正式确立。获得住宅用地使用权的基本方式,由无偿划拨的唯一方式转变为划拨与出让 [①] 两种基本方式。按照《中华人民共和国城镇国有土地使用权出让和转让暂行条例》,境内外的公司、企业、其他组织和个人可以获得住宅用地的土地使用权,进行土地的开发、利用、经营。住宅用地的土地使用权出让以 70 年为限,可采取协议、招标、拍卖的方式。

---

① 国有土地有偿使用的方式包括土地使用权出让、租赁、作价出资或者入股等形式。

20 世纪 90 年代，住宅用地市场开始发展。1995 年《中华人民共和国城市房地产管理法》规定，豪华住宅用地的使用权需要通过协议、招标、拍卖的出让方式取得。尽管住宅用地市场有所发展，但有偿出让、转让等住宅用地市场的规模很小。经济适用住房、集资与合作建房、安居工程、城市建设综合开发等住宅用地的使用权，基本通过无偿划拨的方式取得。1998 年《城市房地产开发经营管理条例》施行后，除法律和国务院规定的经济适用住房、廉租房等用地可以采用划拨方式外，房地产开发的普通商品住宅用地开始以出让的方式取得。但法规的颁布并未使土地有偿出让得到充分实现。以 2001 年为例，全国城市土地有偿出让面积只占 2%，土地有偿出让中又以协议出让为主，招标、拍卖、挂牌出让只占 15%[①]。因此，这个阶段的住房商品化，主要是住房的商品化，而不是住宅用地的市场化，住宅用地市场化的程度仍然很低。

为规范国有土地使用权出让行为，2002 年 5 月国土资源部令第 11 号颁布《招标拍卖挂牌出让国有土地使用权规定》，规定商业、旅游、娱乐和商品住宅等各类经营性用地，必须以招标、拍卖或者挂牌的方式出让。自 2002 年 7 月 1 日起，除保障性住房用地仍维持划拨方式供地外，有偿出让成为普通商品住房、高档住宅等住宅用地使用权的基本获得方式。由表 19-6、表 19-7 可见，2007 年住宅用地的出让、租赁等市场已经有相当规模。由表 19-8 可见，2009 ~ 2011 年间，普通商品住房与高档商品住房等通过出让方式获得使用权的用地，已成为住宅用地的绝对主体。

2007 年开始，保障性住房建设中的空间布局问题成为住房政策的重点关注内容之一。国发〔2007〕24 号文件提出在经济适用住房以及普通商品住房小区中配建廉租房的方法；建保〔2010〕87 号文件提出新建公共租赁住房以配建为主的相对集中建设。"配建保障房"的思路为土地出让方式带来了变化。国发〔2010〕10 号文件出台之后，各地开始探索土地出让"招拍挂"制度改革，广州、北京、上海等城市陆续实验住宅地块"限地价、竞配建"，"限地价、竞政策性住房面积"的出让方式。希望由竞争高地价转为达到最高限制地价后，竞争最大配建保障性住房的建筑面积，以实现抑制高地价和增加保障性住房的目标。2011 年 5 月，国土资源部在国土资发〔2011〕63 号文件《关于坚持和完善土地招标拍卖挂牌出让制度的意见》中提出调整完善土地招拍挂出让方式。具体方式包括限定房价或地价、限配建保障性住房面积、土地利用综合条件最佳等 3 种[②]。

由于商品住宅用地被确定为经营性用地，在目前的土地法规与住房政策确定的制度

[①]　杨继瑞.中国经济改革 30 年：房地产卷 [M]. 成都：西南财经大学出版社，2008：24.

[②]　具体为：①限定房价或地价，以挂牌或拍卖方式出让政策性住房用地，具体有两种形式，即"限房价、竞地价"与"限地价、竞房价"；②限定配建保障性住房建设面积，以挂牌或拍卖方式出让商品住房用地，将配建廉租房、经济适用房等保障性住房的面积、套数、建设进度、政府收回条件、回购价格及土地面积分摊办法等写入出让合同；③对土地开发利用条件和出让地价进行综合评定，以招标方式确定土地使用权人，将土地价款及交付时间、开发建设周期、建设要求、土地节约集约程度、企业以往出让合同履行情况等影响土地开发利用的因素作为评标条件，以土地利用综合条件最佳确定土地使用者。

框架下，房地产开发企业是住宅用地市场的主体。按照 1995 年施行的《中华人民共和国城市房地产管理法》，房地产开发企业是以营利为目的从事房地产开发和经营的企业。尽管 2007 年土地出让的具体方式有所变化，但房地产企业仍是住宅用地市场的主体。个人对住宅用地使用权的获得，仅能通过使用住房获得，而无法直接获得住宅用地的使用权。

2007 年国有住宅用地供应出让情况　　　　　　　　　　　　　　表 19-6

住宅用地	宗数	土地面积（hm²）		成交价款（万元）	纯收益（万元）
			新增		
	87393	66575.22	18856.52	75308843.83	30011651.68
别墅、高档公寓	12	68.33	37.44	53480.18	7248.10
普通商品房	31152	57271.08	16406.81	71617199.03	28665398.38
经济适用房	4893	1446.32	319.72	604532.05	198758.81
其他住房	51336	7789.49	2092.55	3033632.57	1140246.39

资料来源：冀文林 .2008 中国国土资源年鉴 [M]. 北京：中国国土资源年鉴编辑部，2008.

2007 年国有住宅土地供应其他情况　　　　　　　　　　　　　　表 19-7

	划拨			租赁				其他供应方式			
	宗数	土地面积（hm²）		宗数	土地面积（hm²）		租金（万元）	宗数	土地面积（hm²）		收入（万元）
			新增			新增				新增	
住宅用地	9980	12850.0	3808.3	6264	250.1	2.12	2756.9	2153	499.5	152.8	169803
普通商品房	713	1957.2	768.6	2472	137.0	0.06	857.6	468	265.2	34.7	122795
经济适用房	1888	3635.6	1333.8	15	2.9		125.8				
其他住房	7379	7257.2	1705.9	3777	110.2	2.07	1773.3	1685	234.3	118.1	47008

资料来源：冀文林 .2008 中国国土资源年鉴 [M]. 北京：中国国土资源年鉴编辑部，2008.

2009～2011 年国有住宅用地供应情况（hm²）　　　　　　　　表 19-8

年份	住宅用地								
	合计	普通商品住房	比例	经济适用住房	比例	廉租住房	比例	高档住宅	比例
2011	126452.89	103696.32	82.00%	16238.19	12.84%	6121.69	4.84%	396.69	0.31%
2010	115272.54	97887.90	84.92%	13292.14	11.53%	3380.87	2.93%	711.63	0.62%
2009	81548.17	69089.89	84.72%	10343.01	12.68%	1394.29	1.71%	720.99	0.88%

资料来源：依据《中国国土资源年鉴》（2012-2010 年）整理。

5. 以贸易为基础的住房权利基本实现

个人实现以贸易为基础的权利，依赖于私有财产权与自由交易市场的存在。

　　私有住房财产权的恢复，从 1980 年的落实私房政策开始。1982 年，私有住房的所有权得到《中华人民共和国宪法》的承认。1983 年发布的《城市私有房屋管理条例》将城市私有房屋保护落到实处，侵占、毁坏城市私有房屋的行为被严格禁止。但此时私有房屋的自由交易仍受到行政管理的限制。1987 年施行的《中华人民共和国民法通则》建立了"财产所有权"概念，以权利为本位建构财产所有权的基本框架，私有住房财产权有了实质上的内涵。住房制度改革中的公有住房出售与商品住房销售，使越来越多的家庭拥有了住房的所有权。2004 年修订的《中华人民共和国宪法》用"财产权"代替了"所有权"，财产权的表述更加严谨。2007 年施行的《中华人民共和国物权法》使住房的私有财产权的内涵更加明确，私有住房的财产权得以确立。

　　城市私有住房的交易于 20 世纪 80 年代初期开始恢复。住房交易市场在国家财政体制、价格体制等从计划向市场的转型中逐渐发展起来。在住宅投资、住宅建造、住宅消费等住宅生产的各个环节中，市场逐渐取代国家的计划安排。但是，直到 20 世纪 90 年代末，市场仍然没有成为个人获得住房的主要途径。1998 年住房实物分配停止政策的执行，使个人彻底摆脱对单位分房的依赖；面向个人的住房信贷也普及至所有城镇，个人获得住房消费的金融工具的支持。以自愿交易为基础的住房市场，成为普通市民获得住房的基本渠道。

　　住宅用地市场的建立，从 20 世纪 80 年代末期国有土地有偿使用制度的建立开始正式起步。然而，在相当长的一段时间内，住宅用地并未随住房的商品化而市场化。住宅用地的提供仍以政府行政划拨的方式为主导。普通商品住宅用地市场直到 21 世纪初期才有真正的发展。因商品住宅用地被法律设定为经营性用地，住宅用地市场的主体是房地产企业。尽管个人与房地产企业在住宅用地使用权市场中尚没有平等的主体地位，无法直接获得住宅用地的使用权，但也能通过住房市场间接获得住宅用地的使用权。住宅用地使用权市场的构成虽然尚不完整，但其成型的部分已有巨大的发展，房地产企业可以自由地进入市场交易。同时，附属于私有住房的土地使用权，也可以随住房的交易而交易。

　　经济学家阿曼·阿尔钦（Armen Albert Alchian）指出私有财产权[1]就是人权，私有财产权保护个人自由[2]。私有住房财产权的建立，保护个人在住房方面的自由，对于个人的住房权利发展有决定性的意义。住房市场则为个人进行自愿、平等的交易提供平台。因此，经过自 1978 年起的 30 多年的发展，与土地分离的私有住房财产权建立，住房与土地市场恢复并发展，个人以贸易为基础的住房权利基本实现。

---

① 阿曼·阿尔钦提出私有财产权具有三个基本要素：独自决定资源用途的权利；独自享有资源服务的权利；以相互同意的条件交换资源的权利。

② Armen Albert Alchian.Property Rights：The Concise Encyclopedia of Economics Library of Economics and Liberty[DB/OL].[2017-07-18].http：//econlib.org/library/Enc/PropertyRights.html.

二、以生产为基础的权利的停滞

1. 个人宅地权利的重构

个人的宅地权利经过晚清至民国时期的演变，由南京国民政府时期的土地法与《中华民国民法·物权》确立。个人享有法定的土地私有财产权，土地上建造的住房，仅作为土地的定着物而存在。中华人民共和国成立后，经过城市郊区的土地改革与城市私有住房的社会主义改造，城市私有宅地不断减少，逐渐缩小至市民自住住房所连带的土地。市民私有宅地财产权的萎缩乃至丧失，并非经由法律的明确界定，而仅仅是通过一系列中央政府的文件与指示。1982 年《中华人民共和国宪法》将城市土地宣布为国家所有。从 1949 年中华人民共和国成立即开始的个人宅地权利重构，正式经由法律确认而合法化。城市中的居民不再拥有个人的私有宅地财产权。

个人失去法定私有宅地财产权的同时，个人宅地的使用权时代悄悄来临。《中华人民共和国宪法》第 10 条规定一切使用土地的组织和个人必须合理地利用土地。1982 年5 月国务院公布《国家建设征用土地条例》。土地征用权由中央人民政府政务院或大行政区行政委员会或省、市、县人民政府下放至县、市人民政府。国家禁止任何单位直接进行集体所有土地的交易，征用土地必须经过地方政府的同意。被征用土地的所有权属于国家，土地的实际支配权由县、市人民政府所拥有。土地征用延续了 1978 年前以单位组织为主体的方式，征用后的土地以无偿划拨的方式提供给用地单位。虽然住房制度改革、住房商品化的试点已经启动，但在公有住房制度下，个人实际很难享有直接获得土地使用权的途径，只是通过拥有公有住房的使用权来使用土地。

个人获得城镇宅地的使用权，始于华侨、归侨、侨眷用侨汇建造住宅。1980 年3 月国务院颁布《关于用侨汇购买和建设住宅的暂行办法》。有城镇正式户口的华侨、归侨、侨眷经当地人民政府批准，可用侨汇在城镇建造住宅。城镇中的侨汇住宅以集资统建的形式建设，因此，个人通过住房获得土地的使用权。鼓励和组织个人集资建房的政策出台后，1983 年 5 月经国务院批准城乡建设环境保护部发布《城镇个人建造住宅管理办法》。具有城镇正式户口[①]的住房困难家庭，经房地产管理机关批准后可以自建住房。个人建造住宅的土地来源为原有宅基地、空闲地以及由人民政府统一征用的土地。《城镇个人建造住宅管理办法》使具有城镇户籍的个人获得直接使用宅地的权利。

1987 年《中华人民共和国土地管理法》施行。该土地管理法确立起了个人使用国有与集体土地的法定权利。第 7 条规定："国有土地可以依法确定给全民所有制单位或者集体所有制单位使用，国有土地和集体所有的土地可以依法确定给个人使用。"第41 条规定："城镇非农业户口居民建住宅，需要使用集体所有的土地的，必须经县级人

---

① 夫妇一方户口在农村则一般不得申请。

民政府批准"，并参照国家建设征用土地的标准支付补偿费和安置补助费。依照上述条款的规定，个人具有使用国有土地与集体土地作为宅地的权利。1988 年《中华人民共和国宪法》修正案通过，土地的使用权可以依照法律的规定转让，城市土地的所有权与使用权分离的制度正式建立。

　　然而，《中华人民共和国土地管理法》将国有土地的使用权赋予个人，却未对个人如何申请国有土地进行具体规定。或者说，法定的使用土地的权利并未真正赋予个人，而仅赋予"单位"。1987 年施行的《中华人民共和国民法通则》非常明确地规定了国有土地使用权只赋予"单位"。第 80 条规定："国家所有的土地，可以依法由全民所有制单位使用，也可以依法确定由集体所有制单位使用，国家保护它的使用、收益的权利"，但是没有将国有土地确定给个人使用的内容。涉及公民个体的土地权利，仅有对集体土地使用[①]的规定。1992 年，为鼓励城镇职工、居民投资建造住宅，《城镇住宅合作社管理暂行办法》颁布。有城镇正式户口、家庭为中低收入的居民可以加入经市（县）人民政府房地产行政主管部门批准的住宅合作社。住宅合作社建造住房的用地由行政主管部门审批，并以统一规划的住宅小区综合开发为基本形式。

　　在 20 世纪 80 年代初至 90 年代末的大约 15 年时间中，个人在借由公有住房或商品住房获得使用宅地的权利之外，还获得了使用集体土地与城市国有土地建造住房的权利。但是，个人直接利用宅地的范围仅限于利用城镇中原有的宅基地与空闲地。对于新增住宅用地，个人必须依托单位与政府机构才能获得土地使用权。尽管《中华人民共和国民法通则》规定公民之间、法人之间、公民和法人之间在民事活动中具有平等的地位，但在住宅用地的使用方面，个人未获得与各类单位、房地产企业等平等的民事主体地位。

　　1999 年修订的《中华人民共和国土地管理法》施行，城镇非农业户口居民可使用集体土地建设住房的规定被取消。2008 年《城镇个人建造住宅管理办法》正式废止，个人利用国有土地自建住房的依据丧失。尽管《中华人民共和国土地管理法》将使用国有土地的权利赋予个人和单位，但在个人实际上却丧失了直接使用国有土地建造住房的机会。按照"多数家庭购买或承租普通商品住房"与保障性住房的政策规定，个人对宅地的使用权实际上是一种附属于住房的权利：只有获得住房，才能使用住宅用地。1988 年宪法修正案通过，土地的使用权可依法转让的使用权制度建立。然而，按照《中华人民共和国城镇国有土地使用权出让和转让暂行条例》《中华人民共和国土地管理法》《中华人民共和国城市房地产管理法》《城市房地产开发经营管理条例》《招标拍卖挂牌出让国有土地使用权规定》等法规，住宅用地使用权有偿转让的对象不包括个人。法律赋予房地产企业使用住宅用地经营获利的权利，却未赋予个人使用住宅用地来改善居住条件[②]的权

---

① 土地的承包经营权。
② 2007 年后，虽然距离城区较远的独立工矿企业和住房困难户较多的企业仍然可以利用原有土地进行非营利性的合作建房，但已属于住房保障的范畴。利用"单位自用土地"的住房建设，即使为了解决低收入群体的住房问题，但也使拥有划拨土地的企业职工较其他低收入群体获得了一些优先的特殊权利。

利。同时，以划拨方式提供的住宅用地使用权，其目标对象也不包括个人。

2. 自建住房的鼓励与收缩

1978 年，国发〔1978〕222 号文件提出发挥群众的积极性来解决住房问题。组织华侨用侨汇建设私人住宅、鼓励个人以自建公助的方式建造住房，是 20 世纪 80 年代初期鼓励自建住房的两项主要措施。

1980 年 3 月 5 日，国务院颁布由国家城市建设总局、国务院侨务办公室制定的《关于用侨汇购买和建设住宅的暂行办法》，鼓励华侨、侨眷用侨汇购买和建设住宅。"港澳、台湾同胞和中国血统外籍人以及他们在我境内的亲友"[1]，可用侨汇购买与建设住宅。有城镇正式户口[2] 是在城镇购买与建造侨汇住宅的基本条件。侨汇住宅的产权和使用权归私人所有，侨汇住宅可出售、交换、继承和赠送。城市中的侨汇住宅一般为新建或已建的统建出售公寓住宅[3]，另有一些经过修缮的旧房。

1978 年国家提出鼓励和组织个人集资建房政策后，城镇私人自建住宅逐渐增多。至 1980 年 10 月，已有 111 个城市私人建房 332 万 m^2[4]。小城市和县镇私人建房较多。例如黑龙江省望奎、双城两县城私人建房分别占同期建房总数的 75% 和 73%，甘肃省敦煌县城两年私人建房占同期建房总数的 54%[5]。但整体上，个人建房比例仍非常低。1979 年，216 个设市城市私人建造住宅面积仅占全部新建住宅面积的 2.8%[6]。1981 年 4 月 10 日，国务院办公厅颁发国办发〔1981〕33 号文件《转发关于组织城镇职工、居民建造住宅和国家间私人出售住宅经验交流会情况报告的通知》，总结各地城镇私人建房经验。

经过无锡、南阳和福州市新港街道等的试点，1983 年 5 月 28 日，经国务院批准，城乡建设环境保护部发布《城镇个人建造住宅管理办法》，鼓励个人建造住宅。《城镇个人建造住宅管理办法》适用于市、镇和未设镇建制的县城、工矿区。个人建造住宅共有 4 种形式，包括自筹自建、民建公助、互助自建、所在地人民政府同意的其他形式[7]。其中，民建公助的方式由人民政府或职工单位给予征地、资金、材料、运输、施工等方面的帮助。以自筹自建、民建公助、互助自建形式建造的住宅归个人所有[8]。建造住宅的申请人必须具有城镇有正式户口，建造住宅需由所在单位或居民委员会开具证明后向房地产管理机关提出申请并获得批准。个人建筑住宅的建筑面积标准，按城镇正式户口平均一般不得超过每人 20m²（包括在本城的异地住宅）。

---

① 房产通讯杂志社. 国家房地产政策文件选编（1948-1981）[M]. 房产通讯（增刊），1982: 269.
② 原籍在农村、在城镇无亲友的华侨，原则上在农村购、建住宅，在城镇购、建住宅需经当地人民政府批准。
③ 有特殊要求的，经市人民政府批准，也可建筑门独院的别墅。
④ 房产通讯杂志社. 国家房地产政策文件选编（1948-1981）[M]. 房产通讯（增刊），1982: 221.
⑤ 房产通讯杂志社. 国家房地产政策文件选编（1948-1981）[M]. 房产通讯（增刊），1982: 221.
⑥ 房产通讯杂志社. 国家房地产政策文件选编（1948-1981）[M]. 房产通讯（增刊），1982: 222.
⑦ 自筹自建指城镇居民或职工自己出资、投料、投工，新建或扩建住宅；民建公助指以城镇居民或职工自己投资、投料、投工为主，人民政府或职工所在单位在征地、资金、材料、运输、施工等方面给予帮助（单位提供的补贴金额一般不得超过住宅造价的 20%），新建或扩建住宅；互助自建指城镇居民或职工互相帮助，共同投资、投料、投工，新建或扩建住宅。
⑧ 以所在地人民政府同意的其他形式建造的住宅，所有权根据具体情况确定。

1983 年，全国城镇和工矿区个人建造住宅建筑面积 2520.60 万 m²，房屋价值 156519 万元；1984 年，全国城镇和工矿区个人建造住宅建筑面积 4035.52 万 m²，房屋价值 270861 万元 [①]。相较于 1983 年、1984 年全民所有制建筑业建设的住宅建筑面积 3989 万 m²、3963 万 m² [②]，城镇中个人建造的住宅总量增长迅速。20 世纪 80 年代至 90 年代初期，个人建造的住宅面积占城镇新建住宅面积总量的比例，一直保持在 30% 以上（表 17-1）。

20 世纪 90 年代，集资合作建房成为国家鼓励城镇个人投资建造住房的主要形式。1992 年，《城镇住宅合作社管理暂行办法》颁布。住宅合作社由人民政府机构、房地产行政主管部门、系统或单位组建，并须经组建单位的上级主管部门同意。成立住宅合作社的筹建机构，须向县以上（含县级）人民政府房地产行政主管部门提出书面申请 [③]，并经审查批准。国务院、省和自治区人民政府、县级以上地方人民政府的有关行政主管部门分级负责本行政区域内的住宅合作社管理工作。合作建房的年度计划和发展规划由行政主管部门制定，建设指标和建筑材料列入地方年度计划，建设用地由土地管理部门划拨，国家税务局与地方人民政府给予税收、市政建设配套费等有关费用的减免。20 世纪 90 年代，住房合作社发展迅速。至 1997 年，20 多个省市共有 5000 多家住房合作社，大约有 150 万个家庭参与合作建造住房 [④]。

城镇住宅合作社虽然由个人自愿参加，但并非个人自发形成。合作建房的各个环节都处于"政府扶持和单位资助下"，离开政府与单位的组织与参与，也就没有住房合作社的存在。住宅合作社本质上不是自治的建房组织，而是一种附属于政府机构和单位的非营利性集资建房机构。合作住宅的资金筹集、建房计划、土地使用、开发建设、管理维修的整个过程，都处于政府和单位的管理之下。因此，合作建房并非严格意义上的自建住房，而是个人出资的委托建房。在与政府机构、单位、系统的建房委托关系中，个人的自主性不高。除提供建造住房所需的资金之外，个人在其他方面的作用发挥都不明显。

1998 年《中华人民共和国土地管理法》修订后，国家对国有土地使用、农用地转建设用地的管理日益严格。虽然《城镇个人建造住宅管理办法》仍然有效，但是个人实际上已经不具有在城镇中获得自建住房所需宅地的可能性。随着中华人民共和国国务院令第 516 号《国务院关于废止部分行政法规的决定》的生效，2008 年后《城镇个人建造住宅管理办法》正式废止。1998 年后住宅合作社的发展也逐渐衰落，数量不断减少。2003 年后，集资、合作建房受到越来越严格的限制。1992 年颁布的《城镇住宅合作社管理暂行办法》虽然未被废止，但其适用范围极小。2007 年《经济适用住房管理办法》实行后，合作建房仅限于距离城区较远的独立工矿企业和住房困难户较多的企业，利用原有自用土地，组

---

① 国家统计局. 中国统计年鉴 1993[M]. 北京：中国统计出版社，1993：206.
② 国家统计局. 中国统计年鉴 1985[M]. 北京：中国统计出版社，1985：461.
③ 申请内容包括住宅合作社的类型，入社人员构成，法定代表人，组织章程，建设计划以及资金筹措计划等。
④ 王思锋，金俭. 中国住宅合作社的发展变迁与现实思考：以当前住房保障为背景 [J]. 理论导刊，2011（9）：73-75.

织符合低收入住房困难家庭进行的住房建设。住房合作社发展基本停滞^①。

3. 以生产为基础的权利的悬置

个人使用以生产为基础的住房权利，基础条件有二：一是国家政策允许个人自建住房；二是个人可以获得建造住房所需的资源，如土地、建筑材料、雇佣资源（设计、施工等）。

国家住房政策曾一度鼓励城镇个人自建住房。但是经过一系列政策的变动，合作建造住宅成为目前仅存的、被政策认可的自建住宅方式。1978 年至今，国家住房政策允许的个人在城镇中自建住房先后有 3 种具体形式。第一种形式为侨汇住宅。1980 年的《关于用侨汇购买和建设住宅的暂行办法》鼓励港澳、台湾同胞和中国血统外籍人及其亲友利用侨汇自建住宅。第二种形式为城镇个人自建住房。1983 年的《城镇个人建造住宅管理办法》允许市、镇和未设镇建制的县城、工矿区具有城镇户籍的个人自建住房。侨汇住宅与城镇个人自建住宅这两种方式，经 2008 年中华人民共和国国务院令第 516 号已被宣布废止或失效^②。第三种形式为城镇住宅合作社。1992 年《城镇住宅合作社管理暂行办法》允许有城镇正式户口、家庭为中低收入的居民通过住宅合作的形式自建住宅。2003 年后合作建房受到的政策限制增加，合作建房逐渐减少。2007 年《经济适用住房管理办法》将合作建房限定为保障性住房的一部分。仅有距离城区较远的独立工矿企业和住房困难户较多的企业职工，才具有进行合作建房的资格。

建造住房所需的资源中，最为基础的资源是土地。个人是否能够获得建造住房所需的土地，是以生产为基础的权利实现的前提条件。20 世纪 80 年代开始，个人的宅地权利经历重构。在《中华人民共和国宪法》与《中华人民共和国土地法》的框架下，个人能获得的住宅用地权利仅有使用权。1982 年后，城市中的土地经由《中华人民共和国宪法》宣布而国有化，个人失去私有宅地的财产权。1987 年《中华人民共和国土地管理法》施行，1988 年宪法修正案通过，城市土地的使用权与所有权分离制度确立。虽然法律将国有土地的使用权赋予个人，但个人实际上很难获得国有土地用于建造住房。个人能直接使用的国有土地，仅限于城市中原有的空地与宅基地。除此之外，个人自建住房所利用的国有土地，必须依赖于单位、房地产企业、政府机构等组织的提供。依赖于组织提供的住宅用地，个人基本没有自主支配的空间，1987～1998 年间，《中华人民共和国土地管理法》曾经允许城镇非农业户口居民建造住宅使用集体土地，但 1999 年《中华人民共和国土地管理法》修订将个人的这项权利取消。

在当前的住房政策框架下，城镇中的个人无法从土地市场中获得住宅用地；除满足

---

① 2004 年，于凌罡发动个人集资建房的蓝城计划。此后，广州、南京、青岛等地的合作社集资建房因审核不通过、因非法集资被叫停、未获得土地等原因而停止，或者转为普通商品房项目，几乎没有住宅合作社集资建房的成功范例。

② 《城镇个人建造住宅管理办法》被 1997 年 11 月 1 日中华人民共和国主席令第 91 号公布的《中华人民共和国建筑法》、2004 年 8 月 28 日中华人民共和国主席令第 28 号公布的《中华人民共和国土地管理法》、2007 年 3 月 16 日中华人民共和国主席令第 62 号公布的《中华人民共和国物权法》、2007 年 8 月 30 日中华人民共和国主席令第 72 号公布的《中华人民共和国城市房地产管理法》、2007 年 10 月 28 日中华人民共和国主席令第 74 号公布的《中华人民共和国城乡规划法》代替。《关于用侨汇购买和建设住宅的暂行办法》因调整对象已消失，实际上已经失效。

特定条件的企业职工之外，普通城市居民也无法通过国家救济的方式获得自建住房所需的土地。以市场的、非市场的方式，个人都无法获得自建住房所需的最为基础的资源——土地。个人以住房合作组织的方式建造住宅也受到严格限制，实际上处于绝对停滞的状态。尽管目前国家法律未禁止个人使用国有土地或集体土地自建住房，但实际上个人因无从获得建房所需的土地，也就失去了自建住房的机会。因此，1978年后个人曾经享有过的以生产为基础的权利，目前处于完全停滞发展的状态。

三、使用自己劳动权利的获得

使用自己劳动的权利，无疑是最为基本的权利。社会主义计划经济时期，国家集中管理的用工制度、统一工资制、对人口迁移的限制，使个人几乎失去支配自己劳动收入的能力。劳动的价格由官僚协调机制设定，不能反映劳动所生产的潜在价值或剩余的价值。个人无法支配用于住房消费的劳动投入，住房成本从劳动者的工资收入中剥离。个人失去了对自己劳动能力的拥有，也失去了与自己的劳动能力有关的以贸易为基础的权利，不得不更多地依附于就业单位来获得住房。

20世纪80年代初，户籍制度开始松动，城乡之间的人口流动逐渐恢复。1984年《国务院关于农民进入集镇落户问题的通知》实施，允许农民以自理口粮户的形式到集镇务工、经商、兴办服务业。自理口粮户的建房、买房、租房也受到地方政府的支持。20世纪90年代开始，户籍制度的约束逐渐被打破，人口流动快速增加。商品住房市场的发展，使个人获得住房的途径和机会增加。不但城市居民可以从市场购买住房，改善居住条件，农村居民同样获得了在城市中拥有住房的机会。1992年8月公安部发出《关于实行当地有效城镇居民户口制度的通知》后，"蓝印户口"[①]成为各地外来人口在城镇落户的主要方式。在城镇购买商品住房成为外来人口取得蓝印户口的主要途径之一。1997年，公安部《关于小城镇户籍制度改革试点方案》实施，允许农村户籍人口通过购买商品住房等方式落户城镇。

2000年之后，中发〔2000〕11号文件《中共中央、国务院关于促进小城镇健康发展的若干意见》颁布后，国发（2001）6号文件《国务院批转公安部关于推进小城镇户籍管理制度改革意见的通知》颁布。小城镇户籍管理制度改革进入深化阶段，引导农村人口向小城镇[②]转移成为国家政策鼓励的方向。大城市户籍因附着的户籍权益较多，改革进展较小城镇更为缓慢。虽然户籍限制尚未被完全打破，但人口的流动已不再受到限制。个人可以通过住房市场购买、租赁住房，在不同城镇间自由流动并选择居住地点。

---

① 蓝印户口属于正式户口与暂住户口之间的户籍形式，持有蓝印户口的人可基本享受本地城市的保障及福利。因公安部门加盖蓝色印章，以区别正式户口的红色印章而得名。住房制度改革停止实物分房之后，蓝印户口政策的实施在一定程度上促进了商品房的销售。

② 县级市市区、县人民政府驻地镇及其他建制镇中有合法固定的住所、稳定的职业或生活来源的人员及与其共同居住生活的直系亲属，可办理城镇常住户口；已在小城镇办理的蓝印户口、地方城镇居民户口、自理口粮户口等，可以统一登记为城镇常住户口。

1978 年后，社会主义计划经济向市场经济的转型中，统包统配的劳动用工制度逐渐解体。个人的职业选择不再受到国家的行政控制，市场成为人力资源配置的主要方式，劳动收入也由市场决定。

作为经济体制改革的重要组成部分，住房制度改革的内涵，不仅仅包括住房的商品化，也包括住房成本重新计入个人工资收入。住房制度改革中具体措施的推进，不但是公有住房出售的过程，也是住房实物分配改为货币工资分配的过程。住房分配的货币化，是计划经济体制中住房成本从个人工资中剥离的逆向过程。货币化分房的实质是住房成本重新计入个人工资收入。国发〔1998〕23 号文件停止住房实物分配、实施住房分配货币化的政策执行后，个人工资收入逐渐成为包含住房成本的收入。个人重新获得对劳动付出中的住房投入的支配权，能够自主地将工资收入中的住房成本用于住房消费或其他消费。

从公有住房制度的建立到住房制度改革的基本完成，个人使用自己劳动的权利经历了逐渐被削弱又逐渐恢复的变化过程。进入 21 世纪，个人能够自由选择职业与工作场所、自主迁徙与定居，劳动收入主要由市场决定，工资收入中包含住房成本，个人已经获得较为充分的使用自己劳动的权利。

四、获得住房救济权利的基本实现

20 世纪 80 ~ 90 年代的住房制度改革，始终以住房商品化为核心目标。改革目标历经具体政策与改革措施的反复调整，于 20 世纪 90 年代末基本实现。经典社会主义时期建立起的官僚协调机制下的住房再分配经济，逐渐转向市场经济。转型过程中，公有住房制度的延续与住房市场的扩大，使城镇住房经济的混合经济属性越来越明显。一方面，住房制度改革使城镇居民的居住条件日益改善；另一方面，公有住房制度的问题依然存在，市场经济带来的住房问题也开始涌现。

住房制度改革中，国家控制逐渐减弱，在大多数居民尚无能力进入住房市场的情况下，单位在住房供给中的决定性作用不断强化。单位以组织化的形式，参与到住房资源的市场竞争之中。住房领域中单位之间的市场竞争使再分配经济中的特权被不断地商品化。以住房商品化为目标的住房制度改革，未能及时处理居住资格财产化过程中的不平等问题。由市场导致的住房问题与再分配导致的遗留问题相互叠加起来。经过一段时间的住房商品化改革与住房市场发展，在原有体制的住房困难问题尚未完全解决的情况下，由市场导致的住房困难家庭已经出现。伊万·塞勒尼在对匈牙利的住房制度转型的研究中指出，社会等级体系中存在各种劣势的积累过程，社会经济地位处于再分配经济中最底层的群体，也最难以获得从市场中改变其不利地位的机会[1]。

---

① 吴珂. 中国城市住房保障事业的最初纪元（1919-1949）[J]. 城市发展研究，2010，17（1）：93-97.

1998 年之前，住房领域中社会政策一直屈从于经济政策；住房市场中的社会弱势群体未能受到充分关注，市场中的住房救济措施较为滞后。1998 年，配合住房实物分配的停止，国发〔1998〕23 号文件首次提出由政府或单位向最低收入家庭提供廉租住房。向住房市场中的弱势群体提供住房救济，体现出了国家政策对市场条件下的住房困难问题认识的方向性转变。尽管市场条件下的住房救济理念开始形成，但是，政府应承担的救济责任却被加诸于"单位"。这一规定反映出：①国家住房政策尚未形成对市场经济与社会救济关系的清晰认识；②再分配制度在未能出售的公有住房中仍然存留；③政府尚未作出承担相应社会保障责任的准备。

1999 年《城镇廉租住房管理办法》颁布，个人获得住房救济的权利开始构建。2004 年《城镇最低收入家庭廉租住房管理办法》《经济适用住房管理办法》等部门规章的实施，使个人获得住房救济的途径进一步拓宽。然而，此时的住房政策对于住房救济对象的认识尚不明确，住房保障实施进展较为缓慢。国发〔2007〕24 号文件《关于解决城市低收入家庭住房困难的若干意见》的颁布，开启了个人住房救济权利加速发展的阶段。住房保障定位于"通过一套有效的法律制度和政策安排，利用国家职能对国民收入进行二次分配，对中等偏下和低收入住房困难家庭，给予必要的救助和扶助"[1]。向难以通过市场获得住房的弱势群体提供救济，成为政府的责任；住房保障被明确定义为政府的公共服务内容。

《廉租住房保障办法》《经济适用住房管理办法》《公共租赁住房管理办法》相继颁布，城镇住房保障法规体系建立。2007 年后，政府用于住房保障的财政支出快速增加。经济适用住房、廉租住房、公共租赁住房等保障性住房的建设范围，逐渐覆盖至全国大、中、小城市，市场经济中的基本住房制度形成。国家住房政策确定的住房保障范围，覆盖至中等偏下收入、中低收入、低收入的城镇住房困难家庭。城镇居民获得住房救济的途径扩展至货币住房补贴、住房实物救济这两种基本方式。具有城镇户籍的个人或家庭，享有获得政府提供的住房救济的权利。

中国于 1997 年 10 月签署《经济、社会和文化权利国际公约》，2001 年 2 月 28 日第九届全国人民代表大会常务委员会第二十次会议通过该公约，正式承认享有适当住房的权利属于基本人权。有关住房保障的国家立法于 2008 年展开[2]。2012 年颁布的《国家基本公共服务体系"十二五"规划》提出，国家建立基本住房保障制度并维护公民的居住权利，住房权也开始上升到国家政策层面。

但是，中央政府将住房保障确定为地方事权的定位，造成住房保障的国民收入再分配作用未能得到充分发挥。以公共租赁住房为主体的住房保障，虽然将在城镇稳定就业

---

① 建设部课题组. 多层次住房保障体系研究 [M]. 北京：中国建筑工业出版社，2007：3.
② 2008 年 10 月，《住房保障法》被列入第 11 届全国人大常委会 5 年立法规划。《住房保障法》草案经不断修改形成底稿、内部讨论稿、专家建议稿、征求意见稿等多个版本。国务院于 2012 年制定立法工作计划，由住房和城乡建设部起草《基本住房保障条例》。住房和城乡建设部起草的《城镇住房保障条例（送审稿）》报国务院审议。国务院法制办公室于 2014 年 3 月 28 日进行《城镇住房保障条例（征求意见稿）》公示。征求意见稿共 8 章 52 条。

第十九章　住房权利的重构与发展　259

的外来务工人员纳入了住房救济范畴，但政府实际的财政安排并未真正覆盖到外来务工者中的低收入群体。各地实际执行中的住房保障，仍然存在针对农村户籍人口的排斥。保障性住房一定程度上仍属于一种与户籍相关的权益。按照目前的住房保障法规的规定，住房保障的具体标准由地方政府决定。在没有中央财政支持的情况下，地方政府都倾向于将本地户籍之外的人群排除在住房救济的范围之外。财政社会保障支出在城乡居民之间的不公平已经成为扩大城乡差距的原因之一[①]。以地方政府为主体的住房保障财政支出也增大了城乡居民收入的差距。内嵌于住房保障制度设计中的排斥，阻碍着以农民工为主体的流动人口的住房救济权利的实现。户籍权益的本质为身份特权，因而与城镇居民资格相联的住房救济实际是分享社会公共资源的机会。由政府提供的这种机会，并未无差别地赋予每个人。这与"十二五"规划所强调的"机会均等"的居住权利以及基本公共服务均等化目标，尚有一定距离。

第三节　住房权利法定的滞后

　　经济的发展并不必然带来权利的同步完善。通常法定权利的确立会先于实有权利的享有，但是法律界定的法定权利也不一定完全与实有权利的增进同步。1978 年后，经过30 多年的法制发展，《中华人民共和国宪法》《中华人民共和国物权法》《中华人民共和国土地管理法》等国家法律，已经对住房权构成中的多项子权利作出规定。《中华人民共和国宪法》、《中华人民共和国物权法》保护公民的住房私有财产权和继承权，《中华人民共和国宪法》、《中华人民共和国土地管理法》也规定个人可以使用国有土地和农民集体所有的土地。但是，从权利构建的角度看，住房权利仍未能成为法定权利，国家法律文本尚未形成有关住房权的明确界定与保护。

　　《中华人民共和国宪法》中没有关于住房权的明确表达。2001 年，第九届全国人民代表大会常务委员会第二十次会议通过了联合国《经济、社会和文化权利国际公约》，正式承认享有适当住房的权利属于基本人权。《中华人民共和国宪法》第 2 章规定了公民的基本权利和义务。2004 年修订后的《中华人民共和国宪法》，对《经济、社会和文化权利国际公约》中的劳动权、社会保障权、受教育权、家庭权利、文化权利等，皆有明确条款予以规定。但是，《中华人民共和国宪法》中没有关于《经济、社会和文化权利国际公约》中第 11 条内容的规定，未对适足生活水准权、住房权等作出规定。

　　个人自由迁徙与定居的权利未得到《中华人民共和国宪法》的认可。联合国《世界人权宣言》《公民权利和政治权利国际公约》《经济、社会和文化权利国际公约》及其解

[①]　徐倩，李放.我国财政社会保障支出的差异与结构：1998-2009 年 [J]. 改革，2012（2）：52.

释性文件，明确规定个人在各国领土内享有迁徙自由和选择住所的自由。《中华人民共和国宪法》第 39 条规定公民的住宅不受侵犯，禁止非法搜查或者非法侵入公民的住宅。但是，公民自由迁徙与居住的权利尚未被该宪法承认[①]。

在个人的土地权利方面，法律的赋权尚不完整。《中华人民共和国宪法》第 10 条关于土地的规定，是作为国家基本制度的规定。对于个人在土地使用方面的权利，《中华人民共和国宪法》第 2 章 "公民的基本权利和义务" 并未进行赋权或详细规定。《中华人民共和国土地管理法》的名称与内容，表明其立法初衷立足于土地的行政管理，并非对个人土地权利的赋权。《中华人民共和国土地管理法》第 9 条规定，个人依法可以使用国有土地和农民集体所有的土地。但是，在目前的土地、房地产经营相关法律的框架下，个人对住宅用地的使用权利尚不完整。《中华人民共和国土地管理法》第 62 条规定了农村村民住户的宅地权利，但对于城市住户的宅地权利没有相应的设定。作为民事主体，城市户籍居民、农村户籍居民、房地产企业、住房合作组织，在住宅用地的使用权利方面，存在多方面的差异。

进入 21 世纪，基本住房保障制度形成。国务院及其下属部门的行政规章与部门文件，是国家调整住房保障领域各项权利关系的主要工具。基本住房保障制度，以《廉租住房保障办法》《经济适用住房管理办法》《公共租赁住房管理办法》等部门规章为基本依据。几项部门规章的内容，集中于界定政府在保障性住房管理方面的职责，但是对各级政府的住房保障责任界定仍不够明确。从法律规范的效力层面来衡量，部门规章的效力等级较低，不能构成对个人权利的有效赋权和保护。行政规章以对公权或者管理权的保护为基本价值取向，一般仅能对上位法律规则空隙的私权保护范围进行补充[②]。因此，在缺乏上位法律与行政法规的条件下，现行的住房保障部门规章都不能起到对个人的住房救济权利进行赋权的作用。

目前，《城镇住房保障条例》等住房保障立法已在制定中。《住房保障条例》是由国务院制定的规范性文件，属于行政法规。《住房保障条例》的制定无疑能积极地促进各级政府对住房保障的承担，促进个人实有住房权利的提高。但是，行政法规的调整对象仍是行政管理领域的问题，仍不能承担法律对个人权利的赋权作用。此外，个人对于住房救济的权利诉求，也未能进入可以诉讼的领域。拉丁法律谚语云："无救济就无权利。"在成文法缺乏的情况下，诉权本身是权利存在的标志，救济本身通常被视为第二权利[③]。因而，个人的住房救济权利，在法律上仍处于缺位的状态。

整体上，住房权作为一项包含多项子权利的人权，未能得到《中华人民共和国宪法》与法律的界定与认可。因此，尽管 1978 年后个人享有的实有住房权利增进迅速，但法定住房权尚未确立。

①　1954 年《宪法》第 90 条曾规定："中华人民共和国公民的住宅不受侵犯，通信秘密受法律的保护。中华人民共和国公民有居住和迁徙的自由。" 1975 年的《宪法》将有关迁徙自由的条款删除。至今，居住与迁徙自由的条款仍未恢复。
②　关保英 . 论行政规章对私权的保护 [J]. 法学，2004（8）：48-54.
③　夏勇 . 走向权利的时代 [M]. 中国政法大学出版社，1999：3.

第二十章　住房权的发展展望

经济学家阿马蒂亚·森于 1999 年提出以自由看待发展的发展观。"发展可以看做是扩展人民享有的真实自由的一个过程。"[①] 发展意味着逐步消除限制人们自由的因素，例如贫困、经济机会的缺乏、社会剥夺、公共设施的匮乏等。社会成员对自由的享有，不但依赖于国民生产总值、个人收入增长等手段，也依赖于社会与经济的安排以及政治的和公民的权利。"人权是与人类自由的重要性建构性地联系在一起的道德主张。"[②] 以经济、社会和文化的权利作为增进个人自由的手段，在发展中实现自由的增进，是逐步完善的任务。以当前的权利状况为基础，未来的住房权发展，可以从完善法定权利、改进社会救济、完善土地权利等三方面继续推进。

一、确立法定住房权

人权属于道德权利，道德权利经常成为立法的基础。促进新立法的诞生，通常是运用人权主张的重要方式。人权的道德主张不可避免地具有模糊性，而法定权利则具有精确性。推动住房权进入宪法、法律，无疑是对谋求住房权利最有力的推动。尽管住房权权利束中的部分子权利已经被写入《中华人民共和国宪法》《中华人民共和国物权法》《中华人民共和国土地管理法》等国家法律，但国家法律文本尚未对住房权作出明确界定。而对于住房救济权利、居住权、住房拆迁征收涉及的财产与人身安全等方面的权利，仅仅依靠国务院及其部门制定的行政法规或部门规章，远不能实现保障住房权的目的。道德权利经国家法律确认为法定权利，法定权利再逐渐转化为实有权利，人权通常以这种方式逐步在社会生活中实现[③]。法定权利的设立，通常先于实有权利的享有。但从我国目前的权利发展状况来看，实有权利的发展已经先于法定权利的确立。因而，法定住房权的确立未来势在必行。

二、增进住房救济权利

住房救济权利的完善，首先是对个人享有获得住房救济的权利的立法。当前的基本住房保障仅仅建立在几项国务院部门规章的基础上，不能对个人的住房权利形成有效的保障。住房救济的本质是国家对国民收入进行二次分配，是向在市场经济中难以通过自身能力解决住房问题的人提供的必要帮助。获得住房救济的权利以建立起社会保障的市

---

① （印）阿马蒂亚·森. 以自由看待发展 [M]. 任赜，于真译. 北京：中国人民大学出版社，2012：1.
② （印）阿马蒂亚·森. 正义的理念 [M]. 王磊，等译. 北京：中国人民大学出版社，2012：340.
③ 李步云. 论人权的三种存在形态 [J]. 法学研究，1991（4）：17.

场经济为基础,这项权利来源于国家与纳税公民之间的关系。纳税人在缴纳税收后依法享有政治、经济、文化等各个方面的权益。国家拥有征税的权力,同时也需承担为公民提供公共物品和服务的责任[①]。住房救济如其他社会救济一样,都属于国家提供的基本公共物品和服务。对于纳税人来说,人人都应该享有获得住房救济的权利,而不应受到基于地域、身份等条件的各种排斥或限制。

在建立住房救济权利的立法之外,实有权利的改善也需继续推进。城镇化深入发展的未来,住房保障能否覆盖至农业转移人口,向他们提供必要的住房救济与公力扶助,成为他们能否定居城镇并实现市民化的关键要素之一。在更深的层次上,向他们提供住房救济,也是消除社会风险隐患、维护社会安定、社会和谐发展的需要。

住房保障制度当前存在的问题之中,住房保障责任主体与国民收入再分配职能之间的错位,是基础性的问题。中央政府将住房保障确定为地方事权的定位,以地方政府为主体的住房保障财政支出,造成住房保障的国民收入再分配作用未得到发挥。要实现住房保障制度的完善,首先必须明确住房保障的国民收入再分配功能,将住房保障定位为中央事权。其次,需要区分属于国民收入再分配的"住房保障"与属于地方公共服务的住房扶助措施。面向低收入住房困难群体的廉租房等住房保障,由中央政府承担支出责任;限价商品房、公共租赁住房等属于地方公共服务的政府扶助,由地方政府负责。住房保障制度改善的核心,是建立事权与支出责任相匹配的中央与地方关系。住房保障的事权与支出责任由中央政府承担,而住房保障的实施则需由地方政府来具体执行。因此,需要建立针对住房保障的中央财政向地方财政的转移支付制度。一方面,通过一般性转移支付强化中央财政转移支付的均等化作用,促进地区间基本住房保障均等化;另一方面,通过专项转移支付强调中央财政转移支付对地方政府的激励和约束作用,促进住房保障的投入。转移支付的具体设计,需要与人口流动规律与特征相匹配,满足家庭化流动人口[②]与"新生代"农民工[③]中的低收入群体接受住房救济的需求。住房救济的具体提供方式,在货币补贴、提供实物住房之外,还可以继续拓展其他的有效途径。

住房保障制度的改善需要从调整弱势群体在权利体系中的地位开始,突破地域与户籍限制,逐渐覆盖至流动人口、农村户籍人口。本质上,住房保障制度需要以增进个人自由为目标,确保获得社会救济的权利为所有公民无差别地享有。

三、改善个人宅地使用权

近年来,商品住房价格不断上涨,中低收入家庭的住房支付能力下降,住房问题再

---

① 庞凤喜.我国纳税人权利问题研究[J].税务研究,2002(3):68-70.
② 依据段成荣等学者对人口流动的研究,流动人口已呈现出明显的家庭化特征,由夫妻共同流动阶段开始向核心家庭化阶段发展。流动人口的"流动性"实际很低,流动人口在流入地保持居住较稳定。
③ 流动人口的另一个显著特征是农民工群体的代际更替。1980年之后出生的"新生代农民工"已经成为外出农民工的主体,他们向城市流动已成为一个不可逆转的过程。

次成为突出的社会问题。商品住房价格的快速上涨，通常被归因于地方政府土地财政导致的高地价以及房地产开发企业的高利润。然而，这些现象背后隐藏着土地使用的权利问题。阿马蒂亚·森指出："市场需求所反映的不是生理学上的需求或心理学上的需求，而是建立在权利关系之上的选择。"[①]

陈国富等学者从居民的财产权利与政府征收权的关系出发，对地方政府的土地财政问题给予了解释。土地财政的原因，一般被解释为由 1994 年分税制引发。地方政府所承担的事权与财权的冲突，迫使地方政府开拓财政来源，通过出让更多征收的土地与提高土地出让价格获得更多收入。陈国富等学者则指出，政府的这种土地征收行为属于"财政幻觉"。土地征收中的财政幻觉是指"只要政府征地所作的补偿低于土地的机会成本，政府就会将征地规模扩大到超过社会所要求的水平，从而损害社会资源配置效率"[②]。导致财政幻觉的制度基础，正是城乡土地制度分割和土地征收程序的虚置，本质为居民财产权利与政府征收权之间失去平衡的结果[③]。在城乡分割的土地制度下，政府控制农地转为建设用地的征收与审批，控制土地一级市场，政府将强制性的征收权转化成为财政补贴。"土地财政是建立在农民在土地上实体法失权和程序法失权的基础上的财政补贴制度。实体法失权通过城乡土地制度分割和政府垄断土地供给来变为现实；程序法失权则通过征地行为缺乏有力的程序约束而实现"[④]。

居民财产权利与政府征收权的失衡，从权利关系的角度对土地财政的原因给出了解释。地方政府控制城市建设用地的一级土地市场；同时，政府也是住宅用地出让方式与定价机制的决定者。城市商品住房价格快速上涨的原因，除土地财政引发的住宅用地价格问题之外，还与住宅用地使用权利的设定中，房地产企业与个人（包括住房合作组织）的不对等地位有关。房地产开发企业能获得政府出让的住宅用地，通过建造商品住房而获得利润；但是，个人（住房合作组织）却无法向地方政府申请获得用于建造自住住房的土地。住宅用地使用权利的这种设定，使城市中的新增住房（少量廉租住房由政府提供），只有以营利为目的的房地产开发企业这一类供应者。个人只能通过住房市场获得住房而间接获得住宅用地的使用权。政府对房地产企业、个人（住房合作组织）使用住宅用地的不同权利关系的设定，正是影响住房价格的原因之一。快速上涨的住宅用地价格与超出普通人支付能力的住房价格，表明房地产开发企业与地方政府是市场控制与支配权力斗争的胜利者，个人则因权利贫困而利益受损。正如阿马蒂亚·森作出的论断，一个人"支配任何一种他希望获得或拥有东西的能力，都取决于他在社会中的所有权和使用权的权利关系"[⑤]。

① （印）阿马蒂亚·森. 贫困与饥荒 [M]. 王宇，王文玉译. 北京：商务印书馆，2012：197.
② 陈国富，卿志琼. 财政幻觉下的中国土地财政：一个法经济学视角 [J]. 南开学报（哲学社会科学版），2009（1）：70.
③ 陈国富，卿志琼. 财政幻觉下的中国土地财政：一个法经济学视角 [J]. 南开学报（哲学社会科学版），2009（1）：69.
④ 陈国富，卿志琼. 财政幻觉下的中国土地财政：一个法经济学视角 [J]. 南开学报（哲学社会科学版），2009（1）：77.
⑤ （印）阿马蒂亚·森. 贫困与饥荒 [M]. 王宇，王文玉译. 北京：商务印书馆，2012：189.

　　在获得住房的权利组合中，以生产为基础的权利、以贸易为基础的权利、获得住房救济的权利，都与土地权利相关。城市土地的财产权依《中华人民共和国宪法》、《中华人民共和国物权法》规定属于国家所有。在《中华人民共和国宪法》、《中华人民共和国土地管理法》等国家法律的设定中，个人依法可以使用国有土地和集体所有土地。然而，个人却始终未能获得使用城市住宅用地使用的完整权利。房地产企业、集资建房的企业[①]、个人等不同主体对城市住宅用地的使用权利，存在很大的差异。农村户籍人口虽然在农村地区拥有在宅基地上自建住房的权利，但是宅基地因不具备私有财产属性而无法实现资本化。法律体系对农村户籍人口的住宅用地的权利设定，限制着个人的住宅用地交易自由与占有资格。由于法律禁止城乡土地的直接交易，无论城市户籍人口还是农村户籍人口的以贸易为基础的权利，都有一定程度的缺损。住宅用地使用权利的不完整，使以贸易为基础的权利、以生产为基础的权利、获得住房救济的权利的某些方面处于权利失败的状况。

　　住房具有商品属性，但住房也是生活必需品，这也是人人有权享受适当住房作为一项基本人权存在的意义。由于住房无法独立于土地存在，住房的生活必需品属性决定了住宅用地也具有一定的生活必需品属性。对住宅用地使用权利的设定，不能仅仅从土地的商品属性和土地经营的角度出发。在城市土地的财产权属于国有的法定前提下，法律应该赋予个人使用住宅用地的权利；同时，还应赋予城镇居民与乡村居民自由交易宅地的权利。宅地权在《中华人民共和国物权法》规定的住宅用地使用权期满自动续期[②]之外，还应允许个人（住房合作组织）获得住宅用地用于自建住房。此外，政府提供的住房扶助与救济的发展演变表明，住房救济权利的改善也可以从宅地的提供、改善个人获得宅地的机会方面来进行。通过赋予完整的个人宅地使用权，使以贸易为基础的权利、以生产为基础的权利、获得住房救济的权利变为完整的权利。

[①]　按相关政策规定为距离城区较远的独立工矿企业和住房困难户较多的企业。

[②]　按照 1990 年实施的《城镇国有土地使用权出让和转让暂行条例》规定，居住用地的土地使用权出让最高年限为 70 年。2007 年施行的《物权法》则规定住宅建设用地使用权期间届满时自动续期。

附录一：

国际文件中的住房权内容梳理

人身自由与安全方面的内容

表 1

	《世界人权宣言》（1948 年）	《公民权利和政治权利国际公约》（1966 年通过）	《经济、社会、文化权利国际公约》（1966 年通过）	《经济、社会、文化权利国际公约》第 4 号一般性意见：适足住房权（1991 年）	《人权概括介绍第 21 号（第一次修订版）：适足住房权》（2010 年）
人身自由与安全	第 1 条　人人生而自由，在尊严和权利上一律平等。 第 2 条　人人有资格享受本宣言所载的一切权利和自由。 第 3 条　人人有权享有生命、自由和人身安全。 第 12 条　任何人的私生活、家庭、住宅和通信不得任意干涉。 第 13 条　人人在各国境内有权自由迁徙和居住	第 1 条　所有人民都有自决权。他们凭这种权利自由决定他们的政治地位，并自由谋求他们的经济、社会和文化的发展。 第 9 条　人人有权享有人身自由和安全。 第 12 条　合法处在一国领土内的每一个人在该国领土内有权享受迁徙自由和选择住所的自由。 第 17 条　任何人的私生活、家庭、住宅或通信不得加以任意或非法干涉	第 1 条　所有人民都有自决权。他们凭这种权利自由决定他们的政治地位，并自由谋求他们的经济、社会和文化的发展	1. 个人私生活、家庭、寓所或信件不受到专横或非法的干涉的权利。 2. 得到法律保护，免遭强迫驱逐、骚扰和其他威胁	1. 受到保护，以免遭受强迫驱逐、任意破坏和拆除个人住宅、受到骚扰和其他威胁。 2. 个人住宅、隐私和家庭免受任意干涉的权利。 3. 选择住所、决定生活地区和自由行动的权利

平等法律保护与财产权的内容

表 2

	《世界人权宣言》（1948 年）	《公民权利和政治权利国际公约》（1966 年通过）	《经济、社会、文化权利国际公约》（1966 年通过）	《经济、社会、文化权利国际公约》第 4 号一般性意见：适足住房权（1991 年）	《人权概括介绍第 21 号（第一次修订版）：适足住房权》（2010 年）
平等的法律保护	第 7 条　法律之前人人平等，并有权享受法律的平等保护，不受任何歧视	第 26 条　所有的人在法律前平等，并有权受法律的平等保护，无所歧视		1. 使用权的法律保障。使用权的形式包罗万象，包括租用（公共和私人）住宿设施、合作住房、租赁、房主自住住房、应急住房和非正规住区。不论使用的形式属何种，所有人都应有一定程序的使用保障，以保证得到法律保护，免遭强迫驱逐、骚扰和其他威胁。 2. 须向一切有资格享有适足住房的人提供适足的住房	1. 使用权权保障，提供法律保护。 2. 平等和非歧视地获得适足住房
财产保护	第 17 条　人人得有单独的财产所有权以及同他人合有的所有权。任何人的财产不得任意剥夺			使用权的法律保障。使用权的形式包括占有土地和财产	住房、土地和财产归还

生活水准的内容   表 3

	《世界人权宣言》（1948年）	《公民权利和政治权利国际公约》（1966年通过）	《经济、社会、文化权利国际公约》（1966年通过）	《经济、社会、文化权利国际公约》第4号一般性意见：适足住房权（1991年）	《人权概括介绍第21号（第一次修订版）：适足住房权》（2010年）
生活水准	第25条 人人有权享受为维持他本人和家属的健康和福利所需的生活水准，包括食物、衣着、住房、医疗和必要的社会服务		第11条 本公约缔约各国承认人人有权为他自己和家庭获得相当的生活水准，包括足够的食物、衣着和住房，并能不断改进生活条件	1. 服务、材料、设备和基础设施的可提供性。一幢合适的住房必须拥有卫生、安全、舒适和营养必需之设备。 2. 可承受性。与住房有关的个人或家庭费用应保持在一定水平上，而不至于使其他基本需要的获得与满足受到威胁或损害。 3. 适居性。适足的住房必须是适合于居住的，即向居住者提供足够的空间和保护他们免受严寒、潮湿、炎热、刮风下雨或其他对健康的威胁、建筑危险和传病媒介。 4. 地点。适足的住房应处于便利就业选择、保健服务、就学、托儿中心和其他社会设施之地点。 5. 文化的适足性。住房的建造方式、所用的建筑材料和支持住房的政策必须能恰当地体现住房的文化特征和多样化	1. 服务、材料、设备和基础设施的供应。居住者应得到安全的饮用水、适当的卫生设施、烹调、取暖、照明所需的能源、食物储藏设施以及垃圾处理。 2. 可负担性：住房成本不危及或损害居住者享有其他人权。 3. 宜居程度：保证人身安全，或提供适当的空间，以及提供保护，免受寒冷、潮湿、炎热、风雨、其他健康威胁和结构危险。 4. 地点：不能剥夺就业机会、保健服务、学校、保育中心和其他社会基础设施，或处于受污染或危险地区。 5. 文化环境：尊重并且考虑文化特性的表达

生活水准的内容   表 4

	《世界人权宣言》（1948年）	《公民权利和政治权利国际公约》（1966年通过）	《经济、社会、文化权利国际公约》（1966年通过）	《经济、社会、文化权利国际公约》第4号一般性意见：适足住房权（1991年）	《人权概括介绍第21号（第一次修订版）：适足住房权》（2010年）
社会保障	第22条 每个人，作为社会的一员，有权享受社会保障，并有权享受他的个人尊严和人格的自由发展所必需的经济、社会和文化方面各种权利的实现。 第25条 在遭到失业、疾病、残废、守寡、衰老或在其他不能控制的情况下丧失谋生能力时，有权享受保障		第9条 本公约缔约各国承认人人有权享受社会保障，包括社会保险	1. 必须使处境不利的群体充分和持久地得到适足住房的资源。住房法律和政策应充分考虑处境不利群组的特殊住房需要。 2. 对处境不利的社会群组给予应有的优先考虑，对他们予以特别照顾	1. 在国家和社区一级参与同住房有关的决策。 2. 无障碍：考虑弱势群体和边缘化的特殊要求

附录二：

我国住房政策年表

1845 ~ 1948 年

1845 年，清政府江南分巡苏松太兵备道发布上海英租界《租地章程》。

1854 年，英、美、法三国领事联合发布《上海英、法、美租界租地章程》。

1868 年，上海法租界发布《上海法租界公董局组织章程》《警务路政章程》。

1869 年，北京英、美、法、俄、德 5 国公使暂行批准《上海洋径浜北首租界章程》。

1897 年，青岛德国殖民当局发布《优先购地法》。

1898 年，清政府发布《吴淞开埠租买地亩章程》。上海租界发布《上海洋径浜北首租界章程》，青岛德胶澳总督发布《置买田地章程》与《临时性建设监督法规》。

1899 年，青岛德胶澳总督发布《青岛地税章程》。清政府湖南巡抚通过《会议开埠章程》，发布《岳州城陵矶租地章程》。

1900 年，青岛德胶澳总督发布《青岛城市规划》《德属之境分为内外两界章程》。

1901 年，上海公共租界公布《中式新房建造章程》。

1903 年，上海公共租界公布《西式房屋建造章程》，天津工程总局制定《开发河北新市场章程十三条》。

1904 年，青岛德胶澳总督府发布《田地易主章程》。

1905 年，清政府发布《济南城外商埠开办章程》。

1906 年，清政府发布《济南商埠买地章程》与《济南商埠租建章程》。

1910 年，清政府颁发《大清现行刑律》。上海法租界公董局制定《公路、建筑等章程》。

1911 年，清政府颁发《大清民律草案》。

1912 年，民国时期北京政府发布《铁路收用土地暂行章程》与《修治道路收用土地暂行章程》。青岛德胶澳总督府发布《买地办理章程》《买地办法》等土地法规。广州颁布《广东省城警察厅现行取缔建筑章程及施行细则》。

1914 年，青岛德胶澳总督发布《更订华人准住西人界内章程》。

1915 年，民国时期北京政府颁发《土地收用法》，京都市政公所发布《北京房地收用暂行章程》。

1916 年，上海公共租界发布《中式新屋建筑规则》与《西式房屋建筑规则》，京都市政公所发布《建筑管理办法》。

1918 年，京都市政公所发布颁布《京都市房基线施行规则》《修订北京房地收用暂行章程》《修正建筑管理办法》《修正建筑管理办法施行办法》《标租香厂地亩规则》《市政公所标租地亩投标开标规则》《香厂地亩转租注册规则》《香厂地亩招标简章》；广州市政厅发布《临时取缔建筑章程》《建筑骑楼简章》《取缔建筑众墙通则》《修正广州市暂行缩宽街道规则》等。

1920 年，广东省省长公署公布《广州市暂行条例》。

1921 年，民国时期北京政府颁发《国有航空站收用土地施行细则》；公布《广州市工务局临时取缔建筑章程》。

1922 年，民国时期北京政府颁发《不动产登记条例》。

1923 年，广州市行政会议通过《开辟观音山公园及住宅区办法》。

1924 年，广州市公务局发布《广州市新订取缔建筑章程》《广州市建筑骑楼简章》《广州市规定修理人行路办法》《广州市保护人行路树木规则》《广州市限制建筑沟渠章程》等。

1927 年，中国共产党发布《对于土地问题决议案》。

1928 年，中国共产党制定《井冈山土地法》。

1928 年，北京市政议会通过《承领公地及房基线余地规则》；广州市政府发布《修正筹建广州市模范住宅区章程》《模范住宅区建筑计划》《模范住宅区奖励建筑办法》；南京市政府公布《南京特别市市政府土地征收章程》。

1929 年，中国共产党颁布《兴国土地法》。

1929 年，南京国民政府公布《中华民国民法·物权》，南京国民政府公布《首都计划》。发布《青岛市暂行建筑规则》《济南市工务局取缔建筑暂行规则》《南京特别市市政府工务局取缔建筑章程》；汉口市制定《建筑汉口新村计划大纲》《汉口新村合作社章程》；广东省政府公布《广东县市平民住所或村规则》；发布《上海特别市政府筹建平民住所委员会简章》《汕头平民新村章程》《汕头市平民新村管理细则》等平民新村规章。

1930 年，南京国民政府颁发《土地法》；上海市政府发布《上海市中心区域地亩估价规定》，上海市平民住所委员发布《上海市政府平民住所委员会章程》《上海市政府奖励建筑平民住所办法》；青岛市发布《平民住所领地建屋简章》《青岛特别市平民住所管理及租赁规则》；南京市政府发布《新住宅区领地章程》。

1931 年，中央工农民主政府颁布《中华苏维埃共和国土地法》。

1931 年，上海市政府公布《上海市平民住所管理规则》，上海土地局发布《上海市市中心区域领地规则》《上海市市中心区域第一次招领土地办法》《上海市市中心区域第二次招领土地办法》《上海市党部及市政府所属各处局职员承领市中心区域地亩办法》；公布广州市《招领东沙住宅区地段及建筑章程》、南京市《新住宅区建筑章程》、《北平市建筑限制及设计准则规程》，《青岛市暂行建筑规则》经修正后公布。

1932 年，南京国民政府颁布《修正工厂法》；江西省政府公布《南昌城北新住宅区领地办法》；公布《南京市新住宅区第一区征收给价及承领土地等事办法》《青岛市平民领地自建住所规则》；伪满国务院国都建设局公布长春的《大新京都市计划》《国都建设局土地建筑物卖却及贷付规则》《国都建设计画区域内各种用途地域建筑物及用途许可准则》。

1933 年，南京市政府公布《修正南京市新住宅区建筑规则》《南京市新住宅区建筑章程》《南京市政治区域住宅区土地整理章程》《南京市政治区域住宅区建筑规则》《政治区域住宅区内道路公共建筑及其公用设备等计划图》；公布《北平市建筑规则》《修正上海市暂行建筑规则》；伪满洲国政府颁布《国都建设计划法》与《国都建设计划法施行令》，伪满洲国国都建设局发布《国都建设局建筑指示条项》。

1934年，上海公务局公布《市中心区域计划》，上海市政会议通过《修正上海市市中心区域领地规则》《上海市市中心区域第三次招领土地办法》《上海市市中心区域第三次职员领地办法》《上海市市中心区域领地限期建筑办法》；公布《南京市新住宅区第四区征收土地给价办法》与《南京市新住宅区第四区领地章程》。

1935年，南京国民政府颁布《土地法施行法》；广州市政府公布《广州市建筑规则》《招领广州市石牌中山公园住宅区地段及建筑限制章程》《修正招领中山公园住宅区地段及建筑限制章程》；南京市政府公布《修正南京市建筑规则》《修正南京市新住宅区建筑规则》；公布《上海市平民福利事业管理委员会平民村居住规则》。

1936年，南京国民政府颁布《各省市地政施行程序大纲》；四川省政府公布《成都新村地价规定》《建设成都新村放地规则》《建设成都新村征收土地规则》；上海市政府公布《上海市建筑规则》；广州市政府公布《广州市新式住宅区自辟街道及建筑住宅取缔规则》；公布《修正上海市平民福利事业管理委员会平民村居住规则》《南京市财政局管理平民住宅规则》《广州市第三第四第五平民宿舍组织章程》《广州市第三第四第五平民宿舍管理规则》。

1938年，南京国民政府行政院颁布《建筑法》《内地房荒救济办法》；四川省政府公布《成都新村土地建筑管理暂行规则》；汉口市政府公布《汉口市平民住宅管理规则》；北京市社会局公布《北平市平民住宅管理规则》。北平市社会局颁布修正后的《北平市平民住宅管理规则》，上海法租界公董局发布《法租界市容管理图》。

1939年，南京国民政府颁发《都市计划法》。

1940年，重庆市政府公布《重庆市郊外市场营建委员会平民住宅租赁办法》。

1941年，重庆市政府公布《重庆市建筑规则》，重庆市财政局公布《望龙门平民住宅租用办法》。

1943年，南京国民政府颁发《社会救济法》。

1945年，南京国民政府行政院公布《收复区城镇营建规则》。

1946年，南京国民政府颁发修正后的《土地法》与《土地法施行法》；上海市政府市政会议通过《解救房荒治本办法》，市政府公布《上海市奖励建筑房屋治本办法》与《上海市奖励建筑房屋出租公地实施规则》；北京市政府公布《北平市平民住宅管理规则》；广州市社会局公布《广州市社会局劳工（平民）宿舍组织规程》。

1947年，中国共产党公布《中国土地法大纲》。

1947年，南京国民政府颁布《公有土地管理办法》。

1948年，南京国民政府行政院颁布《鼓励人民兴建房屋实施方案》及《奖励民营住宅建筑条例草案》；南京市平民住宅设计委员会公布《南京市平民住宅设计委员会组织规程》。

1948年，中共中央发布《关于处理矿产与城市房地产政策问题给中原局的指示》《关于城市中公共房产问题的决定》。

1949 ~ 1977 年

1949年，中共中央发布《中央关于废除国民党＜六法＞全书和确定解放区司法原则的指示》《对华东局关于接管江南城市指示草案的批示》。《人民日报》"新华社信箱"发布《关于城市房产、房租的性质和政策》。

1950 年，中央人民政府颁布《中华人民共和国土地改革法》；政务院颁布《城市郊区土地改革条例》《契税暂行条例》。

1951 年，中共中央发布《政治局扩大会议决议要点》；政务院颁布《城市房地产税暂行条例》《关于没收战犯、汉奸、官僚资本家和反革命分子财产的指示》和《关于没收反革命罪犯财产的决定》。

1952 年，内地〔1952〕67 号文件公布《内务部关于加强城市公有房地产管理的意见（草稿）》；政务院财政经济委员会印发《基本建设工作暂行办法》《城市规划设计程序暂行办法（草案）》《城市规划批准程序暂行办法（草案）》《国营企业提用企业奖励基金暂行办法》。

1953 年，政务院颁布《关于国家建设征用土地办法》；《人民日报》发表"掀起学习苏联的高潮，建设我们的国家"的社论；政务院转发《上海市政府关于机关征用土地的建议》；劳动部发布《关于福利问题的报告》。

1954 年，中央人民政府颁布《中华人民共和国宪法》；国务院公布《城市建筑管理试行条例（草案）》；政务院发布《关于对国营企业、机关、部队、学校等占用市郊土地征收土地使用费或租金问题的批复》；内务部发布《答复关于国营企业、公司合营企业及私营企业等征用私有土地及使用国有土地缴纳契税或租金的几个问题》。

1955 年，《人民日报》发表题为"坚决降低非生产性建筑的标准"的社论；国务院制定《关于1955 年下半年在基本建设中如何贯彻节约方针的指示》；内务部发布《关于对执行国家建设征用土地办法中几个问题的第二次综合答复》；城市规划设计局发布《关于重新审查修改城市规划的几项主要意见的报告》；国家建委发布《国家建委关于改进北京市房屋建筑的意见》《关于当前城市建设工作的情况和几个问题的报告》。

1956 年，中共中央批转中央书记处第二办公室《关于目前城市私有房产基本情况及进行社会主义改造的意见》；国务院发布《关于加强新工业区和新工业城市建设工作几个问题的决定》；国家计委、国家建委发布《关于 1956 年住宅和民用建筑的标准设计》；国家建委制定《城市规划暂行定额和规程草案》；纺织工业部、中国纺织工会全国委员会发布《纺织职工自建公助建筑住宅暂行办法》。

1957 年，国务院颁发《关于职工生活方面若干问题的指示》；国家建委发布《对今后城市建设及住宅民用建筑的初步意见》；城市建设局发布《关于几个问题的总结报告》；发布《关于劳动工资和劳保福利政策的意见》《国家统计局关于我国的房屋建筑面积和造价问题》《国务院第五办公室关于职工住房和房租补贴问题》等政策文件。

1958 年，国务院颁布修订后的《国家建设征用土地办法》；《人民日报》刊登新华社《中央主管机关负责人就城市私有出租房屋的社会主义改造工作发表谈话》；商业部向国务院提交的《关于城市私房改造问题的报告》公布；国家建委、城建部颁布《关于城市规划几项控制指标的通知》。

1960 年，中共中央批转建筑工程部党组《关于解决城市住宅问题的报告》。

1964 年，国务院颁发批转国家房产管理局《关于私有出租房屋社会主义改造问题的报告》，房产管理局制定《关于加强全民所有制房产管理工作的报告》。

1966年，国家房产管理局发布《关于改造房主的定租暂停支付的意见》；国家建委批转建筑工程部《关于住宅宿舍建筑标准的意见》。

1973年，国家基本建设委员会发布《对修订职工住宅、宿舍建筑标准的几项意见（试行稿）》。

1977年，国家基本建设委员会发布《国家建委关于厂矿企业职工住宅、宿舍建筑标准的几项意见》；国家建委颁发〔1977〕建城字29号文件，转发上海市《关于中央各部直属单位建造住宅的暂行办法的通知》。

1978～2010年

1978年，国发〔1978〕222号文件发布，国务院批转国家建委《关于加快城市住宅建设的报告》；国发〔1978〕13号文件《关于加强城市建设工作的意见》发布；国家计委、国家建委、财政部、国家物资总局发布《关于自筹资金建设职工住房的通知》。

1979年，颁布《中华人民共和国中外合资经营企业法》。

1980年，中共中央、国务院发布中发〔1980〕72号文件批转《国家建委党组全国基本建设工作会议汇报提纲的通知》，中共中央、国务院批转《全国基本建设工作会议汇报提纲》；国务院发布《关于中外合营企业建设用地的暂行规定》，国务院发布由国家城市建设总局、国务院侨务办公室制定的《关于用侨汇购买和建设住宅的暂行办法》；国发〔1980〕299号文件《国务院批转全国城市规划工作会议纪要》发布；国家城市建设总局发布《转发北京市、辽宁省落实私房政策两个文件的通知》，转发北京市委《关于处理机关部队挤占私房进一步落实私房政策的通知》与辽宁省人民政府批转省城建局《关于"文化大革命"期间错接、错管城镇私房处理意见的报告》；国家基本建设委员会发布《城市规划定额指标暂行规定》；国家城市建设总局发布《关于认真做好住房分配工作的通知》。

1981年，国办发〔1981〕33号文件转发《关于组织城镇职工、居民建造住宅和国家向私人出售住宅经验交流会情况的报告》；国家基本建设委员会制定建发设字384号文件《关于印发＜对职工住宅设计标准的几项补充规定＞的通知》；国家基本建设委员会向中央、国务院汇报《关于搞活建筑业的汇报提纲》；国务院侨务办公室、国家城市建设总局发布《转发上海市落实华侨私房政策的情况的通知》。

1982年，颁布《中华人民共和国宪法》；国务院颁布《国家建设征用土地条例》，国务院发布《关于城市出售住宅试点问题的复函》。

1983年，国家体改委印发简报《城市住宅经济体制存在的问题和改革意见》；国务院颁发《城市私有房屋管理条例》，发布《关于严格控制城镇住宅标准的规定》；城乡建设环境保护部发布《城镇个人建造住宅管理办法》。

1984年，中国共产党第十二届中央委员会第三次全体会议通过《中共中央关于经济体制改革的决定》；国务院发布国发〔1984〕1123号文件《关于改革建筑业和基本建设管理体制若干问题的暂行规定》、国发〔1984〕140号文件转批《城乡建设环境保护部关于扩大城市公有住宅补贴出售试点报告的通知》；国家计委、城乡建设环境保护部颁发《城市建设综合开发公司暂行办法》。

1985年，国家科委制定《城乡住宅建设技术政策》蓝皮书。

1986 年，国家主席令 6 届第 37 号颁布《中华人民共和国民法通则》；国务院住房制度改革领导小组和领导小组办公室成立；城乡建设环境保护部、国家计划委员会发布《关于商品住宅建设问题的通知》；建设部发布 GBJ96-86《住宅建筑设计规范》。

1987 年，颁发《中华人民共和国土地管理法》；国家计委、城乡建设环境保护部、国家统计局联合颁发《关于加强商品房屋建设计划管理的暂行规定》；国家计委批准颁布编号为 GBJ96-86 的国家标准《住宅建筑设计规范》。

1988 年，《中华人民共和国宪法》修正案通过，《土地管理法》修正通过；国务院住房制度改革领导小组发布国发〔1988〕11 号文件《关于在全国城镇分期分批推行住房制度改革的实施方案》。

1989 年，建设部颁发《全国房地产开发企业升级实施办法（试行）》。

1990 年，国务院令第 55 号颁发《中华人民共和国城镇国有土地使用权出让和转让暂行条例》。

1991 年，国务院发布国发〔1991〕30 号文件《关于继续积极稳妥地进行城镇住房制度改革的通知》。

1992 年，国务院发布国发〔1992〕61 号文件《关于发展房地产业若干问题的通知》；国务院住房制度改革领导小组、建设部、国家税务局以建房字〔1992〕67 号文件发布《城镇住宅合作社管理暂行办法》。

1993 年，中国共产党第十四届中央委员会第三次全体会议通过《中共中央关于建立社会主义市场经济体制若干问题的决定》。

1994 年，国务院发布国发〔1994〕43 号文件《关于深化城镇住房制度改革的决定》；财政部、国务院住房制度改革领导小组、中国人民银行颁发财综字〔1994〕126 号文件《建立住房公积金制度的暂行规定》；建设部、国务院住房制度改革领导小组、财政部发布建房〔1994〕761 号文件《城镇经济适用住房建设管理办法》；国家土地管理局、国家经济体制改革委员会以国土（法）字第 153 号文件发布《股份有限公司土地使用权管理暂行规定》；建设部制定《实施安居工程的意见》，建设部城市住宅小区建设试点工作会议制定《安居工程及城市住宅小区建设扩大试点工作大纲》，建设部发布国家标准 GB50180-93《城市居住区规划设计规范》。

1995 年，颁发《中华人民共和国城市房地产管理法》。建设部令第 40 号发布《城市商品房预售管理办法》；中国人民建设银行发布《中国人民建设银行国家安居工程个人住房抵押贷款暂行办法》；国务院住房制度改革领导小组发布《国家安居工程实施方案》；国务院办公厅发布国办发〔1995〕6 号文件《关于转发国务院住房制度改革领导小组国家安居工程实施方案的通知》；建设部发布《实施国家安居工程的意见》。

1996 年，建设部发布《2000 年小康型城乡住宅科技产业工程城市示范小区规划设计导则》。

1997 年，中国人民银行银发〔1997〕171 号文件发布《个人住房担保贷款管理试行办法》。

1998 年，国务院发布国发〔1998〕23 号文件《关于进一步深化城镇住房制度改革加快住房建设的通知》；国家土地管理局令第 8 号颁发《国有企业改革中划拨土地使用权管理暂行规定》，由中国人民银行银发〔1998〕190 号文件颁发《个人住房贷款管理办法》实施；国家计划委员会、建设部、国土资源部、中国人民银行联合印发《关于进一步加快经济适用住房（安居工程）建设有关问题的通知》《关于大力发展经济适用住房的若干意见》两个文件。

　　1999 年，《中华人民共和国土地管理法》修订施行；国务院令第 262 号颁发《住房公积金管理条例》；建设部令第 70 号发布《城镇廉租住房管理办法》；国家质量技术监督局、建设部联合发布 GB50096-1999《住宅设计规范》。

　　2001 年，国务院发布国发〔2001〕15 号文件《关于加强国有土地资产管理的通知》，建设用地试行收购储备制度。

　　2002 年，国土资源部令第 11 号颁发《招标拍卖挂牌出让国有土地使用权规定》施行。

　　2003 年，国务院发布国发〔2003〕18 号文件《关于促进房地产市场持续健康发展的通知》。

　　2004 年，《中华人民共和国土地管理法》作出修正后颁布；建设部、财政部、民政部、国土资源部、国家税务总局联合发布第 120 号令发布《城镇最低收入家庭廉租住房管理办法》；建设部、国家发展和改革委员会、国土资源部、中国人民银行发布建住房〔2004〕77 号文件《经济适用住房管理办法》。

　　2005 年，国务院发布国办发〔2005〕26 号文件转发《建设部等部门关于做好稳定住房价格工作意见的通知》。

　　2006 年，国务院发布国发〔2006〕5 号文件《关于解决农民工问题的若干意见》、国办发〔2006〕37 号文件转发《建设部等部门关于调整住房供应结构稳定住房价格意见的通知》。

　　2007 年，主席令第 62 号颁布《中华人民共和国物权法》；国土资源部、财政部、中国人民银行印发国土资发〔2007〕277 号文件，发布《土地储备管理办法》；国土资源部部令第 39 号颁布《招标拍卖挂牌出让国有建设用地使用权规定》；建设部、发展和改革委员会、监察部、民政部、财政部、国土资源部、中国人民银行、国家税务总局、统计局令第 162 号发布《廉租住房保障办法》；国务院发布国发〔2007〕24 号文件《关于解决城市低收入家庭住房困难的若干意见》；建设部、发展改革委、监察部、财政部、国土资源部 、人民银行、税务总局印发建住房〔2007〕258 号文件发布《经济适用住房管理办法》；建设部、发展改革委、财政部、劳动保障部、国土资源部发布建住房〔2007〕276 号文件《关于改善农民工居住条件的指导意见》。

　　2008 年，国务院办公厅发布国办发〔2008〕131 号文件《关于促进房地产市场健康发展的若干意见》。

　　2010 年，国务院发布国发〔2010〕10 号文件《关于坚决遏制部分城市房价过快上涨的通知》；国务院办公厅发布国办发〔2010〕4 号文件《关于促进房地产市场平稳健康发展的通知》；住房和城乡建设部发布建保〔2010〕87 号文件《关于加快发展公共租赁住房的指导意见》。

致谢

本书在笔者博士论文基础上修改完成。书稿完成之际，首先感谢我的导师王伟强教授，他一直是我学业与研究的领路人。在进行论文选题时，王教授从城市规划师的社会责任感出发，鼓励我突破既有思维的局限，关注住房领域的民生问题，研究住房政策。感谢王教授多年来给予我的关怀与帮助。感谢同济大学建筑与城市规划学院的赵民、周俭、夏南凯、张松等教授与师长，在学业中给予我的指导。感谢美丽又开放的同济园，校园生活于我是弥足珍贵的记忆。

衷心感谢山东建筑大学的崔东旭教授，本书的出版来自他的不断鼓励和支持。感谢闫整、张军民、陈有川教授，你们是我工作与生活中的良师。感谢山东建筑大学建筑城规学院、城市规划教研室的领导与同事们，教学工作与论文写作双重任务中的平衡，有赖于同事们的体谅与帮助。

感谢山东建筑大学的韩肖丹、胡佳奕、张田、张爱民同学为本书绘制插图。感谢中国建筑工业出版社，感谢徐冉女士和陈海娇女士在本书的出版编辑中付出的努力。

最深沉的感谢献给我的父母与家人，你们的理解与包容，让我勇敢地面对各种阻力，激励我追求梦想。感谢生命的礼物——阳光。

本书未能涉及租房政策、非正规住房的政策、多样的地方政策等内容，也未能关注农村地区的住房政策，希望未来能在住房研究领域持续努力，以弥补本书的不足。最后，本书的疏漏与错误之处，敬请读者指正。

2017 年 8 月 20 日